广视角·全方位·多品种

权威·前沿·原创

皮书系列为
"十二五"国家重点图书出版规划项目

河南蓝皮书
BLUE BOOK OF HENAN

# 河南法治发展报告（2014）

ANNUAL REPORT ON RULE OF LAW DEVELOPMENT OF HENAN (2014)

主　编／丁同民　闫德民
副主编／张林海　王宏源　陈东辉　李宏伟

社会科学文献出版社
SOCIAL SCIENCES ACADEMIC PRESS (CHINA)

## 图书在版编目(CIP)数据

河南法治发展报告.2014/丁同民,闫德民主编. —北京：社会科学文献出版社，2014.3
（河南蓝皮书）
ISBN 978-7-5097-5631-7

Ⅰ.①河… Ⅱ.①丁… ②闫… Ⅲ.①社会主义法制-研究报告-河南省-2014 Ⅳ.①D927.61

中国版本图书馆 CIP 数据核字（2014）第 021880 号

## 河南蓝皮书
## 河南法治发展报告（2014）

主　　编 / 丁同民　闫德民
副 主 编 / 张林海　王宏源　陈东辉　李宏伟

出 版 人 / 谢寿光
出 版 者 / 社会科学文献出版社
地　　址 / 北京市西城区北三环中路甲29号院3号楼华龙大厦
邮政编码 / 100029

责任部门 / 皮书出版中心 (010) 59367127　　责任编辑 / 高　启　王　颉
电子信箱 / pishubu@ssap.cn　　　　　　　　责任校对 / 谭晓明
项目统筹 / 任文武　　　　　　　　　　　　责任印制 / 岳　阳
经　　销 / 社会科学文献出版社市场营销中心 (010) 59367081　59367089
读者服务 / 读者服务中心 (010) 59367028

印　　装 / 北京季蜂印刷有限公司
开　　本 / 787mm×1092mm 1/16　　　印　张 / 24
版　　次 / 2014年3月第1版　　　　　字　数 / 388千字
印　　次 / 2014年3月第1次印刷
书　　号 / ISBN 978-7-5097-5631-7
定　　价 / 69.00元

本书如有破损、缺页、装订错误，请与本社读者服务中心联系更换
▲ 版权所有　翻印必究

# 河南蓝皮书系列编委会

**主　　任**　喻新安

**副 主 任**　刘道兴　丁同民　谷建全

**委　　员**　（以姓氏笔画为序）
　　　　　　卫绍生　牛苏林　王建国　王玲杰　王景全
　　　　　　刘振杰　闫德民　完世伟　李立新　李宏伟
　　　　　　李怀玉　陈东辉　周全德　林凤霞　赵西三
　　　　　　赵　然　郭晓燕　龚绍东

## 《河南法治发展报告（2014）》编委会

**主　　编**　丁同民　闫德民

**副 主 编**　张林海　王宏源　陈东辉　李宏伟

**委　　员**（以姓氏笔画为序）

万银峰　马　欣　王旭峰　王运慧　王海云
包世琦　左晓杰　田土城　刘　旭　祁雪瑞
张中林　李　哲　沈开举　欧广远　郑金玉
侯民义　娄丙录　赵　执　赵新河　栗　阳
曹　勇　黄进才

# 主要编撰者简介

**丁同民** 男，河南台前人，经济法硕士，法学研究员，河南省社会科学院副院长，河南省宣传系统"四个一批"人才。兼任省青联常委、河南省行政管理体制改革与编制管理研究会副会长。先后出版《新农村法治建设研究》、《法治城市研究》等专著4部；公开发表《现行农地非农化收益分配不公平的根源与思考》等论文50余篇；主持完成国家社会科学基金课题《当代中国农民公平分享农地非农化收益问题研究》1项，省部级社会科学基金项目《河南农地非农化进程中和谐土地利益机制构建研究》等10余项；获省部级以上社会科学优秀成果三等奖以上多项。同时，积极开展"党的十八大精神"、"中国梦"、"党的群众路线"、"社会管理创新"等专题的理论宣讲工作。研究方向为经济法治建设。

**闫德民** 男，河南漯河人，河南省社会科学院首席研究员，政治与法学研究所所长。1982年毕业于郑州大学政治系，先在南京建筑工程学院马列教研室任教，1984年调入河南省社会科学院工作至今。研究方向为马列、党建、廉政理论研究。先后主持""期权"腐败问题研究"等国家社会科学基金项目两项，主持"构建河南惩治和预防腐败体系研究"河南省社会科学规划项目多项，发表《制约和监督权力：反腐倡廉制度建设的核心》、《地方政府权力扩张和失范及其治理路径选择》、《加强对地方政府权力的制约和监督》、《论地方行政权力制约的法治化》《关于健全和完善权力运行监控机制的几点思考——以河南省为例》等论文200余篇，出版《邓小平社会主义主体地位论》、《中国特色权力制约和监督机制构建研究》、《论"期权"腐败及其治理》等著作20多部。

**张林海** 男，河南巩义人，南开大学法律本科毕业，武汉大学法律硕士研究生，河南省社会科学院政治与法学研究所党支部书记；副研究员。中国法学会会员、河南省法学会常务理事、河南省法学会经济法研究会副会长、郑州市仲裁委员会仲裁员。出版《依法治国简论》等学术著作10多部，公开发表学术论文《人治与法治之争及其启示》等60多篇，主持和参与完成国家社会科学基建项目和省部级以上课题多项，获得省部级以上优秀成果奖多项。

**王宏源** 男，河南省唐河县人。现任河南省社会科学院政治与法学研究所副所长，副研究员。长期从事法理学、公共管理、人才队伍建设等问题研究，主持完成国家社会科学规划课题1项，河南省软科学研究计划项目、河南省政府决策招标课题、河南省哲学社科规划项目、河南省教育科学"十一五"规划重点课题等10余项。参与出版《法治河南热点问题研究》等著作多部，发表学术论文多篇。

**陈东辉** 男，河南沈丘人，法学硕士，河南省社会科学院省情研究中心副研究员，河南省纪检监察学会特约研究员。长期从事反腐倡廉与民主法治方面的研究工作。主持国家社会科学基金项目青年课题1项，主持和参与完成国家及省部级课题10多项；参与撰写学术著作8部，独著获省社会科学优秀成果二等奖1项，此外获各种优秀成果奖8项；公开发表论文30多篇。

**李宏伟** 男，河南尉氏人，民商法学硕士，河南省社会科学院助理研究员，研究方向为民商法学、区域法治建设。河南省高级人民法院、郑州市中级人民法院特邀咨询专家组成员，郑州市管城区人民法院民商事案件专家咨询委员、中国法学会商法学研究会会员，河南省法学会民事诉讼法学研究会常务理事。近年来多次参与河南省人大常委会立法论证工作。公开发表论文40余篇，著作7部；参与省部级以上课题6项。合著的《法治区域构建论——中原经济区法治建设研究》及《法治的衡量与实现》分获河南省社会科学优秀成果三等奖。

# 摘 要

本书由河南省社会科学院主持编撰，对改革开放以来特别是 2013 年河南围绕加快建设社会主义法治国家，深入贯彻落实依法治国基本方略，推进依法治省进程进行了全景式回顾，反映了地方科学立法、严格执法、公正司法、法制宣传教育等领域的创新发展，总结分析了经济社会等领域法治建设及法治反腐中的新问题、新成就、新趋势，提出了完善河南法治建设的对策建议。

本书总报告均由河南省社会科学院课题组撰写，代表了本书对 2013~2014 年河南法治建设整体情况分析和预测的基本观点，以及对下一步推动"法治河南"建设的总体思路、趋势展望和对策建议。总论篇 B.1 开宗明义，提纲挈领，承上启下地展现了河南法治建设的整体画卷。由于本书是河南第一本法治蓝皮书，因此本篇总报告首先回顾了改革开放以来河南法治建设的实践历程，从科学立法、严格执法、公正司法、法制宣传教育四个方面总结了所取得的成效；其次，分析了当前河南法治建设的发展现状及表现出来的特点；再次，提出了河南法治发展中亟待解决的问题；最后是对 2014 年河南法治建设的前景展望和对策建议。总论篇 B.2 是对"法治河南"制度创新和实践探索的实证研究，主要围绕"规章制度制定、党委依法执政、政府依法行政、公正司法环境、经济法治建设、文化法治建设、社会法治建设、生态法治建设、法治监督体系和法制宣传教育"十大要素构建了河南法治县（市、区）创建综合测评指标体系，以期为河南经济社会发展创造良好法治环境提供衡量标准和评价尺度。

本书分报告主要关注河南法治建设各领域的制度创新和实践探索，如，立法保障篇中对"平安河南"建设的立法研究，法治政府篇中对相对集中行政处罚权的研究，司法公正篇中对错案责任终身追究制度的探索，经济法治篇中对农村集体土地征收补偿对策的思考，社会法治篇中对社会法庭建设的经验总结，以及法治反腐篇中对网络反腐的法治化研究，这些具有创新性和针对性的思路和建议都将对河南法治建设起到促进和推动作用。

"法治河南"建设是一项长期任务和系统工程，需要全民参与，群策群力。针对河南法治建设对相关各部门、法学各专业提出的不同要求，本书邀请立法机关、政府部门、司法机关、高等院校等单位的多名知名专家学者，研究分析了法治建设各方面的重点难点问题，并从不同角度提出了促进"法治河南"建设的对策建议。

# 前　言

党的十八届三中全会指出，建设法治中国，必须坚持依法治国、依法执政、依法行政共同推进，坚持法治国家、法治政府、法治社会一体建设。目前，从省级层面讲，各省（自治区、直辖市）都在围绕加快建设社会主义法治国家，深入贯彻落实依法治国基本方略，结合当地实际，努力探寻法治建设规律，积极探索地方法治建设的有效途径和办法。

近年来，河南全面实施中原崛起、河南振兴的富民强省总体战略，着力推进实施粮食生产核心区、中原经济区、郑州航空港经济综合实验区三大国家战略，积极打造河南经济升级版，取得了显著成效。但是，也必须清醒地认识到，作为一个发展中的大省，河南人口多、底子薄、基础弱、人均水平低、发展不平衡的基本省情尚未根本改变，仍然面临着城镇化水平低，产业结构总体低端化，资源环境约束加剧，科学发展体制机制有待完善等一系列问题。实践证明，法治建设是推动经济社会发展的基础和前提。上述问题的有效解决，需要法治建设提供坚强保障。

改革开放以来，河南加快推进依法治省进程，在科学立法、严格执法、公正司法、法制宣传教育等方面都取得了较大进展。为了总结河南法治建设的经验，更好地为打造富强河南、文明河南、平安河南、美丽河南"四个河南"和推进社会主义民主政治制度建设、加强和提高党的执政能力制度建设"两项建设"提供良好的法制环境，河南省社会科学院牵头联系全省法制部门和法学研究力量，紧密结合河南实际，启动了《河南法治发展报告（2014）》的编撰工作。

该书坚持在选材上体现问题意识、在研究思路上体现建设意识、在理论上追求严谨性、在学术上追求前瞻性、在政策建议上追求可操作性，旨在把"河南法治蓝皮书"打造成为"展示河南法治发展的平台、引领河南法治研究

的载体、深化河南法治实践部门与理论研究部门对接交流的试验田、评估河南法治状况的窗口、推动河南法治务实发展的建议书"。

但是,由于《河南法治发展报告(2014)》是河南第一本法治蓝皮书,我们还没有编写经验,再加上自身科研能力和水平的制约,本书还存在研究不深不透等问题,以及其他方面的不足。希望得到人们的批评和帮助,敬请不吝赐教。

编 者

2014年1月

# 目录

## BⅠ 总报告

B.1 河南法治发展状况与2014年展望 …… 河南省社会科学院课题组 / 001
  一 改革开放以来河南法治建设历程回顾 ………………… / 002
  二 2013年河南法治发展的现状及主要特点 ……………… / 014
  三 2013年河南法治发展面临的主要问题 ………………… / 023
  四 2014年河南法治建设展望及对策建议 ………………… / 026

B.2 河南法治县（市、区）创建测评指标体系研究
  ………………………………… 河南省社会科学院课题组 / 031
  一 法治县（市、区）创建的法理分析 …………………… / 031
  二 河南法治县（市、区）创建存在的主要问题及
    原因分析 …………………………………………………… / 040
  三 河南法治县（市、区）创建测评指标体系构建 ……… / 044
  四 深化河南法治县（市、区）创建的对策建议 ………… / 050

## BⅡ 立法保障篇

B.3 2013~2014年河南立法实践及立法建议 ………… 王旭峰 / 058
B.4 关于修订现行涉农土地管理法规的思考 ……… 丁同民 丁 松 / 069
B.5 平安河南建设的立法保障研究 ……………………… 李 哲 / 079
B.6 河南食品立法保障问题研究 ………………… 娄丙录 郑书前 / 085

## BⅢ 法治政府篇

- B.7 河南推进服务型行政执法的探索与建议 …………… 王海云 武宝山 乔慧茹 / 100
- B.8 相对集中行政处罚权研究
  ——以河南城市治理为例 ………………… 沈开举 司 野 / 111
- B.9 河南建立健全政府信息公开制度的实践 …………………… 包世琦 / 121
- B.10 河南"7·18"林州警察摔婴案剖析 …………………… 王宏源 / 131

## BⅣ 司法公正篇

- B.11 河南审判方式改革的探索与启示
  ——以郑州市金水区人民法院新型合议庭为例 ……… 曹 勇 / 142
- B.12 错案责任终身追究制度的探索与思考 ………… 张中林 王 曦 / 150
- B.13 河南依法惩治"老赖"的实践探索 ………………… 王运慧 / 157
- B.14 媒体监督与司法公信互动研究 ………………………… 栗 阳 / 166
- B.15 从"李怀亮案"看破解"疑罪从无"
  难的河南实践 ……………………………… 郑金玉 姚显森 / 175

## BⅤ 经济法治篇

- B.16 从法律视角看"影子银行"体系的发展与
  思考 ………………………… 左晓杰 赵小黎 王世佳 / 185
- B.17 完善现行土地节约集约利用制度的对策建议 …………… 赵 执 / 194
- B.18 河南农村集体土地征收补偿安置中的问题与
  对策 ……………………………………… 田土城 郭少飞 / 207
- B.19 河南环境风险源专项治理的法治保障研究
  ………………………………… 祁雪瑞 刘子睿 祁安民 / 220
- B.20 河南非物质文化遗产资源保护与开发法治化研究 ……… 欧广远 / 232

## BⅥ 社会法治篇

B.21 平安河南建设的实践与对策建议
　　……………………………… 河南省社会管理综合治理委员会办公室 / 242
B.22 河南社会法庭建设的实践与探索 ……………………… 李宏伟 / 255
B.23 河南医疗行为的法律规制研究 ………………………… 赵新河 / 270
B.24 河南涉法涉诉信访工作机制创新研究 ………………… 刘　旭 / 281
B.25 河南农村留守妇女权益法律保障研究 ………… 黄进才　黄延廷 / 292

## BⅦ 法治反腐篇

B.26 河南法治反腐运行态势分析与前瞻 …………………… 闫德民 / 301
B.27 网络反腐的法治化研究 ………………………………… 马　欣 / 313
B.28 用法律和制度筑起源头防治腐败堤坝的思考建议 …… 陈东辉 / 323
B.29 河南反贪污贿赂的实践探索 …………………… 侯民义　王和平 / 333
B.30 行贿行为处罚问题研究
　　……………………… 中共河南省省纪委研究室　开封市纪委监察局 / 342

皮书数据库阅读 使用指南

# 总 报 告

## B.1
## 河南法治发展状况与2014年展望

河南省社会科学院课题组[*]

**摘　要：** 改革开放以来，河南全面落实依法治国基本方略，加快推进依法治省进程，科学立法、严格执法、公正司法、法制宣传教育都取得了显著成效。但必须清醒地认识到，同社会主义市场经济快速发展的要求相比、同人民群众日益增长的公平正义需求相比，河南法治化建设水平仍需进一步提高。2014年，河南将紧紧围绕全省工作大局，积极推进重点领域法治工作，着力提高立法质量和执法水平，努力实现司法公正，推动全民守法，为实现中原崛起河南振兴富民强省的宏伟目标提供坚实法制保障。

**关键词：** 科学立法　严格执法　公正司法　法制宣传教育

---

[*] 课题组长：闫德民、张林海；课题组成员：万银峰、王宏源、祁雪瑞、陈东辉、王运慧、李宏伟、栗阳；执笔：王宏源、陈东辉、王运慧、栗阳。

改革开放以来,河南坚持党的领导,注重地方实际,以保障经济社会发展为目的,全面落实依法治国基本方略,紧紧围绕中原崛起河南振兴富民强省发展战略,加快推进依法治省进程,科学立法、严格执法、公正司法、法制宣传教育都取得了显著成效。尤其是2013年以来,河南根据中央精神,结合地方实际,将保障民生作为立足点,将健全机制作为着力点,努力以改革创新精神加强和推进法治建设,有力地促进了全省经济持续健康发展与社会和谐稳定。在肯定成绩的同时,还必须清醒地认识到,同社会主义市场经济快速发展的要求相比、同人民群众日益增长的公平正义需求相比,河南法治化建设水平仍需进一步提高。2014年,河南将全面贯彻党的十八大、十八届三中全会和习近平总书记系列重要讲话精神,坚持党的领导、人民当家作主、依法治国有机统一,紧紧围绕全省工作大局,积极推进重点领域法治工作,着力提高立法质量和执法水平,努力实现司法公正,推动全民守法,为实现中原崛起河南振兴富民强省的宏伟目标提供坚实法制保障。

## 一 改革开放以来河南法治建设历程回顾

改革开放以来,河南同全国一样,法治建设进程大抵可以分为三个阶段。第一阶段,从"文化大革命"结束到第五届全国人民代表大会第五次会议通过"82宪法"的1982年12月。这是河南法治建设的恢复和重建时期。第二阶段,从"82宪法"颁布到1992年党的十四大召开。这一阶段,河南围绕建立有计划的商品经济展开了地方立法探索与法律实施的实践。第三阶段,从1992年直到今天。这一阶段,河南以发展社会主义市场经济为主线,全面落实依法治国基本方略,紧紧围绕中原崛起河南振兴富民强省发展战略,加快推进依法治省进程,科学立法、严格执法、公正司法、法制宣传教育都取得了显著成效。

### (一)科学立法方面

党的十一届三中全会后,随着我国民主法治进程的快速推进,河南的立法工作逐步得到加强。1979年9月,河南省第五届人民代表大会第二次会议决定设立常务委员会。1980年2月，河南省五届人大常委会第四次会议审议通过《河南省贯彻执行〈选举法〉实施细则（试行）》。这是改革开放后河南省制定的第一部地方性法规。1982年12月修订的《中华人民共和国地方各级人民代表大会和地方各级人民政府组织法》赋予省级人民政府所在地的市和经国务院批准的"较大的市"拟订地方性法规草案、提请省级人大审议通过的权力。1984年，《国务院关于批准唐山等市为"较大的市"的通知》（国发〔1984〕76号文件）批准的13个"较大的市"包括洛阳市。这样，郑州市、洛阳市成为河南省拥有地方立法权的主体。地方行政立法方面，1983年7月成立了省政府办公厅法制处，1986年对全省新中国成立以来的政府规章进行了一次全面清理。1988年4月省政府召开第一次全省政府法制工作会议，行政立法工作开始全面展开。

**1. 围绕保障经济发展推进立法**

20世纪80年代初，河南在进行盈亏包干和矿山"扩权"试点工作的基础上，积极探索建立有计划的商品经济管理体制。这一时期，为了促进全省国民经济繁荣发展，河南制定了《河南省采矿管理条例》、《河南省地方煤矿管理条例（试行）》等经济法规。1992年后，为了适应社会主义市场经济经济发展的新要求，河南加快了经济立法工作。涉及经济领域的立法，1994年多达17部，包括《河南省期货市场管理条例（试行）》、《河南省鼓励外商投资条例》、《河南省开发区条例》等，1995年有《河南省制止不正当价格行为和牟取暴利条例》、《河南省经纪人条例》等9部。近年来，围绕实施"三大国家战略规划"，审议通过了《河南促进高新技术产业发展条例》、《河南省信息化条例》等，为加快信息化与工业化深度融合、扶持民营经济、促进新兴战略产业发展等提供了法律依据。

**2. 围绕民主政治建设推进立法**

河南民主政治建设方面的立法多是根据上位法精神进行的。如，根据《中华人民共和国全国人民代表大会和地方各级人民代表大会选举法》，结合具体省情制定了《河南省选举实施细则》；根据《中华人民共和国村民委员会组织法》，制定了《河南省实施〈中华人民共和国村民委员会组织法〉办法》；根据《中华人民共和国宪法》、《中华人民共和国地方各级人民代表大会和地方各级人民政府组织法》及国家有关规定，制定了《河南省行政机关执法条例》。河南民主政治建设方面立法的一个鲜明特点就是突出对个人权益的保护。这方面的立法包括《河南省〈归侨侨眷权益保护法〉实施办法》、《河南省少数民族权益保障条例》、《河南省进城务工人员权益保护条例》、《河南省企业职工民主权利保障条例》等。

**3. 围绕文化保护与文化发展推进立法**

河南是文化资源大省，历史文化根基深厚。为了有效保护文化遗存，推动文化大发展大繁荣，河南在文化立法方面做了很多工作。一方面是关于规范文化市场的立法，包括《河南省文化市场管理条例》、《郑州市文化市场管理条例》、《洛阳市文化娱乐市场管理条例》。另一方面是对文化遗产的保护，包括《河南省历史文化名城保护条例》、《河南省安阳殷墟保护管理条例》、《洛阳市龙门石窟保护管理条例》、《郑州市嵩山历史建设群保护管理条例》、《河南省新乡潞简王墓保护管理条例》等。2013年，又通过了《河南省非物质文化遗产保护条例》，明确了政府对非物质文化遗产的保护职责，强化了对非物质文化遗产生产资源的管理。

**4. 围绕保障和改善民生推进立法**

河南十分注重重大民生问题的立法工作。2009年，出台了《河南省就业促进条例》，为推动统筹城乡就业和维护社会公平就业提供了法律保障。为保障食品安全，河南先后制定了《河南省〈食品卫生法（试行）〉实施办法》、《河南省食品卫生条例》、《河南省食品安全举报奖励办法（试行）》、《河南省食品安全地方标准管理办法》、《河南省食品生产加工小作坊和食品摊贩管理办法》等法规和规章。此外，河南还围绕教育、医疗、住房保障、安全生产等重点领域开展了地方法的"立、改、废"工作，体现了以人为本的立法理念，促进了社会的和谐稳定。

**5. 围绕生态文明建设推进立法**

工业化的进程往往伴随着资源过度开采和环境破坏。河南强调发展经济不以牺牲生态和环境为代价，因此在立法方面十分重视对生态的保护。1983年就制定了《河南省征收排污费实施办法》，后来又多次进行修订。为了有效防止建设项目产生的新污染对生态环境造成破坏，出台了《河南省建设项目环境保护条例》。此外,还及时制定和修订了《河南省水污染防治条例》、《河南省森林防火条例》、《河南省固体废物污染环境防治条例》、《河南省气象灾害防御条例》、《河南省地质环境保护条例》、《河南省防震减灾条例》等法规和规章,为推进生态文明建设,打造"美丽河南"提供了立法支撑。

河南改革开放30多年的立法实践,经历一个由封闭向开放的逐步规范化、科学化的过程。2003年,河南首次公开征集地方立法规划项目;2004年,首次召开立法听证会。2006年,郑州市人大常委会采取"立法公开招标形式"委托河南文丰律师事务所负责立法起草工作,第一次引入社会力量参与立法。在立法过程中,河南全面落实国家法治精神,坚持开门立法、民主立法,结合基本省情,广泛征集民智,采取制定、修订、废止,以及批准较大市立法等形式积极推进地方立法工作,立法内容涵盖了经济建设、政治建设、文化建设、社会建设、生态文明建设各领域,为推动全省经济社会又好又快发展提供强有力的立法保障(见表1)。

表1 河南省人大立法年度情况统计

| 年份 | 总数 | 立法涉及领域 | | | | | 采取立法形式 | | | |
| --- | --- | --- | --- | --- | --- | --- | --- | --- | --- | --- |
| | | 经济 | 政治 | 文化 | 社会 | 生态 | 制定 | 修订 | 批准较大市立法 | 废止 |
| 1979~1982 | 20 | — | — | — | — | — | — | — | — | — |
| 1983 | 7 | 1 | 2 | 1 | 1 | 2 | 7 | — | — | — |
| 1984 | 13 | 3 | 4 | — | 5 | 1 | 13 | — | — | — |
| 1985 | 3 | — | 1 | 1 | — | 1 | — | — | 2 | — |
| 1986 | 7 | — | 2 | — | 5 | — | 3 | 2 | 2 | — |
| 1987 | 6 | 2 | 3 | — | — | 1 | 3 | — | 3 | — |
| 1988 | 10 | 4 | 2 | 1 | 3 | — | 6 | 1 | 3 | — |
| 1989 | 10 | 1 | 4 | 1 | 2 | 2 | 3 | 4 | 3 | — |
| 1990 | 17 | 4 | 4 | — | 5 | 4 | 5 | 7 | 5 | — |
| 1991 | 7 | 4 | 1 | 1 | 1 | — | 2 | 1 | 4 | — |
| 1992 | 9 | 4 | 3 | — | 2 | — | 1 | — | 8 | — |
| 1993 | 16 | 3 | 5 | 1 | 4 | 3 | 11 | 1 | 4 | — |
| 1994 | 36 | 17 | 8 | — | 9 | — | 23 | 2 | 11 | — |
| 1995 | 29 | 9 | 6 | 1 | 12 | 1 | 16 | 4 | 6 | 3 |
| 1996 | 22 | 10 | 2 | — | 9 | 9 | 12 | 2 | 7 | 3 |

续表

| 年份 | 总数 | 立法涉及领域 | | | | | 采取立法形式 | | | |
|---|---|---|---|---|---|---|---|---|---|---|
| | | 经济 | 政治 | 文化 | 社会 | 生态 | 制定 | 修订 | 批准较大市立法 | 废止 |
| 1997 | 52 | 26 | 6 | 1 | 18 | 1 | 19 | 17 | 13 | 3 |
| 1998 | 19 | 6 | 1 | — | 10 | 2 | 5 | 4 | 10 | — |
| 1999 | 21 | 11 | 2 | 1 | 5 | 2 | 14 | 2 | 5 | — |
| 2000 | 21 | 10 | 5 | — | 5 | 1 | 8 | 4 | 9 | — |
| 2001 | 24 | 8 | 6 | 1 | 6 | 3 | 5 | 6 | 12 | 1 |
| 2002 | 28 | 15 | 7 | — | 3 | 3 | 11 | 3 | 8 | 6 |
| 2003 | 18 | 8 | 3 | 1 | 3 | 3 | 4 | 2 | 10 | 2 |
| 2004 | 40 | 22 | 5 | 2 | 8 | 3 | 5 | 15 | 9 | 11 |
| 2005 | 48 | 23 | 2 | 3 | 9 | 11 | 6 | 18 | 20 | 4 |
| 2006 | 16 | 1 | 1 | 1 | 8 | 5 | 5 | 1 | 9 | 1 |
| 2007 | 22 | 6 | 6 | 2 | 5 | 3 | 6 | 6 | 9 | 1 |
| 2008 | 12 | 3 | 1 | 1 | 5 | 2 | 4 | 1 | 7 | — |
| 2009 | 13 | 5 | 1 | — | 4 | 3 | 7 | 2 | 4 | — |
| 2010 | 12 | 5 | 1 | 2 | 2 | 1 | 3 | 4 | 4 | 1 |

资料来源：根据历年《河南统计年鉴》资料整理而成。

## （二）严格执法方面

改革开放以来，河南行政执法部门牢记以人为本、执法为民理念，围绕服务基层、服务群众、服务企业，切实加快了行政执法方式的转变。特别是2008年以来，河南深入开展了以加强政府自身建设、建设服务型政府为目标的"转变政府职能、转变工作作风、提高行政效能、提高公务员素质"的"两转两提"活动，行政机关和执法人员的服务意识明显增强，服务能力有效提升。回顾30多年的执法工作，河南各级各类执法主体坚持原则性和灵活性相结合，严格依法行政，不断改进和创新执法方式方法，大力推进文明执法、规范执法，全面履行执法职责，充分发挥了行政执法的保障和促进作用。

**1. 深化行政执法改革**

（1）探索建立行政执法责任制。2005年11月，省政府办公厅下发了《河南省人民政府办公厅关于贯彻执行国办发〔2005〕37号文件认真推行行政执法责任制的通知》，河南成立了省推行行政执法责任制工作领导小组。之后，河南在行政执法中认真梳理了执法主体和执法依据，逐步明确了"权利清单"，在此基础上进一步建立起责任目标考核机制，确保行政执法评议考核结果的客观性、准确性、实效性，为落实执法为民理念提供了坚强的组织保证。

（2）围绕重点领域积极推进行政执法。比如，郑州火车站客流量大，关系河南整体形象。20世纪80年代，火车站附近坑蒙拐骗、强买强卖、敲诈旅客现象时有发生，败坏了社会风气。针对这种状况，政府采取综合执法行动。仅1988年，公安部门在火车站区域就抓获各种犯罪分子4587人，端掉淫乱窝点9个；工商、税务部门查处各种违章非法经营活动9345起。

（3）围绕改革发展中出现的突出问题强化行政执法。比如，1988的"价格闯关"带来了席卷全国的"抢购风"，河南组织有关部门集中力量进行物价大检查，切实整顿市场和价格秩序。一年中，全省共自查、抽查出违价案件11125起，违价金额9800万元，收缴入库5402万元。通过高效的执法行动，河南迅速平息了抢购商品风，遏制了物价上涨过猛的势头，纾解了群众的紧张心理。

（4）努力发挥行政执法的示范带动作用。为了深入落实国家《全面推进依法行政实施纲要》（国发〔2004〕10号），河南开展了依法行政示范单位创建活动，取得了良好效果。比如，漯河市国税局将征管业务的9个大项权力、73个权力点、1688个子权力分解到177个执法岗位，明确了执法责任，公开了执法流程，使行政执法的规范性显著提高。

**2. 做好行政复议工作**

（1）建立行政复议机构。20世纪80年代末，河南省政府法制局设立了行政复议应诉处，省税务局、卫生厅等7个省政府职能部门建立了复议委员会。与此同时，在地市和县（区）的一些政府和政府的许多部门陆续建立了行政复议机构。到1991年全省17个市地全部建立了行政复议应诉工作机构，140多个县（市、区）成立了复议委员会或办公室。

（2）完善行政复议制度。在省级层面，河南围绕行政复议工作制定出台了行政复议申请接待制度、行政复议案件卷宗管理制度、案件定期统计及分析报告制度等制度，探索实行了行政复议接待值班制度和办案周例会制度。各地在此基础上也对相关制度建设进行了实践探索。比如，濮阳市台前县建立了复议案件二次集体讨论制度，确保了行政复议工作有序开展，杜绝了单独办案可能出现的关系案、人情案。

（3）规范行政复议程序。出台了行政诉讼应诉工作规则、行政复议调查程序规则、行政复议案件质证规则等相关规章。漯河市在行政复议听证过程中，还明确了需要听证的情形及听证启动方式，赋予申请人和第三人启动听证程序的主动权。

（4）创新行政复议案件审理模式。平顶山市鲁山县结合工作实际，探索出了巡回式案件审理的复议模式。他们为方便复议当事人参加复议活动，积极借鉴人民法院巡回法庭工作模式，将马锡五审理方式应用到行政复议活动中，选择当事人所在地、案件发生地或其他方便复议当事人的地点开庭审理行政复议案件。这样的行政复议模式不仅可以节约当事人的复议成本，而且有利于了解案情，同时还能发挥复议活动的普法宣传教育作用。

**3. 加强行政执法监督**

（1）开展行政执法大检查。1990年8~9月，为了迎接《中华人民共和国行政诉讼法》的实施，河南展开全面的行政执法大检查，重点检查了与治理整顿、深化改革、治理"三乱"、廉政建设、社会稳定等密切相关的法律、法规、规章的执行情况。通过检查，共清理出规章和规范性文件780件，容易引起行政诉讼的收费、罚款、吊销许可证、执照等具体行政行为88132起。

（2）不断强化行政执法监督的制度建设。1991年，河南开始着手推进行政执法监督由集中突击检查向制度化、常态化监督过渡。1992年，探索并初步建立了规范性文件备案审查制度、具体行政行为备案审查制度，以及行政处罚程序、行政案件查处程序、法规性文件实施情况报告制度和行政执法责任制。1995年，一些省直部门以及郑州市推行了执法责任制和错案责任追究制度。这些制度的建立有力地促进了河南行政执法监督的规范化。

（3）努力推进持证上岗、亮证执法工作。1998年，河南下发了《河南省人民政府关于实行持证上岗、亮证执法的通告》，要求行政执法人员必须持"两证"（执法证和监督证）上岗执法。为此，河南采取多种措施完善证件管理办法，在对符合条件的办理和换发新证件时，有效杜绝了乱发和滥发执法证件的行为。持证上岗、亮证执法的开展,使执法行为置于社会监督之下,有效保证了执法人员依法行政、按规办事。

(4)切实完善行政权力监督制约机制。2000年,下发了《河南省人民政府关于加强行政执法监督预防行政执法人员渎职、侵权犯罪的通知》,提出了一系列监督行政权力运行的措施和办法。之后,加大了对行政执法过程中因权力变异而产生的乱收费、乱处罚,以及粗暴执法等行为的查处力度。仅2009年就立案相关案件省本级20件、各地各部门81件,吊销执法证件93个,调离执法队伍33人。

## (三)公正司法方面

党的十一届三中全会后,河南司法机关相继恢复重建。30多年来,河南公安机关严厉打击犯罪分子,切实保障人民群众生命财产安全,在维护社会稳定方面发挥着重要作用;检察机关认真履行审查批准逮捕、审查起诉、查办职务犯罪、诉讼监督等法律监督职责,确保了准确执法;审判机关认真落实司法为民要求,切实保障人民群众的合法权益,为完善社会主义市场经济体制、推动河南经济社会又好又快发展提供了坚强的司法保障;司法行政部门积极履行法律保障、法律服务、监管教育改造等职能,在维护社会和谐稳定、全面深化改革开放和推动经济发展中发挥着不可替代的作用。

**1. 以打击刑事犯罪为重点发挥公安机关作用**

(1)严厉打击刑事犯罪。改革开放初期,河南同全国一样社会治安出现一些问题。1983年8月,河南开展了全面打击刑事犯罪分子的斗争,重点处理了一批严重危害社会秩序的犯罪分子。当年9~12月,全省刑事案件的发案数比前4个月下降57.3%。此后,河南一直对保持打击犯罪分子的高压势头,治安状况和社会秩序持续好转。

(2)加强社会治安防控体系建设。全省共安装巡更设备和视频监控系统1238套,各种监控探头12335个。截至2007年年底,全省巡逻警力达16470人,参与四级网格化巡逻的社会力量达69085人、车辆3258台。

(3)创新社会治理和公安行政管理。组建流动(暂住)人口管理服务站500余个,在全国率先建成省级"流动人口综合信息管理服务系统"。深入开展了"三深入、四进、四送"活动,即深入基层、深入实际、深入群众,进农村、进社区、进企业、进家庭,送温暖、送平安、送法律、送服务。设立了"厅长信箱",开通接受群众监督的直通车,仅 2009 年就通过电话、网络受理群众各类举报投诉和咨询 19202 件,办结后群众满意率达 99.1%。

(4)推动"三基"工程,狠抓"三项建设"。着力推进"抓基层、打基础、苦练基本功"的"三基"工程建设,使基层警力不足问题得到有效解决,大要案准备金和基础派出所专项经费落实基本到位。推动信息化、执法规范化、和谐警民关系"三项建设",有效遏制执法的随意性,促进了警民关系和谐。

**2. 以履行法律监督职能为核心发挥检察机关作用**

(1)依法履行审查批准逮捕、审查起诉职责。根据不同时期的社会热点问题重点开展相关领域的批捕起诉工作。1994 年,配合相关部门开展"打拐"和打击"车匪路霸"等专项斗争,全年共批捕拐卖妇女儿童案犯 968 人,"车匪路霸"案犯 2537 人。2007 年,突出打击严重危害社会治安的刑事犯罪,共起诉"黑恶势力"犯罪等严重暴力犯罪 9988 件。

(2)严查贪污贿赂、渎职等职务犯罪。查处了平顶山市原政法委书记李长河受贿案,漯河市原市委书记程三昌腐败案、省电力公司原副总经理李俊杰贪污受贿贪污、省水利厅原厅长张海钦受贿和巨额财产来源不明案等一批大案要案。2001 年,结合"严打"整治斗争,深挖黑恶势力的后台和保护伞,受理渎职侵权案 24 件,查处公安局长等各类渎职分子 28 人。

(3)加强对诉讼活动的法律监督。按照有罪追究、无罪保护、严格依法、客观公正的要求,规范立案监督和侦查活动监督。2001 年,在刑事立案监督中要求公安机关说明不立案理由 2920 件,依法监督公安机关立案 247 件。2009 年,在侦查活动监督中追加逮捕犯罪嫌疑人 2057 人,书面纠正违法 223 件次,批准延长羁押 530 人。

(4)依法履行控告申诉检察职责。坚持以群众满意为标准,不断完善涉检信访处理工作机制,探索建立了信访人和承办检察机关"双向承诺"制度。推动接访与主动下访、带案下访相结合,实现了"关口前移、重心下移",满足了群众的合理诉求。

**3. 以维护司法公正为根本发挥审判机关作用**

（1）围绕大局履行审判职能。20世纪80年代初，刑事犯罪较为猖獗。河南坚决贯彻执行中央依法"从重从快"方针，严惩了一批杀人、强奸、抢劫、重大流氓行为等严重刑事犯罪分子。随着社会主义市场经济的发展，经济纠纷逐渐增多，河南着力强化民事和经济审判工作，依法审理了一系列权属、侵权纠纷及其他民事案件，助推了全省经济发展。

（2）探索改革审判方式。自20世纪80年代中期以来，河南各地法院就积极探索庭审方式改革。近年来，提出了"把巡回审判作为基层法院基本的办案方式"的思路，在乡（镇）政府、村委会（居委会）设置巡回审判点8530个，减少了群众诉累。从2009年开始，又创建了社会法庭工作机制，运用民间规则、伦理道德、乡土人情等化解基层矛盾纠纷。在行政案件方面，探索"圆桌"审判模式，实现了"官""民"平等。

（3）强化审判监督工作。2012年，出台了《河南省高级人民法院错案责任终身追究办法（试行）》，明确"违反规定私自办理案件或内外勾结制造假案"等7种必须追责情形。错案责任终身追究制度实施以来，全省已对10名造成错案的法官进行了问责。其中，陕县法院法官"眼睛花判错案"相关责任人和分管领导被追责。

（4）加大执行力度。重拳打击"老赖"，严格落实《最高人民法院关于依法制裁规避执行行为的若干意见》、《最高人民法院关于公布失信被执行人名单信息的若干规定》等法规。自2012年6月以来，先后三次集中曝光了"赖账户"，并专门针对"赖账户"发布了"限高令"，综合运用限制"赖账户"高消费、投资置产、出境等制裁手段，促使"赖账户"履行义务，取得较好效果。

**4. 以营造法治环境为目的发挥司法行政机关作用**

（1）劳改劳教工作规范有序。将教育改造工作作为劳改劳教工作的主要任务，创新方式方法，努力提升对犯罪分子和劳教人员的教育改造质量。在此基础上，不断完善"分押、分管、分教"工作，推行个别化的心理矫治和行为矫治，注重对劳改劳教人员进行思想教育、文化技术教育和心理健康教育。

（2）切实加强律师管理。出台了《河南省司法厅关于进一步加强和改进律师管理工作意见》，明确界定了省、市、县三级司法行政机关的律师管理权限职责。强化律师思想政治教育，加大对律师办理重大、敏感、群体性案件的监督。河南省司法厅与省委组织部联合印发了《关于进一步加强和改进律师行业党的建设工作的通知》，加强了党对律师队伍的领导，实现全省律师事务所党建工作全覆盖。

（3）积极开展法律援助。开通了全省统一的"12348"法律援助咨询电话；同河南籍农民工集中的北京、广东等地签订《省际间农民工法律援助协作备忘录》，强化了法律援助的省际协作；开展了"法律援助便民主题活动"，全省共依托司法所、律师事务所，以及相关群团组织设立法律援助受理点3352个。

（4）规范司法鉴定。2006年，着重规范了司法鉴定机构审批规程，完善了审批工作程序。2008年，建立了全省司法鉴定机构和司法鉴定人的诚信档案，加强审核登记和管理工作，共审批98个登记司法鉴定机构、核准514个执业司法鉴定人。近几年，探索创立了司法鉴定机构规范化执业考核办法。

### （四）法制宣传教育方面

美国著名法学家伯尔曼有句名言：法律必须被信仰，否则它将形同虚设。普法宣传工作关系人民群众对法律的认知，决定着他们对法律的信仰程度。公民能否自觉遵守法律，在一定程度上取决于普法宣传的效果。改革开放以来，河南立足省情，突出重点，积极开展具有中原特色的法制宣传教育，普及法律知识、弘扬法治精神、增强法治理念，起到了促进公民自觉遵守法律的效果。

**1. 建全法制宣传教育体制机制**

（1）健全法制宣传教育组织机构。1985年，河南提出"用五年左右时间向全体公民基本普及法律常识"的工作目标。同年8月召开全省法制宣传教育工作会议，会后在成立河南省普及法律常识领导小组的基础上，各地逐步建立健全普法领导机构。截至当年底，成立县级普法领导小组145个，占全省158个县（区）的91.8%。1996年，成立了河南省依法治省工作领导小组，主要负责指导各地和省直各机关的依法治理和法制宣传教育工作。

（2）完善法制宣传教育领导体制。在普法宣传的过程中，河南逐步完善了法制宣传教育和依法治理工作的领导体制和工作制度，各单位各部门之间通力配合、密切协作，形成了普法宣传的强大合力。地方各级政府都将法制宣传教育纳入了当地经济社会发展规划和政府目标管理，确保了法制宣传教育的经费具有可持续的稳定来源。同时，还从人员、编制、教材、装备、开展活动等各个方面为全面推进法制宣传教育提供了保障。

（3）完善法制宣传教育激励机制。1998年，出台《河南省依法治理工作百分考核实施方案》和《河南省干部普法合格证制度实施方案》，要求把普法合格证作为考察干部学法用法情况的重要依据。此后，逐步建立起常态化的法制宣传教育考核评价和监督激励机制，各级人民代表大会及其常务委员会采取多种方式对普法工作进行年度考核、中期督导检查和终期评估验收，有力地促进了普法工作的顺利进行。

**2. 突出法制宣传教育重点**

（1）加强对领导干部的法制宣传教育。1985年，举办了省直厅局长以上领导干部普法学习班，省直机关110名厅局级以上干部参加了学习。从1986年"一五"普法教育开始，河南先后多次举行不同层次的领导干部普法学习班和法制讲座。比如，"一五"普法的第一年就基本完成了分期分批轮训县处级以上领导干部工作，20434名县处级干部学完"九法一条例"，占全部人数的84%。

（2）加强对企业管理人员的法制宣传教育。1988年，召开了全省企业法制宣传教育工作会议。1989年，对各级企业分批分期举办了《中华人民共和国企业法》学习班，推动厂矿企业的厂长经理掀起学习"十法六条例"的热潮。此后，多次组织企业经营管理人员深入学习市场经济法律、世界贸易组织法律、现代管理等知识，切实提高了企业经营管理人员依法经营意识，以及适应市场经济和参与国际竞争能力。

（3）加强对农民群众的法制宣传教育。多次召开农村普法工作会议，"二五"普法期间在全省农村设立342个法制宣传教育试点。2000年以来，在广大农村持续开展了"村民自治"、"村务公开"、"依法治村"等普法活动。2005年，在郑州开展了加强和改进对农民进城务工人员法制宣传教育的试点工作。这一年，免费发放《农村党员干部法律知识问答》9万册和《农民进城务工法律知识问答》12万册。

（4）加强对青少年的法制宣传教育。通过开展法制宣传月、设立法制副

校长、建立青少年法律学校、法制教育网络和基地等多种形式,充分调动社会家庭学校等各方面力量,建立起立体式全方位的青少年法制教育体系,全省青少年学法用法意识不断提高。

**3. 拓展法制宣传教育平台**

(1)开展丰富多彩的法制宣传教育活动。20世纪80年代,拍制《官司》和《刘老四失鸡》两部电视剧,以群众喜闻乐见的形式进行普法教育。进入21世纪后,组织了针对中小学生的"争做遵纪守法小公民"征文比赛活动。连续多年集中开展"12·4"法制宣传日活动,比如2002年举办了"振华杯"宪法知识大赛,2003年在电视台开始了《真实再现》栏目,2005年开展了以"坚持依法治省,构建和谐社会"为主题的集中采访报道活动,2009年组织了法制文艺会演等。近年来,又扎实开展了"法律六进"(进机关、进乡村、进社区、进学校、进企业、进单位)主题教育活动。

(2)不断完善公共场所法制宣传教育阵地建设。依托学校、行政机关、党校、监狱、反腐倡廉基地,以及各类教育中心,将普法宣传教育与校园文化、机关文化、企业文化、社区文化、村镇文化建设紧密结合起来,建设了一批针对不同人群的法制宣传教育基地。比如,济源市在公路沿线、客运站场、群众文化广场等设立法制宣传公益广告,形成了有效联动的区域法制宣传网络。

(3)综合利用各种传播媒介进行法制宣传教育。例如,仅1988年就在报刊、电台、电视台刊登或播放法制新闻13008篇。随着数字技术的飞速发展和信息化建设的快速推进,近年来河南十分注重利用互联网、移动媒介、LED电子显示屏等平台开展生动活泼的普法宣传,积极发挥政府网站及大河网、商都网等门户网站在法制宣传教育中的示范带动作用,扩大法治文化教育的覆盖面,收到了很好的实践效果。

## 二 2013年河南法治发展的现状及主要特点

**(一)加强地方立法及其监督工作**

2013年,河南省人大及其常委会认真履行宪法和法律赋予的职责,把促进科学发展作为履行职能的第一要务，紧紧围绕全省中心工作，重视经济立法，加强社会、文化、民生等立法，在维护群众权益、保障食品安全、保护生态环境等民生事业上积极作为，有力推动了河南省民主法治建设进程和经济社会持续健康发展。

**1. 发挥地方法规的规范、引导和保障作用**

河南紧紧围绕在信息化进程中持续探索"三化协调"发展，尤其是围绕推进新型城镇化、构建"一个载体、三个体系"明确立法重点。人大及其常委会在调研、监督和检查的基础上，全面了解现行相关法律法规和政策贯彻落实情况，提出完善相关法律法规制度建设的对策建议。审议了河南省国民经济和社会发展第十二个五年规划实施情况中期评估报告；建议有关部门围绕科学安排经济增长预期、着力推动经济转型发展、继续深化改革开放、积极稳妥推进城镇化、完善公共服务、合理调整收入分配格局、切实增加城乡居民收入等问题积极提出立法建议。例如，建议全省各级政府及相关部门要围绕理顺高速公路路政管理、交通安全管理体制、建立健全高速公路执法保障机制、创新高速公路运营模式等问题积极提出立法建议，切实发挥地方性法规的规范、引导和保障作用。

**2. 围绕社会热点问题立法**

河南省人大常委会有关部门在综合各方面意见的基础上，提出了《河南省人大常委会2014~2018年地方立法规划（草案）》。结合河南省实际，立法重点突出社会热点问题。先后制定了《河南省企业工资集体协商条例》、《河南省政府非税收入管理条例》、《郑州市社会急救医疗条例》和《洛阳市道路交通安全条例（修订）》、《河南省非物质文化遗产保护条例》、《河南省云台山景区保护条例》、《河南省减少污染物排放条例》等。《河南省企业工资集体协商条例》是河南省首部关于企业工资集体协商的法规，它进一步规范了企业工资集体协商行为，维护了企业和职工的合法权益，推进了河南省经济社会协调发展。《河南省政府非税收入管理条例》加强了各级人大及其常委会对政府非税收入管理情况的监督检查，增强了政府公共服务能力。同时，进一步加大保障妇女权益"一法一办法一决定"的宣传力度，切实保护好妇女参政议政、就业创业、人身安全等权益。

**3. 发挥人大及人大代表监督作用**

2013年7月，河南省人大常委会下发《关于开展立法监督工作的通知》，对全省现行有效的170多部地方性法规适用情况开展立法监督，以进一步提高立法质量，推动地方性法规更好地贯彻执行。省人大常委会有关工作机构狠抓跟踪落实，继续加大对重点项目、重点领域、重点资金、重点部门的审计监督力度，切实保障资金安全，提高资金使用效益。针对全口径预算、决算审查监督专题调研中发现的问题，坚持一切从实际出发，抓住突出矛盾，不断强化和规范河南省全口径预算、决算审查监督，努力提高监督实效，真正达到让代表满意、让人民群众满意的效果。

同时，发挥人大代表监督作用。人大常委会听取有关单位关于人大代表所提建议、批评和意见办理情况的报告，通过办理建议，一批关系发展和民生的问题得到解决。频频出现的雾霾天气引起省人大代表的广泛关注，5份建议不约而同地建议加强空气质量检测，减少雾霾污染。为此，省环保厅通过调研，组织制定了《河南省"蓝天"工程行动计划》，拟提请省政府常务会议研究并尽快实施。一些代表很关注河南省金融业发展，建议设立省级银行，改善河南省融资环境。省政府金融办会同有关单位进行了调研，初步形成了关于组建省级银行的思路和方案，并积极向中国银监会汇报沟通，目前正在加速推进。针对代表在建议中反映的案件执行难问题，省高级人民法院开展了"倡导诚信、见证执行"活动，执结各类案件6253件；对规避执行者限制高消费、限制出入境；对1400名失信被执行人通过新闻媒体公开曝光，将395名拒不履行债务的"老赖"移送立案侦查，已有35人被依法判处刑罚。办理关于校园安全的建议时，省教育厅联合省公安厅等20个部门建立了河南省校车安全管理联席会议制度，建立了校车信息管理系统，开展校车安全专项检查，有力保障了校车安全出行和学生人身安全。听取和审议了省人民政府关于水污染防治情况的专项工作报告，并就水污染防治情况开展专题询问，提出意见建议，坚决贯彻省委关于水污染防治的战略部署，采取切实有效的措施，持续改善水环境质量，为建设美丽中原提供有力的环境支撑。

**（二）法治政府建设稳步推进**

2013年，河南认真贯彻落实依法治国基本方略和《2013年度河南省政府推进依法行政工作计划》，全面推进依法行政，大力提升政府工作制度化、规范化、法治化水平。

**1. 继续深化行政管理体制改革**

进一步深化行政管理体制改革，河南省政府批转了省发改委制定的《关于2013年深化经济体制改革重点工作的意见》，提出了实现巩义市、兰考县、汝州市、滑县、长垣县、邓州市、永城市、固始县、鹿邑县、新蔡县等10个省直管试点县（市）全面由省直管的改革目标，推动试点县（市）党委、人大、政府、政协和法院、检察院由省直接管理。深化行政审批制度改革，减少微观事务管理。建立健全各种预警和应急制度，提高各级政府及其工作部门应对突发事件和风险的能力。① 完善各级行政机关领导干部学法制度，加强依法行政工作考核和依法行政示范单位创建工作。继续推进政府信息公开，把权力行使过程置于人民群众的监督之下。

**2. 切实推进服务型行政执法建设**

2012年，印发《河南省人民政府办公厅关于推进服务型行政执法建设的意见》（豫政办〔2012〕78号），确定在全省启动推进服务型执法工作。2013年，河南省十二届人大一次会议通过的《政府工作报告》把推进服务型行政执法工作列为全省推进依法行政的工作重点之一。河南省全面推进依法行政工作领导小组办公室及时印发《2013年全省推进服务型行政执法建设工作安排》（豫依法行政领办〔2013〕1号），明确以服务中原经济区建设为切入点，以制度建设为抓手，大力开展服务型行政执法建设活动。稳步推进相对集中行政处罚权工作，全省继续按照"成熟一个，审批一个"原则，加强审批前考察、审批中论证和审批后监督。全年有淇县、濮阳县、汝南县、驻马店驿城区、鹤壁市淇滨区等14个县（市、区）经省政府批准开展此项工作。在整体推进的基础上，确定在交通运输、公安、安全监管、住房和城乡建设、国土资源、烟草专卖、新闻出版、畜牧等8个系统重点推进规范行政处罚裁量权工作。②

---

① 《河南省人民政府办公厅关于印发2013年度省政府推进依法行政工作计划的通知》，《河南省人民政府公报》2013年7月10日。
② 《河南省人民政府办公厅关于印发2013年度省政府推进依法行政工作计划的通知》，《河南省人民政府公报》2013年7月10日。

**3. 大力加强行政执法监督**

组织开展执法检查，选择若干涉及社会关注和民生改善的重点领域，以及存在问题较多的系统，严肃查处检查中发现的行政执法违法案件。充分发挥社会监督的作用，在人大监督、政协的民主监督和司法机关依法实施的监督的基础上，更加注重接受新闻舆论、社会舆论和人民群众的监督。充分发挥行政复议在解决行政争议中的主渠道作用。积极探索建立行政调解机制，有效利用自身资源和调解手段化解行政争议。引导当事人通过行政复议渠道，依法表达诉求、维护权益。注重运用调解、和解方式解决行政纠纷。建立群众举报投诉制度，拓宽群众诉求反映渠道。①

## （三）公正司法得到加强

**1. 审判工作得到加强**

（1）加强刑事审判工作，依法严惩危害民生犯罪。2010年以来，全省各级法院大力开展打击安全生产责任事故犯罪专项工作，审结此类案件503起，判处犯罪分子781人。在审理平顶山"9·8"矿难案中，首次以"以危险方法危害公共安全罪"对2名主犯判刑，有力打击了黑心矿主。② 坚持"快立、快审、快结、快执，优先立案、优先审理、优先执行"的"四快三优先"办理原则，集中办理拖欠农民工工资案，审结拒不支付劳动报酬犯罪案件14件，判处犯罪分子16人。共审结危害食品药品安全犯罪案件849件，判处犯罪分子1776人。审结拐卖妇女儿童犯罪案件1018件，判处犯罪分子1951人。

（2）把握商事审判规律，推动经济社会协调发展。全省各级法院商事审判工作在省高级人民法院（以下简称省高院）党组的领导下，坚持"为大局服务，为人民司法"的工作主题，紧紧围绕执法办案第一要务，依法公正高效地审理各类商事案件。截至2013年3月，全省163家基层法院均成立了金融审判庭或者设立了专门合议庭，全省法院实现对金融案件的统一管辖，集中审理，保障了河南金融法治环境健康有序。先后与中国政法大学和中国人民大

---

① 《河南省人民政府办公厅关于印发2013年度省政府推进依法行政工作计划的通知》，《河南省人民政府公报》2013年7月10日。
② 刘亚辉：《打击危害民生犯罪力度加大》，《河南日报》2013年8月1日。

学签署院校合作协议,为河南法院工作提供强大的理论支持,更好地提升河南法官的工作能力和水平。设立金融案件专家咨询库,推动河南省法院化解金融纠纷向着专业化、精细化方面迈出了一大步。积极创新金融纠纷化解机制,2013年6月和9月,省高院积极与省银监局、省保险行业协会沟通,在省银行业协会、省保险行业协会分别设立银行业和保险业社会法庭,选任多年从事金融工作的业务骨干和领域专家担任社会法官,社会法官对金融纠纷进行诉讼外调解,调解达成的调解协议,法院及时进行司法确认,与法院判决具有相同的法律效力,保障了当事人的合法权益。①

(3) 推动司法透明,树立司法权威。依据最人民高法院(以下简称最高法院)下发关于推进司法公开三大平台建设、审判权运行机制改革的试点方案,河南省高院和洛阳市中院分别被确定为试点法院。河南省高院通过打造审判流程公开平台、裁判文书公开平台和执行信息公开平台,全力推动司法公开透明,为社会公众和当事人及时、全面、便捷地了解司法、参与司法、监督司法提供了服务与保障。洛阳市中院作为审判权运行机制改革试点单位,从2013年12月正式开始试点,为期2年。通过建立符合司法规律的审判权运行机制,优化配置审判资源,严格落实独任法官、合议庭、审判委员会的办案责任,最大限度地满足人民群众对公平正义的需求,提高司法公信,树立司法权威。充分发挥"豫法阳光"手机报的作用,及时向人大代表、政协委员通报工作;深入走访代表所在企业,积极帮助他们排忧解难;进一步加强与代表委员的联络沟通,争取代表的理解和支持;认真办理好代表委员关注案件,让代表委员满意。新浪微博联合人民网舆情监测室共同发布的《2013年新浪政法微博报告》显示,河南省高级人民法院官方微博"豫法阳光"在十大法院微博榜单中名列第1位,同时成功入选"十大政法机构微博"。"豫法阳光"微博粉丝数和影响力在全国法院微博中均名列第1位,有效推动了司法公开,拉近了与民众的距离,塑造起更强的舆论引导力和公信力。

(4) 实行错案责任终身追究,确保司法公正。河南省高院在总结冤错案件教训的基础上,进一步牢固树立无罪推定理念,在全国法院率先提出建立错

---

① 谢建晓:《我省法院创新金融纠纷化解机制》,《河南日报》2013年11月15日。

案终身责任追究制度。对办错了案件的法官,不论调整到哪个工作岗位,不论在职还是离岗,只要认定为错案,都要问责到底。在具体操作层面,特别注意把握好四个问题:准确界定错案范围,严格错案认定程序,厘清错案责任主体,明确责任追究方式。错案终审责任追究制度实施以来,全省法院已经对10名法官进行了问责。通过严格责任追究,广大法官恪尽职守,公正裁判,责任意识进一步得到强化,行使审判权更加认真、慎重,案件审判质量进一步提高,切实防范了冤错案件的发生。

**2. 检察工作得到加强**

(1) 深化检务公开制度试点工作。根据最高人民检察院决定,河南省检察院在深入调研、认真研究、充分酝酿的基础上,制定了《河南省检察机关深化检务公开制度改革试点工作方案》,决定从2013年11月中旬至2014年11月,在省检察院和郑州、许昌、南阳市检察院及其所属全部基层检察院开展深化检务公开制度改革试点工作。就查办职务犯罪案件方面、诉讼监督方面、控告申诉方面、队伍建设方面等内容,通过试点院门户网站、"一站式"检务公开大厅、信访接待大厅等形式,向社会公开。省检察院还将进一步健全法律文书说理、公开审查公开答复、新闻发言人制度等工作制度,建立检务公开考评机制、完善民意收集机制、加强新媒体信息公开平台建设,以确保试点工作顺利进行,取得实效。

(2) 加大反贪污贿赂工作力度。认真贯彻标本兼治、综合治理、惩防并举、注重预防的方针,坚持把反贪污贿赂工作放在全国、全省工作大局中谋划和部署,进一步突出办案重点。重点查办招商引资、重点项目审批、企业改制重组、能源资源、生态环境、新型城镇化建设、产业集聚区建设等领域和环节的贪污贿赂犯罪,优化了经济发展环境。在全国率先开展了中储粮系统"转圈粮"专项治理活动,查办了一批中储粮系统案件。立案侦查了一批组织人事、行政审批、执法司法等重点领域和关键环节的贪污贿赂犯罪,促进了廉洁政治建设。坚决查处危害民生民利贪污贿赂犯罪案件,立案查办农田水利、退耕还林、农机补贴等涉农惠民领域贪污贿赂犯罪,保障了群众切身利益。严肃查处重大信访、群体性事件、黑恶势力犯罪等影响社会和谐稳定的贪污贿赂犯罪,促进了平安河南建设。

(3) 切实改进执法监督。建立廉政风险防控机制,在检察院系统实行下级院反贪局长向上级院反贪局述职述廉制度。全面推行反贪部门领导干部廉政档案制度和侦查干警执法档案制度,加强对侦查办案重点岗位和关键环节的监督和管理,防止和减少反贪干警违法违纪,提高反贪队伍的社会公信力。大力推进专业化建设,省市检察院分类建立了20个侦查人才库,入库专业侦查人员350名,全省统一调配使用。有针对性地开展业务培训和技能竞赛、岗位练兵,提高检察人员发现犯罪、侦破案件、搜集证据、运用法律、把握政策等能力。

### (四)司法行政工作得到强化

2013年,河南省各级司法机关充分发挥司法行政工作职能作用,进一步提高了行政效能和服务质量。

**1. 围绕经济发展和民生改善开展司法行政工作**

组织全省814家律师事务所的执业律师万余人次深入916个社区、乡村,面向基层群众开展便民法律服务,共接待法律咨询8万余人次,调处各类矛盾纠纷近千起。积极开展公证法律援助,共办理公证法律援助1758件,涉及金额1100万元。全省公证行业共面向社会办理各类承诺事项公证10236件。向残疾人、外出(来)务工人员、下岗职工提供免费公证法律咨询服务3619件。法律援助工作进一步完善服务窗口,改进服务措施。下发《河南省司法厅、河南省教育厅关于开展法律援助进学校工作的意见》,各地司法行政机关结合当地实际,积极与政法院校或高校法学院(系)协同合作,在高校法学院(系)设立高校法律援助工作站,打造集法学实践教学、学术研究和大学生法律援助志愿服务为一体的合作平台。组织法律援助机构工作人员、律师、社会志愿者,走进中小学校园,开展"关爱中小学生——1+1法律援助常识普及行动",宣讲法律援助制度和常识。从2012年至今,全省共受理法律援助案件12.03万件,接待群众咨询和代书69.1万人次;为受援人挽回经济损失和取得利益6.7亿元;"12348"法律援助电话人工接听率由26.1%提高到59.3%;法律援助覆盖人群由3500万人提高到4000万人,占全省人口总数的近40%。全省司法鉴定机构办理残疾人、外出(来)务工人员、下岗职工、丹江口库区移民司法鉴定事项9347件，减收金额约409万元，减收幅度为21%。

**2. 组织开展各类专项依法治理活动**

完善领导和工作推进机制，实行依法治省工作联席会议制度，完善考核考评机制，完善和落实督察和通报制度。针对社会热点难点问题和社会管理薄弱环节，选择扰乱市场经济秩序、影响社会和谐稳定和公民生命财产安全的突出问题，组织开展各类专项依法治理活动。组织四批罪犯职业技能鉴定，全省有13678名罪犯考取国家职业技能资格证书；认真落实监狱长、劳教所长接待日制度，共组织"监狱长劳教所长接待日"活动608次，累计接待社会群众1378人次，接待罪犯851人次，共接受咨询问题1826件次，反映问题307件次，所有咨询问题都给予了解答，反映问题多数已经妥善解决。

**3. 扎实开展法制宣传教育主题活动**

扎实开展"深化'法律六进'，推进法治河南建设"法治宣传教育主题活动。突出抓住领导干部、公务员、青少年和农民等作为学法用法的重点对象，带动全民普法工作的深入开展。[①] 开展外出（来）务工人员免费法治培训600余场次，发放各种法制宣传书刊、挂图和音像资料360余万份。认真落实省政府办公厅《关于深入开展法治文化建设活动的意见》，加强法治文化公园、法治文化广场等法治文化阵地建设，坚持"一市一特色、一县一品牌"要求，繁荣法治文艺作品创作和推广。组织法治文化成果展、学法用法示范单位（户）评选等法治文化活动。发挥报纸、电台、电视台、网络、手机报等媒体优势，开设专版、专栏、专题，增强法治文化辐射力和影响力。

**4. 深化提升法治创建工作水平**

深化部门行业法治创建，开展法治单位创建活动。完善法治城市、法治县（市、区）和部门行业法治创建工作的指标评价体系，持续在全省开展公众法治环境满意度调查。注重典型引路，突出抓好20个县、50个乡（镇、街道）、100个行政村（社区）示范单位创建工作，表彰一批法治市、县（市、区）、

---

① 谢建晓、王婷婷：《全国法治城市、法治县（市、区）创建活动先进单位我省3市16县（市、区）获殊荣》，《河南日报》2013年3月22日。

法治乡（镇、街道）、民主法治村（社区）、法治单位创建工作先进集体。鹤壁市、焦作市、漯河市3个省辖市和新郑市、通许县、平顶山市湛河区、林州市、辉县市、清丰县、鄢陵县、灵宝市、西峡县、民权县、信阳市平桥区、沈丘县、滑县、汝州市、遂平县、宜阳县等16个县（市、区）被全国普法办公室命名为"全国法治城市、法治县（市、区）创建活动先进单位"。35个市（县、区）荣获全国法治创建先进单位，226个村、42个社区被表彰为全省民主法治村或民主法治社区。

## 三 2013年河南法治发展面临的主要问题

近年来，各级党委、政府坚决贯彻落实中央依法治国的基本方略，并结合河南实际在立法、行政、司法和法治宣传教育等各方面取得了显著效果，法律法规不断健全，公民权利得到有效保护，执法水平不断提高，司法公正得到加强。但是总体来看，河南的法治化水平仍需进一步提高。

### （一）立法方面

从总体上说，河南省每年立法数量和质量都在提高，基本上满足了经济社会发展需要，但是还存在立法滞后，立法机制不够健全，立法方法不够科学等问题。

**1. 立法存在滞后现象**

河南立法工作长期以来形成一个思维定式，即当经济社会发展中出现重大问题时，开始出台政策和进行试点，然后再总结经验开展立法。这种过分求稳的立法原则使得立法速度跟不上经济社会发展的需要，导致很多急需法律规制的问题"无法可依"。同时，由于各部门针对同一事项制定出各类名目繁多的行政规章，适用起来又缺乏统一性，极大降低了法治的权威性。

**2. 立法存在利益化现象**

由于立法机制不健全，很多法律由行政机关根据实际工作中面临的问题制定出行政规章，后来又常常经由这些部门推动上升为法律，因此这些立法草案难免有偏向该部门利益的倾向性，如果不得到纠正，那么出台的法律将有失公

正。当前，河南地方性法规的制定还避免不了存在地方保护的倾向，如地方在招商引资中为了吸引外来投资，在减免税和其他优惠措施方面任意开口，与上位法相关规定不一致，违反了法制统一原则。

**3. 立法效果存在打折扣现象**

河南省的法律体系尚不够完善，上位法与下位法、不同部门法之间、法律与行政法规之间还存在很多不一致的地方，急需完善和改进。目前河南总体立法数量尚可，但是有些立法的可操作性不强，有的规定过于原则和笼统，有些法律条文不够严密、自由裁量范围过大。还有一些道德指引式的法律条文，由于没有规定具体的罚则，使得法律的威慑力不够，不能收到预期效果，甚至使法律形同虚设，有损法律权威。

## （二）执法方面

立法是前提，执法是关键。法律被制定颁布出来后，能否被严格执行，能否被落到实处是核心问题。目前，河南省在法的执行环节取得了较大进步，但执法不严现象时有发生。

**1. 依法办事观念没有完全形成**

由于长期以来"人治"观念的影响，一些政府机关工作人员在解决问题时不严格依据法律来进行，有的行政相对人则采用找熟人朋友、托关系等方法寻求帮助，因此，关系和人情干扰执法的情况时而发生，依法办事的习惯难以养成。

**2. 干涉执法现象没有彻底改变**

所谓行政权干涉阻碍执法是指有的领导和部门不深入践行科学发展观，片面追求政绩，追求GDP，对国家法律置若罔闻，对一些项目不合法的地方高抬贵手，导致执法不能严格依照法律规定，有失公正。究其原因，腐败是造成执法不公的罪魁祸首，而要惩治腐败必须加强监督，监督不力则会造成行政执法不作为，或者执法不严、执法错误等。当前河南对于行政执法中的错误和违法行为的追责机制还不够完善，这也是导致执法不严的关键因素。

**3. 执法人员素质问题没有完全解决**

高素质的执法人员是严格行政执法的关键，当前河南行政执法人员在政治素质和业务素质方面均有待提高。造成这一问题的主要原因,一是执法人员逢进必考的进人机制还不够健全,二是执法人员的考核和培训机制尚不完善。只有把好执法人员入口关和加强执法人员政治素质和业务素质培训,才能切实保障执法人员素质适应当前法治化发展水平。

## (三)司法方面

总体来看,全省司法机关树立司法为民思想,自觉抵制司法腐败,极大地维护了司法权威,有助于进一步实现司法公正。但是,我国正处于社会转型期,制度的不完善造成各种复杂疑难案件和各种矛盾难以化解,司法公正还有待加强。

**1. 独立审判还有一定差距**

在目前体制下,法院在各个方面受制于地方党委和政府,很难不受地方政府的干扰真正实现独立审判。在某些地方,尤其是经济欠发达和法治意识淡薄的地方,少数人仍然敢于干涉司法,给案件的审判施加压力。媒体监督对于预防和揭露司法腐败、促进司法公信力提升有积极作用,但有些时候由于媒体追求轰动、快速的新闻效应以及利益驱动造成的不当监督,还会对审判独立和司法权威起到破坏作用。

**2. 司法人员业务素质还有一定差距**

法官和检察官作为法律专业人士,应该具有更高的道德水准,具备过硬的业务素质。目前全省的司法工作人员整体素质较以前有很大提高,但还不够。司法资格证普及率还需要提升,对法律的精通程度还不够,对立法精神和司法解释的理解还需要进一步提升。同时,司法工作人员的程序意识不够强,重实体轻程序的情况仍时有发生。

## (四)法治观念和意识方面

随着依法治国、依法治省的有序推进,以及法治宣传教育的不断强化,全省人民的法治观念不断加强,但仍存在不少思想认识上的障碍,群众的法治信仰远未建立起来。

**1. 良好的法治氛围还未真正形成**

某些群众遇事"信访不信法",认为法治专治老百姓,对当官的无可奈何。面对普法教育,很多群众认识不到重要性,并且认为当官的守法了,群众自然就会守法。仇官、仇富心理不同程度存在,一些正常的工程招投标也被认为存在权钱交易、暗箱操作。由于盲目听信"大盖帽两头翘,吃完原告吃被告"的偏激言论,一些上访群众认为坚决不能去打官司,造成涉法、涉诉信访案件连年攀升,法治的权威受到极大影响,良好的法治氛围还未形成。

**2. 全民守法、依法办事尚未形成一种自觉**

法治宣传教育是一项系统工程,其成效不在一朝一夕,而要放眼于长远。当前,很多进行法治宣传教育的干部对这项不能立竿见影取得效果的工作认为没有必要,工作中不够重视。加上法治宣传教育经费短缺,人员不足,手段陈旧,形式枯燥,致使法治宣传和教育的成效不够明显。另外,法律服务体系不健全,服务不到位,法律援助的适用范围还不够广泛。以致于一方面许多群众不懂法,不敢打官司;另一方面有的群众由于经济原因打不起官司,于是选择信访。这些问题的存在使得全民守法、依法办事尚未形成一种自觉,法治信仰基础依然薄弱。

## 四 2014年河南法治建设展望及对策建议

党的十八届三中全会做出了《中共中央关于全面深化改革若干重大问题的决定》,法治是贯穿这一决定的内在逻辑。2014年,是河南在新的历史起点上全面深化改革、实现跨越发展的重要节点,法治建设的有序推进将为河南经济社会的繁荣发展保驾护航。

### (一)完善民主立法

河南全面深化改革涉及经济社会等方方面面的问题,都必须通过地方性法规和政府规章的立、改、废等手段来加以解决。因此,2014年,河南要进一步完善民主立法,动员人民群众通过各种途径积极参与立法,使立法汇聚民智,彰显民意,从整体上提高立法的质量,保障改革"有法可依",促进发展稳妥有序。具体而言,应从以下几个方面完善河南民主立法:

**1. 完善立法听证制度**

举行立法听证是征求法规草案意见的一种民主形式,一般应当召开听证会的都是涉及公共利益、社会热点、通过听证可以达到法制宣传目的的法规草案。立法听证会是民主立法的重要表现,只有给予各界代表充分表达意见的机会,才能让讨论的问题更具有针对性和深刻性,也才能更好地发现法规案中的失误与疏漏,找到解决问题的现实路径。此外,还可以通过报刊、网络公开征求立法意见、邀请各界群众旁听法规案的审议,真正实现立法与民众"零距离",达到提高立法质量和奠定立法社会基础的双重目的。

**2. 整合利用社会立法资源**

立法虽是一种国家行为,但并不意味着一切立法活动都应由立法机关和行政机关包办。今后地方立法可继续委托科研院所、社会团体或专家学者起草立法草案,因为委托立法不受部门利益的局限,比较客观、超脱,可以避免地方利益和部门利益法制化。加之专家学者们的立法业务水平和专业水平能够保证立法的质量,在提高立法效率的同时,也节约了立法成本。同时,为了增强法规草案的公正性和科学性,应进一步建立和完善立法专家咨询库,邀请资深专家学者参与相关法规草案的制定和修改。

**3. 加强立法质量评估**

随着我国依法治国进程的推进,"良法善治"的理念越来越深入人心。目前,河南省各项法规出台后,对法规适用的具体效果,除了各级人大常委会监督的执法检查以外,法律法规是否达到立法的预期,则没有更多更好的渠道。2014年,河南立法工作应当在立法质量评估方面下足功夫,评估内容具体包括对业已颁布实施的法律法规的立法成本和施行效果、法律法规所规定的责任主体的责任落实情况、法律法规在制定时争议的焦点问题及其解决方案的公正性与可行性等方面。评估方法要做到倾听群众意见与咨询专家并重,坚持实地调研与理论论证并重,充分运用一切媒介和载体及高科技手段,让立法之门向社会充分打开,尽可能广泛收集各方面的评估信息和反馈资料,让每一部新法都接受民众的打分和挑剔,让民众对法律文本行使充分的话语权和评估权。①

---

① 刘武俊:《民间给新法打分是民主立法的新思路》,《法制日报》2013年5月14日。

## （二）改革行政执法体制

坚持依法行政是依法治国应然要求，法治政府的建设直接关系着法治国家建设的成败，深化行政执法体制建设法治政府的重要特征。2014年，河南法治建设要强力推进行政执法体制改革，以建设法治政府和服务型政府为目标和方向，深入践行执法为民这一理念，把人民群众的根本利益作为出发点和归宿，转变政府职能，优化政府组织结构，提高执法和服务水平，真正把人民群众的根本利益体现在改革的设计和体制的运行上，切实体现人民群众当家作主的主体地位。为此，要调整行政执法的权力分配，厘清执法部门职责，集中行政执法权，推进综合执法。要严格行政执法主体制度，加强行政执法机构编制管理建设，建设一支专业化、高素质、法治化的执法队伍。实事求是地讲，长期以来因为编制和经费保障等问题，给行政执法尤其是基层城管执法造成了恶劣的影响。为此，党的十八届三中全会提出要进行包括整合执法主体、相对集中执法权、推进综合执法权的行政执法体制改革。要进一步规范行政执法程序，完善行政执法监督监控机制，用程序的公平正义和监督的有效保障促进和推动法治政府的建设。要完善执行责任追究制，强化执法培训和责任考核。责任担当和责任追究意识，是认真规范行政执法行为的前提和保证，而行政执法的效能要依靠科学有效的激励机制激发出来，因此，要科学建立执法考评体系，突出执法效能评估，将评议与升迁、薪金、奖励等利益机制挂钩，从而充分调动行政执法主体的积极性和责任感。①

## （三）确保依法独立公正行使审判权和检察权

司法是法治这个大系统中的一个子系统，具有相对独立性。我国目前司法存在的问题和症结并非是细枝末节的事项，而是事关全局，涉及诸多方面。因此，司法改革必须着眼于整体，以实现司法的公平与正义为目的，针对司法体制中的疑难杂症有的放矢，确保依法独立公正行使审判权和检察权。2014年，河南的司法工作要在全国逐步解决制约司法公正的司法地方化和司法行政化两

---

① 王金丽：《对河南行政执法体制改革发展问题的思考》，《黑河学刊》2011年第12期。

大体制性障碍的大趋势下,进一步实行司法公开,通过广泛实行人民陪审员、人民监督员制度和开展"倡导成效见证执行"活动,拓宽人民群众有序参与司法渠道;进一步推进和完善错案终身责任追究制度,使之真正对法官和案件起到事前警示与预防、事后惩治与纠正的作用,提高案件审判质量,提升司法公信力;为消除"审者不判、判者不审"的不合理现象,尝试推行审判委员会制度改革;严格落实独任法官、合议庭和审判委员会办案责任,以法官审判权的落实,实现审判的责任化和公正性。①

### (四)培养公民法治精神

2014年,河南的法治宣传教育要把进一步培养公民法治精神、提高公民法治意识、维护宪法法律权威作为一项重要工作抓紧落实,大力宣传国企改制、劳动就业、教育医疗、治安管理等方面的法律法规,引导广大人民群众通过法治途径合理反映利益诉求、促进纠纷解决,把社会矛盾和冲突遏制在萌芽状态,防患于未然,维护社会和谐稳定。扎实推进多层次多领域依法治理工作,全面开展法治城市、法治县(市、区)创建活动,继续推进民主法治社区、民主法治村建设活动,进一步巩固普法工作成果、提升社会法治化管理水平。要大力开展"法律走基层"活动,注重发挥各级领导干部和全体公务员学法用法的带动作用,继续把司法执法人员、青少年、企业经营管理者作为重点对象,不断提高法制宣传教育的针对性和时效性。在具体实践中,要以创建"民主法治村"为载体,大力推进村民自治,不断增强农民依法自律、自治和维权的能力;大力推进和谐社区建设,把城乡社区建设成为管理有序、服务完善、文明祥和的社会共同体,保证社区法治建设与社区整体建设同步发展;进一步完善以职工代表大会为基本形式的民主管理制度,提高企业依法决策、依法管理、依法经营能力;切实强化校园法治建设,依法整治和净化校园及其周边环境工作,努力构建学校、家庭、社会"三位一体"的工作体系,为青少年健康成长营造法治文明环境。

总之,建设法治河南是一项立法、执法、司法和守法共同推进的综合性系

---

① 傅达林:《司法体制改革没有退路》,《中国青年报》2013年11月19日。

统工程，需要通过科学立法、民主立法提高立法质量、树立法律权威，依靠严格执法、公正司法推动法治有效运转，通过法治宣传培养自律与他律并行的法治精神，努力让法治成为现代文明生活的一种习惯和方式的同时，也让法治成为建设富强河南、文明河南、平安河南、美丽河南和推动河南全面深化改革的坚实保障。

# B.2 河南法治县（市、区）创建测评指标体系研究

河南省社会科学院课题组*

**摘　要：** 法治县（市、区）创建是法治河南建设的制度创新和实践探索。河南法治县（市、区）创建综合测评指标体系主要围绕"规章制度制定、党委依法执政、政府依法行政、公正司法环境、经济法治建设、文化法治建设、社会法治建设、生态法治建设、法治监督体系和法制宣传教育"十大构成要素构建，以期为河南经济社会发展创造良好法治环境提供借鉴。

**关键词：** 法治创建　测评指标体系　法治河南

近年来，河南深入贯彻实施"六五"普法规划，积极探索地方依法治理活动的方式和途径，区域法治化水平得到提高。党的十八届三中全会提出，要建立科学的法治建设指标体系和考核标准。为深化法治创建活动，省司法厅与省社会科学院组成课题组，就"河南法治县（市、区）创建"问题进行了深入研究，设计了一套专门用来评价法治县（市、区）创建工作的指标体系，为全面建设"法治河南"提供有效抓手和平台。

## 一　法治县（市、区）创建的法理分析

改革开放35年，也是法治中国探索的35年。在这期间，中国的法治建设

---

\* 课题组长：丁同民、黄庚倜；课题组成员：尚海、时志强、王运慧、李宏伟；执笔：王运慧、李宏伟。

进行了一系列的论证和实践,"法治指标"的提出和构建就是其中的一个探索和例证。法治县(市、区)创建是一种广泛意义上系统层面的制度创新,使得地方法治发展程度更为直观和具体。

## (一)法治县(市、区)创建的内涵分析

**1. 概念界定**

从理论方面讲,法治县(市、区)创建就是法治在地域范围内的具体体现,是以国家宪法、法律为基础,以保障人民充分行使当家做主的权利为目的,以制约权力为重点的,适合县(市、区)实际的治理模式和状态,它通过规范的地方权力运作和普遍的守法意识,实现区域内政治文明、经济建设、文化事业、社会秩序、生态建设等的全面协调发展。

从实践方面而言,法治县(市、区)创建,其实就是在县(市、区)党委、政府的领导下,依照宪法和法律规定,通过各种途径和方式管理区域经济文化事务和社会事务,把法治渗透到社会管理的各个层面,保证各项工作都依法进行,推动和促进社会和谐进步。

**2. 创建目标的实质**

法治县(市、区)创建目标的实质是要发挥法治在县(市、区)范围内的四个功能。一是制约公权力。古往今来实践证明,不受约束的权力必然导致腐败,因此必须运用法律法规和规范化的制度体系,对公权力的行使形成约束机制,唯有法治才是防止公权力不当扩张和滥用的有力武器。二是维护和救济私权。一个国家或地区,如果不保护私权,就不能保证经济发展,就不可能真正富裕和强大,因此法治的一个重要功能就是维护和救济私权利,通过法治的运行来规范和保障公民行使权利,促进公民义务的履行,防止私权利的不当履行及在其遭受侵害进行救济。三是解决纠纷和争端。法律所具有的指引功能告诉公民可以做什么,必须做什么和不得做什么,可以有效预防社会纠纷;法治倡导的规则之治简而言之就是通过适用放任性、导向性和奖励性的法律规范来调整合法的利益冲突,适用强制性的制度来调处非法的利益冲突;法律的重要使命就是裁判纠纷、化解矛盾。为此,法治县(市、区)创建的重要目的就是要让法治成为解决社会矛盾和利益冲突的最好手段。四是积淀和形成法治文

化。法治文化能为法治县（市、区）创建提供良好的社会氛围和人文环境。必须通过法律规范的激励和约束，逐步培养公民的规则意识、法治精神和信仰以及公平正义的法治理念。

## （二）法治县（市、区）创建的基本特征

### 1. 基础性

依法治国，即依照法律治理国家，法律至上是其行动口号和价值准则。国家治国理政的手段多种多样，包括道德、宗教、习俗、纪律和政策等，但凡是不以法律作为国家治理的基本手段和主要措施的，都不是依法治国，这是法治国家和非法治国家最显著的区别。我国明确提出了建立社会主义法治国家的目标，因此我国社会各个方面和层次都要实现依法治理，运用法律手段推动社会主义市场经济、民主政治和精神文明建设的快速发展。法治县（市、区）创建是在地方范围内实施依法治理，是法治国家建设的基本单元和准备阶段，是先行先试的法治实践探索，由此积累的经验可以提供给更高层面的法治建设，从而避免走弯路，提高法治建设成效，所以法治县（市、区）创建具有很强的基础性，要给予充分重视。

### 2. 统一性

法治统一是指一个国家的全部法律之间相互一致和相互协调，是我国法治建设的一项基本原则。地方法治建设的最终目标，是在"国家"这个统一的法治单元体中完成法治化任务，从而为建设法治国家做出贡献，而绝不是另搞一个地方的法治单元体，这与联邦制国家的地方自治以及港、澳、台的法治独特性具有完全不同的性质。因此，法治县（市、区）创建的统一性包含两层含义，一是本区域的法治创建要与整个社会主义法治保持统一，二是区域之间保持法治的协调统一。做到既符合各地实际，促进区域的自身发展，又能对全国各区域的整体发展产生积极作用。

### 3. 系统性

从具体形式和内容体系来看，法治县（市、区）创建涉及非常广泛的内容，包括规章制度的制定、法治政府的运行、司法公正的保障和公民意识的培养等各个法治建设的子系统。这些子系统各自发挥法治功效的同时，又互相促

进、协调发展，共同推动法治县（市、区）创建的进程。可见，法治县（市、区）创建是一个有机联系、良性互动的复杂的社会系统工程，它意味着在县（市、区）范围内各个层面的社会管理、社会调控和组织运行都要严格依法、有序地展开和推进，任何一个环节都不能出错，否则就功亏一篑，事倍功半。

**4. 探索性**

我们知道，法治县（市、区）创建是一种准区域法治建设，是依法治国的具体实践和先行探索。任何一个法治国家都有其特殊性，而且最大的特殊性就在于实现路径的不同。中国经历了长久的封建社会，由于缺乏法治传统，人们的法治意识相对低下，这对法治国家的建设是一个重大的障碍。法治县（市、区）的创建着眼于基层法治建设，是一种自下而上实现法治的实践模式和操作路径。其最大的探索性就在于能够充分利用民众的推动力量，这比那种自上而下国家推进的法治建设模式更具有生动性和感染力。因为，无论任何社会的法治建设，民众都是最重要最深刻的社会基础，尤其在中国这样一个泱泱大国，法治建设是否有利于民众的直接参与，是决定法治建设成败的关键和根本。

## （三）法治县（市、区）创建的构成要素

法治县（市、区）创建的每一个构成要素都是法治建设的一个组成部分，可以自成一体，但是侧重的法治价值不一样，彼此互相影响和促进，共同组成一个有机互动的法治创建统一体。

**1. 依法执政**

法治县（市、区）的本义是区域管理的法治化，但它涉及党委依法执政、政府依法行政、司法公正和市民及市民组织对法治的认同度。要完成这项艰巨的工作任务，必须有强有力的领导力量来推动，这就要求党委依法执政，从全局的角度去把握、谋划，制定法治县（市、区）建设纲要，作为本区域经济社会发展规划的有机组成部分，并且充分运用党的政治优势和组织优势去影响、推动法治县（市、区）建设工作的开展。党委依法执政建设是一个多层次的系统工程，它包括宏观、中观和微观三个不同的层次的内容。一是从宏观上如何在机制、体制、制度上保障依法执政能力建设的提高。二是从中观上各

级党组织如何按照"总揽全局、协调各方"的要求,处理好同人大、政府、政协的关系,做到总揽不包揽,协调不包办,提高执政能力。三是从微观上如何提高各级领导干部和党员个人的依法办事的能力,如何在实践中不断学习法律知识,积累依法办事的经验,增长依法办事的本领。据此,党委依法执政就要求县(市、区)党委推荐的重要干部要依法进入国家政权组织掌握国家权力;要求县(市、区)党委依法运用执政权力,从制度上和法律上保证党的基本路线和基本方针的贯彻实施,保证党始终发挥总揽全局、协调各方的领导核心作用;要求县(市、区)党委的执政行为要受法律的规范、制约和监督。

**2. 规范性文件制定**

没有规矩,不成方圆,制度在经济发展中起着最重要且带有根本性的作用,因为制度决定决策程序是否正确,制度决定信息采纳是否充分并对称,制度决定资源配置的优化程度及其效率。这些年来河南省各县(市、区)经济社会发展之所以呈现如此良好态势,各种突出本县(市、区)发展特点和重点的规范性文件的制定功不可没。法治县(市、区)创建过程中,要继续制定和完善经济社会发展的各项规章制度和具体政策,使经济社会发展有章可循。一方面制度等规范性文件的制定要遵循国家法制统一原则,依照法定职权和程序进行,制定和出台的制度等规范性文件要及时备案和公布;另一方面要加强调研,并健全公众意见的表达机制和对公众意见的反馈机制,使制定的规范性文件更加体现民情、突出民意。

**3. 依法行政**

推进依法行政,建设法治政府是我国政府机关施政的基本准则,是我国政府管理方式的一场深刻的观念更新和制度变革,也是各级法治区域创建中最为核心和关键的内容。法治县(市、区)政府依法行政应做到以下几点。

(1)依法行政的主体合法。行政行为是行政主体行使行政权的体现,因此,主体合法是依法行政的前置条件。主体合法就是指行政权的行使主体必须是国家行政机关,法律、法规授权的组织,或行政机关依法委托的组织,否则就是非法的,无权行使行政权。

(2)依法行政的内容合法。依法行政意味着必须依法规范行政行为,这里的"依法"即依照宪法和法律,使行政行为具有宪法和法律的依据。无论是具体行政行为还是抽象行政行为，行政权力的行使都必须首先用宪法加以衡量和评价，这就是宪法这一根本大法的最高权威的体现。同时，行政行为必须从属于法律，因为行政机关本身就是法律的执行机关，违反法律的行为不仅无效，而且如果造成损失，政府还要承担赔偿责任。

（3）依法行政是实体和程序全面执行法律。实体和程序是结合在一起的，是依法行政总体要求的构成部分，而且程序公正是实体公正的保障，因此行政行为必须遵守法律规定的方式、方法、步骤、次序、时效等规定，只有这样，行政主体做出的行政行为才具有法律依据，才是有效可执行的。

（4）依法行政接受监督和司法审查。在我国长期的历史传统中，君主权力无所不包，司法与行政混淆不清，因此，我国对行政行为的监督是不完善的。既然法治县（市、区）创建是一次法治实践的有益探索，其行政行为就应当接受各方面的监督，包括执政党和人大的监督、上级行政机关和监察机关的监督、新闻媒体和社会大众的监督以及司法审查监督等。

### 4. 公正司法

公正的司法环境是一个地区社会风气的集中体现，没有良好的司法环境，投资者就会望而却步，经营者心有余悸，诉讼者心力交瘁，广大群众就会丧失参与中原经济区建设的热情和积极性。公平正义是司法环境的基本理念和应有含义，它是法官追求法律的终极目标和实施具体司法行为的行动指南，是法官素质的内在要求。一是司法机关在适用法律过程中，要做到事实清楚、证据确凿。二是对案件适用法律要正确，分清合法与违法、此案与彼案、罪与非罪、此罪与彼罪的界限。三是对案件的处理要正确，量刑适度，做到罪、责、刑相适应。除此之外，司法工作人员应当廉洁自律，始终保持中立，维护法律的尊严和权威。

### 5. 经济法治建设

近些年来，河南省县域经济取得了长足发展，这与法治县（市、区）创建过程中法治环境的优化是分不开的。县（市、区）经济法治建设需要的法律制度不是某一方面、某一层次的，而是一整套涉及规范市场经济发展的法律制度体系。《中华人民共和国宪法》规定了合法的私有财产不受侵犯；《中华人民共和国公司法》、《中华人民共和国物权法》、《中华人民共和国合同法》

等提供了市场主体间自由进行交易、投资或者发生矛盾和纠纷是如何解决的规则；经济法调整包括国有资产投资、管理，规划和产业政策，财税和金融监管，土地和自然资源的开发利用，反不正当竞争和反垄断，以及消费者权益保护等事宜；任何经济领域的实体法律关系，都可能因其危害性达到一定程度而形成刑事责任关系，从而适用有关犯罪和刑罚的刑法，在《中华人民共和国刑法》中，直接涉及经济的罪名就有180余个。除此之外，县（市、区）经济发展还必须遵守一系列我国缔结或参加的国际条约、协定和认可的国际惯例，因为县域经济的发展早已突破了国界，域外投资已成一大特色。

**6. 文化法治建设**

党的十八大明确提出要推动社会主义文化大发展大繁荣，我国文化法治建设面临着加快发展的大好机遇。法治县（市、区）创建过程中，加强文化法治建设是全面落实依法治国方略的具体体现，也是发挥文化重要作用的最有效保障。先进文化需要有法律的促进和保障，因此法治县（市、区）文化法治建设一是要遵守《中华人民共和国宪法》、《中华人民共和国商标法》、《中华人民共和国著作权法》、《中华人民共和国广告法》、《中华人民共和国科学技术进步法》、《中华人民共和国文物保护法》、《中华人民共和国拍卖法》等相关法律。二是要规范文化执法行为，统一协调各文化行政部门和工商、公安、城管等部门的文化执法活动，建立文化市场综合执法机构，调配执法权力，加强联合执法，提高执法效率，促进公平合理、竞争有序的文化市场环境。三是要加强文化执法监督，通过完善内部监督和强化外部监督，确保公权力的依法阳光运行。

**7. 社会法治建设**

当前，我国已经开启社会建设时代，进入了解决社会问题和进行社会建设的历史发展阶段。创建法治县（市、区）的目的就是为了实现社会管理的法治化，因此保民生、促发展是县（市、区）法治建设的一项重要任务，必须围绕尊重、保障、保护和促进公民社会权利这一目标进行社会保障和社会公共服务一体化的法治建设。

（1）一个现代化的行政区域有诸多指标，其中最重要的指标之一就是其社会保障程度，因此要坚决遵守社会保障领域的一系列法律法规，包括《中华人民共和国宪法》、《中华人民共和国义务教育法》、《中华人民共和国就业促进法》、《中华人民共和国劳动合同法》、《中华人民共和国食品安全法》、《中华人民共和国残疾人保障法》、《中华人民共和国老年人权益保障法》、《中华人民共和国社会保险法》等，以宪法和各项法律为依据，切实解决群众最关心、最直接、最现实的利益问题。

（2）要严厉打击危害民生的犯罪，如拐卖妇女儿童犯罪、黑社会性质组织犯罪、贪污贿赂犯罪等，维护安定有序的社会环境，同时，依法审理涉及民生的民商事纠纷，如家庭婚姻纠纷、农民工讨薪、城市拆迁等，维护区域内社会公平正义。

（3）要加强民生执法，要求行政机关和有执法权的部门贯彻落实保障民生的制度安排，把公民的经济、社会、文化权利落到实处。

**8. 生态法治建设**

党的十八大报告鲜明提出要加强生态文明制度建设，努力建设美丽中国。法治县（市、区）是美丽中国的基本单元，必须把生态文明建设放在突出地位，融入经济建设、政治建设、文化建设和社会建设各方面和全过程，通过法治建设的保障和促进，走进生态文明新时代，实现区域内的永续发展。

（1）要严格遵守《中华人民共和国环境保护法》、《中华人民共和国水污染防治法》、《中华人民共和国节约能源法》、《中华人民共和国矿产资源法》、《排污费征收使用管理条例》等法律法规，建立生态效益补偿机制，坚决做到任何经济社会发展都不能以牺牲环境和生态为代价。

（2）要从可持续发展的"科学发展观"角度对"发展就是硬道理"进行重新审视，抛弃单一的以 GDP 为标准的官员政绩观，建立并完善包括环境行政问责制在内的责任官员引咎辞职、官员弹劾、信任投票、罢免、质询等制度，努力将县（市、区）政府打造为对环境和生态负责的责任政府。

（3）要提高区域内公众的环境保护意识，通过开展环境宣传教育、倡导公众参与环保。减少和拒绝一些浪费资源和污染环境的消费行为。

**9. 法治监督体系建设**

公共权力是进行公共管理的基础，是实现社会利益、促进社会发展的必要手段。为了使公共权力能够为人民谋福利而运行，就必须加强对公共权力进行监督，使得公共权力发挥应有的效能。

（1）法治县（市、区）创建要强化人大监督权威，本级人大要围绕全区域内经济社会发展中的重大事项，人民群众关心的热点、难点问题通过宪法和法律赋予的职责实实在在地进行监督。

（2）要注重行政监督实效，采取公开监督与秘密监督结合、专门机关监督和群众监督结合、教育与处罚结合等方式，把执法监督和守法监督作为重点。一是完善社会监督保障制度，使社会团体和公民个人的监督权利真正落到实处。二是完善司法机关对行政权的监督机制，增强检察机关对公共行政的监督力度。三是要提高群众监督水平和引导媒体进行客观有效的监督。

**10. 法制宣传教育**

深入开展县（市、区）法制宣传教育，是贯彻依法治国基本方略、建设社会主义法治国家的基础性工作，是建设法治县（市、区）的重要保障。法治县（市、区）创建过程中，要把法制宣传教育工作作为一项全社会共同参与的系统工程，坚持党的领导原则，围绕中心服务大局原则，以人为本服务群众原则，突出重点、统筹兼顾原则，求是创新与时俱进原则，从实际出发分类指导原则，加强宪法的宣传教育，强调与经济社会发展的相关法律法规宣传教育，着力与群众生产生活密切相关的法律法规宣传教育，普及保障市场经济秩序的法律法规宣传教育，开展维护社会和谐稳定的法律法规宣传教育，并在区域内广泛深入地进行社会主义法治理念教育。

## （四）法治县（市、区）创建与经济社会发展的内在关系分析

**1. 法治创建，能为经济社会发展提供潜质资源和制度保障**

（1）法治创建为县（市、区）经济社会发展提供潜质资源。当前，区域经济的发展竞争日益激烈，其在很大程度上就是招商引资的竞争。对于硬环境诸如自然资源环境、气候生态、基础设施等条件相似的地区而言，什么是招商引资的"制胜法宝"？当然是合法利益能得到长久保护、价值目标可以有稳定预期、制度和规则不因领导人改变而朝令夕改的地方更有吸引力，也就是公平、公正、公开、有序的法治环境最能吸引外商投资，是区域经济社会发展的潜质资源。法治县（市、区）的创建是一个不断优化本区域法治环境的系统

工程，其中政府越来越高效廉洁，坚持依法行政；司法越来越独立公正，不断完善个人权利保障；社会成员法律意识越来越强，依法行使权利和履行义务，这种环境能够保障投资者资本运营安全与效率不断提升，减少交易成本和保护知识产权，必将促进本区域经济的迅速发展和社会的富裕安定。

（2）法治创建为县（市、区）经济社会发展提供制度保障。法治说到底就是规则之治，而规则就是一系列制度的总和。我国是一个长期以成文法为主的国家，因此完善制度建设是依法治国的首要环节，也是创建法治县（市、区）的前提条件。法律制度作为制度中的正式约束及其实施机制，具有稳定性、确定性和明确性的特点，可以在一定范围内防止经济发展中的偏差与曲折，有利于经济活动长期而有效地进行。法治创建中的制度化运行和规则化运行，为建立良好社会秩序提供了重要保证，有助于区域内的经济活动降低交易成本，提高配置资源的能力和效率，从而在整体上提高县（市、区）的核心竞争力。

**2. 经济社会发展，能为法治创建提供物质基础和有利条件**

法治创建的实施和推进需要一定的物质基础作为经济支撑。"经济基础决定上层建筑。"全面、协调、可持续发展是县（市、区）经济发展的战略选择，这一新的生产方式将成为规定和制约本区域法治建设的物质基础。同时，全面、协调、可持续发展是一种先进的伦理观、文化意识和价值观，对法治创建的理念必将产生重大影响。新形势下河南对县（市、区）的发展探索是不以牺牲农业和粮食、生态和环境为代价的"三化"协调科学发展之路。这一发展理念包含了以生态文明为取向的价值观，植入了人与自然和谐相处的新观念，因此必将影响法治创建过程中越来越肯定和发挥法律法规调整人与自然的关系的作用，并将实现人与自然的和谐共处作为法治县（市、区）创建的价值目标之一。

## 二 河南法治县（市、区）创建存在的主要问题及原因分析

近年来，河南经济社会协调发展的同时，法治建设也取得了很大的成效，但是河南地处中原，历史上经历过漫长的战乱，经济发展水平有限，在法治建

设方面难免还存在村规民俗与法律制度的冲突、传统观念和现代法治意识的错位、人治与法治的矛盾。我国是农业大国，在一些长期以农业为发展重心或者地处偏远的县（市、区）难免会存在普法落后、法治意识薄弱、法律监督缺位、法律服务滞后等现象。为此，必须对这些现状一一展开深入分析，挖掘问题背后的原因和根源，以便有针对性地提出对策和建议。

## （一）河南法治县（市、区）创建存在的主要问题

### 1. 辖区居民对法治创建的重要性认识不高

虽然法治创建受到县（市、区）党委、政府的高度重视，但是辖区内一部分居民对法治创建的重要性认识还不高。有的认为一个地方的发展主要靠经济发展，法治环境会自然形成。这种认识在现实生活中很有市场，致使在经济社会发展过程中仍片面地强调经济效益，而忽视社会效益与环境生态效益，特别是一些企业和社会组织，当自身被作为管理对象时，还存在着上有政策，下有对策，法不责众的错误观念，导致一些人过于看重经济利益，而对民主、平等、法治、公开、和谐等理念接受不够。这在一定程度上使法治创建失去了法治文化强有力的支撑，法治环境改善功效甚微。一些企业、社会组织和公民积极参与经济社会管理和监督的意识有待于培养和加强。一些群众参与管理及监督的意识薄弱，认为事不关己、无须关心，只想享受经济社会发展的成果与效益，而不愿为此做出贡献。更有甚者，对经济社会管理与监督工作不予配合和支持，客观上阻碍了经济社会管理和监督工作的开展。

### 2. 法治县（市、区）创建指标考核机制不健全

党的十八届三中全会提出要建立科学的发展建设指标体系和考核标准，实际就是要求我们在法治建设系统层面进行理论创新，实现法治创建成效的有尺可量。法治县（市、区）创建是依法治国进程中的一块"试验田"，急需一系列可以量化的、具有高度可操作性的指标来进行考核，这些指标浓缩了大量的法律制度规定和运作机制，不仅可以衡量每年度各个县（市、区）的法治水平，更重要的是推进相关的法治建设进程。当前，我国在一些城市建设领域已经出台了明确的考核标准和细则，如文明城市、卫生城市或者旅游城市考核标准等，但关于法治建设，尤其是基层法治创建的指标考核机制还处于探索阶

段。因此，为了给法治创建提供一个引导、激励、规范和推动的新机制，必须以科学发展观为指导，以统筹法治工作为重点，充分考虑县（市、区）经济社会发展的综合性，尽快建立和完善科学的法治县（市、区）创建指标考核机制。

**3. 法治县（市、区）创建协调联动力度不够**

法治县（市、区）创建是一项全局性工作，不同于单纯的普法和依法治理，其内涵更深刻、外延更宽泛，它应当包括规章制度制定、党委依法执政、政府依法行政、公正司法环境、经济法治建设、文化法治建设、社会法治建设、生态法治建设、法治监督体系和法制宣传教育等多方面的内容，涉及县（市、区）政府、公检法司等众多法治建设主体。但是，由于这些机构各自隶属关系不同，功能和业务也不同，因此整合这些法治建设资源，汇聚和创建合力显得极为重要，对协调联动机制也就提出了更高的要求。目前，在实践中比较常见的是由县（市、区）依法治理工作领导小组办公室承担协调职能，但这种情况最大的弊端是领导小组缺少权威和强制执行力，导致众多相关职能部门只是把法治创建当成一项形式任务简单应付，使法治创建主体的力量难以有效融合。

**4. 法治创建发挥人民群众主体作用不够**

法治创建是一项社会治理实践的有益尝试，因此必须尊重人民群众的力量和智慧，充分发挥人民群众的主体作用。而在具体的法治创建过程中，由于受到传统观念的束缚，总是多强调行政主导，少重视社会力量，忽视了人民群众在法治创建中的积极性、主动性和创造性。人民群众是法治国家的最基本元素，只有人民群众的法律素质不断提高、法律信仰更加坚定、法律权利得到保障、法律诉求一一实现，法治国家才算具备了民主的本质，成为名副其实的现代法治国家。法治县（市、区）创建同样如此，要视人民群众为法治建设的"源头活水"，着力实现"法治创建请群众建言，依法治理请群众参与，创建成效请群众监督，法治考核请群众评价"，只有这样，法治创建才能持久长效，根深蒂固。

**（二）河南法治县（市、区）创建存在问题的原因分析**

中国是一个典型的关系社会，中原地区并不例外，甚至更为突出。从历史和现实的角度看,中原传统社会以宗法家长制家庭为社会的基本单元,缺乏民主传统,法治观念淡薄,宗法观念浓厚。目前,法治县(市、区)创建存在种种困难,究其深层原因,主要有以下4个方面。

**1. 河南乡土社会的历史积淀**

得中原者得天下,中原地区在历史上曾经辉煌一时,创造了璀璨夺目的华夏农业文明,而后由于人为的和自然的灾难,中原地区逐渐由盛转衰,经济社会生活相对静止和封闭,人口流动比较缓慢,形成了典型的乡土社会。在乡土农村,家族文化有其深厚的社会基础,再加上国家层面的统一法制鞭长莫及,因此,众多诸如婚丧嫁娶等引起的法律纠纷游离于法治之外,人们的法治观念、权利意识极为淡薄,甚至对一些刑事犯罪"亲亲相隐",这样的情况在河南一些偏远县(市、区)内普遍存在。

**2. 中原人治宗法的浓厚观念**

河南地处中原,历史上多个朝代在此建都,因此颇受封建社会人治宗法观念的影响,"官本位"思想盛行。在工作和生活上遇到事情,人们首先想到的不是"依法解决",而是习惯寻求各种人脉关系所形成的"势力范围"和"权力网络"来行为、办事。加之县(市、区)基层政府和司法机关的领导或者工作人员大多都是本地土生土长,他们与本区域内的各个宗族有着千丝万缕的联系,这势必导致他们做出的行政行为和司法行为会有失公正,倾向于保护一些宗族和地方利益,而集体观念和国家意识则退居幕后,法治规则更是被弱化和消解,这对法治建设无疑是一种无形的巨大障碍。

**3. 赶超型经济发展方式的趋利性**

河南经济长期以来处于赶超发展的状态,为追求短时间的经济发展而常常置法律于不顾,很多污染项目的审批就是极坏的例证。很多法律由于科学发展、永续发展、和谐发展的理念和行为规则还没有完全形成,因此形同虚设,被束之高阁。"法通过行为能力的规定,肯定了公民的独立、自主、积极性和创造性,给客观权利向主观权利的转化提供了动力,剩下的便是公民何时何地运用了。"可见,法治县(市、区)的创建面临的一个长期而艰巨的任务就是培育人们的大局观念和守法意识。实际上,法治建设和经济发展目的和方向是一致的,都是为了实现社会安定有序,人民富裕幸福,法治创建是为了给经济发展创造更好的法治环境，一定要加以重视，任何时候都不能为了发展经济将法律置于脑后，那样的话我们的损失当下看是无形的，长远来看却是致命的。

**4. 传统政权统治模式的深刻影响**

中原传统的义务本位、等级观念影响深远，权利本位的法律理念长期得不到确立。老百姓自封建社会以来就处于社会的最底层，习惯于接受统治和服从。权力就是法律、权力大于法律、权利义务模糊、权利依附于权力、法律即义务等封建思想深深扎根于民众意识深处。这种政权统治模式的影响在中原地区尤为明显。大多数人认为，法律是当权者的事、是政府的事，法律只能为当权者服务；法律只不过是当权者用来统治他们的工具而已。老百姓对国家的法律，往往看到的只是其强制性的一面，而对其利益保护的一面却知之甚少，这样的观念使得老百姓的权利意识愈加淡薄，从内心里对法治加以排斥、难以接受，对那些为了整个社会的长远利益或未来利益的法律，他们认为只是"摆设"，在短时期内很难获得普遍认同。同时，当权者也认为运用手中权力为老百姓办事，就是好官，而不知法治的本质就是治权、就是服务，而不是治民。因此，法治县（市、区）的创建要着力于法治文化的建设，通过维护宪法法律权威，逐步消除民众心中与法治相悖的观念和意识，法治文化建设不是一朝一夕就能见到成效的，它是一个润物细无声的过程，一旦形成便是一种历久弥坚、根深蒂固的力量。

## 三 河南法治县（市、区）创建测评指标体系构建

如何科学地考核和评价创建工作成果，这是法治县（市、区）建设的关键环节和所追求的核心价值。目前有的地方推出了"法治城市评估指数"，这无疑是一种探索和贡献。但是，法治县（市、区）创建不同于法治城市创建，其测评指标也不能直接照搬和套用，必须设计一套体现法治县（市、区）创建属性和特点的考核标准，既要符合本地区法治发展的实际情况，又不能就指标去考虑工作，而应就工作去设置指标。这样才能科学地、全面地对法治县（市、区）创建进行综合评价，才能使评价体系具有实际的操作性和公信力。河南法治县（市、区）创建综合测评指标体系由规章制度制定、党委依法执

政、政府依法行政、公正司法环境、经济法治建设、文化法治建设、社会法治建设、生态法治建设、法治监督体系和法制宣传教育十大构成要素组成,以此作为一级指标;每一个构成要素,又设立了相应地分要素,即二级指标。其具体内容详见表1。

表1 河南省法治县(市、区)创建综合测评指标体系

| 一级指标 | 二级指标(创建内容) | 评分标准 |
|---|---|---|
| 一<br>依法<br>执政<br>(10分) | 依法民主科学决策(4分) | 党委自觉在宪法和法律法规规定的范围内活动,无党委决定事项与宪法、法律、法规、规章相抵触事件发生。发生一起扣2分 |
| | | 党委议事规则及有关集体决策制度、听证制度、风险评估制度、责任追究制度建立健全。缺一项扣0.5分 |
| | | 对涉及经济社会发展重大问题或社会公共利益、人民群众关心的热点难点等重大事项在决策前必须进行听证或合法性论证。未进行的一次扣1分 |
| | | 无重大违法违纪案件发生。发生一起扣1分 |
| | 支持人大、政协履行职责(3分) | 支持和保障人大、政协依法履行职责。每年专门听取人大、政协工作汇报不少于2次。少一次扣0.5分 |
| | | 无干涉人大代表、政协委员正常依法履行职责的事件发生。发生一起扣0.5分 |
| | 保障司法机关独立行使司法权(3分) | 支持和保障法院、检察院依法独立行使司法权。无干涉正常司法活动,插手案件定性与处理事件发生。发生一起扣0.5分 |
| 二<br>规范性<br>文件<br>制定<br>(6分) | 文件内容合法有效(2分) | 规范性文件制定的内容符合宪法和法律法规及政策的规定。无与宪法和法律法规及政策相抵触现象。发生一起扣2分 |
| | 文件制定程序合法规范(2分) | 规范性文件的制定符合法定权限和法定程序。无超越法定权限或违反法定程序现象发生。发生一起扣1分 |
| | | 规范性文件的报备率达到100%。不达标的扣1分 |
| | | 规范性文件的公布率达到100%。不达标的扣1分 |
| | 文件相互之间协调规范(2分) | 规范性文件内容之间无相互抵触、不协调事件发生。发生一起扣0.5分 |
| | | 无因规范性文件的制定或不协调而引发的影响社会稳定或侵犯公民合法权益事件发生。发生一起扣0.5分 |
| 三<br>依法<br>行政<br>(15分) | 政府机构及编制依法设立(2分) | 机构及职权设置有法可依,机构设置和编制管理规范,政府部门职能和权限界定合理。无超编现象发生。有一项不达标扣1分 |
| | 政府工作制度建立健全(4分) | 依法行政工作组织领导机制建立健全。缺该项的扣0.5分 |
| | | 依法行政经费保障机制建立健全。缺该项的扣0.5分 |
| | | 行政审批工作机制建立健全,行政服务中心工作机制建立健全。缺一项扣0.5分 |

续表

| 一级指标 | 二级指标（创建内容） | 评分标准 |
|---|---|---|
| 三 依法行政 (15分) | 政府工作制度建立健全(4分) | 政府招投标、采购、国库支付、信息公开、电子政务工作机制建立健全。缺一项扣0.5分 |
| | | 政府依法公开听证、专家咨询论证、法律顾问制度建立健全。缺一项扣0.5分 |
| | | 行政执法人员年度法律知识培训制度建立健全。没有的扣0.5分 |
| | | 预防与处置各类突发事件应急管理机制建立健全。没有的扣0.5分 |
| | 行政执法行为合法规范(4分) | 行政处罚裁量权制度、行政执法公示制度、责任追究制度建立健全。缺一项扣0.5分 |
| | | 无因行政审批、行政许可、行政裁决等行政行为引起的重大突发事件及群体性事件发生。发生一起扣1分 |
| | | 行政执法程序合法规范，无程序违法、无证上岗事件发生。发生一起扣0.5分 |
| | | 无因处置突发公共事件不力造成重大社会影响事件发生。发生一起扣1分 |
| | | 无因征地、拆迁、补偿等政府行为引发的群体性、恶性事件发生。发生一起扣2分 |
| | 行政监督依法落实(4分) | 行政复议决定程序规范、内容合法。无超期等违法做出行政复议决定事件发生。发生一起扣1分 |
| | | 行政诉讼案件出庭应诉率达100%，行政首长出庭率达80%，胜诉率达90%。有一项未达标的扣1分 |
| | | 及时完整地履行人民法院生效的判决裁定以及上级政府的复议决定达100%。不达标的扣1分 |
| | 辖区居民对县、市（区）政府依法行政的满意度达80%以上(1分) | 不达标的扣1分 |
| 四 公正司法 (15分) | 严格公正司法(6分) | 法院一审案件审限内结案率达90%，执行案件审限内执结率达90%。有一项未达标的扣2分 |
| | | 检察院批捕案件提起公诉率达90%，自侦案件提起公诉率达90%。有一项未达标的扣2分 |
| | | 无因执法不公、不规范、不文明、不作为、乱作为在当地造成恶劣影响的事件发生。发生一起扣0.5分 |
| | | 无超期羁押、刑讯逼供、滥用职权违法案件发生。发生一起扣1分 |
| | | 无违法采取强制措施、违法使用警械及违法查封、扣押、冻结、搜查等行为发生。发生一起扣1分 |
| | | 无重大冤假错案发生。发生一起扣3分 |

续表

| 一级指标 | 二级指标（创建内容） | 评分标准 |
|---|---|---|
| 四公正司法（15分） | 依法独立行使审判权、检察权（4分） | 法院判决案件公开宣判率达100%。未达标的扣1分 |
| | | 国家司法赔偿案件赔付率达100%。未达标的扣1分 |
| | | 积极推行审务公开。未推行的扣1分 |
| | | 积极推行检务公开。未推行的扣1分 |
| | 司法队伍建设不断加强（4分） | 无违反法定程序人事任免事件发生。发生一起扣0.5分 |
| | | 无违法违纪被追究刑事责任事件发生。发生一起扣2分 |
| | 辖区居民对司法机关公正司法的满意度达80%以上（1分） | 不达标的扣1分 |
| 五经济法治建设（10分） | 市场主体合法权益得到保护（2分） | 市场主体合法权益得到保护，无地区封锁、地方保护主义等严重违反市场运营规则的事件发生。发生一起扣0.5分 |
| | 市场行为监管机制完善（5分） | 依法管理金融和准金融机构，金融风险预防机制建立健全。无非法集资等重大群体性事件发生。发生一起扣1分 |
| | | 生产安全监管体制健全，无较大生产安全事故事件发生。发生一起扣1分 |
| | | 食品药品等产品质量监管到位，无较大食品药品等安全事件发生。发生一起扣2分 |
| | | 环境质量监管监测到位，无较大环境污染事件发生。发生一起扣2分 |
| | | 知识产权保护监管到位，无较大侵犯知识产权案件发生。发生一起扣1分 |
| | 企业诚信经营能力加强（3分） | 企业信用监督机制完善，守信激励机制和失信惩戒机制健全。缺一项扣0.5分 |
| | | 无因企业生产经营诚信问题引发的重大群体性公共事件发生。发生一起扣2分 |
| 六文化法治建设（8分） | 文化品牌建设不断加强（2分） | 社会主义法治理念学习教育机制建立健全。缺少的扣0.5分 |
| | | 法治文化作品的创作与推广激励机制建立健全。缺少的扣0.5分 |
| | | 至少有一个具有当地文化特色的文化法治品牌。没有的0.5分 |
| | 文化市场执法合法规范（4分） | 建立文化市场综合执法机构，实行联合执法。未建立的扣0.5分 |
| | | 文化行政部门、公安、工商、城管等部门执法协调机制建立健全。未建立的扣0.5分 |
| | | 公布举报电话，实行24小时举报制度。未落实的扣0.5分 |
| | | 加强文化市场从业人员法律知识培训，每年培训不少于2次。缺一次扣0.5分 |
| | | 开展演出市场整治，规范演出经营活动，严格审查演出经营单位的资质，杜绝无资质、无证的非法单位演出。发生一起扣0.5分 |

续表

| 一级指标 | 二级指标（创建内容） | 评分标准 |
|---|---|---|
| 六 文化法治建设（8分） | 文化市场执法合法规范（4分） | 严格审批制度，无因审批把关不严重大事件发生。发生一起扣0.5分 |
| | | 无以罚代管、钓鱼执法等违法事件发生。发生一起扣0.5分 |
| | | 积极开展"扫黄打非"专项整治活动，全年无因执法监管不到位引起的重大事件发生。发生一起扣1分 |
| | | 无因文化执法行为引起的重大群体性事件发生。发生一起扣1分 |
| | 文化活动保障制度不断完善（2分） | 《著作权法》《文物保护法》等涉及知识产权、文化娱乐业管理、历史文化遗产保护法规得到落实。未落实的扣0.5分 |
| | | 执法队伍业务培训制度健全，每年执法业务吴培训不少于2次。缺一次扣0.5分 |
| | | 文化执法经费保障制度建立并落实。未落实的扣0.5分 |
| | | 辖区内无因知识产权、文化娱乐业管理、历史文化遗产保护等问题发生重大事件。发生一起扣1分 |
| 七 社会法治建设（15分） | 依法落实社会管理综合治理的各项措施（4分） | 社会管理综合治理工作机制建立健全。未建立的扣0.5分 |
| | | 社会稳定风险评估机制建立健全。未建立的扣0.5分 |
| | | 干部联系点和接访、下访、回访等工作机制建立健全并落实。未落实的扣0.5分 |
| | | 社会矛盾纠纷排查化解工作常态化、制度化、规范化机制建立健全。未建立的扣0.5分 |
| | | 重大社会治安案件数量逐年减少。未减少的扣0.5分 |
| | | 青少年犯罪率逐年下降。未下降的扣0.5分 |
| | | 刑释解教人员重新犯罪率逐年下降。未下降的扣0.5分 |
| | | 暴力执法、暴力抗法案件数量逐年减少。未减少的扣0.5分 |
| | 依法调处社会矛盾的保障机制健全（3分） | 信访案件数量逐年减少。未减少的扣0.5分 |
| | | "三调联动"工作机制建立健全并有效开展。未开展的扣1分 |
| | | 人民调解委员会调解纠纷成功率逐年增加。下降的扣0.5分 |
| | | 辖区内治安防控网络健全。不健全的扣0.5分 |
| | | 平安建设资金保障到位及时落实。未落实的扣0.5分 |
| | | 人民调解委员会工作经费和人民调解员误工补助保障到位并落实。未落实的扣0.5分 |
| | 基层民主法治建设得到加强（2分） | 基层自治组织民主选举、民主决策、民主管理等依法落实，无影响基层民主法治建设的重大违法违纪事件发生。发生一起扣0.5分 |
| | | 企事业单位职工代表大会制度依法落实，无因侵犯职工利益引发的重大恶性事件发生。发生一起扣0.5分 |
| | 社会保障体系不断完善（3分） | 积极落实医疗、养老、失业、工伤等社会保障制度。未落实的扣0.5分 |
| | | 企业职工"三险一金"制度得到落实。未落实的扣0.5分 |

续表

| 一级指标 | 二级指标（创建内容） | 评分标准 |
|---|---|---|
| 七 社会法治建设（15分） | 社会保障体系不断完善（3分） | 农民工工资保证金制度建立并落实到位。未落实的扣1分 |
| | | 社会保险、社会福利、社会救济、优抚安置等各项社会保障措施管理规范有序。无因管理不力引起的重大公共事件发生。发生一起扣1分 |
| | | 贫困人口救助机制建立健全，无保对象供养率达标。不达标的扣0.5分 |
| | | 辖区内至少建立一所敬老院、一所儿童福利院。缺一项扣0.5分 |
| | 群众生产生活环境安全稳定（2分） | 命案和"五类"案件的侦破率分别达95%以上。不达标的扣1分 |
| | | 社会治安秩序良好，群众安全感达90%以上。不达标的扣1分 |
| | 辖区居民对社会管理的满意度达80%以上（1分） | 不达标的扣1分 |
| 八 生态法治建设（6分） | 生态环境保障制度不断完善（3分） | 《环境保护法》《水污染防治法》《大气污染防治法》《环境噪声污染防治法》《固体废物污染环境防治法》《环境影响评价法》等涉及生态环境保护的法规得到贯彻落实。未落实的扣0.5分 |
| | | 防止空气污染、水源整治与监管、镇村环境达标建设等制度建立健全。未建立的扣0.5分 |
| | 生态环境法治建设不断加强（3分） | 执行环保产业政策，制定严格的环境准入标准，提高环境准入门槛，实行区域限批。该项制度建立健全并落实。未落实的扣0.5分 |
| | | 生态环境监测预警系统建立健全。未建立的扣0.5分 |
| | | 辖区内无因生态环境问题发生重大事件。发生一起扣1分 |
| 九 法治监督体系建设（7分） | 党内监督不断加强（2分） | 党风廉政建设责任制建立健全。在党政班子民主测评中，反腐倡廉工作达不到良好等级的扣1分 |
| | | 《党内监督条例》和领导干部个人有关事项报告制度、民主生活会制度、述职述廉制度、谈话诫勉制度、引咎辞职制度落实。有一项未落实的扣0.5分 |
| | 专门监督不断强化（3分） | 人大对"一府两院"工作的监督力度不断加大，每年对法律实施情况监督检查不少于两次并公示结果。未落实的扣0.5分 |
| | | 人大对同级人民政府报送的规范性文件审查率达100%。未达标的扣0.5分 |
| | | 离任审计机制建立并得到有效落实。未落实的扣0.5分 |
| | | 检察监督工作机制建立健全。无发生群众反映强烈的执法不公、违法办案等事件发生。发生一起扣0.5分 |
| | 社会监督不断完善（2分） | 新闻媒体监督机制建立健全，无干涉新闻媒体监督的事件和失实报道事件发生。发生一起扣0.5分 |
| | | 网络举报保障工作机制建立健全，对反映的问题及时核查处理并及时反馈。未建立的扣0.5分，未落实的扣0.5分 |

续表

| 一级指标 | 二级指标（创建内容） | 评分标准 |
|---|---|---|
| 十 法制宣传教育（8分） | 法制宣传教育的组织和保障不断加强（2分） | 法制宣传教育工作机构健全、职责明确。未落实的扣0.5分 |
| | | 法制宣传教育工作规划建立健全并得到有效落实。未落实的扣0.5分 |
| | | 法制宣传教育工作经费保障机制健全并落实。未落实的扣0.5分 |
| | | 干部学法用法工作制度建立健全并落实。未落实的扣0.5分 |
| | | 干部法律知识任职资格制度落实。未落实的扣0.5分 |
| | 法制宣传教育载体和形式不断创新（2分） | 开展法制文艺会演、比赛、知识竞赛、书画展等活动。未开展的扣1分 |
| | | 组织开展12·4宣传日、宣传周、宣传月等活动形式。未开展的扣1分 |
| | | 利用电视台、广播、报刊、短信、微博、微信等开展法制宣传教育。未开展的扣0.5分 |
| | 青少年法制宣传教育制度落实（1分） | 中小学法制副校长、法制辅导员配备率达到100%。未达标的扣0.5分 |
| | | 青少年法制教育基地建立。未建立的扣0.5分 |
| | 有效开展法制宣传教育活动（3分） | 企业法律知识培训制度建立健全。未建立的扣0.5分 |
| | | 企业法律顾问制度有效落实。未落实的扣0.5分 |
| | | 法律进企业、事业单位活动有效开展。未开展的扣0.5分 |
| | | 开展法律进社区、法律义务咨询等"法律六进"活动落实到位。未落实的扣0.5分 |
| | | 开展民主法治示范村创建活动。未开展的扣0.5分 |
| | | 干部法律知识任职资格制度落实。未落实的扣0.5分 |

## 四 深化河南法治县（市、区）创建的对策建议

作为中国特色社会主义法治建设的具体实践，法治县（市、区）创建是一项维护人民群众权利、保障社会和谐稳定、促进经济社会发展的系统工程。为此，各级党委、政府要高度重视，充分尊重人民群众的主体地位，努力让法治县（市、区）创建成为区域经济社会发展的"助推器"，为法治河南建设迈上一个新台阶打下坚实的基础。

（一）树立正确的法治政绩观，切实把法治县（市、区）创建作为一项硬任务

**1. 充分认识法治县（市、区）创建，是推进法治国家、法治政府、法治社会建设的具体实践和生动体现**

"郡县治，天下安。"县（市、区）在国家政权结构中具有重要地位。法

治县（市、区）的建设就是要在县（市、区）这一层级普遍形成制度完善、依法行政、司法公正、法治监督有效、公民权利得到充分保障的法治环境，为建设法治国家打下良好的基础。因此，我们在实施依法治国、依法执政、依法行政和推进建设法治国家、法治政府、法治社会的过程和实践中，首抓法治县（市、区）创建有着非常重要的意义。

**2. 坚持把法治县（市、区）创建同经济工作、社会工作一起安排、一起部署、一起检查，切实做到两不误、两促进**

要把法治县（市、区）创建列入县（市、区）党委、政府的重要议事日程，以本县（市、区）经济社会发展状况为基础，学习和借鉴其他县（市、区）的先进经验，大胆探索适合本县（市、区）法治创建的新路径，有针对性地提出本区域法治创建的基本思路、目标任务和价值理念。

**3. 强化地方发展的法治指数理念，建立健全包括法治指数在内的科学政绩考核体系**

应确立搞好经济是政绩，搞好法治也是政绩的观念，特别是要根据地方经济社会发展的实际情况，尽快建立起包括法治指数在内的完整的政绩考核体系，树立起正确的法治政绩观，将法治创建工作列入党委、政府的重点督察项目，定期检查考核，对考评不合格的单位，实行评先评优一票否决，真正让"法治"成为推动县域事业的强大动力。

## （二）围绕实践以人为本理念，严格依法决策、严格执法、公正司法、全民守法

**1. 坚持依法决策，努力提高决策的科学化、民主化水平**

依法决策就要科学决策、民主决策，不断提升决策的科学化、民主化水平。科学决策、民主决策就要实现从以"权"为本、以"物"为本、以"钱"为本向以人为本的根本转变，养成以人为本的法治思维并善于运用人本法治思维方式导引发展实践。要完善科学的、民主的决策工作机制和程序，扩大公众有序参与，充分听取专家学者、利益相关者等各方面的意见建议，使决策能更好地协调利益关系，充分尊重和保障人民群众的知情权、参与权和监督权。另外，依法决策的依据是"法"，而不是一般的规范性文件和红头文件，

而是特指宪法、法律、行政法规、地方性法规，是"良法"而不是恶法。当然，政府规章和一些规范性文件在没有和国家法规相抵触的情况下，可以作为决策的参考；依法决策的"依"是依照，而不是忘乎所以的"以"、不是依靠，也就是说有法必依、无法则不能随意"造法"让老百姓来"依照"；依法决策的"决策"是在分析主客观条件的基础上果断决策，而不是搞命令主义，也不是当尾巴主义。

**2. 坚持严格执法，努力提高法治政府建设水平**

法治县（市、区）创建的重点和难点就是如何建设法治政府。要提高行政机关工作人员特别是领导干部依法行政的意识，始终坚持"法无授权皆禁止"，加强和改进政府规章制度建设，坚持依法科学民主决策、依法化解社会矛盾纠纷；要准确把握地方改革发展稳定的新形势，及时回应县（市、区）内人民群众的诉求，切实增强建设法治政府的使命感、紧迫感和责任感，切实加快政府职能转变，规范行政执法行为，规范政府管理，该由政府管的就要管到位，该由社会组织承担的职能就要剥离出去，防止既当"运动员"又当"裁判员"；要积极推进政务公开，完善行政监督制度和机制，自觉接受新闻媒体和社会监督，切实把权力关进制度的笼子里，进一步提高依法管理经济社会事务的水平。

**3. 坚持公正司法，努力提高社会公平程度**

司法本身就代表着公平正义，司法公正也是我们这个社会的全民诉求、党和国家的情怀，它直接影响社会公平的水平。在法治县（市、区）创建过程中，要坚持做到司法公开，包括对当事人公开、对社会公众公开、对新闻媒体公开，这是确保司法公正的重要措施和有效手段。同时，要处理好党委领导、人大监督与司法机关独立行使职权的关系，确保司法人员依法独立公正行使审判权和检察权。基层法治创建与民生联系密切，因此，要着力解决好困难群众的司法诉求，加大法律援助工作力度；要严格执行错案责任追究制度，依法及时纠正司法过错行为，切实保护当事人的合法权益，维护司法权威和社会公平正义。

**4. 坚持全民守法，努力提高法治文化建设水平**

无论是静态的法律还是动态的法治，没有人民群众的认同和支持，就不可能取得真正的实效。因此，法治县（市、区）创建要从群众最关心、最直接、最现实的利益问题入手，有的放矢地开展工作，让人民群众切实感受到法治创建活动带来的成效，逐渐培养人民群众对法律的信任、信仰和尊重，积极主动地参与到创建实践中去，循序渐进培育和积淀本区域的法治文化。

（1）法治文化建设要有组织有领导，必须积极争取党委和政府的重视，凝聚全社会力量，推动法治文化优先发展、科学发展。

（2）法治文化载体要不断创新，体现法治文化的大众性、娱乐性和广泛性，通过法治文化的引导，丰富青少年法律知识，普及农民法律常识，帮助企业提高"免疫力"，增强居民学法用法氛围。

（3）要不断发挥法治文化品牌效应，以民生改善和生活和谐为主题，因地制宜创作一系列贴近群众生活需要、群众喜闻乐见的、具有区域特色的法治文化品牌，全面推进法治文化进机关、进乡村、进社区、进学校、进企业、进单位，使法治精神和法治思想最大限度地润泽广大民众，形成全社会尚法畏法的氛围，自觉养成护法守法的习惯。

### （三）学会运用法治思维和法治方式，并以此来深化改革、推动发展、化解矛盾和维护稳定

**1. 运用法治思维和法治方式来深化改革**

改革不是突破法律的底线、不是绕着"红灯"走、不是随意创新。现在，老百姓很不满意的一个方面就是所谓的"改革"，今天一个样、明天一个样，一张蓝图绘不到底。因此，地方的改革包括农村集体土地产权改革、林权改革、房地产税改革和农村的各项改革，都应在法律的范围内进行深化。这样，才能避免一些地方长官的短期行为，政绩工程和形象工程才会避免。当前，应该在改革的各个环节都要运用法治思维和法治方式来审视，着力以法治凝聚改革共识、以法治引导改革方向、以法治确定改革方式、以法治规范改革方式、以法治保障改革成果。

**2. 运用法治思维和法治方式来推动发展**

以人为本是以法治思维和法治方式推进科学发展的逻辑起点，要善于运用法治思维和法治方式来解决经济社会发展中的问题，必须克服在实践中较为流

行的"法治束缚发展"甚至把依法治理与改革发展对立起来的错误认识。要树立增量改革发展,并以此来维护社会公正的思维。尤其要以法治规范发展行为。当前,个别地方和一些领导干部没有依法决策、科学决策和民主决策,片面追求GDP政绩,在重大决策时完全以个人的意志、好恶而定,不结合当地实际情况,不考虑人民群众的真实需求和可承受能力,大上"政绩工程"、"形象工程",给党和人民的事业造成很大的浪费,甚至带来严重的损失。如破坏市场公平竞争准则,恶化投资环境;严重浪费社会资源,自然环境也受到极大污染;容易出现权力寻租行为、滋生腐败、降低政府信用等,因此必须构建一套科学有效的法治约束机制,保证决策前、决策中、决策后都要符合法治的要求,尤其要明确决策失误主体应承担的法律责任,以此优化县(市、区)快速健康可持续发展环境。

**3. 运用法治思维和法治方式来化解矛盾**

(1)坚持依法办事,防止因侵害群众利益而引发社会矛盾。法治作为最基本的治理形式,有助于疏通利益诉求表达管道、提升释法说理能力、公平配置利益资源。要依法处理各种利益冲突,使法律成为公众衡量进退的标尺和行为准则的根本,通过法律建立完善监管机制来降低或避免利益冲突,通过法律来维护社会秩序和公众信心。

(2)公正合理地协调利益关系,依法消解社会冲突。要依法运用税费调节手段来调节高低收入的差距,针对人民群众反映强烈的贪污受贿、滥用职权、失职渎职、执法不严、司法不公问题,加强法律监督、民事审判及执行监督,以维护群众的利益。

(3)重视和善于运用司法作为矛盾纠纷终结机制的办法,维护司法权威。要善待司法,确保人民法院和人民检察院依法独立公正地行使审判权和检察权,维护司法的尊严、权威、公正。引导人民群众增强法治观念,明确法律界限,规范行为导向,引导依法、理性、有序表达诉求,提高司法的覆盖面和透明度,提高司法的效果。

(4)建立和完善多元联动的矛盾纠纷调处化解机制,进一步化解社会矛盾。要进一步健全与完善全面覆盖、相互协调、高效运行的"大联动"体系,即"三位一体"的联动调处化解模式:综合联动——公检法司裁调六方联动机制;"三调"联动——人民调解、行政调解、司法调解联动机制;"官民"联动——政府机关内部不同职能部门及其与民间社会组织的联动。要综合运用行政、司法、调解、听证等方法,不断解决群众的实际问题,提高群众利益表达的合法性和以合法形式反映问题的自觉性,尤其为弱势群体提供制度性保障,以维护他们的基本生活状态和基本权利。

**4. 运用法治思维和法治方式来维护稳定**

(1) 树立社会稳定的基础是社会公正的思维。公平正义是中国特色社会主义的内在要求,只有建立以权利公平、机会公平、规则公平为主要内容的社会保障体系,努力营造公平的社会环境,保证人民平等参与、平等发展,才能有效化解社会矛盾,维护社会稳定;只有各个社会阶层有相对公正的政治、经济利益,相对平等的社会地位,比较公平的分配模式和相互之间比较融洽的合作关系,我们的社会才可能保持真正的和谐稳定。

(2) 树立社会稳定的保障是法律权威的思维

要改变过去处理问题时常用的行政思维和行政方式,去除人治色彩,用公平正义和威严统一的规则对待每一个人的行为,维护每一个人的权益,惩处每一个人的违法行为。无论是个人还是政府,都必须遵守法律,这就从根本上避免了在维稳过程中机会主义和"潜规则"的存在,维稳也就有了法律的保障。

(3) 树立维稳的前提是维权的思维。在科学发展的法治思维中,关键是保障发展和稳定之间的协调,既要可持续发展,也要可持续稳定。但有效化解矛盾冲突,必须树立维稳的前提是维权的思维,切实建立利益协调、诉求表达和权益保障机制,使社会矛盾冲突在爆发之前得到有效化解。维稳要有这样的一个前提保障,即不能以牺牲人民群众的利益来换取社会的稳定,为此就必须为人民群众提供一个自由、平等、公正、法治的发展环境,为人民群众基本权利提供坚实的保障。

## (四)强化综合保障,加强对法治县(市、区)创建工作的领导

**1. 要健全工作机构,健全工作机制和考核体系**

要成立由党、政"一把手"亲自挂帅的法治县(市、区)创建领导小组,负责指导和组织推动法治县(市、区)创建各项工作;建立健全推进法治县

（市、区）创建的责任机制，形成统一领导、分工负责、相互配合、上下联动、有序推进的创建格局；完善政绩考核体系，明确"一把手"是第一责任人，将法治县（市、区）创建成效列为领导干部政绩考核的重要内容。

**2. 加大投入，确保法治县（市、区）创建经费使用**

要把法治县（市、区）创建和普法工作经费列入县（市、区）财政预算，保证人均普法经费不低于0.5元的标准，并根据经济社会发展情况逐年逐级增加。一方面要保证法治县（市、区）创建和普法工作经费及时到位，提高经费使用效益，并对经费落实较好的地区给予适当奖励；另一方面要加强经费监督管理，确保经费专款专用，任何情况下不得挪作他用。

**3. 建立一支法治县（市、区）创建工作需要的人才队伍**

要按照法律的公平、正义、自由、平等、人权等价值准则的要求，不断提高县（市、区）司法队伍的政治素质、法治观念和业务能力；在坚定法律信念、系统掌握法律知识、学会法律思维论证和推理的基础上，全面提高公务员依法办事的能力和水平；为有效提升本区域法律服务水平，要着力培养一批精通法律业务、具备法治秉性的高素质律师、公证员队伍。具体措施可包括：要通过健全人才晋升激励机制，创造良好的法治创建环境，搭建法治创建事业平台，加大法治教育投资，用待遇留人、用事业留人，努力促进法律人才资源与法治创建的良性循环。

### （五）坚持改革创新，不断探索法治县（市、区）创建的有效途径

**1. 坚持把改革创新原则贯彻到法治县（市、区）创建全过程**

改革创新的前提、过程和结果要明确，就是使人民群众共享改革发展成果。因此，法治县（市、区）创建的领导体制、组织机构、运行机制、人员结构和具体的考核评估指标体系等，都要从各县（市、区）实际出发，紧密结合当地经济社会发展的实际，尤其是人民群众的期盼在法治县（市、区）创建过程中要具体体现出来，大胆创新。努力做到社会发展要靠法治思维来推动，发展路径要用法治思维来规划，发展瓶颈要用法治手段来破解，发展成果要用法治规范来保障，真正通过法治创建有效提升县（市、区）经济社会发展的核心竞争力，让人民群众实实在在共享改革发展成果。

**2. 构建高效的法治县（市、区）创建运行机制**

县（市、区）党委、政府要把法治创建作为当地经济社会发展综合评价体系的重要内容，研究制定科学的创建活动评价体系和考核办法，同时保持考核评估体系的科学性、连续性和完整性。普法依法治理领导小组要把创建活动列入重要议事日程，及时研究和解决创建活动中的重大问题。在做好指导、协调、督促、检查等具体工作的同时，要及时总结依法治理的工作经验，把握创建活动的重点，找准创建活动的切入点。尤其要按照一定的标准对法治创建工作实施过程进行评价评估，包括确定目标、制定政策、组织发动、工作协调、推动落实、绩效考核等环节，这些环节是完成具体工作目标、落实工作计划、行使工作职能不可或缺的方面。"评价、评估"的组织一般是在政府系统外，由专家学者、社会组织、研究机构等组成评估团，按照事先设计好的评估体系对法治创建工作进行全面的、综合性的评价。这种评价评估相对是客观的、中立的、公正的。

**3. 最大限度地让人民群众参与法治县（市、区）创建活动**

法治县（市、区）创建的主体是人民群众，只有人民群众的创建意识得到提高、法律信仰得以建立、法律权利得以保障、法律诉求得到满足，才能说法治县（市、区）创建取得了成效。在当前的法治县（市、区）创建活动中，往往忽视了公民社会的培育、忽视了民间组织的参与，法治县（市、区）创建活动缺少了"源头活水"。在遵循普遍适用的"政府自上而下推动为主"实践模式基础的同时，更要注重调动各类社会组织和人民群众参与、支持法治县（市、区）创建的积极性、主动性和能动性，即坚持党政机关稳步实施和全社会广泛参与并重的发展模式。要千方百计地调动人民群众参与法治县（市、区）创建的积极性，发挥人民群众的聪明才智和创造精神，从而实现通过法治县（市、区）创建能为人民群众解决一些实际问题，如规范教育收费、调解医疗纠纷、加强环境保护、保障食品安全、依法征地拆迁、强化城市管理、扩大法律援助等方面的民生问题。通过解决突出问题，维护群众权益，提高群众对法治县（市、区）创建活动的满意度，有效调动群众广泛参与创建活动的积极性。同时，要充分发挥新闻媒体的舆论导向作用，努力夯实法治创建的群众基础，营造良好的社会舆论氛围，使创建活动深入社会、深入基层、深入人心。

# 立法保障篇

## B.3 2013~2014年河南立法实践及立法建议

王旭峰*

**摘　要：** 2013年，河南坚持围绕中心、服务大局、突出重点，积极推进地方立法工作，注重发挥立法的引领和推动作用，科学安排立法项目，努力提高地方立法质量，地方立法工作取得新的进展。但在某些方面还存在一些亟待解决的问题。2014年，河南要围绕全省重大工作部署和人民群众关注的热点难点问题，积极发挥人大及其常委会立法主导作用，不断创新立法工作机制，切实提高地方立法质量。

**关键词：** 地方立法　立法实践　立法建议

2013年，河南根据中国特色社会主义法律体系的总体要求，围绕中心，

---

\* 河南省人大常委会法制工作委员会。

服务大局，坚持以人为本、立法为民，坚持科学立法、民主立法，坚持从实际出发，注重发挥立法的引领和推动作用，科学安排立法项目，努力提高立法质量，为实现中原崛起、河南振兴、富民强省提供了有力的立法保障。

## 一 2013年河南立法实践

### （一）科学编制地方立法规划

科学编制地方立法规划，是有序开展地方立法工作的一项基础性工作，是提高地方立法工作效率和质量的重要措施。河南在规划编制过程中，始终坚持以下几个原则。

**1. 坚持围绕中心服务大局的原则**

围绕国家和河南"国民经济和社会发展第十二个五年规划"确定的目标和任务，围绕实施国家粮食生产核心区、中原经济区、郑州航空港经济综合实验区三个国家战略规划的情况和需求，将转变经济发展方式、推进新型城镇化建设、加强社会建设、推动社会主义文化大发展大繁荣、推进生态文明建设等方面的项目作为立法规划的主要内容，把促进社会各项事业的协调发展作为规划编制工作的出发点和落脚点。

**2. 坚持突出地方特色的原则**

在《中华人民共和国立法法》规定的地方立法权限内，从河南实际出发，紧紧围绕打造富强河南、文明河南、平安河南、美丽河南和推进社会主义民主政治制度建设、加强和提高党的执政能力制度建设，确定立法规划项目，增强地方性法规的针对性、及时性、系统性和可执行性。

**3. 坚持"立、改、废"相结合的原则**

按照不断完善中国特色社会主义法律体系的要求，把对现行有效法规的修订放在更加突出的位置，根据国家法律、行政法规修订情况和我省实际，及时修订或者废止不适应经济社会发展需要的地方性法规，以保证法律体系内部的协调统一。

**4. 坚持统筹安排的原则**

根据常委会会期和每年可能审议法规的数量，将河南经济社会发展迫切需要、具有立法必要性和可行性、调整范围和主要内容明确、各方面条件基本具备的项目优先列入规划。

**5. 坚持民主立法的原则**

坚持走群众路线、充分发扬民主，切实拓展人民群众有序参与立法的途径，努力增强地方立法的透明度和民主化程度，保障人民群众对立法工作的知情权和参与权。省人大常委会法工委先后两次通过《河南日报》、大河网、河南人大网等新闻媒体发布公告，面向社会公开征集意见。同时，组织召开有行政机关负责人、专家学者、行政管理相对人、人大代表参加的座谈会、论证会30余个，广泛听取各方面意见，使立法规划编制过程既成为集思广益、较好地反映广大人民群众意志和愿望的过程，以促进科学立法，也成为法制宣传教育的过程，以利于法规出台后的贯彻实施。

**6. 坚持注重衔接的原则**

注重与全国人大常委会五年立法规划相衔接，与河南省人大常委会2009~2013年地方立法规划和2013年度立法计划相衔接，与十二届河南省人大一次会议主席团交付议案办理情况相衔接，与2010年法规清理结果相衔接。

在坚持上述立法原则的基础上，2013年3月，河南省人大常委会启动了2014~2018年地方立法规划编制工作。在认真分析河南立法工作面临的新形势、新情况、新任务的基础上，经过公开征集意见、深入调研、全面论证、统筹协调，编制了《河南省人大常委会2014年至2018年地方立法规划》（以下简称规划）。该规划共73件项目，由33件审议项目和40件调研项目组成。其中，制定34件，修订39件；属于财政经济方面的22件，内务司法方面的16件，教育科学文化卫生方面的11件，资源环保方面的7件，农业与农村方面的10件，民族旅游方面的2件，民主法制方面的5件。12月，省委将规划正式批转有关部门实施。

## （二）及时出台相关地方性法规

围绕保障和改善民生，省人大常委会在法规研究、修改、审议过程中始终坚持以下原则。

**1. 坚持法制统一原则**

地方立法不得与宪法、法律、行政法规等上位法相抵触，是法制统一原则的核心内容，也是地方性法规合法有效的前提。在立法过程中，无论是制定法规，还是修改法规，都要做到地方性法规不与上位法相冲突，与本省其他法规之间的相互衔接，保障社会主义法律体系内部和谐统一。

**2. 坚持以人为本、立法为民**

在立法工作中，树立以服务为宗旨的立法指导思想，始终把实现好、维护好、发展好最广大人民群众的根本利益作为立法的出发点和落脚点，让广大人民群众在立法工作中获得看得见、摸得着的实惠。

**3. 坚持实事求是，立务实管用之法**

不盲目追求法规体例的完整，实践中需要什么就规定什么，有几条就规定几条，避免"小法"抄"大法"，"后法"抄"前法"。如《河南省云台山景区保护条例》，短短34条，即清晰、准确地规定了云台山的规划、建设、保护、管理等内容，受到社会一致好评。

**4. 坚持责权利相结合，注重防止部门利益被保护**

在规范行政机关权力与责任、设定公民权利与义务方面，科学界定行政机关执法的范围、手段和程序，既保证主管部门有足够的权力履行职责，又保障相对管理人的合法权益不受侵害。

**5. 坚持深入调研，做好直接牵头法规草案的起草工作**

对本部门牵头起草的法规案中的重大、疑难问题，坚持"吃透两头，比较研究，科学论证"的工作方法，认真开展立法调研。吃透两头，一头是上情，包括法律、行政法规、国家方针政策，都要认真学习领会，保证法制统一；另一头是下情，通过深入实际，弄清楚法规所调整的社会关系的基本情况，存在的主要矛盾，广大人民群众的迫切要求及愿望，需要通过地方立法来解决的主要问题，等等。在此基础上，吸收和借鉴省外、国外的立法经验，通过比较研究，反复论证，有效提高法规起草质量。

**6. 不断完善统一审议制度，充分发挥各方面的积极性**

立法中，注意发挥有关委员会和法制委员会两个积极性，把有关委员会

"专"的优势和法制委员会"统"的作用紧密结合起来，明确不同立法环节审议重点，使各委员会和法制委员会在立法审议工作中分工合作，更好地发挥各自的资源和专业优势。

在坚持上述原则基础上，2013年，河南省人大常委会共通过8件法规和具有法规属性的决定、决议，主要包括：为了继承和弘扬优秀传统文化，加强非物质文化遗产保护、保存工作，制定了《河南省非物质文化遗产保护条例》；为了减少污染物排放，保护和改善环境，促进经济社会全面协调可持续发展，制定了《河南省减少污染物排放条例》；为了保障农产品质量安全，维护公众健康，促进农业和农村发展，制定了《河南省实施〈中华人民共和国农产品质量安全法〉办法》；为了保障适龄儿童、少年接受义务教育的权利，保证义务教育的实施，提高公民素质，通过了修订后的《河南省实施〈中华人民共和国义务教育法〉办法》；为了维护公共安全，保护公民、法人和其他组织的合法权益，规范公共安全技术防范管理，制定了《河南省公共安全技术防范管理条例》；为了加强云台山景区的保护和管理，合理利用景区资源，制定了《河南省云台山景区保护条例》；为了加强政府非税收入管理，规范政府非税收入分配关系，增强政府宏观调控和公共服务能力，制定了《河南省政府非税收入管理条例》；为了规范企业工资集体协商行为，维护职工和企业双方合法权益，促进劳动关系的和谐稳定，制定了《河南省企业工资集体协商条例》。

同时，省人大常委会还审查批准了郑州市、洛阳市人大常委会制定的3件法规。其中，郑州市1件，即《郑州市社会急救管理条例》；洛阳市2件，分别是《洛阳市政府投资项目管理条例》和《洛阳市道路交通安全条例》。

### （三）加强地方法规实施监督

为不断提高地方立法质量，切实保障地方性法规有效执行和适用，2013年7~9月，河南省人大常委会对河南省现行有效的地方性法规的执行和适用情况进行了检查监督。为做好这项工作，法工委及时对现行有效的省本级地方性法规进行了全面梳理，制定了《关于开展立法监督工作的实施方案》，成立了立法监督工作领导小组，向18个省辖市人大常委会印发了开展立法监督工作的通知，委托各市人大常委会对地方性法规在本市执行和适用情况进行了检查监督。重点检查了全省法院系统在审判实践中适用地方性法规的情况和省公安、国土、住建系统执行地方性法规的情况，全面听取了"一府两院"有关部门的相关情况汇报。立法监督工作开展过程中，有关部门先后赴郑州、新乡、许昌、三门峡、信阳、南阳、陕县等市、县，组织召开了由人大代表、基层领导干部、群众以及人大、政府、相关部门负责人参加的座谈会，到相关执法单位调阅案卷，深入企业走访行政管理相对人，并以问卷调查的形式对近年来制定或修订的《河南省地质环境保护条例》、《河南省供用电条例》等15部地方性法规的必要性、针对性、操作性等作了测评。通过开展立法监督，不仅总结了地方性法规执行、适用方面好的做法和经验，查找了工作中存在的困难和问题，而且进一步提高了各部门、各单位对地方性法规地位和作用的认识，促进了地方性法规的更好贯彻和执行。例如，省高院根据自查了解的情况，起草了《全省法院关于加强地方性法规适用工作的若干意见》，为地方性法规在司法实践中的使用提供有力保障。同时，立法监督也为立法、执法、司法机关联系沟通搭建了有益的平台，为提高地方立法质量创造了更加有利的条件，为地方性法规的全面适用起到了很好的推动作用。

### （四）开展规范性文件备案审查

开展针对不特定主体、规范权利义务关系的规范性文件的备案审查，是县级以上人大常委会的重要职责，也是依法监督"一府两院"的重要形式。做好这项工作，对于维护国家法制统一，更好地发挥人大常委会监督职能作用，保障人民群众合法权益，维护社会稳定，促进依法行政和公正司法，都具有重要意义。2013年，全省各级人大常委会认真贯彻落实2012年召开的河南省规范性文件备案审查会议精神，积极开展各项工作，规范性文件备案审查工作取得较大进展。

**1. 注重机构设置，加强队伍建设**

2013年2月，省人大常委会法工委设立了备案审查处。郑州、洛阳、新乡、商丘、三门峡、南阳等6个省辖市人大常委会经批准，先后设立了备案审查工作机构，配备了专职工作人员。

**2. 注重建章立制，规范工作程序**

郑州、洛阳、商丘、新乡等市人大制定了规范性文件备案审查办法、规则等，部分县（市）人大常委会还就规范性文件备案审查工作制定了专项制度，使这项工作逐渐制度化、规范化。

**3. 注重业务推进，抓好备审工作**

河南省各级人大常委会按照监督法等法律法规规定，在做好规范性文件报备工作的基础上，有重点、有针对性地开展审查工作。截至2013年11月，省人大常委会法工委共收到备案文件113件，其中公民、法人和其他组织主动提出的审查建议4件。鉴于公民、法人和其他组织主动提出审查建议较少的情况，省人大常委会法工委加强了主动审查，对报备的规章和规范性文件全部进行审查，对发现问题的文件进行重点审查。各市、县人大常委会也都根据实际情况，不断探索创新，采取有效措施，加大审查力度，取得了较好的社会效果。

**4. 注重沟通协商，形成工作合力**

各级、各部门之间要做到既分工明确，又密切合作。如新乡市建立由人大机关办公室主任、各委员会主任、聘请律师组成备案审查委员会，商丘市人大常委会将人大代表、专家学者聘为备案审查法律顾问，鹤壁市鹤山区人大常委会建立了由人大、政府、法检两院及有关部门参加的"联席会议制度"。

## （五）做好法律法规请示询问答复工作

认真做好法律法规请示询问的答复工作，是维护法律权威，确保法律法规全面正确贯彻实施的重要举措。2013年，法工委收到有关部门提出的"关于防空法实施办法有关规定的咨询"、"请求解释答复《河南省消费者权益保护条例》第五条的请示报告"等有关法律、法规问题的请示5件，接到电话询问50余个。鉴于这些问题多属于法规执行过程中的具体问题或与改革新形势如何适应的问题，在办理过程中，河南省人大常委会法工委按照《办理法律地方性法规请示询问答复程序规定》的有关规定，根据请示询问的不同内容和特点，坚持具体问题具体分析，及时与相关单位和人员联系沟通，认真调查相关情况和问题，逐件认真分析。在统一认识的基础上，达成共识，提出解决问题的办法。

## （六）科学研判立法形势

2013年12月，河南省人大常委会立法工作会议在郑州举行。省委、省人大常委会、省政府的有关领导、省人大常委会各工作机构和办事机构、省直有关单位、各省辖市人大常委会的有关领导和同志近200人参加了会议。会议以中国特色社会主义理论为指导，按照党的十八大、十八届三中全会和全国人大常委会立法工作会议对立法工作提出的新要求，安排部署了今后一个时期的立法工作，省人大常委会法工委、财经委、省政府法制办、省住房和城乡建设厅、洛阳市人大常委会等单位还介绍了开展立法、办理法律法规草案征求意见、规范性文件备案审查等工作情况。会议的召开，进一步统一了新形势下改进和加强地方立法工作的认识，分析了立法工作中存在的问题和不足，明确了加强全省地方立法工作的指导思想、工作任务、工作重点和具体措施，增强了做好地方立法工作的使命感和责任感。

## 二　2014年河南立法建议

2013年，河南省的地方立法工作虽然取得了一定的成绩。但是应当清醒地看到，当前河南在新型城镇化、产业集聚区、新农村建设、失地农民保障、农民养老等方面还缺少具体的地方性法规予以规范；民主立法的渠道还需要进一步拓展；立法力量还不适应实际工作需要，还应进一步充实和加强；等等。

### （一）进一步提高对地方立法工作重要性的认识

地方立法是中国特色社会主义法律体系的重要组成部分，是实现"法治完善"目标的前提和基础。做好地方立法工作，既有利于保证国家法律、行政法规在本地区的贯彻实施，也有利于保障本省经济和社会持续健康快速发展，还可以为国家立法积累经验。党的十八届三中全会提出，要"完善中国特色社会主义法律体系，健全立法起草、论证、协调、审议机制，提高立法质量，防止地方保护和部门利益法制化"，这对地方立法工作提出了更高的要求。在打造富强河南、文明河南、平安河南、美丽河南和推进社会主义民主政治制度建设、加强和提高党的执政能力建设,实现中原崛起、河南振兴、富民强省宏伟目标的进程中,许多新情况、新问题、新矛盾,需要用地方立法加以规范和引导。各有关单位要深刻领会和准确把握中央和省委关于加强和改进立法工作的新要求新举措,从全面推进依法治国、坚持和发展中国特色社会主义的战略高度,切实增强责任感和使命感,加强领导,明确任务,狠抓落实,认真做好地方性法规的立项、调研、起草、论证和研究等各个环节的工作,使地方立法更好地为河南社会各项事业的协调发展提供保障。

## (二)积极发挥人大及其常委会立法主导作用

充分发挥人大及其常委会在立法中的主导作用,有利于发挥人大制度优势,最大程度凝聚共识,保证经济社会发展急需的法规及时出台;有利于有效协调各个方面,保证制定的法律规范更加客观;还有利于克服部门利益,最大限度保障法律制度的公平公正。

**1. 积极做好法规的立项工作**

人大常委会要切实把握立法主导权,紧紧围绕贯彻落实中央和省委重大决策部署,紧紧围绕经济社会发展大局,在广泛听取各方面意见的基础上,按照突出重点、统筹兼顾、"立改废并举"的要求,科学确定立法项目,努力提高立法的针对性、及时性。

**2. 积极做好法规案的督促起草工作**

按照党的十八大关于加强立法工作组织协调的要求,科学编制年度立法计划,合理确定提请审议时间。加强与起草单位的沟通联系,及时掌握起草进展情况以及起草中的重大问题和意见,督促起草单位按时提请审议。

**3. 积极做好法规案审议修改工作**

紧紧围绕提高立法质量,充分发扬民主,着力解决审议中遇到的分歧意见较大、影响立法进度的重点难点问题,防止避重就轻、推诿扯皮。涉及重大制度改革或者存在明显重大分歧时,主动向省委汇报。加强法规出台后的宣传力度,牢牢把握舆论方向,促进全社会对法规的正确理解。

## (三)不断完善立法工作运行机制

要深入总结近年来河南省立法工作的有益经验和做法,全面分析立法工作面临的新情况和存在的问题，努力创新并不断完善立法工作机制，促进立法工作的制度化、规范化。

**1. 大力加强调查研究**

要切实贯彻群众路线，深入实际、深入基层、深入群众，针对法规中的问题，特别是争议较大的问题，灵活运用座谈会、论证会、听证会等多种形式，广泛听取各方面的意见，特别注意听取管理相对人和基层人民群众的意见，力求摸清悟透法规所要调整的社会关系的基本情况、存在的主要矛盾、人民群众的迫切愿望和需要，通过地方立法来解决的主要问题。在此基础上，吸收和借鉴省外、国外的立法经验，通过比较研究，反复论证，科学、合理地设计法律制度。

**2. 拓展法规起草新途径**

除继续坚持由政府主管部门起草法规的渠道外，对一些重要的或事关全局的立法项目，要组织力量攻关，可以由人大有关工作机构和省政府有关部门联合起草；对一些专业性较强、有一定难度的法规，尝试委托研究机构、社会团体或者大专院校的专家学者承担起草任务，或者组织有关部门与专家进行优化组合，实行联合起草法规草案；鼓励没有立法权的省内各级人大常委会提出立法建议或者草拟法规草案，上报省人大常委会，充分发挥他们在地方立法工作中的作用。

**3. 认真做好立法评估**

积极开展法规案出台前评估工作，尽可能将各种可能考虑周全，在法规通过之前再把一道质量关。同时，继续做好法规后评估工作，全面了解法规的实施情况，为地方性法规的修改完善提出合理化建议。

## （四）进一步加强立法工作队伍建设

加强立法干部队伍建设，着力培养高素质的立法工作人才，既是当前的紧迫需要，也是长远的战略任务。近年来，经过各方面努力，立法机构逐步健全，有效加强了立法工作。但总的来看，河南省的立法工作队伍还不能适应立法工作新形势的要求。当前和今后一个时期，应当高度重视立法工作机构和立法干部队伍建设，按照政治坚定、业务精通、务实高效、作风过硬、勤政廉洁的要求,有针对性地解决好以下问题。一要切实把健全立法机构和培养立法工作人才纳入党的人才建设整体规划中一体考虑,进一步健全机构,充实人员,使立法队伍适应日益繁重的立法工作需要。二是要建立健全立法工作人才与党的机关干部队伍正常交流机制,多岗位培养干部,为河南立法事业和法治建设长远大计培养和储备人才。三是要为立法工作人员提供必要的办公机具,配备足够的立法资料,保证必要的立法经费,为他们开展工作创造良好的工作条件。

# B.4 关于修订现行涉农土地管理法规的思考*

丁同民 丁 松**

**摘　要：** 修订我国现行涉农土地管理法规，对于农民能否公平分享农地非农化收益来说至关重要。现行涉农土地管理法规的修订理念要实现7个方面的转变，即从侧重保障国家土地所有权向保障国家土地所有权与农村集体土地所有权并重转变；从侧重确保国家耕地"红线"向确保国家耕地"红线"与保障农民土地权益并重转变；从侧重集约节约现有农地资源向集约节约现有农地资源与实现农地资产价值并重转变；等等。

**关键词：** 农地非农化　涉农土地法规　土地改革

农地非农化收益分配是当代中国收入分配的重要领域，但我国农民目前不能公平分享农地非农化收益已成为现实，造成这种现象的制约因素和原因很多，但我国现行涉农土地管理法规立法理念的滞后是重要原因之一。我国关于涉农土地管理方面的法规，主要包括《中华人民共和国土地管理法》、《中华人民共和国土地管理法实施条例》、《中华人民共和国城市房地产管理法》、《确定土地所有权和使用权的若干规定》、《城镇国有土地使用权出让和转让暂行条例》等，还有一些条文散见于《国土资源部关于征用土地公告办法》、

---

\* 本文为2012年度国家社会科学《当代中国农民公平分享农地非农化收益问题研究》（批准号：12BSH018）的阶段性成果；2013年度河南省社会科学规划决策咨询项目《新型城镇化进程中节约集约利用土地资源对策研究》（批准号：2013D011）的阶段性成果。

\*\* 丁同民，河南省社会科学院副院长、研究员；丁松，华中农业大学经济管理学院。

《关于建立建设用地信息发布制度的通知》、《城市房屋拆迁估价指导意见》、《村庄和集镇规划建设管理条例》、《文物保护工程管理办法》等法规规章中。实践证明,产生于计划经济之下的现行涉农土地管理法规,已不适应推进我国农村集体土地改革的需要,也无法满足农民公平分享农地非农化收益的诉求。为此,修订我国现行涉农土地管理法规的理念,要实现从侧重保障国家土地所有权向保障国家土地所有权与农村集体土地所有权并重等方面的转变。

## 一 从侧重保障国家土地所有权向保障国家土地所有权与农村集体土地所有权并重转变

《中华人民共和国物权法》(以下简称《物权法》)首次确立了物权平等保护原则。物权平等保护原则的核心要义,就是对同类物权进行同等保护。这意味着"对于不同所有制性质的物权给予相同的法律地位,赋予同样的法律效力,适用同样的法律规则"[①]。按照我国现行法律规定,土地权的归属包括国家所有和集体所有。因此,集体土地所有权是与国家土地所有权并行的,具有平等法律地位的一项独立民事权利。但是,现行《中华人民共和国土地管理法》(以下简称《土地管理法》)第六十三条规定:"农民集体所有的土地的使用权不得出让、转让或者出租用于非农业建设;但是,符合土地利用总体规划并依法取得建设用地的企业,因破产、兼并等情形致使土地使用权依法发生转移的除外。"[②] 这就意味着我国集体土地所有权的权能具有"不完全性"。"这种'不完全性'与所有权的社会化以及由于土地所有权的特殊性所受到的公法上的限制和公权力的干涉不同,是与国有土地所有权相比较在效力、权能上的欠缺。"[③] 按照我国《物权法》规定的物权平等原则,既然国家土地所有权可以依法流转,集体土地所有权也应该可以在同等的条件下依法有序流转。

---

① 如何理解物权法的制定和实施,人民网,http://theory.people.com.cn/GB/49150/49153/6351840.html。
② 《中华人民共和国土地管理法》,2004年修改。
③ 高圣平、刘守英:《〈物权法〉视野下的〈土地管理法〉修改》,《中国土地科学》2008年第7期。

从现行涉农土地管理法规的有关规定，可以得出一个基本的结论：我国现行涉农土地管理法规的有关规定，与通行的《物权法》规定的物权平等原则出现了冲突，从而使农民公平分享农地非农化收益存在法治障碍。因此，我国现行涉农土地管理法规修订的理念，应探索建立国家土地所有权与农村集体土地所有权并重的土地政策，并在条件允许的情况下，积极开展集体建设用地使用权有条件入市的试点工作，以最大程度保障和实现农民公平分享农地非农化收益。

## 二 从侧重确保国家耕地"红线"向确保国家耕地"红线"与保障农民土地权益并重转变

我国现行涉农土地管理法规确保"耕地保护"这一主线不动摇，确保了国家耕地"红线"，但由于没有坚持保护耕地面积与保障农民土地权益并重，致使国家耕地"红线"受到威胁、农民土地权益也受到一定程度的侵害。我国国土部门明确提出"土地利用总体规划、建设用地计划、耕地保有量、基本农田面积"4条"红线"不能碰。这一要求是我国经济社会发展大势所趋的表现。但是，目前我国还没有形成有效的耕地保护机制。从实践中看，同耕地保护相关的主体有政府（包括中央和地方）、农民（包括集体和个人）、建设用地单位等。他们追求的利益目标和导向存在很大差异，因此对待耕地保护的态度也各不相同。2006年，中国国土资源公报显示：全年耕地净减少460.2万亩；新增建设用地493.5万亩，其中新增建设用地占用耕地387.8万亩。新增建设用地中78.6%是来自占用耕地。2011年，全国发现违法用地行为7万件，涉及土地面积75.1万亩。地方政府实施或主导的土地违法违规行为，使得国家的宏观调控政策成为一纸空文。① 不少农民认为："坚守耕地就是在维持贫穷"，"保护子孙田"与"保护贫穷"已成为当前农民的一个矛盾心态，而这种心态势必会对农民保护耕地的积极性有所影响。② 同时，根据《全国土地利用总体规划纲要》，到2030年，国家将征用耕地3800亩，预计导致8000

---

① 孙洁：《地方政府土地违法违规行为治理研究》，山东大学硕士学位论文，2012。
② 陈美球、程剑、刘辉、罗家斌：《我国农村土地管理中两个"严格"政策面临的困境及对策》，《江西农业大学学报》（社会科学版）2009年第2期。

万以上农民失地。农民土地在实践中一直发挥着农民生活保障的作用。如果对农民土地权益受损害现象不闻不问、置之不理,从表面上看是明目张胆地侵犯农民财产权,从社会发展的角度还可能带来更多复杂的后续问题。因此,必须尽快采取切实可行的措施来维护失地农民的各种合法权益。所以,我国现行涉农土地管理法规修订的理念,应从侧重确保国家耕地"红线"向确保国家耕地"红线"与保障农民土地权益并重转变,不断完善国家土地管理监督与督察制度,在确保国家耕地"红线"的同时,最大程度保障农民的土地权益,以最大程度保障和实现农民公平分享农地非农化收益。

## 三 从侧重集约节约现有农地资源向集约节约现有农地资源与实现农地资产价值并重转变

土地资源是人类最重要的财富之一,被誉为政治经济学之父的威廉·配第,对劳动之于财富创造有"劳动是财富之父、土地是财富之母"的名言。从生物学的角度来说,迄今为止,人类消费的大部分食品由土地产出,作为生命的物质基础的蛋白质95%以上来自土地。从我国经济社会发展的趋势与需求来看,土地资源很重要,但土地资产更重要。我国现行涉农土地管理法规侧重把农村土地尤其把耕地看作资源,很少涉及农村土地的资产属性。我国2004年《土地管理法》第五十六条对改变土地用途进行原则性规定;第六十三条对农民集体所有土地用于非农建设进行了禁止性规定。通观相关土地法律法规条文,给人最深的印象是极少有条款论及土地资产的管理。即使在为数不多的涉农土地管理法律法规中,一些规范土地资产管理的条款,也多是禁止性规定,即不允许农民对土地作出相应处置。随着社会主义市场经济的快速发展和新型城镇化的快速推进,无论是国有土地还是集体土地,它们的资产属性越来越凸显。作为土地市场的主体,农民是拥有人数最多的群体,也是相对弱势的群体。对于他们来说,土地还有另一种属性,即生活保障属性。因此,从农民的立场出发,在对我国涉农土地管理法规进行修订时,应该更多地考虑农民群众的利益。农村土地具有双重属性,既是一种资源,也是一种资产。为了更好保护土地资源,需要强化对农村土地的管理。但同时也应该探索建立相应的农村土地权利交易市场,努力寻找农村土地资产的最佳配置模式。中国20.25亿亩耕地的价值可达到7000亿美元，而2.1亿农户应该拥有5000亿~6000亿美元的权益。① 然而据测算，改革开放以来，农民因政府低价征收农村土地已经损失了2万多亿元。这些资金足以建设起农村居民社会保障体系的框架。② 因此，我国现行涉农土地管理法规修改的理念，要从集约节约现有农地资源转变为集约节约现有农地资源与实现农地资产价值并重，在集约节约现有农地资源的同时，最大限度实现农地的资产价值，以最大程度保障和实现农民公平分享农地非农化收益。

## 四 从侧重保护农民的土地承包经营权向保护农民的土地承包经营权与农地发展权并重转变

我国2004年《土地管理法》第十四条规定：农民的土地承包经营权受法律保护。这就确立了土地承包经营权作为农民在征地过程中享有实体性权利的法律依据。也是基于同样的法律规定，享有承包经营权的农民对自己承包土地被征用的相关程序具有最基本的知情权，以及充分参与的权利。从一定意义上说，"只有在立法上将农民的土地承包经营权落在实处，才是真正贯彻我国在《国家人权行动计划（2009~2010年）》承诺的目标"③。据中国（海南）改革发展研究院对涉及东部地区、中部地区和西部地区三大区域的13个省的291户农户问卷调查显示：农户承包土地期限内调整现象普遍发生。有的在承包合同和土地使用权证书中明确规定，土地承包期限内可以调整土地，有的规定了调整的间隔时间，有的规定了调整的规范程序。以至于在回答"你认为今后30年使用期内还会进行土地调整吗？"的问题时，有50.5%的农户选择了"还会调整"，只有13.7%的农户选择"肯定不会调整"的答案。④ 根据世界发达国家农业发展的一般规律，人均GDP达到1000美元时，土地经营规模

---

① 张立伟：《中国耕地估值了7000亿美元，土地征用制度业待修改》，《财经时报》2003年9月27日。
② 应笑我：《中国土地忧思录》，《南风窗》2003年9月3日。
③ 赵子嘉：《我国农村集体土地征收之立法研究》，新疆大学硕士学位论文，2009。
④ 农业部农村经济研究中心：《中国农村研究报告（1990~1998年）》，中国财政经济出版社，1999，第356页。

化、集约化的拐点将会出现。目前,我国人均 GDP 已经突破 3000 美元,正处在小土地经营向大土地经营转变的关键时期。① 但我国现行的征地补偿标准,没有充分考虑农村土地作为农民的生产资料和社会保障的重要价值,忽视对农民的土地承包经营权的补偿问题,这与《中华人民共和国农村土地承包法》的要求是不相符的。实践证明,我国现行的农村征地补偿测算方法,不能反映农村土地的潜在价值,特别是在农村土地利用方式、种植制度、市场情况等不确定的条件下,难以准确地反映被征收农村土地的实际价值。事实上,由于现阶段我国农村土地没有设立发展权,所以在现实中不少农民缺乏充分行使自己土地权利的能力。这就导致广大农民不能公平分享农地非农化收益。舒尔茨分析人力资本时认为,"国民收入中财富的80%是由人力资本带来的,物质资本只能带来20%,则两者收益比例可为2∶2。而现实的国家征地中,农民与政府之间的土地收益分配关系正好是倒过来的,不是农民得大头,而是政府得大头,这就严重地违背了利益关系是产权关系体现的基本原理"②。国家土地管理局编制的《各国土地制度研究》一书认为,所谓土地发展权,是指土地变更为不同用途使用之权,如由农地变更为建设用地,或对土地原有集约度的提高。李存、任大鹏认为,"农地发展权是土地所有权人或使用权人为了追求更高的经济效益而变更农地现有用途,将其转为建设用地获得增值效益的权利。该权利的设置在满足了非农建设用地供给需求的同时,有助于保护农村集体经济组织和农民在土地上的合法权益,完善土地权利体系"③。但是,我国现行的土地法律法规对其没有明确规定,并且在土地管理模式上存在影响农地发展权设置的多重障碍。因此,我国现行涉农土地管理法规的修订理念,要从侧重保护农民的土地承包经营权向保护农民的土地承包经营权与农地发展权并重转变,以保护土地承包经营权为基础,最大程度保障和实现农民的农地发展权,从而也最大程度保障和实现农民公平分享农地非农化收益。

---

① 李振远、郑传芳:《当前深化我国农村土地管理制度改革的几点思考》,《福建教育学院学报》2011年第2期。
② 〔美〕西奥多·W. 舒尔茨:《教育的经济价值》,曹延亭译,吉林人民出版社,1982,第130页。
③ 李存、任大鹏:《农地发展权价值实现的制度安排》,《西北农林科技大学学报》(社会科学版)2012年第1期。

## 五 从侧重维护国家的土地利益向维护国家的土地利益与实现其他主体的利益并重转变

我国现行涉农土地管理法规坚持"国家利益至上"的立法理念，在法律条文设置上更多地关注的是国家土地利益。至于农民以及其他主体的利益，法律往往重视不够，甚至可以说是漠视。这就导致在实践中农村土地法律关系存在不同主体间的利益分配失衡现象。我国2004年《土地管理法》第四十三条规定：任何单位和个人进行建设，都必须依法申请国有土地。这就意味着国家通过立法将集体土地排除在建设用地市场交易之外。如果将这一法律条文进行深度解读，那就是国家垄断了建设用地土地使用权交易市场。一般情况下，在土地交易中，地方政府往往代表国家行使对建设用地的垄断权。这种垄断权的行使过程是，先有地方政府用国家的名义以支付廉价补偿款的方式将集体土地征收为国有，再以"招拍挂"的方式高价出让土地使用权。在这"一征一拍"之间，政府获取了巨额收益。然而，如果认真分析这里收益的来源，那就是农民集体和农民个体对承包土地的财产权。土地利益分配失衡的受损方往往是农民，为了找回本该属于自己的利益，一些农民倾向于采取群体维权的方式。这也是近年来涉及农村征地群体性事件易发多发的一个重要原因。2013年3月，在讨论《土地管理法》修改草案的问题时，很多意见都集中在第四十七条。不少人大代表建议删除土地征收30倍的补偿上限，并要求将住宅补偿从原来地上附着物上分开。国务院发展研究中心刘守英认为，该草案修改的最大意义在于设立了"公平补偿"原则。全国政协委员、中央农村工作领导小组副组长陈锡文认为："在取消征地补偿30倍上限的背景下，土地价值挂钩城市规划，而从目前的情况看，各地区的土地征收补偿费用差别非常大，土地的稀缺程度在各地不同，多少才是公平、合理的补偿，很难确定，乃需细化。"① 因此，我国现行涉农土地管理法规的修订理念，要在坚持兼顾多方利益、主体利益原则的前提下，从侧重维护国家的土地利益向维护国家

---

① 纪睿坤：《国土部将推动农村集体土地入市流转》，《21世纪经济报道》2013年3月13日；http：//gz.house.sina.com.cn/news/2013-03-13/06412385184.shtml。

的土地利益与实现其他主体利益并重转变,这是实现公平正义的法律目标的基本要求,也是最大程度保障和实现农民公平分享农地非农化收益的内在要求。

## 六 从侧重实现农民公平分享农地非农化收益向实现农民公平分享农地非农化收益与实现农地资源的可持续发展并重转变

我国现行涉农土地管理法规,既带有中华人民共和国成立初期土地改革制度的烙印,更有对家庭联产承包责任制实施后集体土地所有制度的继承。从表面上看,涉农土地问题是土地征收补偿问题。实际上,它涉及农村集体土地管理的方方面面。农村集体土地征收,就要最大程度补偿农民的农地非农化收益,但由于农民受"手中有地、就是受穷,手中无地、就是脱穷"等不正确观念的影响,保护农村集体土地积极性不高。因此,不能片面认为,谁实现了农民的农地非农化收益,就可无限制征地。据预测,到2020年,我国城镇化率将达到58%。这就意味着城市建设和工业发展对土地的需求将是持久的,甚至可以说是刚性的。但是,由于中国人口众多,山地多、平原少,土地又是不可再生资源,可用于新增建设用地的土地资源很少。这就产生了供需不平衡的矛盾。但是,城镇化的进程不可阻挡,因此农地保护工作面临着异常的压力和严峻的形势。"要制度化地解决中国土地问题,必须满足如下要求:即建立国家、集体、个人合理利益均得到平衡和实现的机制,从制度上消除土地利用上'囚徒困境博弈'的利益诱因。"[①] 农村土地利用既要考虑现在也要着眼未来。农村土地利用的优化配置必须以其为根本,以其为准则来制定配置方案。"所采取的具体方式和措施,不能以破坏环境、浪费资源为代价,而应该保护生态环境,保持土地生产力的持久性和土地利用的持续性。"[②] 为此,要从贯彻落实科学发展观关于可持续发展的要求出发,贯彻我国土地利用基本国策,引用市场机制,利用价值规律,提

---

① 谢志岿、曹景钧:《如何制度化解决当前中国土地问题:对土地管理制度改革目标模式的探讨》,《探索与争鸣》2012年第1期。
② 武慧:《城乡统筹发展的土地资源优化配置研究:以重庆市为例》,西南大学硕士学位论文,2009,第29页。

出转变伦理观念、运用价格机制、建立可持续利用的核算体系、确立储备机制和外部补偿机制,最终形成土地资源可持续利用的管理机制。在农村集体土地征收过程中,"要加强规划,严格管理,严格控制各项建设用地;加大土地监察和土地违法行为的打击力度,切实制止乱占耕地滥用土地行为和对耕地资源的破坏行为,充分实现土地资源的可持续协调发展"①。因此,我国现行涉农土地管理法规的修订理念,要从侧重实现农民公平分享农地非农化收益向实现农民公平分享农地非农化收益与实现农地资源的可持续发展并重转变,在实现农民公平分享农地非农化收益的同时,最大程度实现农地资源的可持续发展和永续利用。

## 七 从加快工业化、城镇化进程向加快工业化、城镇化进程与推进农地适度非农化并重转变

工业化、城镇化对土地有刚性要求。工业化至上、城市化至上,是我国50多年土地制度演变的基本原则,土地始终是政府手中的工具和筹码。② 从社会发展的一般规律看,伴随着工业化程度的提升,必然会有一个城镇化的过程,这就使土地非农化成为社会发展的必然。同时,农用地收益相对低下,也驱动着向非农用途转移。"我国每公顷土地的年产值,耕地为3115.05元,林地为260.4元,牧草地为174.3元,淡水养殖水面为6682.35元;而城镇工矿用地每公顷是116236.05元,交通用地是18214.35元。"③ 按照马克思主义的观点,市场经济体制下,资源的流动由市场决定。由于农业用地的产出效益较低,而非农用地收益甚至是农业用地的几倍或更多,因此土地用处转换的冲动相当强烈。但是,人多地少的基本国情决定着耕地在我国是一种严重稀缺的资源,粗放式的发展模式又导致建设用地利用效率不高。国家土地管理部门利用卫星对北京等31个特大城市占地规模进行了勘测,专家组根据数据资料进行的分析结果显示:"1995年我国31个特大城市用地增长弹性系数已达2.29,

---

① 陈志科:《我国农村集体土地征收法律制度研究》,华中农业大学硕士学位论文,2010,第22~23页。
② 李昌平:《大气候:李昌平直言"三农"》,陕西人民出版社,2009,第97页。
③ 吴传均、郭焕成:《中国土地利用》,科学出版社,1994,第117页。

城市用地增长明显高于人口增长。国外相关研究表明，美国的用地增长弹性系数是 1.58，印度是 1.62，南美是 1.25，这说明我国城市存在用地过度扩张、土地低效利用的现象。"① 如，某省 38 个城市（包括省辖市和县级市）建成区中约有 30 万亩土地低效使用，近 7.5 万亩土地闲置。1992~2003 年，某省 70 个开发区（园区）实际规划占地面积 70.2 万亩，累计国内生产总值 766 亿元，累计税收 77 亿元，按成立时间、实际占地面积、总产值和税收情况综合计算，每亩累计总产值 5 万多元，税收 5000 多元。② 实践证明，随着城镇化的快速发展，城镇占地规模必然加大，这就会出现更大规模变更农业用地的现象。当前，国家倡导集约节约利用土地资源，在很大程度上是基于这种原因。尽管，在发展过程中不得不占用土地资源，但也应该以采取将非耕地用于建设的方式为主。"我国城市建成区以占 0.35% 的国土面积容纳了 1/3 的人口和 50% 左右的 GDP 产出；城市建设人均用地指标约 100 平方米，而目前农村居民点人均用地在 150 平方米以上，城市人均居住用地则仅为农村居民的 1/5 左右。以 2050 年 80% 城市化率计，我国城市化用地增量约 1 亿亩，以垦殖率 65% 计，折合占用耕地 6500 万亩，约占全国耕地存量的 3.6%，每年占用耕地约为 0.8%，不会构成对我国粮食安全的威胁。同时，因农村人口进城，农村居民点用地减少可置换出耕地约 1 亿亩。"③ 农地非农化是我国经济社会发展中不可避免的趋势。但是，必须清醒地认识到，耕地是一种不可替代、不能再生的自然资源。作为基础生产资料，耕地具有很高的经济价值。从我国人多地少的国情出发，耕地还发挥着保障粮食安全、涵养生态环境的作用。要想保持经济社会全面协调可持续发展，就必须保有足够数量的农地资源。因此，我国现行涉农土地管理法规的修订理念，要从加快工业化城镇化进程向加快工业化城镇化进程与推进农地适度非农化并重转变，运用法治手段合理调控"农地非农化"，在提高非农用地的综合效率和水平的同时，最大程度保障和实现农民公平分享农地非农化收益。

---

① 曲福田、陈江龙、陈雯：《农地非农化经济驱动机制的理论分析与实证研究》，《自然资源学报》2005 年第 2 期。
② 张启生：《河南省征地补偿安置的实践及其制度性研究》，河南人民出版社，2009，第 162 页。
③ 牛凤瑞：《我国城市建设征地制度改革的理性深化》，《上海城市管理职业技术学院学报》2009 年第 1 期。

# B.5 平安河南建设的立法保障研究

李 哲*

**摘　要：** 平安河南建设是实现中原崛起河南振兴富民强省的重要保障。近年来，河南省立法机关从立法和监督有关法律实施等方面开展了富有成效的工作，有力地促进了平安河南建设。适应新形势新任务要求，立法机关将坚持以人为本，促进科学发展，推动依法行政、公正司法，继续开展立法活动和法律监督工作，为平安河南建设提供强有力的立法保障。

**关键词：** 平安河南　立法保障　法律监督

目前，河南省委正在谋划富强河南建设、文明河南建设、平安河南建设、美丽河南建设。全省正处在建设国家粮食生产核心区、中原经济区、郑州航空港经济综合实验区"三位一体"建设重要战略机遇期，平安河南建设是实现中原崛起、河南振兴、富民强省宏伟目标的基础工程和重要保障。要确保平安河南建设取得实效，其中重要一点就是要善于运用法治思维谋划、推进平安河南建设各项工作，善于运用法治思维和法治方式研究、解决平安河南建设面临的问题，努力把平安河南建设纳入法制化轨道，为平安河南建设提供法治保障。

## 一　平安河南建设的立法保障现状

当前，河南同全国一样，正处在社会转型期，经济体制的变革、社会结构

---

\* 河南省人大常委会法制工作委员会。

的变动、利益格局的调整、思想观念的变化，都会更加剧烈和深入。在这个大背景下，如何调整好各种利益关系，创造和谐稳定的社会环境，确保河南政治安全、公共安全、信息网络安全、治安安全，进一步深化平安河南建设，把平安河南建设提高到新水平，是今后地方立法和监督工作面临的新形势、新任务。

近年来，省人大常委会始终坚持围绕中心、服务大局的工作思路，在立法过程中，充分体现科学发展的基本精神和要求，在立法理念上实现由管理型向管理和维权型相结合的转变，在立法实践上实现由注重经济领域立法向经济领域和社会领域立法并重的转变，把依法维护好人民群众合法权益作为根本任务，依法解决影响社会和谐稳定的热点、难点、矛盾和问题作为基本要求，在推进平安河南建设中取得了实实在在的成效。据统计，近几年来涉及平安河南建设方面，先后制定了近20余部地方性法规，内容涵盖国家安全技术保卫、信息化管理、就业促进、村民自治、气象灾害防治、水污染和固体废物污染环境防治、消防安全、防震减灾、森林防火、安全生产、消费者权益保障、农产品质量安全、食品生产安全等；修订完善了16部涉及平安河南建设的地方性法规，内容涉及治安管理、信访、公共安全等。这些立法，为切实加强和维护河南公共安全、治安安全、信息网络安全、社会公平正义、化解社会矛盾等工作提供了法治保障。

与此同时，省人大常委会进一步加强监督工作，改进听取和审议专项工作报告监督形式，围绕"十一五"规划实施情况、农产品深加工、食品药品监督、食品安全、道路交通安全、安全生产，以及处理涉诉上访、民事执行、控告申诉、反渎职侵权、民事行政检察和加强基层建设、促进公正司法、完善多元司法手段、化解社会矛盾纠纷工作等方面存在的问题，听取和审议"一府两院"专项工作报告，督促整改落实，推动问题解决。另外，省人大常委会扎实开展法律法规贯彻执行情况检查，认真开展进城务工人员权益保护、产品质量法、矿产资源法、就业促进法、道路交通安全法、食品卫生法、食品安全法、老年人权益和归侨侨眷权益保障法、信息化条例、价格法等法律法规的贯彻执行情况大检查22次。并结合一年一度的"中原环保世纪行"宣传活动，对大气污染防治法、水污染防治法等贯彻执行情况进行了检查。通过这些法律监督和工作监督，有力促进了道路交通运输、食品、粮食生产、价格、消防、环境资源、权益纠纷等方面安全问题的减少。

## 二 平安河南建设的立法保障措施

建设平安河南，实施依法治省方略，法治是保障。而立法是法治的前提。要从平安河南建设的实践和需要出发，认真开展立法工作，及时制定和修订完善有关地方性法规。首先，要科学编制未来五年立法规划。在制定五年立法规划和年度立法计划时，要坚持以中国特色社会主义理念体系为指导，紧紧围绕中央、省委工作大局，坚持以人为本，切实把立法工作同改革发展稳定的重大决策结合起来，同最广大人民群众切身利益结合起来，科学安排立法项目，善于把平安河南建设中的成熟做法和经验上升为法律制度，用地方性法规形式来巩固和发展，善于把平安河南建设中的重大决策用地方立法体现，善于发挥法治的引导、规范、保障、惩戒作用，切实做到依法化解社会矛盾、依法预防打击治安事（案）件、依法规范社会秩序、依法维护社会和谐稳定。

### （一）围绕中心，加强重点领域立法

要紧紧围绕国家和河南省"十二五"规划确定的目标和任务，加强重点领域立法，将推进新型城镇化建设、加强社会建设、推进生态文明建设、促进社会和谐稳定等项目作为今后立法的主要内容。加快信息网络管理、社会组织管理、特殊人群管理、安全生产、消防安全、公共场所治安管理、司法鉴定管理、见义勇为和志愿服务、群体性事件处置、公共安全技术规范、社会管理综合治理、非法集资和医疗纠纷处理等方面立法，积极推动有关平安河南建设重点、难点问题的解决。

### （二）重视社会建设，着力保障和改善民生

要把一批直接关系人民群众切身利益的法规项目优先安排，把实现好、维护好、发展好最广大人民根本利益作为今后立法的出发点和落脚点，着力解决人民群众生活中迫切需要通过立法规范的问题，尽快出台一批地方性法规，推

动解决就业、就学、就医、食品药品安全、社会保险、保障性住房管理、扶贫开发、失业和工伤保险、老年人保护、农业技术推广、社会救助、司法救济等问题,努力把改革发展成果更多地惠及广大人民群众。

### (三)坚持以人为本,统筹协调社会利益关系

要正确反映和兼顾不同方面群众的利益,正确处理好公权与私权、社会管理和服务群众的关系,注重维护社会公平正义,从源头上减少因利益冲突引发的社会矛盾。尤其是要加快土地征收征用、房屋拆迁、土地经营权流转、交通运输安全、价格监督等方面的立法,认真解决群众反映强烈的问题。要适时制定一批环境保护、资源节约方面的法规,如大气污染防治、节约能源、再生资源回收管理、减少污染物排放、辐射污染物防治、黄河防汛、饮用水水源和湿地保护、气候资源开发利用,从而化解因资源分配、环境污染、公共安全等问题引发的冲突,切实保障群众合法权益。以促进美丽河南建设,从法律制度上保障建立健全科学发展的体制机制,实现经济社会健康有序的发展。

### (四)强化基层基础,促进民主政治建设

及时修订城市居民委员会组织法实施办法,与村民委员会组织法实施办法配套,规范促进基层民主选举、民主决策机构、民主管理、民主监督。制定出台社区建设法规,总结推广基层服务管理新平台的经验和做法,提高基层综合服务管理水平。及时修订信访条例,制定出台人民调解、行政民事调解法规,稳步推进涉法、涉诉信访工作改革,促进解决群众诉求、化解社会矛盾工作法治化。制定流动人口管理条例,有序促进农业转移人口市民化,保障流动人口基本权利,使之融入城市、真正安定下来。制定预防职务犯罪法规,提高国家机关工作透明度,从源头上预防腐败,提高执政公信力。

### (五)坚持民主立法,拓展立法渠道

根据平安河南建设和形势发展变化的需要,把对现行有效法规的修订放在与制定新法规同等重要的位置,适时修订或者废止平安河南建设的法规,维护法制统一。坚持统筹安排、急需先立。根据常委会会期和每年可能审议法规的

数量，把河南省发展、稳定迫切需要的，各方面条件基本具备的项目列入立法计划；坚持民主立法、开门立法，走群众路线，充分发扬民主、扩展人民有序参与立法途径，努力增强地方立法的透明度和民主化程度，保障人民群众对立法工作的知情权和参与权，使每一部平安河南建设的法规成为解决实际问题群众满意度高的良法，为平安建设取得突破性进展提供法治支撑和保障。

## 三　强化平安河南建设立法保障的思考

坚持用科学发展观来加强和改进监督工作，服从服务于平安河南建设的大局，深入开展法律监督和工作监督，把平安河南建设重大决策部署的落实作为重要内容列入议事日程，有计划地组织人大代表对实施情况进行视察、检查、听取专项工作报告，确保各项工作措施落到实处。

### （一）改进听取和审议专项工作报告的办法

紧紧围绕平安河南建设，抓住事关全局和群众切身利益、社会普遍关注的重大问题，听取和审议"一府两院"的专项工作报告，注重把开展人大监督工作的过程成为推动和改进"一府两院"工作、促进平安河南建设的过程。要围绕"十二五"规划实施情况、节能减排、食品药品安全、道路交通运输安全、安全生产、城镇职工居民基本医疗保险、保障性住房建设、义务教育、价格、信息网络防控管理、人民调解、依法行政和公正司法、司法为民、民事审判与执行等工作，听取和审议"一府两院"专项工作报告，督促整改落实，推动问题解决。

### （二）扎实开展法律贯彻执行情况检查

紧紧抓住事关河南省经济社会发展、人民群众切身利益和深化平安河南建设，认真开展对突发事件应对法、消防法、传染病防法治、防震减灾法、安全生产法和矿产资源、道路交通安全、食品安全、农产品质量安全、就业促进等关乎平安河南建设的法律法规贯彻执行情况的检查，持续开展"中原环保世纪行"宣传活动，并结合这一活动，每年对一部环境保护类法律法规执行情况进行检查。对执法检查中发现的工作层面的问题，交由有关方面进行调查处理；对法律法规本身不够完善的问题提出制定或者修改有关法律法规的意见和建议。

### （三）发挥人大代表化解社会矛盾的作用

及时修订人大代表议案、建议、批评和意见的办理办法，修订代表法实施办法和代表视察办法等，加强制度建设，充分发展人大代表作用，加强民主监督。要采取各种措施进一步改进和加强代表工作，一是切实改进和加强代表议案和建议、意见办理工作，对人大代表提出涉及平安河南建设的立法要求，作为充实调整立法计划的重要依据。加大建议、意见办理工作督办力度，对人大代表反映的人民群众的合理诉求、提出的平安河南建设工作建议和意见要落实办理单位，突出督办重点，抓好跟踪落实，进一步拓展人民群众诉求渠道，促进矛盾纠纷化解。二是发挥代表监督作用，每年有计划地邀请、组织河南的全国人大代表和省人大代表围绕平安河南建设中的重大问题，开展集中视察、专题视察、异地视察和专题调研，促使平安河南建设各项工作措施落到实处。三是充分发挥代表的模范带头和桥梁纽带作用，在全省各级人大代表中适时开展"为平安河南建设献良策、办实事、做贡献"特色主题实践活动，激发广大人大代表投身平安河南建设的热情和干劲，调动各方面的积极性和创造性，凝聚全省人民的智慧和力量，形成平安河南建设的强大合力。

# B.6
# 河南食品立法保障问题研究

娄丙录　郑书前*

**摘　要：** 目前，河南食品安全立法保障的法律规范性文件数量较多、立法层级分明、分工合理，各具体类别的食品安全法律文件对推动河南食品安全工作起到了基础性的引导、规范和保障作用。但已有的法律规范还存在若干问题和不足，需要予以解决和弥补。

**关键词：** 食品安全　立法保障　对策建议

保障食品安全是人民群众生命健康权的必然要求。河南作为全国人口大省和食品生产加工大省，国人的"大粮仓"、"大厨房"，食品安全问题是最需要花大力气保障的基本民生问题之一。近年来，针对食品安全这一关系广大人民群众身体健康和身体安全的重大民生问题，河南制定了一系列规范性文件，从总体上加强了全省食品安全立法保障水平，完善了食品安全领域的法律和政策，有效遏制了重特大食品安全事件的发生。但从未来食品安全工作的大局着眼，必须深入总结食品安全领域已经取得的好的经验，慎重分析食品安全领域的立法缺陷和不足，为食品安全保障的总体水平得到较大幅度提升奠定牢固基础。

## 一　河南食品立法总体分析

### （一）食品安全规范性文件的渊源分析

2012年以来，河南省人大、省政府、省政府食品安全委员会办公室（以

---

\* 娄丙录，河南大学法学院党委书记、教授，硕士研究生导师；郑书前，河南大学法学院副教授。

下简称食安办）共制定食品安全方面的规范性文件32个。其中，省人大常委会通过的地方性法规1部，即《河南省食品生产加工小作坊和食品摊贩管理办法》，占总数量的3.1%；省政府办公厅关于食品安全的通知或意见共7个，占总数量的21.9%；省政府食安办发布通知共16个，占总数量的50.0%；省政府以通知形式发布的内部明电共8个，占总数量的25.0%。

从河南省2012年制定和发布的规范文件的数量和渊源及其对应的内容分析看，食品生产、加工小作坊和食品摊贩在本省属于影响食品安全总体水平的重要领域，由省人大常委会专门制定管理办法是较为妥当的；省政府办公厅发布的关于食品安全的通知和意见是为了落实国务院办公厅和省人大常委会有关问题的文件，在全省加强食品安全工作；省政府食安办发布的食品安全规范性文件，是落实国务院食安办、省政府办公厅文件指示精神以及指导全省食品安全方面的具体工作；省政府食安办发布的内部明电是根据国务院食安办、有关食品监督部门和省委、省政府有关文件精神，具体落实全省食品安全监督或考核工作的具体体现。

总体来看，2012年以来河南省食品安全规范性立法文件层级分明，共分三个层级，即省人大常委会、省政府办公厅、省食安办，体现了不同法律文件调整对象的重要性的程度差异。从这三个层次来看呈现有两个特点：一是比重合理，尤其是负责全省食品安全综合协调具体工作的省食安办发布了24个规范性文件，充分发挥了其所具体承担的食品安全综合协调职能。二是覆盖面广，32个规范性文件包含了食品安全领域的诸多事项，小作坊和食品摊贩管理、举报奖励、食品安全事故应急预案、食品安全四大放心工程、食品生产企业质量管理模式、食品质量日常和特殊时期的监管和督导检查、食品安全工作考核、食品安全办事机构的健全、科普宣传、道德诚信建设等方面，可谓林林总总，辐射面宽泛。

### （二）食品安全规范性文件内容分析

**1. 关于食品生产加工小作坊和食品摊贩管理方面的立法**

2012年7月27日，河南省第十一届人民代表大会常务委员会第28次会议通过了《河南省食品生产加工小作坊和食品摊贩管理办法》（以下简称《管理办法》),对全省食品生产加工小作坊和食品摊贩的生产经营活动及其监督管理予以规范。2012年12月5日,河南省政府办公厅印发《河南省人民政府办公厅关于贯彻落实〈河南省食品生产加工小作坊和食品摊贩管理办法〉的通知》,提出了明确监管职责、加大监管力度、坚持服务发展、加强制度建设和强化责任落实,确保《管理办法》的贯彻到位和执行到位。

《管理办法》的出台,一方面是基于现实需要,另一方面是立法授权。我国作为发展中国家,食品摊贩历史悠久。食品摊贩凭借其食品价格低廉、供货便捷、形式灵活等特点,在工作节奏日益加快的城市生活中,拥有较大的消费群体,成为大众餐饮的重要组成部分。然而,食品摊贩卫生状况相对较差,具有发生全体性食源性疾病的高危因素,成为各地食品安全监督管理工作的重点和难点。①《中华人民共和国食品安全法》(以下简称《食品安全法》)第29条第3款规定:"食品生产加工小作坊和食品摊贩从事食品生产经营活动,应当符合本法规定的与其生产经营规模、条件相适应的食品安全要求,保证所经营的食品卫生、无毒、无害,有关部门应当对其加强监督管理,具体管理办法由省、自治区、直辖市人民代表大会常务委员会依照本法制定。"《食品安全法》对此采取授权立法方式,赋予省级人大常委会制定地方性法规的立法权限。

《管理办法》共分6章,分别是总则、食品生产加工小作坊管理、食品摊贩管理、监督管理、法律责任和附则,共49条。这里着重对《管理办法》中较有特色的两项制度进行分析。一是食品生产加工小作坊禁止生产加工的食品范围。凡是涉及容易造成污染、食品标准有特殊要求、专供特定人群食用的食品,一律属于禁止范围。《管理办法》明确禁止食品生产加工小作坊生产加工的食品包括乳制品、白酒罐头制品、果冻等食品,专供婴幼儿、老年人、病人、孕产妇等其他特定人群的食品,声称具有特定保健功能的食品,省人民政府规定的禁止生产的其他食品。这样的规定具有对营业自由进行限制的属性,表明了在食品经营领域公共利益保护的优先性。二是对食品摊贩固定经营地点

---

① 谢敏强、许瑾等:《上海市食品摊贩抽样调查结果及监管对策研究》,载《食品药品安全与监管政策研究报告(2011)》,社会科学文献出版社,2011。

和时间。《管理办法》对食品摊贩固定经营地点和时间做了详细的规定，通过各种措施予以保障，这样既可以方便群众生活，实现城镇功能区的合理布局；又可以加强食品监督管理，最大限度确保食品供应安全。

**2. 关于食品安全举报奖励方面的立法**

2012年2月10日，河南省人民政府办公厅经省政府同意，印发了《河南省食品安全举报奖励办法（试行）》。该文件对食品安全违法行为的举报受理部门、举报奖励范围、举报方式、保密制度、奖励额度、奖励程序等事项做了较为详细的规定。河南省的食品安全举报奖励规定是在2011年7月国务院食品安全委员会办公室《关于建立食品安全有奖举报制度的指导意见》的基础上制定的。食品安全举报奖励制度从本质上讲是食品安全监管机关和公民个人之间的一种信息交易制度。在实践中，违法者的违法信息总会被人知晓，让知情者把信息提供给执法机构是一种有效的促进法律实施的路径，而对信息提供者的利益激励可以使更多的知情者主动与执法机构进行信息交易，因此有利于增强执法机构的执法能力，增加潜在违法者的防御成本，提高违法者之间的合作难度。① 河南省食品安全举报奖励制度作为食品安全整体法律的一个组成部分，通过全省食品安全工作考核评价的相关法律文件得到强化落实。食品安全有奖举报工作列入专门的考评内容，设置明确的考评指标和考评方法，对于激发公众举报积极性，提高公众的食品安全意识和社会责任意识具有重要价值。

**3. 关于食品安全事故应急预案方面的立法**

2012年3月21日，河南省人民政府办公厅经省政府同意，印发了《河南省食品安全事故应急预案》。该规定初步建立了全省食品安全预警体系和事故应急处理机制，其内容涵盖了事故处置原则、适用范围、事故分级，明确了事故应急组织机构及其职责，规定了包括信息、医疗卫生、应急队伍、技术、物资与经费、治安、社会力量等保障条件，建立了监测预警机制，细化了信息举报、报告、通报与评估程序，制定了应急响应机制，也涵盖了后期处置的措施。这种具有针对性的食品安全事故应急预案制度的建立，为实现省、市、县（区）层次的分级食品安全突发事件应急预案体系的建立和运行提供了基本的

---

① 应飞虎：《食品安全有奖举报制度研究》，《社会科学》2013年第3期。

规范依据。

**4. 关于食品安全道德诚信建设方面的立法**

2012年12月25日,河南省人民政府食安办转发国务院食安办等八部门《关于印发〈关于进一步加强道德诚信建设推进食品安全工作的意见〉的通知》。加强食品企业的道德诚信建设意义重大,因为食品企业唯利是图、诚信缺失、道德沦丧是造成食品安全问题泛滥以及食品安全法治不彰、监管不力的根源,是食品消费信任缺失的根源,食品安全问题也成为危害食品企业发展的最大潜在问题之一。① 加强食品企业道德诚信建设,对于有效实施食品安全法律规范,对于食品安全法治建设,能够起到基础性的保障作用。河南省食安办转发的通知中提出了很多具有可行性、创新性的工作思路和具体举措,包括食品安全道德诚信体系建设的常态化、"道德讲堂"的经验推广、掌握微博等新型传媒载体的使用方法和应用技巧,梳理诚信缺失的行业共性隐患和"潜规则"问题,建立健全外部联动奖惩机制,加强道德诚信建设考核测评,引导社会参与诚信体系建设,加强统筹协调和组织保障等诸多方面。

**5. 关于食品安全专项工程方面的立法**

根据食品安全问题关系民生的重要性程度,与老百姓日常生活关联最密切的肉、蛋、奶、豆制品应当作为食品安全重点领域。河南省在2012年围绕着"四大放心"工程(放心奶、放心肉、放心菜、放心豆制品)作为食品安全专项活动,进行了相关工作。立法也对这些领域予以重点规范,河南省在2012年相继出台了相应立法文件,推进"四大放心"专项工程的工作。

(1) 2012年6月8日,河南省政府办公厅印发《河南省实施食品安全"四大放心"工程工作方案》的通知,在全省实施食品安全"四大放心"工程,提出了具体的合格率指标,规定了相应的工作重点,按照治理整顿和达标创优两大主题、四个阶段组织推进,明确了工作要求和保障措施。

(2) 2012年6月11日,河南省政府食安办发布《关于成立河南省食品安全四大放心工程领导小组的通知》,成立了"四大放心"工程领导小组,统一组织领导食品安全"四大放心"工程实施工作,做到了有组织、有领导、有

---

① 王辉霞:《食品安全多元治理法律机制研究》,知识产权出版社,2012。

分工、有协调，组织健全、人员明确、分工合理。

（3）2012年9月13日，河南省政府食安办发布《关于开展2012年质量月活动深化四大放心工程整治工作的通知》，进一步深化对放心奶、放心肉、放心菜、放心豆制品的整治。

**6. 关于食品安全宣传教育方面的立法**

食品安全宣传教育，主要是为了解决食品安全领域的信息不对称问题。信息不对称是指信息在监督主体和被监督主体之间分布不均匀，这种状况会直接影响到监督的效率。监督机制的有效性取决于监督主体对被监督主体的信息掌握程度，被监督主体往往拥有垄断性信息而使监督主体无法进行有效监督，所以法律必须解决信息不对称问题。[①] 2012年，河南省食品安全宣传教育的立法包括对领导干部食品安全工作的专题培训班的文件、面向社会公众的科普宣传工作方案的文件以及学习借鉴食品安全先进经验做法的文件三个方面。

（1）河南省先后对全省市厅级领导干部和县处级领导干部进行食品安全专题培训。2012年4月26日，中共河南省委组织部、省政府食安办发布《关于举办全省市厅级领导干部食品安全专题培训班的通知》，于5月14日至18日在省委党校举办全省市厅级领导干部食品安全专题培训班。10月10日，省政府食安办发布《关于举办县处级领导干部食品安全专题培训班的通知》，于10月23日至11月1日在省委党校举办全省县处级领导干部食品安全专题培训班。

（2）2012年5月14日，省政府食安办、省科学技术协会印发了《2012年河南省食品安全科普宣传工作方案的通知》，提出了做好《食品安全宣传大纲》的科普宣传工作，开展"食品安全宣传周"科普宣传活动，开展"食品安全与公众健康"全国科普日活动，加强与媒体合作，加大食品安全科普宣传力度，推动食品安全科普宣传深入基层。6月1日，省政府食安办发布《关于开展2012年食品安全宣传周暨四大放心工程活动的通知》，并于6月11日至20日举办2012年食品安全宣传周系列活动。

---

[①] 应飞虎：《完善我国食品质量信息传导机制应对食品安全问题》，《政治与法律》2007年第5期。

(3) 2012年5月4日,省政府食安办发布《关于学习借鉴焦作市食品安全工作经验做法的通知》。该通知的背景是国务院领导和省委、省政府主要领导对新华社内参《焦作市变分段监管为统筹监管密织食品安全网》作出重要批示,要求认真总结推广焦作市的实践经验和成功做法。

## 二 河南食品安全立法存在的问题和不足

### (一)食品安全立法存在的问题

就河南省来讲,从2012年以来制定的法律规范分析,尽管取得了明显的成绩,但食品安全立法保障仍然存在一些问题。

**1. 食品安全的社会监督作用发挥不够**

自2012以来年河南省食品安全立法文件的数量来看,其中涉及社会监督的仅有省政府办公厅《关于印发河南省食品安全举报奖励办法(试行)的通知》是直接针对社会监督的规定,其他法律文件主要体现了政府监督的特色。诚然,在食品安全领域,因为食品经营者的"投机"行为使得"市场失灵"在所难免,但是完全依赖政府监管也存在诸如"政府被俘获"的"政府失灵"风险。在市场经济条件下,一个国家或地区的食品安全水平是由政府、企业和消费者三种力量的共同作用决定的。① 充分发挥企业和消费者的作用,通过食品行业协会、社会团体、群众自治性组织、新闻媒体等多种渠道,以广播电视、报纸期刊、互联网等多种方式,引导和加强整个社会对食品安全的关注和监督,是今后立法应该着力解决的。

**2. 食品安全的政策性规定过多**

国家政策和法律之间存在密切关系。政策可以引导法律,补足法律规范的不足,可以发挥法律对社会关系强制性调整之外的"柔化"作用。但是,政策毕竟不能代替法律,从食品安全领域的诸多社会问题的解决来看,更应当把法律的规范性规定放在首位,政策性规定仅仅起辅助作用。以省政府办公厅

---

① 刘录民:《我国食品安全监管体系研究》,中国质检出版社、中国标准出版社,2013。

《关于在全省食品生产企业全面推行先进质量管理模式的意见》为例，该文件规定了在全省食品企业全面推进危害分析和关键控制点管理体系（HACCP）、食品安全管理体系（ISO22000）、卓越绩效管理模式（PEM）等先进质量管理模式，对该政策的重要意义、指导思想、基本原则和总体目标、工作任务、保障措施作了概括规定，但所规定的内容中涉及食品安全监管部门的具体职权和职责、食品企业的权利义务、具体的法律标准、违法责任等方面均付阙如。与此类似，食品安全领域的规范性文件中也存在大量政策性内容，这就可能形成所谓的"政府部门忙于传达红头文件"、"企业忙于应付检查评比"的形式化做法。

**3. 食品安全的政府职责和法律责任不够细化**

在我国，食品安全的监督主体比较广泛，包括政府、第三部门、大众传媒等，但是食品安全的管理主体则只有政府，政府的强制性、公共性与合法性决定了其管理主体的地位是无法替代的。[①] 与政府对食品安全的唯一管理主体地位相应，政府负有明确的管理职责，政府机关及其工作人员在没有履行其法律职责时应承担明确的法律责任，这一点应该在食品安全立法中作出明确规定。从河南省2012年制定和发布的法律文件看，所涉及政府职责的规定大多数是仅在质监局、工商局、食品药品监管局等政府管理部门之间做相应的分工，但是对各具体管理部门承担的具体职责，尤其是管理部门及其工作人员不履行职责的法律责任，往往较为薄弱或者处于缺失状态。这样的后果是，负有监管职责的政府部门可能消极履行食品安全的监管职责，如果出现了食品安全事故则推诿扯皮，这就必然降低政府部门的社会公信力。

## （二）食品安全立法存在的不足

除了现有立法存在的问题之外，分析2012年以来全省食品安全立法的总体情况，还存在一些不足之处。

**1. 食品安全监管体制改革还不到位**

按照我国《食品安全法》所设计的食品安全监管体制，食品安全监管主

---

① 韩彬：《中国食品安全监管机制中的政府责任研究》，东北师范大学硕士学位论文，2010。

要是由卫生、农业、质检、工商、食品药品监管这5个部门行使，另外，工业和信息化部、商务部、环保部、科技部等部门也行使着部分的食品安全监管权。河南省食品安全监管体制亦如此。在食品安全的规范性文件中，这些监管部门往往按照各自职责的分工负责本部门管辖范围内的事务，在涉及职责交叉或者不易划定职责范围的事项时，立法的薄弱性则不可避免。我国这种分阶段、分部门、"碎片化"的监管体制，是造成食品安全监管不力、监管成本过高的"罪魁祸首"之一。从地方改革的成功经验看，上海市和深圳市都先后采取了将食品安全监管从质检、工商、卫生、食药监分散监管的职权合并到一家监管机构的改革，都积累了较为成熟的经验。监管部门的单一化和职能的统一化在2013年3月十二届全国人大一次会议采纳的国务院机构合并方案中也得到充分体现，原质检总局负责的食品生产监管、原工商总局负责的食品流通监管合并到食品药品监督管理总局。因此，河南省应当按照中央部署，尽快完成食品监管体制的改革，以尽快适应新形势下食品安全监管的需要。

**2. 初级农产品安全监管薄弱**

我国是人多地少、农业产业化程度低、城镇化亟待推进的发展中国家，初级农产品的监管面临着农户分散种植、自耕自种个体化劳动、农村土地承包到户的现有困难。如何保证初级农产品的安全，严格管理农业、化肥等农业投入品的使用使其符合法律标准，是食品安全领域的难题。河南省作为我国的农业大省和人口第一大省，初级农产品安全监管的困难更为突出。2012年河南省发布的食品安全规范性文件中，只是在关于"四大放心"工程的通知中，"放心菜"工程政策性地提及检查农业投入品使用，重点查处和纠正违规使用农药行为，除此以外没有专门规范初级农产品安全的规定。作为"从农田到餐桌"的全程监管来说，没有合格的农产品，就不可能保证食品生产、流通、消费的产业链条的安全，对初级农产品安全监管的薄弱格局必须改变，尽快建立起科学、规范、有效的初级农产品安全监管专门制度。

**3. 缺乏食品安全专门性制度的规范性文件**

2009年《食品安全法》确立了我国食品安全的基本法律制度，其中包括食品安全风险监测和评估制度、食品安全标准制度、食品生产企业先进管理制度、食品标记、溯源和召回制度、食品检验制度、食品安全事故应急预案制度、食品信息发布制度、食品责任制度等方面。从河南省现有的食品安全规范性文件看，目前还缺乏本地区范围内专门性的食品安全制度的规范性文件。虽然全国性法律法规对食品安全专门性制度作了相应规定，在食品安全执法活动中也并非无法可依，但是结合本地现实条件，制定符合当地要求的专门的规范性文件，对食品安全领域的专门制度作出细化规定仍然是有必要的。

## 三 加强河南食品安全立法保障的对策建议

### （一）基本思路

发达国家无论是对食品安全监管机构的重组，还是监管权力的重配，都严格奉行"立法先行"的原则。① 食品安全立法是基础性和起始性的食品安全工作。在未来的食品安全工作中，首先是给予食品安全立法足够的重视，真正将立法放在食品安全工作的首要位置。基于全国和河南省的实际情况，针对2012年食品安全规范性文件的现状，提出如下立法完善的基本思路。

**1. 构建单一化的监管体制**

适应食品监管体制单一化的改革方向要求，食品药品监督管理局将作为未来对食品监管的专门机构。在河南省范围内，省质量技术监督局生产环节食品安全监督管理的职责划入省食品药品监督管理局，省工商行政管理局流通环节食品安全监督管理的职责划入省食品药品监督管理局。伴随着监管职责的合并统一，食品安全监测的技术资源也应做相应合并统一。未来应整合省质量技术监督局、省食品药品监督管理局所属食品安全检验检测职能、机构和设备，推进管办分离，实现资源共享，建立法人治理结构，形成统一的食品安全检验检测技术支撑体系。对省级以下的改革，包括地级市、县（区）应依次展开食品安全监管体制的合并统一工作。在食品安全监管体制向单一化方向改革后，食品药品监督管理局将承担更为重要、更为集中的食品安全监督管理职能，具

---

① 颜海娜：《食品安全监管部门间关系研究——交易费用理论的视角》，中国社会科学出版社，2010。

体包括食品稽查制度的制定和实施、食品违法行为的查处、不安全食品的召回和处置，建设食品安全事故应急处理机制、组织和指导对食品安全事故的处理、监督事故处置情况，建设统一的食品安全检验体系、食品安全追溯体系及其信息化，食品安全诚信制度建设，等等。

**2. 探索制定初级农产品监督管理规定**

初级农产品安全的监管是整个食品安全领域中最基础、最重要也是最困难的环节。初级农产品安全与否关系到整个食品供应链的安全，初级农产品往往是由分散的农户通过农业个体劳动提供的，初级农产品的安全和农民收入以及农业政策密切联系在一起，对初级农产品安全的监管应当成为食品安全这一重要民生问题的重中之重。对初级农产品监管的改革探索，应该处理好以下关系。

（1）处理好初级农产品安全供应和农业发展、农民利益保护的关系。在保证农民收入稳定提升基础上，逐渐提高初级农产品价格，保证农民利益不受到损害。

（2）处理好初级农产品安全供应和农产品产量的关系。应该在确保农产品产量不断提高基础上，使得农产品安全符合标准，尤其将农业投入品的残留量控制在法律规定的限量之下。

（3）处理好初级农产品安全和农产品市场机制完善的关系。要根据当时和当地条件逐渐推进农业产业化经营，通过农产品追溯制度的建立和完善，确保初级农产品的质量和价格挂钩，实现优质优价，通过市场机制引导农产品质量不断提升。

（4）处理好初级农产品安全保障和监督、检验检测成本的关系。在初级农产品的市场竞争中，当提供安全食品的生产者被提供不安全食品的生产者"搭便车"，而市场缺乏有效且成本低廉的监督和检验检测手段时，初级农产品的安全是无法得到保障的。对于河南这样一个农业大省，应该花大力气加强初级农产品农药残留含量检验检测的技术水平，尤其是进一步加大对快速检测技术的投入。对初级农产品的种养殖来说，不同于食品的工业化生产和流通的监管，需要总结和借鉴好的经验做法，在降低监管成本的同时提高监管效率。

**3. 突出食品安全规范性文件的法律特色**

基于2012以来年河南省食品安全规范性文件的总体情形的分析，政策性规定过多，可能使得这些规范性文件的执行和实施效力被"软化"。从食品安全工作考核评价方面看，很多考核指标的设定是通过对各地食品安全文件的制定、会议的召开、临时抽查等形式化做法的量化打分，最终可能使得食品安全工作政策化，政策性做法形式化，形式化的食品安全工作成为"人人喊高调，处处难落实"的尴尬局面。因此，在食品安全规范性文件的制定中，不应绝对摒弃政策要求，而应更加强调和突出法律的地位和特色，具体来说，要做好以下几方面工作。

（1）深化用法律规范食品安全的重要性认识。通过法律规范食品安全社会关系，不仅是解决现实问题的要求，更是法律与秩序的互动关系所决定的。食品安全法律是调整食品安全社会秩序的基本工具，没有合适的法律，就不会有合理的秩序。只有将食品安全领域分散的、孤立的、投机的、危害性的行为纳入法律调整范围之内，才可能树立食品安全乃至公众营养健康领域的良好社会秩序。

（2）保证法律规范的完整性。如果以权利作为发生的起点，规范体系的完整性包括权利规范与义务规范的对应，权利规范与救济规范的对应，调整性规范与保护性规范的对应，实体规范与程序规范的对应。[①] 在食品安全规范性文件中，应尽可能完整地包括社会公众（消费者）所享有的食品安全权利、食品生产经营者所承担的法定义务、政府监管部门所负有的监管职责、违法责任、保障权利实现的程序规范等方面内容。

（3）确保食品安全法律的权威性。食品安全法律的权威性既来自法律规范本身的科学性和体现社会公众利益，也来自政府财政预算对食品安全工作充分的公共投资支持，还受到法律明确规定和依法执行的食品安全奖惩后果影响。因此，食品安全领域既要做到科学立法，又要注重法律的执行和法律实施的人、财、物支持。

### （二）对策和举措

**1. 加强食品安全监管主体立法**

除了以政府农业部门对初级农产品、食品药品监督管理部门对食品进行监督管理作为食品安全政府监管的主渠道之外，应当充分发挥社会多元主体的监

---

① 黄建武：《法律调整社会关系的机制与科学立法》，《法治论坛》2011年第4期。

管作用。相对于政府监管而言，社会多元主体的监管具有成本低、机制灵活、信息来源广、社会影响大等特点，是现阶段食品安全监管应当着力加强的领域。除了食品安全举报奖励制度的立法外，在食品安全放心工程、食品生产企业先进质量管理模式、特殊时段食品安全督导检查、食品安全考核评比等制度中应该更加突出有关的食品行业协会、消费者权益保护组织、报刊、广播电台、电视台、网站等大众传播媒介等的地位和作用，赋予这些社会主体在食品安全监管中独立的法律地位，明确规定其享有的社会监督的权利，通过合理的法律程序保障其能够充分行使监督权利和参与到食品安全监督活动中，发挥其特长，补足政府监管的"短板"。

### 2. 加强监管机构统一性和权威性立法

国务院机构改革方案已经确立了食品药品监管体制的改革方案，组建国家食品药品监督管理总局，统一履行食品药品监管职责。党的十八届三中全会通过的《中共中央关于全面深化改革若干重大问题的决定》也指出，"建立统一权威的食品药品安全监管机构，建立最严格的覆盖全过程的监管制度，建立食品原产地可追溯制度和质量标示制度，保障食品药品安全"。因此，河南省也应根据中央要求，结合河南实际，在全面改革原有监管体制的同时，以地方立法形式对新的监管体制予以确认，以确保新体制下监管机构的统一性和权威性。

### 3. 加强食品安全宣传教育立法

在以往的市厅级、县处级领导干部食品安全专题培训班基础上，进一步将食品安全培训扩展到与食品安全直接相关的主体，包括食品安全监督管理部门工作人员、食品生产经营者和从业者等，以及对食品安全感兴趣的社会公众，最终目标是推行食品安全的全民教育。培训工作除了采取直接上课和面授方式外，还可以通过互联网、报刊、广播电视等渠道，将食品安全知识向社会公众普及。对于食品安全的专门宣传活动，重要的宣传活动可以仍旧采取具体工作方案的通知方式，由政府有关部门举办；对于一般性的宣传活动，可以采取社会组织、企业赞助、个人参与等多种方式，同时立法应当加强规范和引导，对食品安全宣传活动予以倡导和必要的管理，避免假借食品安全宣传变相进行商品广告或从事违法活动。

### 4. 加强食品生产经营企业行业准入立法

相比普通企业设立的行业准入逐渐放宽标准趋势，食品生产经营企业应当进一步严格行业准入资格和条件。地方立法应当规定明确的食品生产经营企业必须具备的许可条件，由食品药品监督管理部门批准后，方可进行工商登记，从事食品生产经营活动。食品生产经营的许可条件包括从业人员的身体健康要求、食品生产环境、生产条件、产品标准、技术检验检测能力、食品标志、食品安全保障制度等方面，不符合条件的不允许设立。对于已经许可的食品生产经营企业，要进行严格的长效监管，对于违反食品生产经营许可条件者，应依法予以取缔，强制其退出食品生产经营市场。

**5. 加强食品召回制度立法**

除了全国食品召回立法工作之外，河南省食品召回的立法应当做好以下准备工作，并在此基础上及时出台地方法规。

（1）完善食品安全的地方标准，在全国标准缺失环节，通过省、市、县三级立法机关制定地方性法规的方式，将食品标准尤其是地方性特色食品的安全标准及时加以明确。

（2）作为全国食品安全追溯体系的组成部分，省、市、县各级政府应当抓紧建设食品信息追溯体系，政府通过专项资金的投入，支持农户和食品生产经营企业采用食品生产、加工、销售各环节的食品来源可追溯性标志，并通过食品安全网络信息平台建立可查询、可验证的追溯系统。

（3）加强食品召回信息公开系统建设。学习美国食品药品监督管理局（FDA）和美国农业部食品安全检验局（FSIS）等先进经验，建立食品药品监督管理部门的食品召回信息网络公开制度，将食品召回信息向全社会公布。

**6. 加强食品安全专项立法**

除前述初级农产品的专项立法外，还应对转基因食品安全加强立法。鉴于目前国家层面的转基因食品安全立法相对较为薄弱，社会公众对转基因食品的安全保持高度关注，河南可以先试先行，规定转基因食品的地方性法律文件。该文件主要考虑从如下几方面予以规定。

（1）建立统一的转基因食品安全测试和安全评价机制，做到机构和标准的统一和公开。

（2）规范转基因食品标志制度，对所有的转基因食品强制性地要求作出明确标志，标志范围包括转基因的成分、转基因成分的来源、添加转基因材料的环节、过敏性特征和安全等级等方面，标志是否达到标准以保障消费者的知情权来衡量。

（3）规定转基因食品的召回制度。凡是违反食品安全法律法规，可能导致食品安全事故、隐患或者有其他违法行为的，一律属于召回范围。

（4）严格转基因食品的法律责任。对转基因食品的生产经营者违反法律规定，根据其违法行为的危害程度，承担相应的民事、行政和刑事责任。

**7. 加强食品安全立法工作外部保障**

党的十八届三中全会通过的《中共中央关于全面深化改革若干重大问题的决定》要求全面落实行政执法责任制和执法经费由财政保障制度。因此，从完善立法的外部条件看，应进一步加强食品安全的机构、人员、经费、物质条件等保障。机构、人员和物质条件的保障，主要是通过食品药品监督管理部门的统一监管和职能强化来实现。在经费保障方面，省、市、县各级政府应将本地区食品安全工作所需要的资金投入作为专项开支明确列入年度财政预算范围，明确其预算资金额度，保证食品安全预算资金落实到位，不得挪作他用，确保食品安全预算项目占总预算比例逐年增加。

**参考文献**

唐民皓：《食品药品安全与监管政策研究报告》，社会科学文献出版社，2010~2012。

颜海娜：《食品安全监管部门间关系研究——交易费用理论的视角》，中国社会科学出版社，2010。

张婷婷：《中国食品安全规制改革研究》，中国物资出版社，2010。

王辉霞：《食品安全多元治理法律机制研究》，知识产权出版社，2012。

吴林海、钱和：《中国食品安全发展报告（2012）》，北京大学出版社，2012。

刘录民：《我国食品安全监管体系研究》，中国质检出版社、中国标准出版社，2013。

应飞虎：《完善我国食品质量信息传导机制应对食品安全问题》，《政治与法律》2007年第5期。

黄建武：《法律调整社会关系的机制与科学立法》，《法治论坛》2011年第4期。

涂永前：《食品安全的国际规制与法律保障》，《中国法学》2013年第4期。

# 法治政府篇

# B.7
# 河南推进服务型行政执法的探索与建议

王海云 武宝山 乔慧茹*

**摘　要：** 近年来，河南积极探索坚持严格规范管理与教育指导服务并重、处置与疏导结合，体现"管理、执法和服务三位一体"的新型行政执法模式。通过努力探索，全省推进服务型行政执法取得了显著成效，并将对下一步推进依法行政，规范行政执法行为，促进执法为民产生积极推动作用。

**关键词：** 行政执法模式　服务型行政执法　探索与展望

服务型行政执法是一种遵行"严格规范管理与教育指导服务并重"理念

---

\* 王海云，河南省人民政府法制办公室副主任；武宝山，河南省人民政府法制办公室处长，研究领域为行政法；乔慧茹，经济法学硕士，主要从事行政执法监督。

的行政执法模式,是对传统行政执法模式的重大突破和重大改革,从根本上了体现了服务宗旨,符合党的十八大提出的全面推进依法行政、建设法治政府和服务政府的要求,契合了十八届三中全会作出的深化行政执法体制改革的重大决定。2012年,河南省人民政府办公厅印发《关于推进服务型行政执法建设的意见》(豫政办〔2012〕78号),在全国范围内率先提出推进服务型行政执法,并确定在全省启动推进服务型执法工作。2013年,河南省十二届人大一次会议通过的《政府工作报告》确定推进服务型行政执法工作为全省推进依法行政工作重点之一。河南省全面推进依法行政工作领导小组办公室及时印发《2013年全省推进服务型行政执法建设工作安排》明确以服务中原经济区建设为切入点,以制度建设为抓手,对重点推进内容进行了部署。经过探索与实践,全省各级政府与行政执法部门遵循服务理念,坚持以人为本,创新执法模式,取得了显著成效。

## 一 河南推进服务型行政执法的背景

### (一)深化行政管理体制改革的内在要求

深化行政管理体制改革,旨在全面正确履行政府职能,优化政府组织结构,提高科学管理水平,创新行政管理方式,增强政府公信力和执行力,高效便民,实现公平正义,达到有效的政府治理。党中央历来高度重视行政管理体制改革,并且取得了明显成效。但面对新形势、新任务,现行行政管理体制仍然存在一些弊端,在一定程度上制约了经济社会发展。深化行政执法体制改革作为建设法治政府、服务型政府的重要抓手,已势在必行。尤其党的十八大明确提出:"要建设职能科学、结构优化、廉洁高效、人民满意的服务型政府。"十八届三中全会也着重强调"必须切实转变政府职能,深化行政体制改革,创新行政管理方式,增强政府的公信力和执行力,建设法治政府和服务型政府",这些都证明了国家层面深化行政管理体制改革的决心,也更加证明了改革行政执法体制、创新执法理念的必要性和紧迫性。

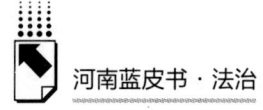

## （二）加快建设法治政府的迫切要求

自2004年以来，国务院先后印发《全面推进依法行政实施纲要》、《国务院关于加强市县政府依法行政的决定》和《国务院关于加强法治政府建设的意见》，党的十八大强调"推进依法行政，切实做到严格规范公正文明执法"，党的十八届三中全会也强调"建设法治中国，必须坚持依法治国、依法执政、依法行政共同推进，坚持法治国家、法治政府、法治社会一体建设"，这对当前和今后一个时期全面推进依法行政、建设法治政府提出了更高的要求。

## （三）强化法律实施的客观要求

中国特色社会主义法律体系的基本形成，意味着从总体上解决了有法可依的问题。法律的生命力在于实施。然而，"徒法不足以自行"。我国80%以上的法律是由行政机关直接贯彻执行的，行政执法是否规范、是否遵循法律，直接关系到人民群众的切身权益，关系到党和政府的形象和公信力。在有法可依的基础上，有法必依、执法必严、违法必究的问题就显得更为突出、更加重要。因此，法律实施问题就成为社会各个层面及广大群众普遍关注、反映强烈的问题。

## （四）推动河南经济社会发展的现实要求

当前，河南经济社会发展已经进入爬坡过坎、攻坚转型关键时期，加快发展、转型发展和可持续发展的任务十分繁重，国家粮食生产核心区、中原经济区、郑州航空港经济综合试验区三大国家战略规划的实施也更加需要强有力的法制保障和规范的法制服务，全面推进依法行政，推进行政执法体制改革，努力实现严格规范公正文明高效执法，就成为推动河南经济社会发展的现实要求。

## （五）坚持以人为本、执法为民的根本要求

行政执法是政府作用于社会和公众最直接、最经常、最广泛的活动，但从新闻媒体和网络曝光的情况看，在具体行政执法实践中仍存在执法行为不规

范、执法方式简单粗暴、执法目的不端和滥用执法权力等违法或不当行政执法行为，有时甚至引发了群体性事件和恶性事件。这影响和制约了建设法治政府和服务型政府的进程。如果对此类行为不予以纠正，不仅会造成很大的负面影响，也会降低行政执法效果，损害党和政府形象。服务型行政执法正是将法律法规付诸实施，真正实现以人为本、执法为民的有益探索。

## 二 河南推进服务型行政执法的做法和成效

### （一）强化服务，确立新理念

行政体制改革关键是继续转变政府职能，把握建设法治政府和服务型政府的目标和方向。行政执法体制作为行政体制核心内容，是国家各级行政机关依法履行行政职能、治理国家与社会的机制和方式的综合体现。推进服务型行政执法就是要把政府及其政府法制部门和各级行政执法部门的行政管理职能转变到为河南经济社会发展大局服务、为各类市场主体服务、为行政管理相对人服务上来，积极创新社会治理，坚持教育与惩罚结合、管理与服务并重、处置与疏导互济，推进行政执法从刚性向刚柔并济转变，从管制型向服务型转变，从突击执法向长效执法转变，寓服务于执法过程中，在执法中体现服务，牢固树立"治理、执法和服务三位一体"的行政执法理念。

### （二）深度宣传，提升社会影响

自推进服务型行政执法工作开展以来，河南省全面推进依法行政工作领导小组办公室作为具体承担这项工作的职能机构，首先在做好宣传上下工夫，科学安排部署，发挥好引领作用，全省各地各部门积极响应，创新宣传方式，发挥主观能动性，努力使全省行政执法人员明白推进服务性行政执法"是什么"、"为什么"和"怎么做"，同时让社会公众也充分了解并接受这样一种新型执法理念。2013年利用"6·15"集中宣传日，在郑州市紫荆山广场设立主会场，18个省辖市、10个省直管试点县（市）及部分有条件的县（市）设立分会场，达到了"服务型行政执法宣传百花齐放"的效果。据不完全统计，当天全省共制作宣传展板6000余块，解答1万余名群众的现场咨询，收到了良好的社会效果。确定6月为集中宣传月，以"转变理念、转变职能，大力推进服务型行政执法"为主题，认真做好宣传规定动作"八个一"（即召开一次专题会议、开展一次学习教育、组织一次集中宣传、悬挂一条宣传标语、制作一个游动图标、发送一次提示短信、进行一次深入回访、征求一次意见建议）。同时，积极丰富"自选动作"，灵活创新，多策并举，信阳市、河南省消防总队"以座谈听民意"，邓州市打造"宣传标语特色街"，濮阳市和河南省地税局印发专刊深入宣传等，充分扩大了社会公众对服务型行政执法的知晓度和认知度，提高了社会影响力，增强了工作推动力。

### （三）依法用权，实现"阳光执法"

严格按照法定程序行使权力、履行职责、接受监督是全面推进依法行政、建设法治政府的关键，也是推进服务型行政执法的基础。实现行政执法程序公开是实行"阳光执法"的最大优势所在，也更有利于执法结果的公平、公正、合理。近年来，全省各级行政执法部门加大行政执法信息公开力度，采取梳理权力清单、网络信息公开等合法有效形式对行政执法依据、行政执法程序和行政执法结果予以公开，真正让行政管理相对人"心中有数"。例如，三门峡市对全市43个行政执法部门4830项执法事项进行梳理，形成"权力清单"；巩义市建立"电子政务平台"公布涉及执法职权目录、办事流程、风险防范、行政处罚阶次等内容的各类信息4000余条；平顶山市率先实行"三公开"制度，即行政执法依据公开、行政执法程序公开、行政执法结果公开，其中计生部门还开通"12356"阳光热线电话、举报信箱和电子邮箱等多种监督渠道。这些措施都在很大程度上为群众深入了解行政执法流程、直接参与行政管理、广泛监督行政执法行为提供了平台，也使"阳光行政"、"阳光执法"更加深入人心。

### （四）改进执法方式，促进社会和谐

行政执法方式得当与否在很大程度上影响了执法机关及行政管理相对人的关系。全省各级行政执法部门，一方面既注重履行违法必究的法定职责，又要

注重发挥行政执法引导、规范、警示、教育的积极作用,坚持在执法活动中做到举止文明,态度公允,用语规范;另一方面大力推广行政指导执法方式,注重运用说服教育、调解疏导等非强制手段,给行政管理相对人提供法律帮助和政策指导,促使行政管理相对人自觉依法办事。同时积极推行行政处罚前提示、处罚中指导、处罚后回访制度,为改进行政执法作风,创新行政执法理念,丰富创新以维护群众合法权益为出发点和落脚点的行政执法方式,不断提高社会和谐度与满意度奠定了基础。

### (五)强化行政服务,提高执法效能

"行政服务中心"或"行政服务大厅"是行政服务体系建设的重要抓手。据有关统计,全国不同层级的综合行政服务机构已有3300多家,几乎覆盖了全国所有县(市)。目前河南150多个县(市)也建立了相应的综合行政服务机构,并以便民、高效、廉洁、规范为宗旨,推行"一站式办公、一条龙服务、并联式审批、阳光下作业、规范化管理"运行模式,这不仅是政府提供公共服务、履行服务程序的一种新探索,更是建设服务型政府的现实需求①。开展服务型行政执法工作以来,一部分有条件的市县率先开通了行政审批"网络通道"和"快速通道",对部分重点项目、特殊事项实行优先办理,限时办结,专人负责等制度。如河南地税系统开通"12366"纳税服务热线,提高对纳税人服务的效率;巩义市采取对所有行政审批事项实行"七公开"和"一次性告知",开通"小马代办"业务,向重点建设项目派驻首席服务官,对企业项目审批、项目建设以及项目运行中出现的问题提供咨询并协调解决等方式,有效提升了行政效能,受到了广大企业和社会公众的一致好评。

### (六)完善执法体制,强化执法效果

开展相对集中行政处罚权是深化行政执法体制改革的重要内容,是运用法律手段重新配置并确认行政执法权力,有效解决多部门执法、职责混淆、执法扰民等问题的有效措施。这种方式重新整合了行政职能,精简了行政机构,优

---

① 蔡和林:《新型行政办公建筑功能设计与研究》,湖南大学硕士学位论文,2010。

化了行政管理，提高了行政效率，降低了行政成本，实现了"精简、优化、高效"的改革目标。2013年，全省继续按照"成熟一个，审批一个"原则，加强审批前考察、审批中论证和审批后监督，稳步推进相对集中行政处罚权工作。全年有濮阳市、淇县、濮阳县、汝南县、驻马店驿城区、鹤壁市淇滨区等14个市、县（区）经省政府批准开展此项工作。同时，按照《河南省人民政府关于促进全省产业集聚区持续健康快速发展的若干意见》（豫政〔2012〕34号）要求，积极探索适合城市新区、经济技术开发区、产业集聚区发展的行政执法模式，建立"人员派驻制、流程内部化"机制，实现城市新区、产业集聚区与市县政府部门行政执法的有效衔接。

### （七）加强执法监督，保护合法权益

"权力到哪里，监督就要到哪里。"维护国家和群众合法权益，促进规范、公正、文明执法，必须加强监督。

（1）制度监督。加强服务型行政执法制度建设，研究制定《河南省行政执法投诉处理办法》和《河南省重大行政处罚备案审查办法》，为加大对行政执法行为的监督力度与责任追究力度，并最大限度保护当事人合法权益提供保障。

（2）专项监督。河南省纪委、监察厅联合省政府法制办实地暗访56个行政服务大厅和超载超限站、抽查600余份行政执法案卷，对18个省辖市、10个省直管试点县（市）和12个省直部门等40个单位开展推进服务型行政执法和规范行政处罚裁量权监督检查，专项治理了部分行政执法部门滥用自由裁量权，以罚代管、只罚不管、趋利执法、随意执法等群众反映强烈的问题。

（3）源头监督。根据《河南省行政机关执法条例实施办法》，清理不合格行政执法主体186个，清除不合格行政执法人员3953人，从源头上防止了乱罚款、乱收费、乱检查等行为。如三门峡市开展行政执法行为突出问题专项治理活动，排查行政执法案件12869起，共发现问题1186个。

（4）自我监督。河南省消防总队大力开展实地执法督察、严格实施执法服务质量考评、强化执法案件回执回访，狠抓问题排查和内部纠错。河南省地税局依托新税收征管、纳税服务效能管理信息和执法自动化考核"三大系

统",约束税收执法行为,监控税收服务流程,保护纳税人权益,提升服务型行政执法效果。

## 三 进一步推进服务型行政执法的建议

### (一)注重服务意识养成

服务型行政执法是建立在法治政府、服务型政府理论基础上的执法模式,以体现"服务本位"和"权利本位"思想为重心。然而,行政执法权作为一种与老百姓联系最直接的行政权力,在中国传统"官本位"与"权力本位"思想的影响下,部分行政执法机关已经习惯于以"官老爷"自居,把自身的角色定位局限于社会管理者和社会秩序维护者的位置上,却忽视了服务社会、服务行政管理相对人的职责。尤其一些行政执法人员的执法观念错位,缺乏服务意识,在执法过程中不讲文明、不讲程序,应当告知的不告知,应当说明理由的不说明理由,甚至引发了一些恶性事件等。这些现象已经从客观上影响了国家和政府形象,对维护社会和谐产生了很大的负面影响。由此可见,要建立服务管理并重的行政执法模式,首先要切实转变行政执法机关及其行政执法人员的"权力本位"思想和特权意识,引导树立执法为民、公正执法的观念。而要实现这一目的,既要通过制度建设来进一步规范和推动政府职能切实转变到经济调节、市场监管、社会管理和公共服务上来,也要通过强化思想教育,真正达到在执法中体现服务。

### (二)夯实执法制度基础

没有规矩不成方圆。规范行政执法行为,制度是基础。目前我国关于规范行政执法的制度规定也并非空白,主要体现为单行法、各地各部门自行立法或制定一些规章制度。如,《中华人民共和国行政处罚法》、《中华人民共和国行政许可法》、《中华人民共和国行政强制法》、《湖南省行政程序规定》及《道路交通事故处理程序规定》(公安部)等。但这些法律法规和规章制度大多数是从社会管理的角度很笼统地对行政执法主体、行政执法程序、行政执法责任等内容作出了规定，相对于服务型执法模式蕴涵的"服务"理念而言，存在滞后性，而且不同阶次的行政执法依据之间也存在竞合或者矛盾现象，造成了执法决定不统一、处理结果"打架"等问题。因此，要增强行政执法依据的科学性、针对性和可操作性，真正体现行政执法体制创新。当前，要着重完善三方面的规章制度：一是制定治理、执法和服务三位一体的行政执法制度。如行政指导制度，法律、政策、安全、技术、信息服务制度，行政处罚事前提示、事中指导、事后回访制度，实现在执法中体现服务，将服务融入行政执法中的目的。二是制定信息公开相关制度。阳光是最好的防腐剂。完善行政执法公开制度，对于促进规范、公正、文明执法，其重大意义毋庸置疑。三是制定执法责任相关制度。如行政执法风险管理制度、系统内行政执法监督检查制度、行政许可后的监督检查制度、行政检查与巡查制度等。

### （三）提升执法队伍素质

法律的生命在于执行。执法者的素质高低直接影响了法律的实施效果。当前，部分行政执法人员尤其是县（区）及乡（镇）基层执法人员，没有深厚的法律业务功底，对法律的理解有时不完全、不透彻，也就造成了行政执法违法或不当；部分行政执法人员思想政治素质不高，存在知法犯法，受私利驱使而以权谋私，甚至受贿、索贿。这些行为与服务型行政执法倡导的文明执法、服务执法是背道而驰的。

（1）要强化行政执法人员宗旨意识，树立执法为民理念。加强对行政执法人员的法制教育，借助典型案例提高知法、守法意识，同时要有针对性地、经常性地、多渠道地对行政执法人员进行政治思想教育和业务培训，提高执法业务素质和实际工作能力。

（2）要严把行政执法资格管理关口。严格实施行政执法资格考试认证制度，淘汰法制意识淡薄、法制素养低下、法律知识欠缺的人员，严禁合同工、临时工和未取得行政执法资格的人员进行行政执法，形成"能者上、平者让、庸者下、劣者汰"的良性机制。

（3）要探索建立行政执法专家指导制度。吸纳高等院校专家学者和经验丰富的法律事务工作者,对行政执法中遇到的热点难点问题给予咨询指导,为规范行政执法行为提供智力支持和理论保障。

### (四)完善执法监督体系

河南行政执法监督经历了"集中突击监督—完善制度监督—强化考核监督—全面法制监督"四个阶段,对促进规范公正文明执法,维护群众合法权益发挥了积极作用。当前,人们对行政执法监督的认识还存在误区,"重立法、轻执法、忽视监督"的现象依然存在。执法监督制度不够健全,往往采取"运动式检查"、"救火式监督"等方式,没有形成经常化、制度化监督体制;执法监督存在只监督、轻追究或不追究现象,没有形成震慑作用;社会监督分散、乏力,民主监督被动,舆论监督不独立等。这些问题都给违法或不当行政执法行为留下了"真空地带"。为保证推进服务型行政执法工作实效,建立完善的行政执法监督体系尤为重要。

(1)要加强行政执法合理性监督。坚持行政执法行为合法、合情、合理并重。行政执法行为不仅要遵行法律,还要做到合情合理。对于没有触犯具体法律、法规,但是违背常理、常识、常情的行政执法行为,也要予以纠正制止。

(2)要加强"源头"监督,促进行政执法依据法治化。行政执法依据是规范行政执法行为的源头。在制定政府立法和规范性文件过程中,要杜绝没有法律依据的行政审批;可以依靠市场机制调节的,要充分运用市场手段;确需保留的行政审批事项,要依法公开,强化监督制约。

(3)要加强专项监督检查,推进行政执法行为规范化。政府法制机构作为承担行政执法监督的职能部门,要重点监督危害食品药品安全、环境保护、社会治安、公共安全等改革发展稳定大局和群众切身利益的行政执法行为,体现服务经济社会发展大局和社会群众。

(4)要充分发挥网络监督的积极作用,提升行政执法公信力。利用行政权力网上公开透明运行系统,特别是政府法制监督平台,大力推行行政执法公示、行政执法告知承诺、重大行政处罚备案、行政执法绩效评估、行政执法案例指导、行政执法案件举报投诉等,通过行政执法权在阳光下运行,实现行政

执法过程的规范化。另外，还要充分发挥司法监督、媒体监督和纪检监察监督的重要作用，促进行政执法行为规范、合法、公正、文明。

**参考文献**

《河南省人民政府办公厅关于推进服务型行政执法建设的意见》（豫政办〔2012〕78号）。

张江涛：《服务型行政执法建设思考》，《人大建设》2013年第7期。

郎佩娟：《我国综合行政服务机构的产生、运行与完善》，《新视野》2007年第1期。

青锋：《政府法制的时代之音》，中国法制出版社，2011。

应松年：《依法行政教程》，国家行政学院出版社，2004。

刘国连：《推进服务型行政执法建设 努力建设法治政府服务型政府》，《周口日报》2013年6月15日。

刘舒娴：《广州南沙政务中心"一站式"服务问题研究》，华南理工大学硕士学位论文，2012。

屈英苗：《基于流程再造理论的我国政府食品监管体系研究》，西北大学硕士学位论文，2010。

# 相对集中行政处罚权研究
## ——以河南城市治理为例

沈开举 司野[*]

**摘　要：** 行政执法作为城市行政管理方式的重要组成部分，其权力的行使直接关乎行政相对人的切身利益。相对集中行政处罚权的设立，作为行政管理体制改革和依法行政的重要环节，对于改变传统行政执法模式、规范行政执法行为、提升执法效率都有着十分重要的作用。本文从河南省实践出发，分析本省相对集中行政处罚权的工作现状、主要成效及存在的问题，进而提出相应的完善建议。

**关键词：** 相对集中处罚权　行政执法体制　城市治理

随着城市现代化水平的不断提升，城市结构多元化和社会矛盾复杂化已成为现代城市发展的必然趋势。长期存在于我国城市行政管理体系中的"多头执法"模式，已经不能很好地处理当今社会中各种利益诉求之间的矛盾，从而暴露出城市行政执法过程中职责交叉、重复处罚和执法扰民等诸多问题。国务院分别于1996年和2000年下发了《国务院关于贯彻实施〈中华人民共和国行政处罚法〉的通知》以及《国务院办公厅关于继续做好相对集中行政处罚权试点工作的通知》。2000年，经国务院批复，河南省政府确定郑州市、安阳市为开展相对集中行政处罚权工作的试点城市。截至2013年11月，共设立

---

[*] 沈开举，郑州大学法学院常务副院长、教授；司野，郑州大学法学院2012级博士研究生。

27个试点地区，其中省辖市级单位4个，包括郑州市、安阳市、三门峡市和信阳市，占全省省辖市总数的22.2%；县（市、区）级试点单位23个，包括柘城县、陕县、灵宝市、林州市、内黄县、汤阴县、巩义市、延津县、长垣县、淇县、濮阳县、汝南县、原阳县、淅川县、西峡县、滑县、武陟县、新郑市、舞钢市、叶县、邓州市、淇滨区和驿城区，占全省县（市、区）总数的14.5%。

## 一 河南开展相对集中处罚工作的做法与成效

### （一）主要做法

**1. 确认主体资格**

对于行政执法而言，权力的运行是国家利用公权力实现行政管理的重要方式，直接关乎行政相对人的切身利益。权力主体资格合法，决定了该主体作出行政行为的正当性，是确保行为作出有效的前提条件。因而，在推行相对集中行政处罚时，明确执法主体的资格是规范主体执法行为、督促相对人服从执法的关键环节。2012年，河南省政府发出的《河南省全面推进依法行政工作领导小组办公室关于贯彻落实豫政办〔2012〕42号文件推进相对集中行政处罚权工作的意见》（以下简称《意见》）。

《意见》明确了将要设立的行使相对集中行政处罚权部门的性质，即拥有相对集中行政处罚权的部门不作为政府的内设或下设机构而存在，而是由本级政府直接领导的，能够以自己名义独立行使权力，独立承担法律后果的法律部门。在法律层面确认了权力执行部门的独立性，肯定了集中处罚行为的合法性。《意见》不仅对设立行使相对集中处罚权部门法律资格作出了严格规定，同时也限制了行使相对集中行政处罚权部门中执法人员的录用条件。即行政执法人员必须拥有行政或者事业编制，并且必须通过综合法律和专业法律考试，取得河南省行政执法证，才有资格被纳入执法队伍。执法人员作为法律的直接适用者，执法人员素养和执法技能水平直接关系到法律的实现效果。因此，严格执法人员准入条件，对于行政执法体制改革，是至关重要的一项环节。《意见》不仅规定了行使相对集中行政处罚权部门的独立性、肯定了其作出行政处罚行政行为的合法性，同时也严格规定了执法部门人员的准入条件，为行政执法制度改革，推进河南开展相对集中行政处罚权提供了法律层面的保障。

**2. 划分执法范围**

开展相对集中行政处罚工作，旨在解决多头执法、职责交叉、重复处罚等现实执法问题，是以保障行政相对人合法权益为目的的，行政体制改革的具体体现。明确"相对"与"集中"的范围决定了权力触角的边界，是确保该项工作有效开展的核心内容。

对于权力行使的内涵及外延，《意见》也作出了相应的规定。能够集中行使的行政处罚权主要包括市容环境卫生管理方面法律、法规、规章规定的行政处罚权，依法强制拆除不符合城市容貌标准、环境卫生标准的建筑物或者设施；城市规划管理方面法律、法规、规章规定的全部或者部分行政处罚权；城市绿化管理方面法律、法规、规章规定的行政处罚权；市政管理方面法律、法规、规章规定的行政处罚权；环境保护管理方面法律、法规、规章规定的部分行政处罚权，按照国家环保总局《关于相对集中部分环境保护行政处罚权工作有关问题的通知》（环发〔2003〕5号）执行；工商行政管理方面对无照商贩的行政处罚权，按照有关地方性法规、省政府规章的规定执行；公安交通管理方面法律、法规、规章规定的对侵占城市道路行为的行政处罚权。①

同时，《意见》明确指出，由国务院垂直领导的行政执法部门所拥有的行政处罚权以及限制人身自由的行政处罚权，不得由行使相对集中处罚权的部门行使。行政处罚权的相对集中行使，主要是针对在城市管理活动中所涉及的处罚权的集中行使，但并不是绝对排斥其他行政处罚权的集中。《意见》提出，市、县认为在其他行政管理领域有必要设置集中处罚权的，可制订方案并报由省政府决定。权力边界的明确划分，为相对集中行政处罚权在河南各地方的设立统一提供了标准，为维护法制的统一，实现依法行政奠定了基础。

**3. 制定行政执法规则**

河南全面开展相对集中行政处罚权工作以来，全省各试点积极响应，分别

---

① 《河南省全面推进依法行政工作领导小组办公室关于贯彻落实豫政办〔2012〕42号文件推进相对集中行政处罚权工作的意见》。

根据各地具体实践情况，制定了相应的制度规定。其中，信阳市先后制定了《行政处罚案件主办人制度》、《行政处罚预先法律审核制度》、《行政处罚事后回访制度》、《罚款决定与罚款收缴分离制度》、《责任追究制度》，从事前及事后两方面对行政处罚的执行作出了规定。严格了裁量标准，在规范执法行为的同时也明确了责任归属。巩义市及时出台了《巩义市城市容貌标准》、《巩义市户外广告管理办法》，为市容市貌管理工作提供了依据。滑县制定颁布了《绩效考核实施办法》、《行政执法责任制》、《行政执法评议考核办法》，成立督导组，对执法人员履行职责、队容队纪、在岗考勤等情况进行规范，促进了城管队员文明执法。安阳市依据有关法律、法规和规章，制定编印了《安阳市城市管理行政执法权力与责任清单》和《安阳市城管行政执法处罚依据集录》，将与相对集中处罚权有关的法律文献进行了梳理，分别从行政监督检查、行政强制措施、行政处罚、行政复议、诉讼和申请强制执行期限等方面进行了有关法律、规章等制度规定的编辑整理，使执法人员能够一目了然地了解有关法律、法规。健全完善了"纵向到底、横向到边"的执法责任体系。

**4. 确立监督和归责机制**

河南对于集中处罚权行使的监督，主要采取三种监督模式。一是政府监督。主要以汇报工作和执法抽查为手段。《意见》中规定，开展相对集中行政执法权工作的部门，以季度为单位，于每一季度的最后一个月下旬，向省政府法制办汇报；省法制办对本省执行情况以及省辖市政府法制机构对所在县（市）、省辖市拥有相对集中行政执行权部门进行抽查。发现违法行为要及时予以处理，对新闻媒体披露、行政相对人投诉举报的问题，要及时调查，依法予以追究；对违法实施行政执法行为，造成不良影响和后果的行政执法人员，要依法作出取消执法资格等处理。二是部门内部监督。从集中行使行政处罚权部门自身出发，建立健全相应规章制度（如听证制度、考核制度、责任追究制度等），严格管理程序，明确责任划分，规范执法手段，做到从自身找问题，通过自我监督、自我检查、自我改进达到提升执法水平、优化人员配置的目的。三是行政复议监督。明确行政复议渠道，确保行政复议的正常进行。这种"内外结合"、"纵横交错"的监督体系，实现了对相对集中行政处罚权工作试点单位的有效监督，规范了行政执法行为，保障了行政处罚制度改革的顺利进行。

## （二）初步成效

依据《中华人民共和国行政处罚法》、《国务院关于贯彻实施〈中华人民共和国行政处罚法〉的通知》、《国务院办公厅关于继续做好相对集中行政处罚权试点工作的通知》以及《国务院关于进一步推进相对集中行政处罚权工作的决定》的有关规定，河南省政府针对如何更好地开展相对集中行政处罚工作的问题，进行了不断的探索与研究。2012年，河南省政府组织召开了全省相对集中行政处罚权工作会议，并相继印发了《河南省人民政府办公厅关于印发2012年度省政府推进依法行政工作安排的通知》以及《河南省全面推进依法行政工作领导小组办公室关于贯彻落实豫政办〔2012〕42号文件推进相对集中行政处罚权工作的意见》两部文件，文件要求全省在省政府的指导下，各市、县（市）政府全面开展相对集中行政处罚权工作，建立健全调研审批制度和检查监督制度，力求尽早实现相对集中处罚权的全面覆盖。至此，行政执法体制改革，在河南范围内全面展开。此项工作的开展，在提高行政执法水平和效率，加强制度建设，规范行政执法，改善城市管理，促进行政管理体制改革等方面取得一定成效。

**1. 体现了执法惠民理念**

深化行政体制改革，转变政府职能，建立廉洁高效、人民满意的服务型政府，是对新时期政府工作提出的具体要求。行政权的集中行使，在转变执法理念，着重服务于民方面发挥了重要作用。尤其是在与人民生活密切相关领域表现得尤为突出。安阳市先后出台了规范摊群点管理的标准规定，设置便民摊群点136个、放心早餐点216个；根据季节性特点，设置了临时瓜果摊群点45处；对于供水、供电以及窨井盖、道路维护等部件问题的处置，按期处置率达到100%。舞钢市同样采取了多种便民措施，在市区设立了45个便民点，采取政府补贴的形式为经营业主制作了98辆样式统一的餐车，并从经营品种、经营时间、服装、卫生等方面进行规范。同时根据季节性、节日性需求，设置了瓜果、月饼、鞭炮、各类秧苗等临时性摊位。这些措施有效形成了疏堵结合的管理模式，既为经营者提供了合法正规的经营场所，满足市民的生活需求，又解决了占道经营问题。

**2. 提高了行政执法效益**

行政执法效益是社会关注的焦点。如何解决行政执法活动当中容易办的事抢着办、难处理的事没人管的问题，成为提升政府管理效益的关键。相对集中行政处罚权工作的开展，将市容环境卫生、城乡规划、市政公用、工商管理、环境保护、公安交通管理、城市园林绿化等方面的全部或部分行政处罚权交由一个部门统一行使，解决了原本多个处罚单位相互推诿或重复执法的问题。在城市管理方面，取得了初步成效。信阳市在2012年开展的各类集中整治行动中，清理、纠正占道经营、店外经营、破旧门头牌匾等3万余次；在中心城区共立案查处违章建设行为663起，责令停工监控在建工地335个，停建面积10万平方米，督促整改20余万平方米，依法组织强制拆除173起，拆除违章建筑面积11万平方米。又如，新郑市在开展对城市管理的集中整治行动中，清理小广告2万余张，清除乱贴乱画31320处，清理软体广告479处，拆除户外广告287块，清理灯箱广告1018处，规范店外经营、占道经营1800余起，拆除不规范门头314块，拆除违法建筑191处、面积7.6万平方米；影像固化14.26万户，固化面积2.54亿平方米；取缔违法经营商户95户，取缔面积11.38万平方米等。一组组数据证明了集中处罚在美化城市生活环境，实施城市建设规划，维护市容环境卫生等方面发挥了巨大作用。

## 二 开展相对集中处罚工作存在的主要问题

### （一）执法主体名称不一

执法主体，包括执法部门和具体执行人员，是与相对人产生权利义务关系最直接的一方。目前，河南省经批复的试点均设有执法部门，但存在执法部门名称不统一，执法人员服饰、执法车辆标识不一致等问题。这严重影响了公民对于执法人员和执法部门的认识，极易造成相对人不服执法，甚至暴力抗法情况的发生。从河南全省范围来看，执法部门名称存在差异，有八种之多（见表1）。

表1　河南省26个试点单位名称

| 执法部门名称 | 具体执法部门 |
| --- | --- |
| 城市管理行政执法局 | 安阳市城市管理行政执法局<br>巩义市城市管理行政执法局<br>滑县城市管理行政执法局<br>长垣县城市管理行政执法局<br>新郑市城市管理行政执法局<br>林州市城市管理行政执法局<br>内黄县城市管理行政执法局<br>汤阴县城市管理行政执法局<br>灵宝市城市管理行政执法局<br>西峡县城市管理行政执法局<br>淅川县城市管理行政执法局 |
| 城市管理局 | 邓州市城市管理局<br>鹤壁市淇滨区城市管理局<br>淇县城市管理局<br>武陟县城市管理局<br>陕县城市管理局 |
| 城市管理综合执法局 | 信阳市城市管理综合执法局<br>濮阳县城市管理综合执法局<br>驻马店市驿城区城市管理综合执法局<br>汝南县城市管理综合执法局 |
| 城市管理执法局 | 舞钢市城市管理执法局 |
| 城镇管理综合执法局 | 柘城县城镇管理综合执法局 |
| 综合行政执法局 | 延津县综合行政执法局 |
| 城市建设管理监察执法局 | 叶县城市建设管理监察执法局 |
| 规划和城市管理综合执法局 | 三门峡市规划和城市管理综合执法局 |

## （二）编制管理混乱

《意见》中规定，行政执法人员必须拥有行政或者事业编制，必须通过综合法律和专业法律考试，拥有执法资格，并取得"河南省行政执法证"。根据各地不同情况，每个试点执法人员配备也不尽相同。如，安阳870余人、三门峡320余人、新郑280余人、巩义96人等。相对集中行政处罚权工作的基本目的是转变管理理念、精减行政机构人员、提高执法水平、解决多头执法等现实问题。从现有的执法机构人员安排制度和现状来看,可能会产生以下两方面的问题:一是因人员不足,导致机构职能无法正常运转,或因人手众多在机构内部形成相互推诿、不作为。二是人员准入并非是因现实管理的需要,而是因需要解决某些人员的编制而纳入执法队伍。

### (三)执法程序不规范

正当的法律程序是实现法律实体正义的有效手段。严格执法程序、规范执法行为是法律保障公民合法权益的具体体现。对于行政执法而言,权力的强制性和手段的制裁性,直接决定了处罚行为本身对于相对人权益侵犯的可能性。没有统一、完整的行为规范,极易造成权力乱用、滥用,从而影响法律的权威,使公民产生敌对情绪。正常的管理秩序得不到有效保障,实体上的法律目的便遥不可及。从河南具体实践来看,至今仍没有一部完整规定行政执法程序的法律。各个试点所制定的行为准则没有法律层面的依据,更没有统一的制定标准。因此,虽然各试点单位都对执法人员进行了执法培训,但由于标准不统一、规定不健全,在实际的执法过程中仍然存在执法程序不规范、执法行为不合法的现象,造成集中执法的效果得不到真正体现的直接后果。

## 三 推进相对集中行政处罚工作的建议

### (一)完善地方立法

完善的立法是实现依法行政的前提条件。从河南现有的法律规范来看,仍没有一部完整的规定相对集中行政处罚权的地方性法律规范。因此,推行行政处罚制度改革的当务之急是要尽早地完善立法,解决法律规范缺失问题,为权力的行使提供必要的法律依据。一是制定地方法规。应从地方性法规的层面,制定一部地方性法规,赋予行使相对集中行政权部门以明确的法律地位。只有拥有明确的执法主体资格,执法部门的处罚行为才具有法律约束力和强制力,才能有效地提高执法质量,避免暴力抗法情况的发生。二是总结各地执法实践经验,明确执法原则、执法范围和执法效力,规范执法方式。在作出影响相对人利益的行为前，应当予以告知，并给予其陈述、申辩的权利；行政机关行使自由裁量权的应说明理由；遇重大事项，当事人要求听证的，应组织听证；统一执法程序，如表明身份、说明理由、告知权利，统一处罚文书格式等。三是明确责任划分，规定责任追究机制。如对执法人员过错和对单位负责人过错的责任追究方式等。

### （二）建立监督体系

行之有效的监督机制，有利于规范执法行为、保障相对人的合法权益，从而推动行政处罚制度改革有效进行。目前，河南现有的对集中处罚权的监督，主要以政府体制内监督为主，缺乏必要的外部监督，尤其是来自国家机关的监督。就内部监督而言，无论监督主体是上级政府还是本级政府主管部门，程序和结果都是在行政领域内完成，缺乏必要的公信力。而外部监督的手段又极为匮乏，主要以相对人提起行政复议的方式进行，其最终决定权同样归政府掌控。"自己作为自己的法官"的监督形式不可避免地会造成权力滥用，致使监督目的无法得以正常实现。从理论上来讲，权力与权力之间的相互制约，应当是限制权力的有效手段。一是加强人大监督。人民代表大会是权力机关，代表人民行使国家权力，保证法律的公平、公正实施是其监督工作的重要内容。二是加强法律监督。人民检察院作为法律监督机关，维护法律正义是其本身所具有的基本属性。因此，检察院应当根据《中华人民共和国宪法》及《中华人民共和国人民检察院组织法》的有关规定，履行检察院应尽的对行政执法的监督责任与义务。另外，在监督机制中强化人大和检察院的监督，不仅是为了满足法律意义上的需要，同时也是确保执法公平、公正，实现行政有效管理的现实要求。

### （三）加强执法人员培训

建立政治合格、业务精通、作风过硬、勤政廉洁的执法队伍，是文明执法、高效执法的前提条件。严格准入条件、对在岗人员进行综合培训是打造高水平执法队伍的必然要求。虽然各试点均对执法人员进行了筛选，并对在岗人员进行了业务培训，但就目前执法情况看，执法不公、执法不严、暴力执法事件仍时有发生,这是造成现阶段群众与执法主体矛盾日益加深,行政执法出现瓶颈的重要原因。因此,应强化对各市县执法人员的统一综合培训,并加强对市县执法人员编制的管理。一是严把执法人员准入关。坚决清除滞留在执法队伍当中的不符合执法标准的人员,对在编人员进行廉政思想教育,杜绝以权谋私情况的发生。二是开展对执法人员法律知识培训。只有执法人员自身做到知法、守法才能依法执法。三是对执法人员进行执法技能培训。只有理论素养和实践技能两方面的共同提高,才能从思想上和行为上达到规范行政执法的目的,起到促进行政执法工作依法、规范运行的作用,从而使相对集中行政处罚取得较好的法律效果和社会效果。

**参考文献**

马树森:《规范城管相对集中行政处罚权》,《河北日报》2013年6月25日。

耿祥建、曹润林:《相对集中行政处罚权制度在服务型政府建设中的应用——以武汉城市管理执法局为例》,《中共四川省委党校学报》2009年第1期。

江凌、张水海:《相对集中行政处罚权制度:发展历程、实施情况与基本经验——城管执法体制改革12年回顾》,《行政法学研究》2008年第4期。

青锋:《行政处罚权的相对集中:现实的范围及追问》,《行政法学研究》2009年第2期。

# B.9 河南建立健全政府信息公开制度的实践

包世琦*

**摘　要：** 河南在建立健全政府信息公开制度的历史进程中，既有政务公开实践中的初步探索，又有政府信息公开立法背景下的全面推进。当前河南虽然已经形成较为成熟的政府信息公开组织领导体系，也在机构设置、人员配备以及制度机制、载体平台建设等方面取得了明显成效，但是今后仍需在地方公开立法、完善工作机制、提高信息公开质量、推进信息公开平台建设等方面不断努力。

**关键词：** 服务型政府　信息公开　制度实践

政府信息公开是人民主权这一宪法性原则在国家行政领域的具体体现。[①] 扎实推进政府信息公开，着力增强政府治理透明度，是新形势下我国深化行政体制改革、建设法治政府和服务型政府的必由之路。21世纪以来，河南在着力打造服务型政府的进程中，对政府信息公开制度的建立和健全进行着积极的探索和实践，其中不乏彰显地方特色的宝贵经验，也存在某些值得重视、亟待解决的问题和不足。

## 一　河南建立健全政府信息公开制度的实践进程

回溯历史，中国政府信息公开的实践发轫于基层政务公开，并在政府信

---

\* 包世琦，河南省社会科学院政治与法学研究所助理研究员。
① 王勇：《政府信息公开法律制度的理论与适用》，《中共中央党校学报》2008年第1期。

公开立法以后全方位加以推进。河南省也不例外。在河南，建立健全政府信息公开制度的实践最初从村务公开起步，随后逐步扩大到镇务公开、税务公开、检务公开、校务公开等领域。以2007年4月5日《中华人民共和国政府信息公开条例》颁布为标志，河南政府信息公开工作开始步入快车道，并取得实质性进展。

### （一）政务公开的初步实践与探索

1996年1月，十四届中央纪委第六次全会明确提出，要实行政务公开制度。1997年9月，党的十五大报告进一步强调："城乡基层政权机关和基层群众性自治组织，都要健全民主选举制度，实行政务和财务公开。"[①] 为贯彻落实党的十五大精神，中央纪委要求在全国乡（镇）、县级政权机关全面推行政务公开，在有条件的市（地）级政权机关也要推行政务公开。此后，政务公开在全国逐步进入推广阶段。

河南省是推行村务公开工作较早的省份之一。早在20世纪80年代末90年代初，河南就根据《中华人民共和国村民委员会组织法（试行）》和本省的实施办法，在村民自治试点工作中推行财务公开，一些工作基础好的地方还推行了村务"十公开"（包括财务管理、计划生育、宅基地审批、救灾救济款物发放、义务工和积累工摊派等）。1995年11月，河南省汝南县、新野县被民政部命名为全国村民自治模范县。1997年初，河南省委、省政府办公厅联合下发了《关于在全省农村进一步推行村务公开、民主管理意见》，并成立省农村村务公开民主管理领导小组，由省委副书记任组长，副省长任副组长，省直14个单位为成员。同期，各市（地）、县普遍建立了由一名副书记任组长的村务公开民主管理领导小组，抽调人员组成专门办公室。为规范村务公开，河南还制定了《河南省村务公开民主管理工作暂行办法》。至此，由党委、政府统一领导、有关部门共同参与、民政部门组织协调的村务公开、民主管理领导体制和工作机制在河南初步建立，不仅保障了政务公开制度在河南乡（镇）基

---

① 江泽民：《高举邓小平理论伟大旗帜，把建设有中国特色社会主义事业全面推向二十一世纪》，在中国共产党第十五次全国代表大会上的报告。

层的有效实施，也为探索政府信息公开制度建设奠定了坚实基础。

2000年12月6日，中共中央办公厅、国务院办公厅下发《关于在全国乡镇政权机关全面推行政务公开制度的通知》，对在乡（镇）全面推行政务公开作出部署，提出了推行政务公开制度的指导思想、基本原则和基本要求。2004年3月22日，国务院印发《全面推进依法行政实施纲要》，把政府信息公开作为"转变政府职能，深化行政管理体制改革"的一项重要内容，并对其提出具体要求。2005年3月24日，中共中央办公厅、国务院办公厅联合下发《关于进一步推行政务公开的意见》，提出："进一步推行政务公开要统筹规划，突出重点，切合实际，稳步实施。要适应经济社会发展和社会主义民主法制建设的要求，明确政务公开的内容和形式，增强政务公开的针对性和有效性。"

为落实中央关于推行政务公开和政府信息公开的要求，河南一方面通过不断创新村务公开形式，使乡（镇）政务公开工作逐渐走上规范化轨道；另一方面通过结合地方实际和部门特点制定有关政府信息公开的专门规定，大力推行市县级政务公开。如，新乡县实行"群众点题"的村务公开方式，将每季度首月的10日作为全县村务公开日和民主议政日，村民委员会对群众点题公开提出的问题会在10日内予以解释和答复，做到"一月一结账、一月一理财、一月一审计、一月一公开"。邓州市着力健全市、乡、村三级联动领导机制，完善村务公开和民主管理制度，使村务公开工作制度、形式、内容、时间、方法和公开程序达到"六统一"。2005年7月8日，郑州市人民政府第33次常务会议审议通过了《郑州市政府信息公开规定》，并于当年10月1日起施行。同期，河南省人口计生委先后制定下发了《关于在全省推行人口和计划生育政务公开的通知》和《河南省人口和计划生育政务公开基本内容规范》等文件规定，有力促进了政务公开在职能部门的顺利推行。2007年1月1日，河南省政府门户网站正式开通。互联网技术的应用，不仅使政务公开的效率及质量得到空前提升，也从广度和深度层面推进了政府信息公开工作。

（二）政府信息公开立法背景下的全面推进

2007年4月5日，国务院公布了《中华人民和共和国政府信息公开条例》（以下简称《条例》），自2008年5月1日起施行。《条例》对政府信息作出了明确的界定。指出:"本条例所称政府信息,是指行政机关在履行职责过程中制作或者获取的,以一定形式记录、保存的信息。"政府信息公开是指行政机关依照法定程序、以法定形式公开与社会成员利益相关的信息,允许社会成员通过查询、查阅、复制、摘录、下载等方式予以充分利用。这是新中国第一部针对政府信息公开的专门法规,为全国各层级政府推进信息公开工作提供了准绳和依据。

《条例》发布后,河南省人民政府高度重视,确定省政府办公厅为全省政府信息公开工作主管部门,指定省政府办公厅电子政务办公室为日常工作机构。省政府办公厅按照《条例》规定和国务院办公厅有关精神,先后印发了《河南省人民政府办公厅关于做好施行〈中华人民共和国政府信息公开条例〉准备工作的通知》(豫政办〔2007〕107号)、《河南省人民政府办公厅关于印发河南省政府信息公开指南和公开目录编制规范及有关工作制度的通知》(豫政办〔2008〕21号)等文件,并于2008年2月25日召开了全省政府信息公开工作会议,贯彻部署施行《条例》的有关准备工作;5月1日,省政府门户网站开设了政府信息公开专栏,同时建设开发了依申请公开政府信息网上受理平台系统;8月,省政府办公厅还针对政府信息公开工作人员举行了一期全省范围的培训班。截至2008年年底,省政府门户网站共发布省政府及办公厅规范性文件315条,省政府公报24期;整合发布省级行政许可、办事服务事项1043项,提供下载表格343个;推出制作各类专题30个;进行领导访谈26期;网上直播省级新闻发布会11次。① 总体上说,《条例》在河南的贯彻施行起步顺利。

为不断提高政府信息公开工作水平,河南在强化组织领导的基础上,有序拓展政府信息公开的广度和深度。2009年8月,印发《河南省人民政府办公厅关于进一步加强和推进政府信息公开工作的意见》(豫政办〔2009〕131号),要求进一步提高认识,切实规范和加强政府信息公开工作。② 2010年,

---

① 河南省人民政府办公厅:《河南省2008年政府信息公开工作年度报告》,河南省政府门户网站,2011年3月17日。
② 河南省人民政府办公厅:《河南省2009年政府信息公开工作年度报告》,河南省政府门户网站,2010年4月6日。

省政府办公厅印发了《河南省人民政府办公厅关于加强政府信息公开查阅场所建设的通知》(豫政办〔2010〕123号),并在省档案馆建立了政府信息公开查阅场所。2011年8月,省政府办公厅设置了政府信息公开办公室,承担省政府信息公开的日常工作。部分省辖市政府办公室设置了政府信息公开科,负责推进辖区内政府信息公开工作。①2012年,河南省政府信息公开手机报专刊正式开通;5月,省政府召开全省政府信息公开工作电视电话会议,对推进省市两级政府部门"三公"经费预决算、保障性住房、食品安全等8个重点领域的信息公开进行安排部署,并于会后制定印发了《河南省人民政府办公厅关于贯彻落实国办发〔2012〕26号文件精神的实施意见》;9月,河南研究制定了《2012年度政府信息公开工作目标考核意见》,当年全省共有15个省辖市政府把政府信息公开工作纳入了政府年度目标考核体系,并制定了考核办法或考核细则,认真组织考核,有力推动了全省政府信息公开工作的深入开展。

## 二 河南政府信息公开现状评析

经过对《条例》5年多的认真贯彻施行,河南现已形成较为成熟定型的组织领导体系,在机构设置、人员配备、制度机制、载体平台、学习培训、监督考核等方面取得了明显的进展和成效,但是政府信息公开程度较全国先进水平尚显滞后。整体而言,当前河南政府信息公开状况主要呈现以下4个特点。

### (一)制度配套较为健全,但综合性规范欠缺

作为保障政府信息公开工作顺利推进的硬件构成,《河南省政府信息公开指南编制规范》、《河南省政府信息公开目录编制规范》、《河南省政府信息公开保密审查制度》、《河南省依申请公开政府信息工作制度》、《河南省政府信息公开新闻发布会管理制度》、《河南省关于违反政府信息公开规定行为责任追究制度》、《河南省政府信息公开查阅中心管理规定》等有关信息公开的政

---

① 河南省人民政府办公厅:《河南省2011年政府信息公开工作年度报告》,河南省政府门户网站,2012年3月23日。

府规章早在2008年就已经建立，各省辖市政府、省政府各部门也都建立了相应的工作制度，部分省辖市政府和省政府部门还制定了本地区、本部门公共企事业单位的政府信息公开办法。① 这些配套制度辐射政府信息公开的诸多重要环节，是政府信息公开工作有效运转的强力支撑。但综合来看，这一系列子制度缺少一个综合性规范来统领，因而显得分散，整体效力不强。综合性规范更具权威性和指导性，能够为各级政府信息公开工作的开展提供总的指引和标准，是一个地区政府信息公开制度体系成熟程度的重要标志，但是遗憾的是河南在这方面尚未取得突破。

### （二）信息公开力度较大，但内容不够全面

目前，河南在确定主动公开层面及时限、政府公报的连续出版和内容适当分类、政府网站信息公开栏目设置的便民导向、规范新闻发布会制度、公开载体等方面都做得很好，切实提高了政府主动公开信息的及时性和便捷性。从公开范围来看，不仅包括政府机构设置、职责权限、法规政策、规划计划、行政许可等常规性政府信息，而且对财政预决算、保障性住房、食品安全、环境保护、招标投标、生产安全事故、征地拆迁补偿、价格和收费等领域的政府信息加大公开力度，同时深入推进公开教育、医疗卫生、计划生育、供水、供电、供气、环保、公共交通等与人民群众密切相关的公共服务性政府信息。② 就公开渠道而言，河南省政府办公厅不断加强政府信息公开载体建设，现已形成以政府门户网站和政府公报法定纸质平台为基础，涵盖新闻发布会、报刊、广播、电视手机报、热线电话、行政办事服务大厅、信息公开栏、电子信息屏、办事路线图、服务手册、微博等诸多便于公众知晓的方式在内的多方位、立体化的政府信息公开平台体系，着实提高了政府信息公开实效。然而在实际操作过程中，公众遭遇链接断路的情况却时有发生。以政府门户网站为例，一些搜索功能尚不可用。如在"政府信息公开指南"的条目下，49个

---

① 河南省人民政府办公厅：《河南省2008年政府信息公开工作年度报告》，河南省政府门户网站，2011年3月17日。
② 河南省人民政府办公厅：《河南省2008年政府信息公开工作年度报告》，河南省政府门户网站，2013年3月25日。

省政府部门中有两个无法链接,另有两个链接的是部门其他网页而非公开指南等。

### (三)依申请公开方便,但存在遭遇阻力现象

现阶段,河南各级行政机关普遍建立了网上申请、当面申请、电报申请、传真申请、信函申请等多种申请渠道,健全了受理、答复、违规责任追究等工作机制,为群众依法获取政府信息创造了公正、便利的环境。如网上申请,河南建立的信息公开网络申请平台表现出了较强的以人为本理念。一是在申请人信息一栏,没有过度收集申请人信息。二是将"所需信息用途"作为选填项而非必填部分,最大限度减少了对公众申请政府信息公开的资格限制。三是申请人可以同时选择多个"所需信息的指定提供方式"和"获取信息的方式",这些选项设计都为公众进行在线申请提供了便利。但是,近年来在河南发生的一些因依申请公开政府信息未果而提起的行政诉讼案件从另一个侧面反映出了某些政府部门对于公众申请信息公开诉求的重视程度不够高。如2008年年底被称为"刁民"的申请大户王清,向南阳市181个行政部门提请了包括"三公消费"在内的政府信息公开申请,结果仅收到18份回复,且大多数回复是无效的。① 2009年2月11日,郑州市民曲松峰向该市物价局申请公开自己所摇中经济适用房价格核算的详细信息;3月3日,市物价局给屈松峰出具一份"告知书",其中仅公开了开发商向其审核价格的材料目录和审核结果,"其余内容不予公开"。② 此外,在依申请公开方面逐年增加的行政复议案件数量,也从另外一个角度反映出了公众申请政府信息公开常常遭遇阻力的现实。据统计,2010~2012年全省共受理有关政府信息公开的行政复议申请分别为16件、123件和148件。

### (四)监督救济机制运行良好但相对薄弱

为进一步保障公民在政府信息公开工作中的合法权利,河南省制定实施了

---

① 陈磊:《一个"刁民"与181个政府部门的博弈》,《政府法制》2009年第29期。
② 鲁燕:《申请公开房价成本遭拒 郑州市民告物价局一审败诉》,《郑州晚报》2009年5月12日。

《河南省关于违反政府信息公开规定行为责任追究制度》，还在一定范围内建立了考核评议制度，把政府信息公开工作纳入年度工作目标考核体系，将个案救济情况纳入工作考核范围。从总体上看，河南在制定专门的责任追究制度、按时发布信息公开工作年度报告、受理复议和参加诉讼等方面都做得很好，政府信息公开的监督和救济工作进展顺利，但也存在许多薄弱环节不容忽视。一是没有建立统一的、可操作性强的政府信息公开工作考核制度和机制。二是尚未制定出台专门为公民举报、复议和诉讼提供具体指引的制度规范。三是政府信息公开工作外部监督不足，没有让社会评议及时跟进，也没有将政府信息公开责任追究状况以及年度考核结果及时公开。如《河南省关于违反政府信息公开规定行为责任追究制度》规定，对于一般违规行为"由监察机关、上一级行政机关责令改正；情节较重的，对行政机关进行通报批评；情节严重的，对行政机关主要负责人依法给予处分"。这些惩处措施会因其较低的惩戒价值而不利于督促信息公开主体依法履行义务，也不利于赢得民众的认可和外部监督的信任。政府信息公开如果没有一套行之有力的监督救济机制，那么无论实体权利的设计如何完美，都不过是空洞的许诺。

## 三 河南健全政府信息公开制度的对策建议

政府信息公开制度的建立和健全，事关整个政府系统运行模式的健全与完善，牵一发而动全身，特别是在区域发展较不均衡的河南，实现这一进程殊为不易，需要从内容到形式、从法律到工作机制、从理念到技术等多个层面统筹落实。

### （一）推进政府信息公开地方立法

不断加快的信息化发展，使政府信息公开的重要性日益在推进政府依法行政的进程中凸显，通过立法的强制效力约束政府的信息公开行为，是促进政府信息公开最为重要的方面。目前，我国还没有一部明确的、完整的关于信息公开的法律，政府信息公开工作尚未拥有有效的法律支撑。因而事实给民众的感觉往往是：信息公开还只是政府一种单方面的"善意"，并非法定义务，信息公开的主动权完全掌握在政府手中，公开什么、公开到什么程度、什么时候公开、对什么人公开等都由政府说了算。对政府信息公开进行立法势在必行。鉴于现阶段我国"一元、两级、多层次"的立法体制,在推动政府信息公开国家立法的进程中,省级或较大的市级立法应该拥有更积极的作为。一方面低层级的立法效率较高、成本较低、灵活性强,便于依据形势变化进行调试;另一方面地方或部门立法带有试验性质,成功的经验可以迅速推广,不妥的做法也可以将影响局限在较小范围。河南应该在推动政府信息公开地方立法工作中行动快一些、走得远一些,坚决摒弃"官本位"的信息公开思想,改变"秀形象"的设计习惯,本着服务宗旨和便民原则,积极探索和推进省级、较大城市以及重点部门的信息公开立法。

### (二)完善政府信息公开运行机制

从动态视角来看,政府信息公开是一系列具体工作机制运行的总过程,完善的制度是推行政府信息公开的保障。因而,政府信息公开条例的顺利施行有赖于各种信息公开工作机制和制度规范在各级政府的建立和完善,这些制度至少包括政府信息分类规范、政府信息公开指南和公开目录编制规范、政府信息依申请公开机制、政府信息公开协调机制、政府信息保密审查机制、政府信息公开责任追究机制、政府信息公开目标考核机制、政府信息公开社会评议机制、政府信息公开救济机制等。就河南而言,政府信息公开的基本制度框架已经建立,下一步的工作重点是对这一制度框架进行健全和完善,逐步形成较为完备的制度体系。一是细化政府主动公开和依申请公开信息制度,更加充分发挥政府信息对人民群众的服务功能。二是建立健全政府信息公开工作考核制度、社会评议制度和责任追究制度,使组织监督、群众监督、舆论监督和检查监督相配套形成监督合力,确保公开内容属实、措施到位。三是建立健全政府信息公开协调机制,保证行政机关发布的政府信息不相冲突、准确一致。四是通过健全政府信息公开行政复议制度和行政诉讼制度完善政府信息公开救济机制,确保公众获取政府信息公开保障有力。

### (三)切实提高政府信息公开质量

公众获取政府信息不是使用政府官员或部门的"私有财产",而是取回他们自己交由政府管理的公共资源，因而所公开内容的质量直接影响信息公开工作中的政府公信力。切实提高政府信息公开内容的质量，是不断推进政府信息公开的本质要求。一是确保公开信息的真实性。真实性是信息公开内容的生命，指的是信息内容与客观存在的趋近性。缺乏真实性，再充分的信息也达不到政府公开的目的，反而可能会因导致公共决策失灵或公共秩序扭曲而吞噬政府的合法性。二是确保公开信息的充分性。一方面做到信息公开内容在数量和类型上与《条例》规定相吻合，另一方面做到信息公开内容的范围与公众诉求相吻合。三是确保公开信息的完整性。信息完整与信息混乱、零散、简单化相对立，要求政府在公开信息时不能轻描淡写、打"马虎眼"，以免引发公众误解、偏见与质疑。四是确保公开信息的时效性。时效性既指政府信息公开的时间，也指所公开信息更新的时间频率。滞后或陈旧的信息不仅会对公众和政府造成不利，甚至会引发公共资源浪费、社会成本徒增等严重后果。

### （四）加快政府信息公开平台建设

网络时代，政府信息公开已不能单纯地理解为通过纸质政府公报、广播、电视、报刊、公告栏、口头传递等方式向民众公布政府信息，政府门户网站凭借高速、便捷的特质已经成为当前各级政府信息公开的最主要、最重要的渠道。扎实推进政府信息公开平台建设，就是要以实现信息告知的完整性、真实性，与民交互的及时性、便利性，为民服务的可靠性、快捷性为目标，在整合网上信息公开和政府在线服务两项基本功能的基础上加强政府网站建设，杜绝政府门户网站"死链接"或"空链接"现象。同时加大政府信息公开查阅场所建设力度，积极完善手机报、热线电话、行政服务大厅、电子信息屏、办事路线图、服务手册、政府微博、政务微信等信息公开新渠道，方便群众获取政府信息，增强信息公开效果。对于尚未开通互联网的地区，政府要给予一定程度的发展资金倾斜积极推动当地信息化建设，大力巩固公告栏、电视、广播、报刊等渠道，避免更新时滞带来的政府信息公开时效性低、实用性差等问题。

# B.10
# 河南"7·18"林州警察摔婴案剖析

王宏源*

**摘　要：** 近年来，公安民警是否能实现公正执法日益成为一个广泛关注的法治问题。2013年"7·18"林州警察摔婴案作为社会影响恶劣的法治事件，暴露出了林州市公安机关在法治观念和依法行政方面的诸多差距，以及地方民主监督的不足和群众法律意识的淡薄。要进一步强化为民服务意识，尊重人民群众的生命和权利，大力加强行政执法权力制约，完善监督制约机制，坚持用法治思维和法治方式提升依法行政履职能力。

**关键词：** 摔婴案　依法行政　公平正义

2013年8月17日，多家媒体报道了河南"7·18"林州警察摔婴案。该事件的发生，震惊全国。公安民警依法行政、公正执法问题再次成为一个广泛关注的法治问题。

## 一　"7·18"林州警察摔婴案事件回顾

2013年7月18日晚，河南省林州市公安民警郭××和朋友在林州市黄华山景区的一家饭店吃饭、饮酒。饭后，郭××等人到林州市皇冠KTV门口时，遇见市民李××抱着7个月大的女儿从歌厅出来。因与朋友打赌，郭××直接

---

\* 王宏源，河南省社会科学院政治与法学研究所副所长、副研究员。

从李××怀中抓住女婴摔在地上。女婴被摔到地上后，哭了两声就再没反应。李××及家属立即将女儿送往林州市中心医院救治，因其女年幼，后又转到安阳地区医院。其间，郭××被在场群众打伤，同时被送到林州市中心医院治疗。事件发生之初，涉事公安民警郭××仅受到关禁闭15天的警务纪律处罚。

8月17日，《法制晚报》刊发了标题为《民警摔女婴  仅被关禁闭》的文章，反映河南省林州市公安局民警郭××酗酒后，将一名7个月大的女婴举过头顶猛摔在地上，造成女婴脑部3处骨折，颅内瘀血的严重后果。而郭××仅仅受到关禁闭15天的处罚，引发了媒体及网民的广泛质疑。随后，舆论界对"7·18"林州警察摔婴案进行了集中报道。包括中央电视台、新华网、人民网以及法新社、英国广播公司等在内的众多国内外新闻机构、网络媒体都对此事件给予关注，引起了社会各界的广泛议论。

"7·18"林州警察摔婴案的发生，时刻提醒公安民警铭记沉痛教训。林州市公安局将7月18日定为"全局耻辱日"。之后的两个月，河南省公安厅对全省公安民警队伍进行正风肃纪专项整治，全省公安、纪检、监察部门查处民警违法违纪事件370起，其中受到党纪处分94人、政纪处分372人，辞退民警34人、开除民警22人，移交司法机关处理25人。处理对象涉及单位和个人，南阳、三门峡、信阳、平顶山、商丘、洛阳、郑州、开封市公安局查处违法违纪民警都在30人以上。①

## 二 "7·18"林州警察摔婴案的社会反响

虽然涉警负面事件近年来屡见不鲜，但"7·18"林州警察摔婴案仍然以其情节之恶劣、后果之严重在社会上引起强烈震撼。负有查处、监管职责的各级政府及其主管部门依法采取措施进行及时纠正处理；法学、行政管理学等研究领域的专家学者积极参与讨论，从各自的专业角度发表看法；各大新闻媒体则持续跟踪报道事态的发展。

---

① 李江瑞：《河南8万民警开始正风肃纪  林州警方设全局耻辱日》，大河网·新闻中心，2013年11月14日；http：//news.dahe.cn/2013/11－14/102515083.html。

## （一）有关部门及时介入处理

8月17日下午，媒体报道林州市公安局民警郭××酒后摔伤女婴事件后，河南省公安厅党委立即召集相关部门和安阳、林州公安机关主要负责人会议，听取汇报。会议认为，这是一起严重侵害群众利益、败坏公安形象、性质恶劣的刑事案件，必须依法严肃处理。对林州市公安局事件发生后，既没有依法办案，也没有及时向上级公安机关报告等严重失职行为，必须严肃追究责任。在初步调查的基础上，认定涉案公安民警郭××摔婴原因是酒后发狂，丧失人性。8月17日夜，公安机关对犯罪嫌疑人郭××依法刑事拘留，并实施异地关押措施，彻查其犯罪事实。8月18日上午，安阳市委、市政府就林州市"民警摔婴"事件召开市委常委会，要求全面调查，依法依纪严肃处理责任人。安阳市委要求，公安机关必须主动接受社会监督，诚恳向人民群众道歉，认真汲取事件教训，严肃认真调查处理，坚决给人民群众一个交代。安阳市公安局及林州市委代表安阳市委、市政府看望慰问了受害者及其家属，林州市公安局向受害者家属作出道歉，并安排专人陪同受害者到北京市儿童医院进行全面检查。8月18日，林州市公安局局长、政委、党委副书记3人被停止执行职务，接受组织调查，待问题查清后，依法依纪严肃处理。同时，分管联系林州市公安局的安阳市公安局党委委员也被停止执行职务，向市局党委作出检查。安阳市委、河南省公安厅等对事件的明确表态处理，在很大程度上缓解了政府公信下滑趋势，也使该事件依法得到了纠正处理。

## （二）学术界进行了深层次的分析和讨论

专家学者讨论的核心问题之一是政府公信力和社会公平正义的损害。有关专家在接受记者采访时指出，如果说"摔婴"只是肇事公安民警漠视生命和法律、肆意妄为的个人行为，那么拖延瞒报显然是一种集体过错。为隐瞒案情，达到所谓维护自身形象的目的，林州警方对此事件采取了内部处分和私下调解的方式。这种亵渎法律、损害司法尊严的行为比摔婴本身更加抹黑形象，对政府公信力和社会公平正义造成了极大的伤害。同时，专家学者也反思了地方行政执法民主监督不足的问题。监督制度的不健全使得人大的执法监督职能不能落到实处。《新京报》社论认为,地方人大对于政府部门的监督,多体现在一些程序性监督上,而个案性的、实质性的监督,则不多见。在少数官员思维里,人大质询、特定问题调查、撤职等依法履职,被认为是"找碴"、"作对";一些人大官员,本着"和为贵"的原则,也不愿意轻易得罪人;加之现有的法律对于质询等刚性监督手段的规定还不够细化,这些都影响到人大依法监督权力的施展。① 具体到"7·18"林州警察摔婴案,林州市人大监督公检法(司)工作受到很多掣肘。面对本地公安系统内部的严重违法事件,当地人大干部不得不以当众"吐槽"的形式表示愤慨,而后一位化名"傅全责"的当地人大领导以秘密检举的方式,向京城几位媒体记者发送短信,披露案情,进行监督,才使这桩被隐瞒了近一个月的事件重新回到法律轨道。结合当下备受关注的"法治行政"问题,学者们对我国地方行政监督制度也给予了一定程度的关注。

### (三)新闻媒体发挥了重要监督作用

8月17日,事件开始在网络上传播,19日安阳市初步处理结果公布时,达到热议顶峰。由乐思网络舆情监测系统提供的对事件跟踪监测的数据显示,截至8月19日19时,网上有关"林州警察摔婴"话题的舆情传播量高达20万条,其中仅新浪微博的曝光量超过6.4万条,而话题网友参与量突破10万人次(见图1、图2)。② 同时,网民对这一事件的观点各一。据IRI监测数据显示,"河南林州警察摔婴"事件共引发相关新闻报道7060余篇,网民跟帖评论434万余条,涉及网站290余家。除了新闻报道外,该事件涉及相关论坛主帖1510余个,相关博客文章1270余篇。③ 媒体通过揭露事实真相、代表受害人发出呼吁,成为群众发泄不满情绪及畅所欲言的渠

---

① 《地方人大为何管不了"民警摔婴案"》,《新京报》社论,2013年8月19日。
② 吕锐:《河南警察摔婴事件舆情分析》,中国舆情网,2013年9月2日;http://big5.china.com.cn/gate/big5/yuqing.china.com.cn/2013-09/02/content_ 6265597.htm。
③ 艾利艾舆情研究:《林州警察摔婴案被瞒报 纸想包火终烧已》,新浪博客·艾利艾舆情研究,2013年8月29日;http://blog.sina.com.cn/s/blog_ 7aaa8d480101frbg.html。

道。这对遏制公权部门的不作为或乱作为现象,具有一定的制衡和监督作用。

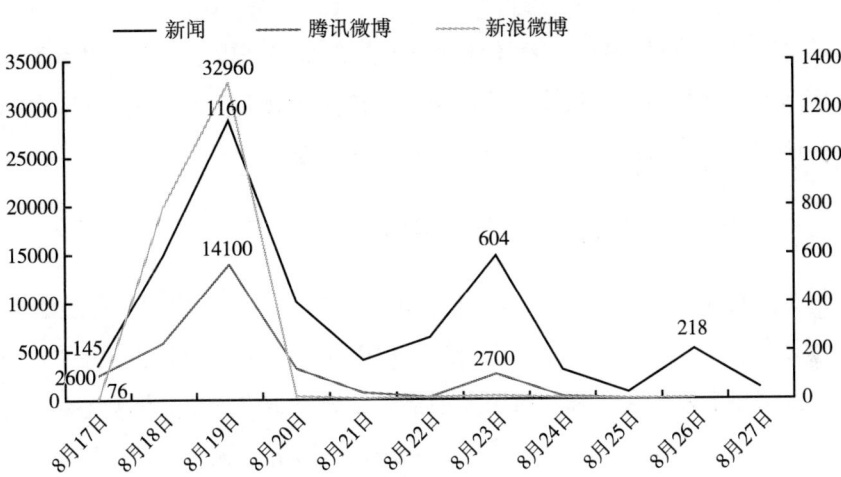

图1 林州警察摔婴事件关注度走势

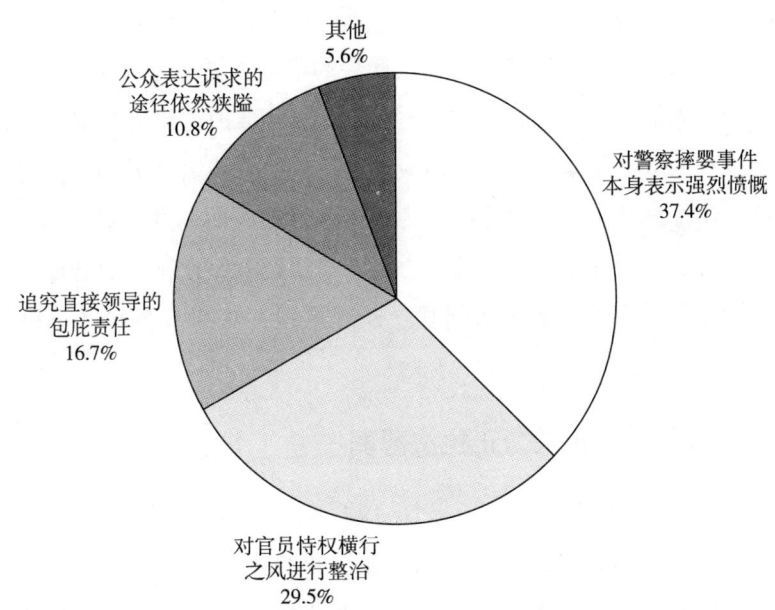

图2 林州警察摔婴事件网民观点分布

## 三 "7·18"林州警察摔婴案事件剖析

随着对"7·18"林州警察摔婴案查处的逐步展开以及相关媒体的陆续曝光,暴露出了林州市公安机关在法治观念和依法行政方面的诸多漏洞,以及当下一些地方民主监督的不足和民众法律意识的淡薄。

### (一)林州公安机关法制观念淡薄

公安机关负有依法对警察队伍的监督职责,警察队伍中出现严重违法事件,当地公安机关难辞其咎。按照规定,涉警违纪必须在24小时内上报。"7·18"林州警察摔婴案发生后,林州市公安局多名领导出于维护小集体利益和当地公安部门的形象,一边压下案情迟滞上报处理,一边逃避记者采访,以及多人在电话中要求记者不要发稿有意隐瞒这一事件。而近一段时间来,集中发生了一些体现当下社会暴戾之气的恶性事件,由此产生的舆情压力是空前的。害怕辖区出现恶性事件为自己抹黑的心态,是一些地方政府出了事"捂盖子"的根本动机。从本质上说,他们维护的不是社会的稳定,更不是百姓的稳定,而是个别领导的个人形象和个人权位的"稳定"。越是维护这样的稳定,就越阻碍社会的进步和公平。亟须得到处理的应该是恶性事件本身,而不是由恶性事件引发的监督。像林州市公安局这样,为不把事情闹大而刻意大事化小、小事化了,为了对付恶性事件造成的舆情压力,不惜压制对事件本身的处理,这是借着"维护稳定"的名义,丧失法制观念,严重侵害法律尊严和民众权益的错误行为。

### (二)林州公安机关公正执法薄弱

内部纪律显然不能僭越法律。"7·18"林州警察摔婴案发生后,当地公安机关既没有按程序及时向上级部门上报,也没有依法按照"故意杀人罪"或者"故意伤害罪"对犯罪嫌疑人进行严肃处理,仅用所谓的禁闭和监管代替法律制裁。经媒体曝光之后,事件取得急速进展:8月17日,《法制晚报》首次报道这一事件;当晚7时,林州市便成立了由纪检、政法、检察、公安等部门组成的联合调查组,对事件展开调查;当晚8时,涉事民警郭××被当地警方控制;10时,郭××以涉嫌故意伤害罪被依法刑拘。这种前倨后恭的表现,暴露了林州市公安机关希望通过种种隐瞒包庇行为来决定事件走向的错误态度。这种不公正执法的行为充分暴露了基层政府内部纠错机制的失灵。一些执法者、公职人员,本应该成为公共利益的保护者、公众安全的守门人、人民权益的维护者,然而却走向了反面,成为公共安全和公共利益的侵害者。不难想象,如果仅仅把此事件作为个案处理,不深刻剖析事件的必然原因,那些无约束的权力还会执法犯法,那只野蛮之手还会"醉酒摔婴",社会的进步和公平正义还将遭受侵犯。

### (三)当地群众法律意识不强

"7·18"林州警察摔婴案发生后,当事人李××曾表示:想到他肯定有罪,逃避不了法律的制裁;自由几天就自由几天吧,就没多追究。当时,他们最紧迫的想法是如何把小孩治好,没过多地关注对施害者的处理。这种淡薄的法律维权意识,导致他在自己的孩子无辜被摔之后,没有依法及时向有关部门提出控诉。特别是在事发后,肇事者托亲朋好友说情,其家属也多次登门道歉,以亲情等感化当事人。当事人看到自己的小孩也一直在恢复,恢复得也不错,就不想再追究肇事者的法律责任了。没想到这是一起严重的刑事案件,是要依法追究刑事责任的。在事件引起广泛关注后,记者前去调查,被摔婴儿家长却带领全家离开了林州市。这种反常的做法一方面可以解释为老百姓的胆小怕事,但另一方面也可能是他们受到某种压力,或某种私下的"调解"。民众法律意识的淡薄是制约我国法治化进程的"瓶颈"。如果缺少受害当事人指证和控告的声音,法治化进程不可能单靠社会舆论一厢情愿的呐喊而得到有力推动。

### (四)社会公平正义受到挑战

法律是社会公平正义的底线。倘若获得公正总需要舆论推动和上级领导的批示,民众就会逐渐失去对法律的信仰和对社会的信心。个别公安民警违法犯罪,最终却搭上整个地方公权部门的公信力,使林州公安的形象遭遇空前信任危机。在媒体曝光前长达一个多月,有关部门力图内部隐瞒民警摔婴事件,显然是在知法犯法、"官官相护",极大地损伤了社会公信和公平正义。尽管当地公安部门不承认包庇,但"7·18"林州警察摔婴案发生后,既不向社会公开案情,对应该被追究刑事责任的涉事民警仅仅采取关禁闭这样的警务纪律处理措施,而不依法采取刑事强制措施,想捂住、盖住的侥幸心理昭然若揭。公共舆论介入后,纸包不住火了,当地警方迅速依法刑拘涉事民警并立即启动相关调查。能捂住、盖住就大事化小、小事化了,瞒不住包庇不了就公事公办。由此可见,没有媒体的曝光和舆论的推动,涉事民警将会永远被包庇,相关案情将会被掩盖,司法公正将会被侵犯,社会公信将留下很大的伤口。人们期待更公开、更透明、坦诚、快速处理相关的事情,切实维护受害者的合法权益,弘扬社会公平正义。

### (五)公权对公民人权的漠视

"林州警察摔婴"是法治之耻,更是人性之殇。不管出于什么动机,对于一个仅7个月大的婴儿下此毒手,都是不可原谅的。从长春"盗车杀婴"案终审宣判维持凶手死刑,到北京"口水战"升级为毫无人性的"摔童案"。残酷的现实在不断拷问着尚未泯灭的人性。而林州市又爆出这个摔婴案,这种针对幼小生命的残忍作恶手段,一再突破道德和法律的底线,让我们不得不再次反思人性之恶是多么可怕。① 恶警摔婴,折射出人性之恶;有关部门的内部隐瞒则是公权对公民人权的一种漠视。从某种意义上而言,林州摔婴案比北京摔童案更让人愤怒。相关部门不是公开透明、坦诚快速地处理相关事情,而是"捂盖子"达1个月有余。一个长期从警、知法懂法的民警严重违法肇事后,竟能仍在林州市公安局正常上班工作?当有记者介入采访后,还有人不断给记者做工作,望其高抬贵手,千方百计想把消息封锁。虽说摔婴只是肇事民警的个人行为,但他公职人员的身份使得他无法割裂跟公安队伍群体的公共形象的必然联系。公安民警的残暴突破了公众想象力,林州市公安局息事宁人、"拿人命当儿戏",本应作为公民人权的维护者,却漠视甚至公然践踏别人的生

---

① 张海英:《隐瞒真相比民警摔婴更可怕》,《福建日报》2013年8月20日。

命,如果对这种摔婴案的嫌犯不进行严惩,不足以震慑犯罪。如果对漠视人权的意识和行为不引起重视,也不足以让我们感受到这个社会的公平正义。

## 四 "7·18"林州警察摔婴案的警示

"7·18"林州警察摔婴案作为一个法治事件,犯案事实已基本查清,肇事者也被依法刑拘,相关负责人受到追究。可是此事件发生前后,特别是当地有关部门在恶警摔婴之后发生的脱离真实和正义的种种迟滞,以及借着"维护稳定"的名义"捂盖子"的行为引人深思。

### (一)切实尊重和维护人民群众合法权利

尊重和保障人权是我国宪法规定的一项基本原则,保障公民依法享有广泛的权利和自由是我国社会主义法治的精髓。党的十八大特别强调,必须坚持人民主体地位,更好保障人民权益,更好保证人民当家作主。① 十八届三中全会也提出,要"努力让人民群众在每一个司法案件中都能感受到公平正义"。② 依法行政是对各级各类行政机关提出的要求,法律是其进行各种活动和人民群众对其活动进行评价的标准。更好地尊重和维护人民群众的合法权益,既可以保证社会的平安稳定,更是推动中国特色社会主义伟大事业可持续发展的重要因素。要把公民的利益诉求转化为法律上的正当权利,积极倡导树立执法为民、保障人权的人本法律观,坚决惩治行政执法不作为、乱作为等漠视群众疾苦、侵害群众合法权益的问题和现象,依法保护广大人民群众的根本利益,努力实现社会维稳与尊重公民权利的有机统一。

### (二)坚持用法治思维和法治方式提升履职能力

党的十八大报告指出"法治是治国理政的基本方式",强调要"提高领导

---

① 胡锦涛:《坚定不移沿着中国特色社会主义道路前进 为全面建成小康社会而奋斗》,在中国共产党第十八次全国代表大会上的报告,2012年11月8日。
② 《中共中央关于全面深化改革若干重大问题的决定》,中国共产党第十八届中央委员会第三次全体会议通过。

干部运用法治思维和法治方式深化改革、推动发展、化解矛盾、维护稳定能力"[1]，把依法治国提到更高层次。基层政府工作人员的法律意识和依法行政能力在一定程度上决定着政府的法治状况，也直接决定着行政执法活动的开展及其效果。像林州市处理涉事公安民警这样以内部惩戒取代司法程序的现象，在一些地方和部门仍然存在，已经成为建设法治中国的障碍。必须牢固树立社会主义法治理念，从内心深处尊重和信仰法律，自觉运用法治思维和法治方式处理各种复杂问题、化解社会矛盾，努力推动形成办事依法、遇事找法、解决问题用法、化解矛盾靠法的良好法治环境。强化职权法定、严格执法的理念，正确行使行政自由裁量权，严格规范以言代法、以权压法、徇私枉法的现象，既依法履职又依法治权，努力做到公正文明执法。

### （三）加强行政执法权力监督与制约

党的十八届三中全会决定提出，"必须切实转变政府职能，深化行政体制改革，创新行政管理方式，增强政府公信力和执行力，建设法治政府和服务型政府"[2]。各个行政执法领域和岗位，都要加强执法管理监督，建立健全依法行使权力的监督制约机制，让权力在阳光下运行，最大限度地防范执法风险，防止执法权力滥用。依据行政机关的法定职责，实施行政执法问责制，推行行政执法责任制、违法追究制和领导负责制，促进行政执法机关和执法人员正确行使权力。基层人大要真正行使人事任免权、监督权、质询权等法定权力，实现对行政执法权力的有效监督。推动公民积极有效地参与公共事务管理，形成制度化参与模式，监督各行政执法机关和人员的行政执法，预防各种行政执法乱作为问题的发生。同时，要发挥新闻舆论和网络等媒体监督的作用，公布举报电话，在公共网页设立监督举报板块，使行政执法权力在法律允许的范围内活动，真正做到合法行政、合理行政、公正行政。

---

[1] 胡锦涛：《坚定不移沿着中国特色社会主义道路前进　为全面建成小康社会而奋斗》，在中国共产党第十八次全国代表大会上的报告。

[2] 《中共中央关于全面深化改革若干重大问题的决定》，中国共产党第十八届中央委员会第三次全体会议通过。

## （四）坚持维护法律权威与公平正义的有机统一

当前，我国正处于矛盾凸显期，社会矛盾易发多发。要严格执行各项政策和法律规定，有效制约和合理运用行政权力，使一切国家行政机关和工作人员在法定职权范围内，充分行使管理国家和社会事务的行政职能。要认真践行党的宗旨，坚持一切为了群众，立党为公、执法为民。切实转变政府职能，建设法治政府和服务型政府，做到既不失职，又不越权，更不能非法侵犯公民的合法权益，以增强政府公信力和执行力。坚持把人民群众满意作为衡量和检验行政执法工作的根本标准，进一步站稳群众立场，增进群众感情，提升群众工作能力，健全经常性走访联系群众制度，畅通群众诉求反映渠道，及时准确掌握社情民意，做到对群众深恶痛绝的事"零容忍"，对群众急需急盼的事"零懈怠"。坚持把维护群众合法权益作为行政执法的出发点和归宿，切实保护最广大人民群众的根本利益。

# 司法公正篇

# B.11
# 河南审判方式改革的探索与启示
## ——以郑州市金水区人民法院新型合议庭为例

曹勇*

**摘　要：** 郑州市金水区人民法院坚持司法创新，以提高审判质效、优化审判资源配置、促进司法为民、公正司法为目标，推行新型合议庭办案小组制度，审判质量和效率大幅提升，审判权运行机制得到了进一步完善，法官队伍建设得到进一步加强，逐步完成了由个人为主办案的传统模式向大型办案组或小型办案组流水式作业办案模式的转化，取得了明显的社会效果和司法效果。

**关键词：** 新型合议庭　办案小组　司法创新

---

\* 曹勇，郑州市金水区人民法院研究室主任。

随着我国审判制度改革的不断推进，郑州市金水区人民法院（以下简称金水法院）紧密围绕辖区中心工作，以信息化建设为工作主线，积极谋求科学发展，大力推行新型合议庭办案小组制度，促进全院精神面貌、工作作风、审判业绩等各个方面发生了重大变化。

## 一 创立新型合议庭办案小组制度的背景

金水法院2013年推行的新型合议庭办案小组制度，是根据河南省高级人民法院《关于推行新型合议庭审判制度的指导意见（试行）》，在2012年创新性施行"办案标兵小组制度"的基础上，综合全院人员状况、年结案任务、2012年收案情况等因素，由法官自愿报名，根据法官办案能力、工作作风等综合指标，以庭为单位确定办案小组组长，以办案小组组长为核心配置组成办案小组，以办案小组为单位，确定年度工作目标，不改变现有审判制度，努力提高审判质效，鼓励干警争做优秀办案标兵的一套制度。

长期以来，金水法院年均受理案件数在1.6万件以上，而一线办案法官却仅有80余名，"案多人少"问题导致干警经常加班加点，超负荷工作，靠苦干完成任务。据统计，2012年度，全院有10689人次在办公室加班48226小时，折合6028.3个工作日。法官收案最多的高达703件，结案最多的为555件，其中，结案在300件以上的就有19名。可以说，"案多人少"已经放大成反映金水法院工作困难、压力和挑战的代名词。

尽管干警普遍感到很辛苦，但是，仍然难以改变案件积压、质量下滑、信访案件数量居高不下等现状，会办案、有经验的法官感到工作累，不会办案、能力差的法官也喊累，好多法官不愿办重大复杂疑难案件，更不愿办有信访苗头的案件。究其原因，从表面上看，是受编制的影响，办案人员少，但从深层次看，关键是资源配置、人员优化不到位，导致创先争优的氛围不浓，办案主动性、积极性不高。

为解决"案多人少"这一制约科学发展的瓶颈问题，2012年8月，金水法院创造性地提出了"办案标兵小组制度"的框架，目的就是解决案多人少问题，让想办案、会办案的法官多办案，让有积极性的年轻法官学办案，给不

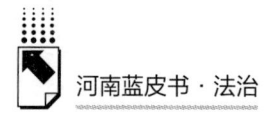

想办案的法官施展的平台,想留下来办案。同时,充分发挥优秀法官引领示范作用,调动干警工作积极性,增强工作责任心,创造良好的办案环境,在全院形成创先争优、多办案、办好案的工作氛围,进而提升整体工作水平。

经过短短4个月时间,金水法院选出的18个办案标兵小组承担了全院71%的审判任务,其中办案标兵的人均结案数是其前8个月的两倍。办案标兵小组制度的推行,破解了"案多人少"这个难题,激发了全院干警主动工作的激情,审判质量和效率大幅提升,全院整体工作上了一个新台阶。

2013年,金水法院综合全院人员状况、年收结案等情况,又进一步优化人员结构,实行以庭长、副庭长和优秀法官为办案小组长的新型合议庭办案小组制度,确定了三级28个办案小组,分别规定了相应的年结案任务。新型合议庭办案小组制度所取得的成效,已经引起上级法院的高度关注。目前,这一经验正在全省法院推广。

## 二 推行新型合议庭机制的做法与成效

### (一)基本做法

**1. 强化基础保障**

(1)强化自动分案功能和节点管理功能。审管办根据办案参数预设任务量,直接将案件随机分配至各级办案小组,实现了分案机制的公开、透明、快捷。系统按诉讼法规定设置了多个审判节点,电脑每天晚上对各节点进行判定,对即将超节点的案件进行提醒,实现了办案小组组长对其小组案件的同步管理,保证了诉讼法规定期限的严格履行。

(2)强化电子签章功能和查询统计功能。案件材料同步录入系统后,所有需要领导审批签发的事项均通过网络报送,审批后材料自动添加电子签章,极大地提高了办案小组的办案效率。该系统还加强了查询统计功能,并覆盖审判过程方方面面,各办案小组可以快捷地进行各类审判指标查询。同时,也方便了审管办对各办案小组的动态管理。

(3)强化质效评估和信访督办功能。系统根据最高法院设定的各项审判质效评估指标，定期从内网提取各项信息，按不同的加权分值计算后，得出各级办案小组的质效得分，各办案小组可及时根据三级详细指标找出自身工作的不足之处并加以改进。同时，系统加强督办案件管理。收到上级法院督办件后，即通过内网的督办系统进行督办，系统以流程图形式展示出督办全过程，对办案小组的办理情况一目了然。

（4）以办案系统为信息基础，以互联网站、触摸屏、手机短信、电话为载体，探索构建了"开放式7+1"审判公开模式。即通过金水法院审判公开网站向社会公开"立案信息、开庭信息、庭审视频、裁判文书、执行信息、鉴定拍卖信息和诉讼证据资料信息"。将案件的审理过程置于当事人和人民群众的监督之下，大大提高了司法的公开度和人民群众的满意度。同时，也实现对办案小组全方位的监督。

**2. 强化组织实施**

（1）严格组长选拔标准。经过全院动员、资格审查、党组决定，在自愿报名的基础上，综合考察确定政治坚定、业务精通、作风优良、纪律严明、廉洁勤政、业绩突出的审判员作为新型合议庭办案小组组长。要求新型合议庭办案小组组长与领导小组组长签订目标责任书，规定一级办案小组年结案民商事不低于1000件，刑事不低于750件；二级办案小组年结案民商事不低于750件，刑事不低于500件；三级办案小组年结案不低于小组内各审判员年结案数的总和。其中，办理民商事案件的审判员年结案为180件，办理刑事案件的审判员年结案为120件。同时，要求新型合议庭办案小组正常审限内结案率应达到100%，并确保无有责任的涉诉信访案件发生，确保无违法违纪事件发生。

（2）人员配备和物质保障到位。金水法院设立了三个等级的新型合议庭办案小组：一级办案小组6个，按1+2+5标准配置，每组设办案小组长1名，配备审判员2名，书记员5名；二级办案小组8个，按1+2+3标准配置，每组设办案小组长1名，配备审判员2名，书记员3名；三级办案小组6个，按1+1标准配置。每组推选出1名审判员任小组长。同时，在执行局设立6个办案小组，在信访科设立1个办案小组（专门办理涉法涉诉信访案件）。该院规定，具体组成人员实行双向选择，自由结合，即新型合议庭办案小组组长可以按照新型合议庭办案小组组织形式挑选小组组成人员，干警也可以选择新型合议庭办案小组组长。同时，为解决审判辅助力量严重不足的现状，通过采取劳务派遣的形式，在2012年招聘30名司法辅助人员的基础上，又招聘了10名司法辅助人员协助审判人员处理日常性事务和行政性工作。在办案小组内部，由办案小组组长进行组织和协调，具体细化人员分工、工作职责和流程衔接。有的办案小组按照审判业务流程进行分工，该院称为"条状分工"，如确定专人负责撰写法律文书、开庭，专人送达、记庭，专人对纸质和电子卷宗的管理，上下游环节之间进行交接并相互检查；有的办案小组实行"块状分工"，如根据工作及案件性质进一步将工作进行类型化区分，专人办理简易程序案件，专人外出送达、保全、调查、勘验，专人负责排庭、记庭、整理卷宗、归档。无论"条状分工"还是"块状分工"，都由办案小组组长对小组工作质量负责，办案小组组长将主要精力集中在普通程序案件的开庭、答疑、审核法律文书等工作中。同时，为每个办案小组配齐办公电脑、打印机、扫描仪和复印机，所需办公用品和经费优先保障供应。

（3）落实办案组长自主分案权。为充分发挥办案小组的职能作用，实现办案小组审判模式的有效运行。办案小组组长有权对本小组案件进行分配。审管办首先确定办案小组部门的分案比例，办案小组组长在本组分案比例范围内，根据本小组的案件及人员情况，确定各成员的分案比例，并可根据办案进度向审管办建议调整本组成员的办案比例。

（4）实行动态管理。为确保办案小组完成年度结案目标或各办案小组案件均衡，审管办对办案小组的案件实行动态调控，按办案小组收结案75%的比例分配案件，在年底前逐步调整到100%。先后制订了《办案小组目标考核办法》、《办案小组案件管理规定》、《办案小组评先办法》、《综合部门审判员、书记员充实到新型合议庭办案小组办案的实施办法》等相关制度。同时，通过常规评查和重点评查，对办案小组已结案件的实体、程序、文书等情况进行评查，并对办案小组实行百分制考核，考核内容包括结案数、超审限案件数、发回改判率、信访比等多项指标，考核情况每季度通报一次，年终完成考核任务的，按成绩排名定为优秀、合格。同时，为了加大平时对办案小组的管理，审管办根据办案小组的结案数，对当月结案总数在全院前10名的办案小组评选为"办案之星"作为年底评先时的参考依据。另外，各业务庭庭长除按规定完成办结任务外,还要对本部门各级办案小组全面负责,领导好这几个小组。

(5) 奖惩措施结合到位。第一,细化考核。该院对办案标兵小组采取百分制考核,按照成绩进行排名,每季度通报一次。其中,考核内容包括结案数、发回改判数、信访案件数以及案件评查情况、纪检监察情况、院领导值日检查情况、年度受表彰情况等7项指标。第二,细化责任。严格按照目标责任书要求,规定凡是年结案数达不到规定任务的,出现本人负责任的涉诉信访案件的,或者出现违法违纪事件的,将退出"办案标兵"序列,不再享受办案标兵小组的各项待遇。第三,细化奖励。每月评选一次"办案之星",每年评选一次"优秀办案小组"、"优秀办案标兵"、"优秀书记员"、"优秀司法辅助人员"。对于"优秀办案标兵",在提拔、晋级、立功受奖、物质奖励等方面优先考虑。对年结案数达不到规定任务的、出现负责任的信访案件的,或者出现违法违纪事件的办案小组,办案小组组长实行退出制,不再享受"办案小组"的各项待遇。同时,为了促进各级办案小组内部团结协作,增加凝聚力,增强小组成员一荣俱荣、一损俱损的集体荣誉感,该院在年终对各级办案小组进行考核时,根据各级办案小组排名情况,对完成达标任务的办案小组组长评选为"优秀办案标兵",其所在办案小组的审判员、书记员、司法辅助人员也依次被评选为"优秀法官"、"优秀书记员""优秀司法辅助人员"等。

(二) 初步成效

**1. 破解了案多人少的瓶颈问题**

施行办案小组以来,法官主动要案、争着办案,出现了综合部门干警要求到一线办案的情况,改变了干多干少一个样、干与不干一个样的局面,激发了广大干警的工作热情,掀起了向先进学习、赶超一流的热潮。正、副庭长踊跃担任办案小组组长,不仅改变了以往庭长强管理、弱办案的现象,而且正、副庭长作为办案小组组长现在已经成为该院审判中坚力量。通过审判资源优化配置,办案小组为年轻法官打造了成长"绿色通道"。小组长对小组成员担负起"传、帮、带"的责任,年轻法官通过锻炼,得以早日承担审判工作。法官们原来办案感觉累的,现在觉得不累了,对审判工作也更加充满信心。

**2. 提高了审判质效**

办案小组制度施行以来,金水法院的审判质效大幅提高,出现了"两升三降"局势:结案总数提升,一审服判息诉率同比提升9个百分点;结案周期平均下降26天,发回改判率同比下降48%,信访案件数同比下降21%。同时,减少了涉诉信访案件发生。2009年,该院的信访案件数为296件,2013年新发生的信访案件减少至55件,涉诉信访化解工作受到省市法院领导的充分肯定。

**3. 杜绝了违法违纪事件**

通过廉政谈话、亲情寄语、演讲比赛等活动,加强对办案小组思想作风教育,使违法违纪举报大幅下降。2013年无一违法违纪事件出现。目前,该院面貌焕然一新,干警有激情、有动力、有干劲,各办案小组创先争优、明争暗赛,综合部门积极为办案小组提供各种保障,呈现出团结紧张、蓬勃向上的大好局面。

## 三 推行新型合议庭办案小组制度的启示

新型合议庭办案小组制度是以提高审判质效,促进司法为民、公正司法为目标,是完善审判权运行机制、优化审判资源、加强法官队伍建设的重要探索,是对现有司法体制的改革,虽然打破了由以前个人办案为主的传统模式,完成了向大型办案组或小型办案组流水作业模式的转化,但还是一个新生的事物,仍需要逐步调整、完善。

要严格办案小组组长的选任标准和程序。要通过公开选拔,保证理论功底深厚、作风优良、清正廉洁、经验丰富、业务精通的优秀法官入选,让他们"多办案、办难案、办精品案",达到案件"质量、效率、廉洁"三统一。

要明确办案小组组长及其团队成员的职责。实施新型合议庭办案小组制度的核心在于明晰职责,主要是明确办案小组组长在院长、庭长的领导下,认真履行好审判组织内的案件分配、工作指导、庭审活动的协调、案件质量的保证等职责。

要注重与人民陪审制度相结合。注重发挥人民陪审员参与、监督司法的重要作用，让人民陪审员多参加案件审理，甚至直接主持案件调解，而不是仅仅参加案件庭审。这样，办案小组组长及其团队成员可以从纷杂的工作中解脱出来，腾出手来办理较为疑难复杂的案件，既有助于提高审判质效，又有助于指导人民陪审员的工作，提升司法公信力。

# B.12
# 错案责任终身追究制度的探索与思考

张中林 王 曦*

**摘 要:** 2012年,河南省高院在全国率先实行了错案责任终身追究制度,引起社会广泛关注。这一制度的建立,是强化法官办案责任意识,提高审判质效,减少和避免错案发生的有益探索。本文结合河南法院实际,详细阐述了这一制度的出台背景、做法措施以及执行过程中遇到了问题和困难,以期对完善我国防范错案工作机制,推进公正廉洁司法有所裨益。

**关键词:** 错案责任终身追究制度 审判制度改革 探索与思考

近年来,河南出现的赵作海案、"天价逃费案"、李怀亮案等引起社会广泛关注,给河南法院形象和司法公信力造成了严重损害。全省法院系统深刻反思,积极探索完善错案责任追究机制,将其作为提升司法公信力,推进反腐倡廉建设的有力抓手,切实加强制度建设,强化监督制约,加大问责追究力度,进一步规范司法行为,提升审判质效,确保全省法院公正廉洁司法。

## 一 错案责任终身追究制度出台的背景

1998年8月,最高人民法院颁布实施了《人民法院审判人员违法审判责任追究办法(试行)》(以下简称《追究办法》),对于保证审判人员依法行使

---

\* 张中林,河南省高级人民法院党组成员、巡视员;王曦,河南省高级人民法院监察局监察员。

职权，促进人民法院廉政建设，维护司法公正，发挥了重要作用。为抓好《追究办法》的贯彻落实，省高院于1999年9月下发了《河南省人民法院审判人员违法审判责任追究实施意见（试行）》（以下简称《实施意见》）。最高法院《追究办法》及河南省高院《实施意见》出台已长达10余年，由于法律法规的修订、法院规章制度的完善以及执法环境的改变，一些条文的内容及表述与目前法院工作不相适应，在实际操作中难度较大。特别是近年来，法院系统连续出现了多起冤假错案，引起了社会的广泛关注和对司法公信力的质疑，损害了司法权威。如湖北佘祥林错案、河南赵作海错案等。这些错案的产生，既有个别法官素质低下、责任意识淡薄，甚至徇私舞弊、枉法裁判等主观方面的原因，也有法院内部监督、管理不力、错案责任追究机制没有充分发挥作用等方面的问题。

2012年，在全国及河南省"两会"上，人大代表和政协委员纷纷对法院错案责任追究提出了意见和建议，要求完善和落实错案追责制度。通过深入学习调研，认真剖析案例，召开不同层次座谈会，在借鉴吸收其他省高院的相关制度，广泛征求省高院各业务部门、中院、基层法院办案一线法官意见建议的基础上，省高院于2012年4月出台了《河南省高级人民法院错案责任终身追究办法（试行）》（以下简称《追究办法》），进一步明确了错案的标准、范围、责任主体、追究程序及追究时限等内容。通过建立"谁用权，谁就要负责一辈子"的错案责任追究终身机制，给法官一个"紧箍咒"，促使他们不犯错误、少犯错误，从而最大限度地减少错案的发生。

## 二 落实错案责任终身追究制度的具体措施

### （一）加强领导，强化保障

省高院坚持把加强党风廉政建设作为法院的"生命线"工程，作为全省法院第一件大事和最重要的大事常抓不懈。从2008年起，先后十七次召开全省法院党风廉政建设会议，做到逢会必讲廉洁。在加强廉政教育、强化监督的同时，省高院明确提出"批评是关心、严惩是爱护"的指导思想，针对法院队伍中存在的问题不回避、不遮掩，高度重视错案责任追究工作，对发生的错案，无论性质如何，无论涉及什么人，主要领导都做到态度坚决、亲自批示查处。为加强对错案责任追究工作的组织领导，省高院专门成立了由党组书记、院长任组长的领导小组，进一步明确了纪检监察、审判管理、组织人事等部门承担的工作职责，形成了由审判管理办公室对案件质量进行评查、由审判委员会对是否构成错案予以确认、由纪检监察部门、组织人事部门对错案责任人实施追究的工作机制。同时，为加强对下级法院错案责任追究工作的监督，《终身追究办法》中明确提出，上级法院认为下级法院应当追究有关人员的错案责任而没有追究的，可经院长决定，责令下级法院启动错案责任追究程序。

### （二）程序规范，制度健全

**1. 明确错案认定标准，区分一般过错和重大过错**

在错案标准的界定、错案范围的涵盖上力求严谨慎重、规范有据，既要能防止法官违法、枉法办错案，又要保障法官依法独立行使裁判权，不影响法官办案的积极性。根据我国诉讼法及最高法院《追究办法》和《人民法院工作人员处分条例》的有关规定，重点选择了违法性质和后果都很严重的6种情形作为错案责任追究的重点，依据办案人员的主观过错（故意或重大过失）、法定职责以及违法事实来确定错案责任。同时，办法在6种情形之外还规定了"其他故意违背事实和法律致使裁判、执行结果错误或因重大过失致使裁判、执行结果错误并造成严重后果，被审判委员会确认为错案的情形"作为兜底性条款，并根据具体情况进行责任追究。

**2. 明确错案追究对象，实行谁决定、谁负责**

发生错案可能涉及法院内部多个部门，牵涉到上下左右。为避免出现错案后无人担责及不知向谁追究责任的问题，进一步明确院长、庭长、合议庭成员对错案所应承担的责任，确立了谁有决定权，谁负主要责任，其他参与者负次要责任；下属出错案，主管领导有责任；对错误决定持反对意见者不负过错责任；确系非自愿执行错误指示者，一般可免予追究或者从轻追究等基本原则。

**3. 明确错案线索收集渠道，完善错案追究程序**

利用举报网站、举报电话等平台，加强纪检监察与立案信访、审判监督、国家赔偿等部门的联动配合，及时全面收集错案线索。审判管理部门负责对涉错案件进行评查分析，并就是否构成错案、错案性质及责任划分提出初步意见，提交审判委员会研究确定。对确认构成错案的，经错案领导小组研究决定，根据不同情况分别由纪检监察部门、组织人事部门负责对相关人员实施责任追究，避免了"人人喊追责、无人理此事"的局面。

为规范案件评查问责工作，省高院先后制定了《关于案件评查问责的暂行规定》、《案件质量评查计分标准》、《案件质量评查办法》等规范性文件，上述一系列制度的建立、完善和落实，为错案责任追究工作规范化开展提供了有力保证。

**4. 明确了错案追究期限，实行"终身负责"**

在实践中一些案件虽然办错了，由于种种原因没有及时发现。经过一段时间后被认定是错案，但原承办人员可能已经提拔、调离、辞职或退休，致使责任追究长期搁置，不予处理，这实际上已经免除了错案责任。通过设立错案责任终身追究的条款，进一步明确了错案责任人在调离、辞职、退休等情况下如何追究责任的程序，即对认定为错案的，原办案人员什么时候都要承担相应责任。

## （三）强化监督，源头防范

**1. 加强审判质效管理**

省高院成立审判管理办公室，以审判流程管理为平台，建立健全了审判质量考核、审判效率考核、审判效果考核等一系列审判绩效考核体系，从立案到分案、排期、开庭、裁判、送达、执行等各个审判环节进行管理和监督，确保审判过程严谨规范、公开透明，审判结果公正高效。

**2. 加强案件质量评查**

成立案件质量监督评审委员会，制定案件质量评定标准，积极开展常规评查、专项评查和重点评查，发现问题及时整改。近年来先后组织开展了"万起案件大评查"及"庭审评查、文书评查"两评查活动，对12358起庭审、21580份裁判文书进行评查，整改问题1295项，对造成严重瑕疵案件的212名法官，给予诫勉谈话、通报批评、调离审判岗位或党纪、政纪处分。

### 3. 健全合议制度

对出了问题的案件负有责任的合议庭成员都要追究责任；完善领导把关制度，细化主管副院长、庭长职责，加大依法监督指导力度，防止自由裁量权滥用。

### 4. 推行执行分权

打破"一庭独揽、一人包案到底"的办案方式，将财产查控、财产处置、款物发放等权力交由不同庭、不同人员行使；推行执行工作"两员一卡"制度，聘请人大代表、政协委员担任执行监督员，在法院执行部门设立廉政监察员，向当事人发放廉政监督卡，加强对执行工作的经常性监督。

### 5. 建立执行指挥中心

曝光失信被执行人名单，开展"代表委员见证执行"活动，依法打击拒不执行人民法院判决裁定犯罪活动等，不仅依法制裁了"赖账户"，也进一步提高了法院执行的透明度。

### 6. 以公开促廉洁

创新推出了裁判文书上网、庭审网络视频直播、公众开放日、QQ"民意直通车"、"网评法院"、"网上调解室"、"网上诉求合议庭"、豫法阳光微博等一系列改革举措，自觉把法院各项工作放在阳光下暴晒，置于社会各界的监督之下，形成了内外结合、上下互动的监督网络，取得了明显的效果。

## （四）严肃问责，纠错治本

为提高错案责任追究工作实效，省高院积极拓宽错案线索收集渠道，通过信访举报、审判监督、执法执纪检查和听取社会各界反映等方式，及时揭露和发现错案线索。2012年4月，陕县法院法官"眼睛花，判错案"被媒体曝光后，省高院高度重视，迅速成立调查组全面核查、依法指导纠错，并责令相关法院迅速启动错案责任追究程序，严厉追究相关责任人员，该案承办人水涛因涉嫌违法犯罪被移送司法机关，对此案负有领导和管理责任的主管刑事审判工作的副院长、刑庭庭长分别受到党纪、政纪处分。错案责任终身追究制度实施以来，省高院已经对全省法院造成错案的10名法官进行了问责，取得了良好效果。

在做好"治标"工作的同时,狠抓"治本"工作。为深刻汲取赵作海错案教训,在全省三级法院开展了大反思、大评查、大整改活动,将每年的5月9日定为"错案警示日",使全体法官进一步坚定了"无罪推定、疑罪从无"的司法理念,进一步坚定了"执法责任重于泰山"、"人民利益高于一切"的思想宗旨,先后制定完善了无罪推定、量刑规范、非法证据排除、死刑案件证据审查、刑事案件审判管理等16项制度,从思想上、制度上、机制上严防错案再度发生;以深刻总结陕县法院法官"眼睛花,判错案"教训为契机,从铲除各界最关切、群众最痛恨、影响最恶劣的关系案、人情案、金钱案入手,在全省法院开展"关系案、人情案、金钱案"专项治理活动;以宣告李怀亮无罪为契机,在全省法院开展长期羁押案件专项清理活动,逐案建立台账,逐案听取汇报,逐案制定清理措施,防范冤假错案,维护司法公正。

## 三 初步成效以及执行中存在的问题

近年来,省高院在实施错案责任终身追究制的过程中,进行了积极的研究和探索,做了大量的工作,对于进一步强化法官责任意识、提升司法公信力起到了积极的作用。广大干警的精神面貌、工作作风发生了深刻变化,查处违法违纪人员数量逐年下降,受到了省委、省人大和社会各界群众的充分肯定和积极评价。在省委政法委开展的民意测评中,全省法院工作群众满意度由5年前的84.5%提高到93.58%,位居河南政法系统第一名。

在看到成效的同时,对错案责任终身追究制度执行中存在的困难和问题,也需要我们引起高度重视。一是部分法官还存在模糊认识。有的认为目前办案压力大,待遇和社会地位不高,却承担如此大的责任,感觉不公平,存在不愿办案、不愿多办案的思想。二是错案责任有时难以认定。一些案件审判要经过合议庭,重大复杂案件还要经过审判委员会,有的甚至经过两级法院,在错案责任最终认定上可能会遇到难题。三是落实终身追究存在难度。如果法官调离本系统、本行政区,虽然法院可以向对方单位提出处分建议,但缺乏相应的配套措施来保证处分建议的执行力。

## 四 实施错案责任终身追究制度的启示

党的十八届三中全会明确提出,"完善人权司法保障制度。健全错案防止、纠正、责任追究机制,严禁刑讯逼供、体罚虐待,严格实行非法证据排除规则"。随着"张改平叔侄冤案"等案件的曝光和纠正,社会各界呼吁防范冤假错案、加强司法公正的声音再度高涨。2013年8月,针对司法实践中存在的突出问题,中央政法委出台首个防止冤假错案指导意见,要求法官、检察官、人民警察在职责范围内对办案质量要终身负责,并建立健全冤假错案的责任追究机制。可以说,建立完善错案责任终身追究制度是大势所趋、民心所向。

建立错案责任终身追究制度,主要是为了查处案件、追究责任,更重要的是通过这一制度的实施,预防和减少违法办案问题的发生,促进执法水平的提高,维护司法公正。第一,错案责任终身追究制度是"紧箍咒"。在法官的头上高悬一柄达摩克利斯之剑,倒逼法官增强责任意识,不断提升自身素质,自觉秉公用权。第二,错案责任终身追究制度是"防护罩"。提醒法官谨慎用权,始终坚守公平正义底线,不超越党纪国法"红线";促使法官在遇到法律之外干扰时,学会保护自己;对具有办案责任的检察、公安也是制约,一个案子办错了,法院审查出来了,错案责任会上溯到检察机关、公安机关,所以对他们也会产生重要的影响,倒逼追究责任,无形中会减轻法官的压力和风险。第三,错案责任终身追究制度是"试金石"。可以让法官更清楚地认识身边的人,认清他们是真心还是假意,加强自我保护,始终保持头脑清醒,正确处理情与法的关系。第四,错案责任终身追究制度是"纠错器"。错案责任终身追究制度可以通过案件督办、专项督察等纠错方式避免问责工作流于形式,从根本上减少和避免错案的发生。

# B.13 河南依法惩治"老赖"的实践探索

王运慧[*]

**摘 要：** 近年来，河南法院按照最高法院的工作部署，立足自身实际，积极探索，推出一系列依法惩治"老赖"规避执行的重要举措，并认真抓紧抓实，极大地威慑了失信被执行人，取得了显著的执行效果和良好的社会反响，为建立执行长效机制奠定了坚实基础。

**关键词：** "老赖" 规避执行 依法惩治

"老赖"，从法律意义上而言，是指故意拖延履行或拒不履行全部或部分到期债务，导致法院的执行程序难以有效落实，使申请执行人的债权被延缓、缩水或根本无法实现的人。当前，"老赖"规避执行的行为在很多地方已成为一种普遍现象。为此，最高人民法院于2011年在全国法院系统开展反规避专项活动，并先后出台了《关于依法制裁规避执行行为的若干意见》、《关于限制被执行人高消费的若干规定》、《关于公布失信被执行人名单信息的若干规定》，希望以此作为反规避专项活动的主要规范性文件，指导全国法院有效制裁规避执行行为。近年来，河南法院按照最高法院的工作部署，立足自身实际，积极探索，推出一系列依法惩治"老赖"规避执行行为的重要举措，并认真抓紧抓实，极大地威慑了失信被执行人，取得了显著的执行效果和良好的社会反响。

---

[*] 王运慧，河南省社会科学院政治与法学研究所助理研究员。

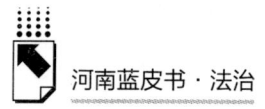

## 一 主要做法

### (一) 集中曝光"赖账户"

为打击"赖账户",自2012年6月以来,河南法院系统先后开展了3次集中曝光"赖账户"活动,并专门针对"赖账户"发布了"限高令",即综合运用限制"赖账户"高消费、投资置产、出境等制裁手段,促使"赖账户"履行义务。据河南省高院执行局统计,3次活动共曝光"赖账户"4638名,依法拘留1738人次,限制出境196人次,限制高消费2825人次,移送公安机关追究刑事责任246人次,执结标的金额5.79亿元人民币。3次曝光活动之所以取得了良好的法律效果和社会效果,主要是因为领导重视、部署严密、措施有力、宣传到位,致使"赖账户"无处遁逃,保障了申请执行人合法债权得以实现。

**1. 认真排查筛选,媒体集中曝光**

为了保证集中曝光真正发挥作用,活动开始后,各地法院首先对辖区未结执行案件进行认真排查,逐一摸排每起案件被执行人的财产状况及未能执结的原因,将"有足够清偿能力、执行标的金额较大、在当地有一定影响、拒不履行义务"的案件和拖欠进城务工人员工资等涉及民生问题案件列为重点曝光对象,并由各中级法院对拟曝光的被执行人名单进行审核把关。南阳中级法院对216案的"赖账户"逐一登记造册,汇总分析超期限情况及原因,为曝光活动夯实基础。济源中级法院将恶意规避执行、恶意转移财产、恶意抗拒执行等拒不履行裁判义务的案件和信访案件以及有信访苗头的案件作为曝光重点。活动期间,各级法院在省级以上媒体或当地主要媒体刊登公告进行集中曝光,同时公布举报电话,对群众提供的线索及时进行核实处理。省高院执行局从各中院报送的曝光名单中,进一步筛选出执行标的金额大、在全省有一定影响的200名"赖账户",在《大河报》、《东方今报》、《河南法制报》等省级多家媒体上进行了集中曝光,同时公布了2013年以来因被执行人拒不履行生效裁判确定义务被判处刑罚的十大典型案例。3次曝光活动给予了被执行人巨大的法律和舆论压力，不少被曝光的被执行人主动履行了义务或与申请执行人达成和解协议。如洛阳中级法院在媒体曝光后，有 62 名被曝光的被执行人自觉履行了义务，125 名被执行人与申请人达成了执行和解协议。郑州管城区法院执行的张某申请执行杨某人身损害赔偿纠纷案，被执行人杨某在参加郑州中级法院敦促被执行人履行法律义务大会后，当即表示愿意履行义务，并与申请执行人达成执行和解协议。

**2. 强化执行措施，加大执行力度**

河南法院在曝光"赖账户"的同时，进一步加大执行力度，用足、用好法律规定的执行措施，积极推进未结案件的执行工作。一是对集中曝光案件加大财产查控力度，逐案要求被执行人进行财产申报，全面查询被执行人账户、车辆、房产等信息，发现财产线索及时采取查封、扣押、冻结等措施。二是在曝光被执行人的同时发布限制高消费令，并公布监督举报电话，对违反限高令的行为及时进行核实处理。郑州中级法院在 1 个月内曝光、限制被执行人高消费近 70 余人次，拘留、罚款 190 余人次，其中从酒店等高档消费场所拘留 20 余人次。三是通过召开新闻发布会、发布悬赏公告、张贴执行公告等多种方式查找被执行人及其财产，促进案件执结。如，漯河郾城区法院在执行一起交通事故损害赔偿案中，被执行人王某躲避执行，举家外迁。执行人员在王某的原籍及现住所周围张贴了限制高消费和悬赏公告。6 月 16 日有群众提供王某驾驶汽车在郾城区医院门口的线索，执行人员立即前往将王某堵截。后王某交付了部分执行款，并就余款与申请人达成分期支付和解协议。四是加大强制措施适用力度，对有履行能力但拒不履行的被执行人，依法采取罚款、拘留、限制出境等措施，情节严重的，及时向公安机关移送，依法追究刑事责任，达到追究一案、震慑一批的效果。五是以曝光活动为契机，开展集中执行，促进案件执结。如三门峡全市法院以曝光活动为契机，开展了为期 2 个月的"攻坚克难"集中执行活动，执结案件 836 件，标的额 8800 万元，一批"钉子案"、"骨头案"被攻克，取得了良好的法律和社会效果。

**3. 密切关注民生，营造执行氛围**

为切实保障进城务工人员等弱势群体的合法权益，全省法院将集中曝光活动与全省法院第四次"拖欠进城务工人员工资案件集中办理"活动紧密结合起来，将清理拖欠农民工工资案件作为集中曝光活动头等重要任务来抓，同时对追索医疗费、人身损害赔偿金，追索赡养、扶养、抚育和教育费用等涉及民生的案件要求限期执结。如商丘市梁园区法院执行法官三下江南，行程数千公里，到南京、常州、泰州等地多方查找被执行人住所及财产，将50万元工程款扣划给申请人。当13位农民工领到两年前的血汗钱时，泣不成声，泪流满面，诚挚感谢梁园区法院和执行法官。

曝光活动的顺利开展，还得益于全省法院充分利用各种新闻媒体的宣传引导作用，营造了良好的执行氛围，给怠于执行、逃避执行、心存侥幸的"赖账户"形成法律和道德的双重压力。一是通过悬挂宣传横幅、制作宣传展板、出动宣传车辆、发放宣传资料、发布手机短信等方式对曝光活动进行宣传，引起社会各界普遍关注，在全社会营造"诚信光荣、赖债可耻"的舆论氛围。二是在《河南日报》、《大河报》、《河南法制报》、《河南商报》、《东方今报》、《郑州晚报》等媒体上发表宣传稿件500余篇，积极宣传活动成果。三是在中央电视台、河南电视台等多家电视台制作节目28期，及时将活动中的典型执行案例、涌现出的先进事迹等进行宣传报道。四是省高院、郑州中级法院、开封中级法院和安阳中级法院的执行局长做客人民网，对开展活动的重要意义及老百姓关心的执行问题——作了详尽的解答，进一步扩大了曝光活动的社会影响力。

### （二）公布失信"黑名单"

2013年，河南省法院为进一步挤压"老赖"的生存空间，把公布失信被执行人名单作为解决执行难的一项重要举措，对消极逃避执行，隐匿、转移财产，违反限制高消费令，无正当理由拒不履行执行和解协议等行为，录入"失信名单"，进行"信用惩戒"。这一举措对教育和敦促被执行人主动履行义务，引导在全社会形成尊崇法治、诚实守信的良好风尚产生了积极作用。

在2012年全省法院三次开展集中曝光"赖账户"活动的基础上，河南省高院认真总结经验听取人大代表、政协委员执行监督员以及群众代表等各方建议，结合本省实际，于2013年5月2日下发了《河南省高级人民法院关于建立失信被执行人名单的若干意见》，为全省法院和相关联动单位统一实施信息发布和实施信用制裁提供了依据。全省各级法院对未结执行案件逐步排查，重点选出有履行能力但拒不履行裁判文书确定义务的被执行人。特别是对拖欠农民工工资、涉及弱势群体等民生案件的被执行人，优先考虑列入失信被执行人名单。经过认真筛选，1074名有能力但拒不履行法院生效裁判义务的被执行人被列入第一批失信黑名单。名单不仅在河南法院网、各地政府网站及主要新闻媒体上公布，而且向相关执行联动机制成员单位通报，使失信被执行人在政府采购、招标投标、行政审批、融资信贷、市场准入、资质认定等方面受到限制或禁止，不少被执行人在得知列入名单后的严重后果后，主动履行了债务。如开封通许县法院执行的燕××诉苏××产品质量责任纠纷一案，法院判决苏××赔偿燕××20196.7元，执行人员多次查找被执行人财产均无结果，在向被执行人讲明如被列入失信名单，今后经济活动将会受到影响后，被执行人受到很大触动，为不影响自己的诚信，很快将执行款交到法院，案件顺利执结。

从2013年5月至11月河南全省法院先后公布了4批失信名单，共1750名被执行人，通过新闻媒体集中发布，并挂在河南法院网各地网站上等形式，向工商、房管、国土等政府职能部门以及银行等金融机构通报，对被执行人进行信用惩戒。在集中发布的基础上，不少法院在各自辖区利用广播电台，电视和媒体和网络进行信息发布。如新乡中级法院与新乡电视台联合创办《老赖曝光》节目，滚动播出失信名单，致使"老赖"规避执行的行为家喻户晓，名誉扫地，其社会生存空间大幅度缩小。

### （三）多措并举治"老赖"

在公布失信被执行人名单的基础上，河南法院多措并举，向"老赖"打出一系列的组合拳。失信被执行人不仅列入失信名单向社会公布，而且还要邀请人大代表、政协委员执行监督员、群众代表和媒体记者等到现场见证执行重大典型案件。同时，对仍拒不履行情节严重构成犯罪的还要依法追究刑事责任。这一系列措施形成统一有效的执行保障制度，不仅依法制裁了"赖账户"，震慑了潜在的失信者，也提高了执行工作的透明度。

2012年4月底，河南在全省法院系统部署开展了"倡导诚信、见证执行"

集中执行月活动,进一步加大对超期执行积案和涉及党政机关执行积案的清理力度。在集中执行月活动中,各地市法院对超期3年以下的积案,由执行局长作为第一责任人限期包案化解,对超期3年以上及重大、复杂、疑难案件,由院长作为第一责任人限期包案化解。人大代表、政协委员、执行监督员、群众代表等也接受邀请,全程参与、见证具体案件的执行,增进了社会各界对执行工作的理解和支持。其中洛阳两级法院共见证执行案件184件,不仅邀请见证的人员范围广泛,而且还通过手机报、广播电台、电视台、报刊、网络等发出邀请,随机抽取群众代表参加执行活动,在社会上引起积极反响。2012年5月27日,河南省高院张立勇院长到洛阳伊川参加见证执行,陈朝福等多名全国及省市人大代表、政协委员在现场冒着酷暑帮助法院做被执行人的思想工作,在多方力量共同努力下,有效促进案件当场执结。此外,这项工作在郑州、信阳、新乡等地法院都取得了良好效果,受到了广大群众和申请执行人的普遍赞誉。

为了加强拒执犯罪追究工作,河南省高院、省公安厅、省检察院于2013年5月21日联合下发《关于依法惩治拒不执行判决裁定犯罪行为的通知》,并召开新闻发布会向社会公布。该通知规定了构成拒执罪的五种情形,具体包括被执行人隐藏、转移、故意毁损财产或者无偿转让财产、以明显不合理的低价转让财产,致使判决、裁定无法执行的;担保人或者被执行人隐藏、转移、故意毁损或者转让已向人民法院提供担保的财产,致使判决、裁定无法执行的;协助执行义务人接到人民法院协助执行通知书后,拒不协助执行,致使判决、裁定无法执行的;被执行人、担保人、协助执行义务人与国家机关工作人员通谋,利用国家机关工作人员的职权妨害执行,致使判决、裁定无法执行的;其他有能力执行而拒不执行,情节严重的情形。同时规定,公、检、法三机关在办理拒执罪案件过程中,应当按照分工负责、互相配合、互相制约的原则,加强沟通、密切协作,依法、准确、及时、有效惩治拒执罪。通过采取刑罚手段追究拒执犯罪,极大地震慑了一批被执行人,不少被执行人慑于刑罚威力,主动履行了裁判义务。如郑州新密市法院在审理许某涉嫌拒执罪一案过程中,许某在开庭前主动偿还了拖欠多年的债务,在法庭上宣读悔过书时声泪俱下,得到了申请人的谅解,最终被判处缓刑。

## 二 初步成效

### （一）促进了案件执行

河南法院通过开展各类专项执行活动，树立了强势执行的权威形象，对失信被执行人产生了有效的震慑作用，不少被执行人对法院采取的限制高消费、限制出境甚至拘留、罚款等措施不以为然，但却担心上黑名单坏自己名声，其所在公司的经营发展空间受到限制，因此在得知被曝光或被列入失信名单后，不少被执行人主动采取措施履行债务。截至目前，郑州市两级法院自失信被执行人信息发布工作开展以来，荥阳法院承办的张某等3人申请执行郑州龙腾混凝土有限公司劳务报酬纠纷一案（标的额22万元及利息），在强制执行未达到明显效果时，法院将被执行人列入失信名单，迫于舆论和失信被执行人名单威慑，被执行人很快将全部案件款交付执行法院，使这起拖欠农民工工资案件得以顺利执结。

### （二）体现了执行公开

执行公开是司法公开的重要环节，河南各级法院按照最高法院的指示精神，积极推进执行公开，让执行权在阳光下运行，让更多的社会力量参与到执行中来，改变了以往只靠法院单打独斗破解执行难的现状。在一系列惩治"老赖"的执行活动中，公布失信被执行人名单为执行公开提供了一个新的平台，将拒不执行法院判决、裁定的被执行人列入失信名单，在媒体上曝光，向相关部门通报，让被执行人暴露在阳光下，承受强大的舆论和道德压力，从而促使其主动履行债务。同时也拓宽了人民群众有序参与司法的途径，有利于人民群众了解、参与法院的执行工作，对被执行人进行监督，促进案件执结，提高执行效率。

### （三）增进了社会诚信

当前，一些被执行人有能力却拒不履行法院生效裁判，采取各种手段规避执行,不仅违反了欠债还钱这一基本做人准则和社会规范,直接冲击"诚实守信"的传统道德观念,而且损害了法律尊严和司法权威,严重影响社会诚信体系的建立。法院作为国家审判机关,积极参与和推进社会诚信建设义不容辞。在实施建立失信被执行人名单制度中,不仅有利于申请人实现自己的合法权益,而且有利于在全社会倡导社会法治观念、倡导社会诚信理念和道德观念,进而引导全社会形成尊崇法治、诚实守信的良好风尚,为社会诚信体系的逐步建立和完善奠定了良好基础。

## 三 建立解决执行难问题长效机制的建议

### (一)建立健全失信被执行人名单制度

众所周知,社会诚信体系的不完善是"老赖"得以生存的条件之一。在一个具备良好信用机制的社会里,每个法人和自然人都视自己的信用为生命,督促自己积极、全面地履行各项法定义务。因此,应进一步完善建立失信被执行人名单制度,推动完善社会信用体系建设,利用信用惩戒功能确保有履行能力的债务人不敢拒绝履行义务,更不敢规避执行、暴力抗拒执行。2014年,河南各级法院在总结以往反规避执行经验活动基础上,在最高法院《关于公布失信被执行人名单信息的若干规定》的有力指导下,应力争做到"执行法院公布失信被执行人名单信息与征信机构收集债务人不履行义务信息并行不悖;定向通报与通过媒体公布失信被执行人名单信息并行不悖;执行法院依职权决定与申请执行人申请公布失信被执行人名单信息并行不悖",加大对失信被执行人的信用惩戒力度,增加其市场交易成本,防止产生新的执行积案,从而在根本上预防和解决民事执行难问题。

### (二)加快推进执行指挥中心建设

2012年9月17日,为对全省法院执行人员、执行资源实行统一调配、统一指挥,实现全省执行力量快速反应、集团作战,河南省高级人民法院及全省试点法院执行指挥中心正式挂牌成立。执行指挥中心的核心工作系统是被执行人信息查询系统，即在党委领导下，依靠执行联动机制，将公安、银行、国土、房管、工商、税务等部门涉及被执行人身份和财产登记的信息网络接入执行指挥中心或者设立网上查询快速通道，建立被执行人信息查询系统，以便迅速、准确、有效查找被执行人及其财产。2014年，河南法院应进一步加快推进执行指挥中心建设，建立"点对点"查控机制，通过与各联动单位开通信息网络接入或者设立网上查询快速通道，实现全省法院三级联网，这是从根本上促进有效执行、解决执行难问题的关键一步。

### （三）健全法院内部管理机制

首先，应对法院资源进行有效整合，使立、审、执各个部门能够充分协调配合，提高案件从起诉到执行终结整个过程的工作效率。其次，执行机构内部要协调分工合作，要对执行立案、执行实施、执行裁判、执行监督等各方面的权力进行有效的分配，以提高工作效率。最后，需要加大对执行机构人员、设施的配备。提高执行人员的业务能力，使其能够熟练掌握财产调查、财产保全、财产处分的各种法律手段，熟练运用法律所赋予的对妨害执行行为的各种强制措施，包括罚款、拘留等。以维护司法执行的权威性，为执行长效机制的建立提供强有力的队伍保障，从而把执行工作扎实地推向前进。

# B.14 媒体监督与司法公信互动研究

栗 阳*

**摘 要：** 媒体监督对于预防和惩治司法腐败、促进司法公信力提升有积极作用。但是，如果媒体不依法监督，片面追求轰动效应，就有可能对司法公信产生破坏作用。新闻监督和独立审判都是宪法赋予的权力，在维护社会公平正义的本质上是一致的。但是，在实践中媒体监督和司法公信存在一定的冲突现象。

**关键词：** 媒体监督 司法公信 互动关系

现代社会，媒体是公众行使知情权、监督权的重要渠道。媒体在揭露案件真相、监督司法程序、曝光司法腐败等许多方面有着不可替代的作用，但任何事物都有两面性，媒体监督也不例外。缺乏制约的不当监督则演变为媒体引导民意干涉司法，给司法公正造成负面影响，降低司法公信力[1]。因此，怎样构建媒体监督与司法公信良性互动机制，是一个值得深入研究的问题。

## 一 媒体监督与司法公信的内在关系分析

《中华人民共和国宪法》第35条赋予了公民言论自由权，第126条赋予了法院以独立审判权。媒体监督与司法公信的相互关系，表现为言论自由权和

---

\* 栗阳，河南省社会科学院政治与法学研究所助理研究员。
[1] 广义的司法公信力指包括审判机关、检察机关和国家安全机关等司法行政机关的公信力；狭义的司法公信力指作为审判机关法院的公信力。本文所讲的司法公信力是狭义的司法公信力。

独立审判权之间的冲突和平衡。两者都平等地受宪法保护,没有优劣高下之分,不存在根本对立,并且在终极目标——追求公平正义上是高度一致的。近年来,我国媒体和司法都有了长足的发展,但是各自体系还不完善,仍处在探索、改革阶段。媒体在监督司法方面取得显著效果,司法在适应媒体监督方面也有所改进,但是两者之间缺乏相互制约与彼此配合,仍然存在不少矛盾和弊端。

### (一)媒体监督对提升司法公信的积极作用

**1. 媒体监督在遏制司法腐败、促进司法公正方面具有监督作用**

"阳光是最好的防腐剂。"媒体客观公正的报道极大地增加了司法活动的公开性和透明度。媒体监督把司法人员的司法活动置于阳光之下,社会公众的监督对其形成巨大压力,让司法人员心存敬畏,不敢徇私舞弊、贪赃枉法,从而有利于提升司法公信力。客观公正的媒体监督,在第一时间把案件的真实情况和进展以及审理的过程公布给社会公众,可以监督司法人员的审判活动是否公正,避免"暗箱操作"。重大案件甚至把审判过程在媒体直播,将控辩双方的证词和主张以及法官的最终裁决、定罪量刑等细节公之于众。以此来平息民愤,消除影响司法公正的各种干扰因素,提升公众对司法的信任与支持。

**2. 媒体监督在满足公众知情权、消除社会误解方面具有介质作用**

社会公众是司法公信力的评价主体,而其要对司法活动作出评价,须以对其知情为前提。当今社会,媒体是司法与公众之间的介质,公民的知情权在很大程度上需要借助于媒体得以实现。让公众了解真相是提升司法公信的前提,媒体在披露重大案件及其进展情况,使公众消除疑虑和好奇,避免猜测和谣言等方面发挥不可替代的作用。改革开放35年来,我国的社会主义民主法治建设取得了巨大进步,司法日益公开,但是司法不公以及脱离群众的司法神秘仍然存在,司法公信力建设仍待加强。媒体通过对司法活动快速、真实、准确的报道,则可以最大限度地增强公众对司法的监督,消除因为不了解而产生的不必要的误会,进而提升司法公信力。

**3. 媒体监督在探寻事实真相、追求公平正义方面具有独特作用**

媒体人和法官都代表着社会的良心,追求真相、追求公平正义是两者的共同目标。尽管现实中存在某些媒体为了吸引眼球、提高收视率、点击率、制造轰动效应、增加经济效益，出现标题党、恶意报道和舆论敲诈等现象，但是必须承认，大多数媒体监督是客观公正的，第一时间为社会公众呈现了案情真相，曝光了腐败，伸张了正义，有效防止了司法权的滥用。媒体监督是保证司法公正不可或缺的重要力量，并且与司法活动的终极目标有高度一致性，两者不是绝对对立、水火不容的。

## （二）媒体监督对司法公信可能造成的消极影响

### 1. 可能存在"媒体审判"干扰司法公正现象

在社会热点案件中，有时候存在媒体对司法活动过分干预的"媒体审判"现象。有时候，对处于侦查起诉阶段或审理尚未完成的案件，发表带有个人好恶或暗示性的言论，提前给嫌疑人定罪量刑。如"不杀不足以平民愤"等言辞，往往对社会公众的情绪和立场产生诱导。这些饱含媒体工作者个人倾向性的意见极易影响社会公众的价值判断，可能形成一边倒的舆论氛围，对一方当事人从伦理道德的角度给予支持，对另一方当事人给予声讨。如果最终判决与"媒体审判"结果不一致时，由于媒体之前对大众价值判断的影响，会使公众认为司法不公，从而影响司法公信力。如果法院不能顶住强大的舆论压力，为了平衡案件的法律效果和社会效果，则会使罪行法定、罪行相适应等原则受到冲击，最终会影响案件的公正审判。

### 2. 可能存在媒体权威超过司法权威现象

"法律必须被信仰，否则它将形同虚设。"① 但是，目前社会上存在这样的不正常现象，即出了问题不找法院找媒体，寄希望于媒体曝光，认为司法机关部不可靠，吃完原告吃被告，只有媒体曝光了才能引起民愤，从而引起有关领导的高度重视，这样就可以使事情快速得到解决，所谓获得领导批示"特事特办"，"找法院不如找电视台管用"，"不怕上告，就怕见报"，"十年上访不如一朝采访"等一些顺口溜在群众中流传甚广。媒体有时候成了高于司法的行之有效的权利救济手段，致使媒体权威超过了司法权威，损害了司法公

---

① 〔美〕哈罗德·J.伯尔曼：《法律与宗教》，梁治平译，三联书店，1991，第28页。

信力。

**3. 可能存在有偿新闻和虚假报道现象**

虽然，绝大多数媒体记者恪守新闻报道真实性的职业道德，但是仍然有某些记者追逐私利，专门钻空子为有需要的人写"软文"并收取费用，甚至形成了新闻腐败的产业链条。有偿新闻、虚假报道往往使媒体不再保持客观中立的立场，而是借舆论监督之名干预司法公正，谋取私利。这种违背新闻职业道德的行为不仅仅损害了媒体自身形象，而且给司法公正造成严重影响。

### （三）媒体监督容易导致干扰司法公信的原因分析

**1. 媒体感性与司法理性的冲突**

从一定意义上说，司法更偏向理性，媒体更偏向感性。司法理性，往往通过实体法和程序法，运用事实证据来维护社会公平正义。而媒体感性，往往出于对公众关注的司法新闻事件有感而发，有时对缺乏证据的情感偏向也给予抒发。司法注重平等保护双方当事人的合法权益，即使是加害方、过错方，其合法权益也应该依法保障。而媒体往往从感性和道德出发，偏向同情受害人和弱者，忽视对方当事人的合法权益。

**2. 媒体时效性与司法程序性的冲突**

司法公正不但有实体法加以保障，还有程序法。司法程序是法定的，司法进程要严格遵循法定程序，不能快也不能逾期。而媒体职业则要求在第一时间及时报道，越快越能吸引公众"眼球"。另外，媒体要求捕捉社会公众的心理，第一时间独家报道才能引起关注，容易形成舆论焦点。有时在片面追求轰动效应、提高收视率、点击率等利益驱动下，个别媒体对某些案件的夸张言论和对公众情绪的渲染，往往会给法官造成影响和压力。

**3. 媒体监督弹性与司法规范刚性的冲突**

目前，关于媒体监督没有专门的法律加以规范约束。2009年12月8日，最高人民法院颁布实施了《关于人民法院接受新闻媒体舆论监督的若干规定》，要求人民法院应当主动接受新闻媒体的舆论监督，同时新闻媒体如果对正在审理的案件报道严重失实或者恶意进行倾向性报道，损害司法权威，违反法律规定的,将依法追究相应责任。该规定从法律层面对新闻媒体进行规范,使其对法院的监督受到制约。但该规定过于笼统,缺乏可操作性,对于什么是"倾向性报道"、什么是报道"严重失实"等没有作出具体的司法解释。

## 二 河南媒体监督与司法公信实证分析

近年来,河南媒体监督与司法公信总体上形成了良性互动关系。一方面媒体监督发挥了积极作用,树立了媒体的良好形象,同时也促进了司法公正;但也存在监督缺位、监督不当、监督过度等现象。另一方面司法机关强化对外宣传管理、主动接受媒体监督,以司法公开促进司法公正,提高了司法公信力;但有时也不敢直面媒体,存在"哑口"、"哑语"现象。

### (一)张金柱案

有关资料显示,1997年8月,郑州市某公安分局原政委张金柱酒后驾车撞父子二人后逃逸,将儿子当场撞死,将父亲连同自行车卷入车底拖行1500米,锁骨、肋骨断裂,足跟露白骨。此案发生后多家媒体纷纷报道,有媒体用"不杀不足以平民愤"的定性字眼作题目,在法院宣判前提前给予定罪量刑。社会公众也对张金柱这种漠视生命的行为表现出强烈义愤,纷纷给报社和法院打电话要求判死刑。在强大社会舆论裹挟下,张金柱被以故意伤害罪被判处死刑,剥夺政治权利终身;而交通肇事致人死后逃逸定罪,最高判处有期徒刑7年。张金柱认为自己"栽在了记者手上"[①]。这也使该案成为备受争议的审判案例。有人认为,这种审判属于典型的"媒体审判",反映了媒体对司法活动的消极影响。[②] 也有人认为,这种"判决结果明显违背了我国刑法所规定的罪刑法定原则,是对社会主义法治的极大破坏"。[③]

---

① 李苗:《论媒体与刑事审判》,中国政法大学硕士学位论文,2006。
② 姜燕:《谁在审判——从"张金柱案"和"黄静案"说起》,《青年记者》2010年第8期。
③ 王威:《浅析罪刑法定原则在我国的具体应用——以张金柱交通肇事案为例》,《法制博览》2012年第10期。

### (二)赵作海案

2010年媒体曝出"赵作海冤假错案",全国舆论一片哗然,河南的司法公信受到了极大的挑战。1998年2月,公安机关接到关于赵振晌失踪的报案。赵振晌亲属怀疑其被同村的赵作海杀害,公安机关进行了相关调查。1999年5月,在该村附近的机井中发现一具无头尸体,公安机关遂把赵作海作为重大嫌疑人刑事拘留。2002年10月,商丘市检察院将赵作海以故意杀人罪提起公诉。2002年12月,商丘市中级人民法院以故意杀人罪判处赵作海死刑,缓期两年执行。省高院经复核,于2003年2月13日作出裁定,核准商丘中级法院上述判决。但是,赵作海坐牢11年后,"被害人"赵振晌"复活"再现。此事经媒体曝光后,河南法院积极面对媒体监督,先后召开13次新闻发布会对案件及时纠错并对纠错进程进行实时通报。河南省高级人民法院依法启动纠错程序,经调查核实10天后,即对赵作海宣告无罪,予以释放。4天后给予国家赔偿50万元和生活困难补助15万元。河南省高级人民法院院长张立勇专程到赵作海家中,向其鞠躬道歉。这起案件得以在短时间内公开纠正,媒体监督发挥了重要作用。在"赵作海案"的推动下,2012年4月,河南下发了《河南省高级人民法院错案责任终身追究办法(试行)》,对于枉法裁判和重大过失审判的法官终身问责。法官终身问责制的出台,也可以说是在媒体推动下的司法进步。

### (三)天价过路费案

2010年,河南省禹州市农民时建峰被平顶山市人民检察院以涉嫌诈骗罪提起公诉,指控其在2008年5月4日到2009年1月1日期间,套用假军用车牌照免费通行高速公路2361次,偷逃过路费368万元。同年12月21日,平顶山市中级人民法院一审以诈骗罪判处时建峰无期徒刑,剥夺政治权利终身,并处罚金200万元,同时追缴其违法所得的一切财物。社会公众对法院认定偷逃的天价过路费以及所定罪名和刑罚纷纷质疑。该案件引起全国媒体的关注后,河南省审判机关敢于直面问题,快速作出反应。省高院负责人在接受媒体采访时,表达了对媒体率先发现问题的谢意,并坦言本案在审理中确实存在认定事实不清、认定数额不妥、量刑不当等问题,应该依法提起再审,并依法追究相关法院和法官的责任。2011年1月14日，平顶山市中级人民法院对该案启动再审程序。1月16日下午，河南省高级人民法院召开发布会，认定时建锋偷逃368万过路费案事实不清、证据不足，并追究了相关人员责任。该案再审时组成了新的合议庭，有40多家媒体参与旁听。经过再审程序，指控金额从368万元锐减为49.23万元，主犯从时建峰变更为其弟时军峰，对主犯的量刑也从无期徒刑改为7年有期徒刑。在媒体的监督之下，本案从定罪到量刑上都对之前的错误依法作出了及时纠正。

### （四）搭建网络互动平台

为了适应科技发展给媒体监督带来的新变化，2009年，河南推行了裁判文书上网。目前，全省上网公布裁判文书23万余份，平均上网率达99.37%，居全国法院之首。2010年3月10日，借助中国法院网这一网络平台，河南首次进行互联网视频庭审直播，开庭审理一起侵权纠纷案，利用科技手段实现了更大范围的审判公开。推行庭审网络视频直播后，全省法院共庭审视频直播4837场次。此外，河南还率先在全国法院系统设立网络发言人，聘请网络监督员，开通QQ"民意直通车"，开设"网评法院"专栏，仅2010年当年就回复网民意见14835条。2011年，河南又在新浪开通了"豫法阳光"微博，通过官方微博沟通民意，进一步推进司法公开，提高服务群众的水平。为增强"豫法阳光"微博互动性和影响力，河南法院系统还成立了专业团队管理微博，对微博充分加以利用，官方微博开通一年来粉丝突破了150万。

## 三 推动媒体监督与司法公信良性互动的建议

媒体监督与司法审判独立本质追求一致，有良好的互动基础。必须把司法与媒体的互动关系纳入法治轨道，依法加强规范与引导，促进各自严格自律，进而实现媒体与司法公信的良性互动。

### （一）明确新闻媒体监督司法活动的切入点

**1. 在宪法法律范围内监督**

目前，我国没有专门的"新闻传播法"等法规对新闻监督加以规范，但宪法和有关法规中关于规范新闻行业的规定，媒体和记者应严格遵守。司法机关的审判活动，媒体应当监督，但要依法监督。媒体监督是一项严肃、认真的工作，因为对于案件的报道有时关乎个人生命。因此，对审判活动的报道应该坚持真实性、客观性和严谨性，媒体介入司法应当保持客观中立，对审判过程和结果的评论尤其谨慎，禁止误导和定性的言论；媒体要维护对办案人员和双方当事人个人隐私权以及企业和个人商业秘密权；媒体监督应当尊重司法程序，禁止超越司法程序抢先作出定性报道。同时，要提高公众的法律素养，不从众、不跟风、不以讹传讹，努力形成新闻监督的良好法治氛围。

**2. 在职业道德底线范围内监督**

媒体和记者应该对公众负责、对社会负责，始终要坚守职业道德的底线。媒体监督要客观、实事求是，充分发挥媒体监督的正面引导作用，最大限度促进司法公信。事实证明，不具备真实性的监督是没有生命力的。要成为有社会知名度、有社会公信力的媒体或受人尊重的记者，必须恪守新闻职业道德。制造轰动、哗众取宠的做法是短视的、不可取的行为，媒体获得认可与尊重要靠认真严谨的态度和客观真实的职业精神。媒体不能忘记自己的中立身份与弘扬公平正义的社会责任，对司法公信的监督尤其要冷静、克制，不可感情用事。媒体应该针对不同类型的报道作出相应的规定。尤其对于监督司法案件的媒体工作者，应当具有法律专业知识，熟悉司法运作过程。为此，有关部门要加强对新闻媒体行业的监管，对违反职业道德和行业规范的行为进行监督和处罚，对严重扰乱司法公正的行为要移交司法机关依法追究法律责任。

## （二）提高司法机关应对媒体的能力和水平

**1. 提高自觉接受媒体监督意识**

司法机关应正确认识媒体监督对促进司法公正的积极作用，不能担心监督可能给司法活动造成一定压力就一味抵制和排斥媒体监督。实践证明，司法机关提高司法公信力，不单要做到业务精通、依法依规办案，还需要建立与社会各界，尤其是新闻媒体的有效沟通，加强对外宣传和推介，尊重社会公众的知情权、监督权和参与权，消除不必要的质疑和误解。为此，司法机关工作人员应该严格按照最高人民法院《关于人民法院接受新闻媒体舆论监督的若干规

定》的要求，化被动为主动，积极寻求媒体的配合支持。

**2. 提高有效引导媒体监督能力**

司法机关应积极探索引导媒体监督的途径和办法。如建立健全司法热点事件的应对和处置机制，明确专人负责对外宣传和报道工作，弘扬主旋律，打好主动仗，充分发挥对外宣传部门的作用。进一步完善司法机关新闻发言人制度和记者招待会制度，根据案件的不同情况和诉讼的不同阶段，确定可以公开或应予公开的内容，定期适时地发布信息，以便公众和媒体及时了解案件真相和进展。同时，司法机关应依照有关规定，提供案件审理情况和有关卷宗，变被动监督为主动公开，为媒体准确及时报道提供客观信息。

**3. 提高适应新兴媒体监督水平**

司法机关要加强对新兴媒体相关知识的学习教育工作，认真研究分析大数据时代信息传播的规律。当前，手机短信、微博、微信等新兴媒体已经成为许多公众接收信息、表达观点的主渠道，通过网络媒体监督司法事件越来越容易被大众关注。司法机关应该积极面对网络媒体日益发达的现实，积极做好应对，并且更好利用网络媒体便捷、互动性强的特点，充分发挥网络媒体的积极作用。

# B.15 从"李怀亮案"看破解"疑罪从无"难的河南实践

郑金玉 姚显森*

**摘 要:**

从"李怀亮案"个案分析来看,"疑罪从无"难存在的原因有多种。河南司法机关坚持以个案公正促进司法公正,建立健全案件认同及其配套机制,并依据法定的职权和程序对李怀亮做出证据不足的无罪判决。应当着重从个案公正的认同机制、疑罪处理对接机制,以及相关配套保障机制等方面,探索破解"疑罪从无"难的实现路径。

**关键词:**

"李怀亮案" 疑罪从无 个案公正

2013年4月25日,河南省平顶山市中级人民法院对历时12年的"李怀亮案"作出证据不足的无罪判决,宣告被告人李怀亮无罪,并当庭释放。[①] 从理论上讲,"李怀亮案"的根本问题就是疑罪的认定和处理,[②] 也就是说,针

---

* 郑金玉,副教授,法学博士,河南大学法学院副院长;姚显森,法学博士,河南大学法学院校聘副教授。
① 该判决宣告后,平顶山市人民检察院没有抗诉,被告人对刑事部分判决也没有上诉。虽然被害人父母作为附带民事诉讼的原告人就民事赔偿部分提出了上诉,但并不影响刑事部分的效力,上诉期结束后,该案刑事部分即告生效。
② 目前,学术界对疑罪的认识并不统一。有的对疑罪做广义理解,认为疑罪既包括认定事实方面的疑罪,也包括法律适用方面的疑罪,还包括证据不足方面的疑罪。但是如果将疑罪放在"疑罪从无"中去理解就不难看出,疑罪实质上是证据不足而出现的不能判定有罪的情况。本文如无特别说明,所指称的都是证据不足而导致的"疑罪"。

对证据不足案件,是否应该撤销案件、不起诉或判决无罪?从该案的判决结果看,被告人李怀亮因证据不足被判无罪并当庭释放,是真正意义上的"疑罪从无"案件。但是,回顾"李怀亮案"的艰难历程,综观司法机关办理该案过程中做出的4个判决及诸多裁定和决定,考虑到该案在河南乃至全国产生的反响,不难看出审判机关在证据不足的情况下做出无罪判决是何等的不容易。从积极意义上讲,审判机关因证据不足对被告人李怀亮做出无罪判决,既体现法院贯彻疑罪从无原则的勇气和决心,也彰显河南省乃至中国司法公正的发展与进步,其司法效果和社会意义,远远超出案件本身。[①] 同时,审判机关在办理司法案件时积极应对案件办理中的困难,依法探寻"疑罪从无"难的破解路径,也值得进一步思考和总结。

## 一 "李怀亮案"回顾

2001年8月2日晚,河南省平顶山市叶县湾李村,13岁女孩郭某在沙河河堤附近摸爬叉[②]时与母亲走散一直没回家。两天后,她的尸体在两公里外的河道里被发现。公安机关经勘验检查,确认郭某系他杀,属于强奸杀人抛尸案,遂于8月3日立案。侦查人员对当晚摸过爬叉的30多名村民逐个询问。在8月5日下午第一次询问村民李怀亮后,侦查人员确认李怀亮当晚曾到过案发现场附近。8月6日,李怀亮"供述"其作案过程。8月7日,李怀亮被警方刑事拘留,9月13日被批准逮捕。在2001年,侦查人员和检察人员对李怀亮共讯问12次,李怀亮作有罪供述9次。

2003年9月19日,李怀亮被叶县人民法院以故意杀人罪一审判处有期徒刑15年。2003年12月2日,平顶山市中级人民法院以"事实不清,证据不足"为由裁定撤销该判决,并发回重审。2004年2月13日,叶县人民法院重

---

① 基于因证据不足被判决无罪的"李怀亮案"在社会中的反响,河南省进一步加大了疑罪从无案件的办理力度。在2013年错案警示日教育活动中,河南省通报了三级法院对事实不清、证据不充分的100起案件依法审理,已宣告116名被告人无罪。
② 爬叉,河南方言,意为蝉蛹、知了的幼虫,有人收购,可入药。12年前,爬叉5分钱一个,一人一晚上摸爬叉能赚一二十块钱。

审此案但未作出判决。随后，平顶山市中级人民法院提审该案，并于 2004 年 8 月 3 日以故意杀人罪一审判处被告人李怀亮死刑。2005 年 1 月 22 日，河南省高级人民法院以"事实不清、证据不足"为由，撤销原判，发回重审。2006 年 4 月 11 日，平顶山市中级人民法院再次作出一审判决，以李怀亮犯故意杀人罪判处死刑缓期两年执行。2006 年 9 月 27 日，河南省高级人民法院仍以"事实不清、证据不足"为由，第二次将该案发回重审。

2013 年 4 月 25 日，平顶山市中级人民法院以刑事一审普通程序开庭审理李怀亮涉嫌故意杀人案。经审理查明，公诉机关指控李怀亮犯故意杀人罪的证据不足，达不到认定被告人有罪的证明标准，遂当庭宣判被告人李怀亮无罪，并立即释放。检察机关认为，法院的判决符合无罪推定原则和"疑罪从无"的司法理念，有利于防止冤假错案的发生，遂作出不予抗诉的决定。

## 二 从"李怀亮案"透视"疑罪从无"难的原因

### （一）被害方难以接受犯罪分子逍遥法外

被害方难以认同疑罪从无的判决结果。根据现场勘验笔录以及公安机关收集的血迹、矿灯、内裤等物证，被害方确信被害人的死亡是因犯罪行为所致。由于李怀亮当晚到过案发地，根据李怀亮的有罪供述，尤其是叶县人民法院最初审理案件时李怀亮哭着悔罪的场景，使被害方坚信李怀亮就是凶手。在此情况下，如果审判机关对李怀亮作出无罪判决，被害方就会认为"罪犯"没能伏法，甚至认为司法机关在放纵罪犯，进而不会认同这种判决结果。从被害方是否得到损害赔偿或者说犯罪行为人是否承担经济赔偿责任的角度看，在案发后直到 2013 年以前，"李怀亮案"一直处于办理之中，被害方的经济损失和精神损害都没有得到赔偿，从而使失去女儿的被害人父母受到了二次侵害。① 当法院对被告人做出证据不足的无罪判决生效后，在收集到新证据或发现新的

---

① 〔德〕汉斯·约阿希姆·施奈德：《国际范围内的被害人》，许章润等译，中国人民公安大学出版社，1992，第 421 页。

被告人之前，被害人父母不能依法得到赔偿，这种状况的存在，更难以让他们认同证据不足的无罪判决。同时，被害方容易对"疑罪从无"案件诉讼程序的公正性产生质疑。案件发生后，被害方将惩罚犯罪分子的希望寄予司法机关，坚信公正高效权威的司法机关有义务、有能力将犯罪分子绳之以法。"李怀亮案"进入诉讼程序后，长达12年，先后经历了有期徒刑15年、死刑、死缓以及宣告无罪等多种判决结果，这种状况很容易让被害方对司法程序的公正性产生怀疑，尤其是在那些缺乏沟通与参与的司法过程中更是如此。"李怀亮案"数次退回补充侦查和屡次发回重审，极易让被害方对程序的公正性产生怀疑，甚至会让他们产生"暗箱操作"印象。如果司法机关以证据不足为由判决被告人无罪，被害方的希望就会落空，司法程序的公正性就会受到质疑，司法程序的认同度就会降低。

### （二）公众难以认同无罪判决结果及其过程

"李怀亮案"因证据不足宣告李怀亮无罪，自该宣告做出时起，郭某被奸杀案就成为"悬案"。这种"悬案"的存在对社会和公众而言，是难以认同的。① 首先，国家配备大量人员、资金和设备，赋予公安司法机关法定的职权，但是发生花季少女被奸杀案件后，他们却不能收集到足够证据依法惩治凶手。这种状况极易导致公众对公安司法机关司法能力和权威产生怀疑甚至是质疑，从而毁损公安司法机关的形象和威慑力，进而导致公众不认同疑罪从无的判决结果。其次，因证据不足宣告被告人无罪的案件，公众还会怀疑公安司法机关办案程序的公正性和合法性。"李怀亮案"历经12年，仅从司法的及时性和有效性看，就足以让公众对司法程序产生怀疑。在法治中国建设过程中，公众对公安司法机关及其工作寄予极高的期望，把保障人民群众人身财产安全和国家经济社会健康发展的重任托付于斯，当公安司法机关对本职工作无能为力甚至是知法犯法时，公众的质疑会更多更大，尤其是在当代中国强调司法工作努力实现社会效果和法律效果有机统一的大背景下，公安司法机关对疑案办成"悬案"，难免会受到公众的质疑。公众会质疑侦查人员的责任心，会质疑

---

① 吴仕春：《疑罪从无的群众认同》，《人民法院报》2013年11月6日。

审查起诉机关和审判机关是否依据法定程序和期限办理案件,会质疑公安司法机关处理疑难案件的方式,甚至会质疑这些机关在办理案件过程中是否能够勇于承担责任。

### (三)公安和司法机关不愿做出"疑罪从无"处理

**1. 公安和司法机关都不希望承担"疑罪从无"的负面影响**

对公安机关而言,侦破案件是其天职,也是彰显公安机关威力和能力的重要渠道。但是,在"李怀亮案"中,依法立案后,搜集证据成为难题,尤其是经历12年后的今天,补充搜集证据是何等之难。依据法律规定,公安机关在最初办理案件时,在证据不足或经补充侦查后仍然证据不足时的情况下,依法可以撤销对李怀亮的追诉。但是,由于郭某被奸杀案没能找到真凶,因此如果以搜集不到足够的证据为由撤销案件并释放犯罪嫌疑人,公安机关会感到不仅难以向本部门和本系统交代,也难以向被害人解释。在此情况下,他们在证据不足的情况下,还是将案件移送审查起诉。然而事与愿违,当经历了几次退补以后,不但没能搜集到足够的证据,反而使该案变得愈来愈复杂。在接受采访时,该案侦查机关叶县公安局的副局长将"李怀亮案"比喻成"烫手山芋",很直观地表明该案非常"棘手"。对审查起诉机关和审判机关而言,基于非因本部门或单位工作失误造成的"证据不足"而致使案件成为"悬案"时,不愿因此"背黑锅"或者遭受被害方的指责,尤其是担心被害方的上访,采取"疑罪从挂"的策略寄希望于"真凶出现"而不是依法及时作出不起诉决定或证据不足的无罪判决。另外,后续赔偿工作也是阻碍公安司法机关依法及时做出无罪判定重要因素。李怀亮被羁押12年,如果其因证据不足而判决无罪,按照国家赔偿法的规定,相应的追诉机关将要承担被告人被错误羁押或追诉所造成的损失。

**2. 退回补充侦查方面的立法缺陷为公检法机关不当避开"疑罪从无"处理提供了较大的空间**

根据现行《中华人民共和国刑事诉讼法》第一百七十一条规定,人民检察院审查案件,对于需要补充侦查的,可以退回公安机关补充侦查,也可以自行侦查……补充侦查以二次为限……对于二次补充侦查的案件,人民检察院仍然认为证据不足,不符合起诉条件的,应当做出不起诉决定。《人民检察院刑事诉讼规则（试行）》第三百八十条至第三百八十五条对补充侦查又进行了细化。这些规定明确赋予审查起诉机关有权对证据不足的案件作出不起诉决定,但却不能从根本上制约和督促侦查人员依法及时认真办案。实践中,有的侦查人员不履行或不认真履行补充侦查职责,二次补充侦查后还是以原来的证据和材料提请审查起诉,个别侦查人员甚至认为案件已经移交到检察院,就应由检察院自己去解决证据问题。对检察院而言,由于普遍存在侦查力量不足问题,一般很少对案件进行补充侦查。这种状况导致的结果就是,检察机关不愿甚至是不敢做出不起诉决定,因为如果检察机关作出不起诉决定,被害人极有可能将司法不公的责任归咎于检察机关。

### （四）"疑罪从无"配套机制存在缺陷

**1. 被害方救济机制不健全**

被害方是犯罪行为的受害方,理应得到犯罪分子的赔偿。但是,在因证据不足而被判无罪的案件中,即使有证据证明被害方受到犯罪行为侵害而遭受损失,可是,依据现行法律却得不到赔偿,因为没有依法证实谁是犯罪行为人。在此情况下,由于被害方没能得到应有的赔偿,即使公安司法机关及时作出无罪处理,也不能从根本上解决被害方的损失问题。鉴于被害方对这种结果的不认同,公安司法机关在作出"从无"处理方面,应当说是缺乏积极性的。

**2. 国家赔偿责任分担机制的消极影响**

李怀亮被羁押12年,如果其因证据不足而判决无罪,按照国家赔偿法的规定,相应的决定机关将要分别承担被告人被错误羁押或追诉所造成的损失。因此,公检法机关都不愿做出无罪的终局性处理。

**3. "疑罪从无"制约机制不健全**

现行考评机制,在一定程度上影响公安司法机关及时作出处理。河南省公安司法机关为规范案件办理流程和统一适用法律,都建立了案件办理考评制度。从司法实践看,这些制度大大地推动了司法工作高效有序进行。但是,由于司法工作具有特殊性,有些方面无法简单地通过数字或某一项或几项工作体现出来,这种状况必然会导致考评制度不合理的问题存在。这些问题的存在,也影响了"疑罪"案件的"从无"处理。在"李怀亮案"中，如果公安机关基于证据不足撤销案件，则会因不符合"命案必破"政策而影响考核成绩；①检察机关的侦监部门批准逮捕李怀亮后，如果公诉部门决定不起诉，将会影响检察机关批捕部门的考核成绩；审查起诉的案件，如果法院作出无罪判决，将会影响检察机关公诉部门的考评成绩。为了规避这种消极影响，在遇到证据不足的案件时，侦查机关寄希望于审查起诉机关，将案件先移送审查起诉，也就是说把问题交到审查起诉机关，审查起诉机关如果不愿承担这种风险，就又将案件诉到审判机关，一审法院基于判决后被告人会上诉的考虑，即使认为证据不足也会作出有罪判决而把矛盾上交，二审法院因证据不足又将案件发回重审。如此循环往复，导致案件久拖不决。

## 三 破解"疑罪从无"难的路径探析

### （一）建立健全个案公正的认同机制

#### 1. 建立健全被害方认同机制

依法保障个案办理过程中知情权和参与权的实现。加强个案的法制宣传教育，提高被害方的参与度，引导被害方从法律的角度认同案件。"李怀亮案"判决作出后，平顶山市人民检察院公开发通报称，郭某被害一案还没有侦破，杀人凶手还没有得到应有的惩罚，检察机关将督促、配合公安机关重新立案侦查。检察机关将配合有关部门做好被害人亲属的安抚和经济救助工作，帮助他们克服经济和生活上的困难，抚慰他们心灵的创伤，教育引导他们以合法合理的方式表达诉求。

#### 2. 建立健全公众认同机制

提高程序意识，努力让人民群众在司法个案中感受到公平和正义。如平顶山市中级人民法院在 2013 年开庭审理李怀亮涉嫌故意杀人案时，由于受害人

---

① 近日，河南省公安厅出台《关于进一步加强和改进刑事执法工作切实防止冤假错案的十项措施》，废除"破案率"等指标，防止冤假错案。

死亡时年仅13岁,根据我国现行《刑事诉讼法》第一百八十三条有关规定,对该案采取不公开审理的方式进行。根据《最高人民法院关于适用〈刑事诉讼法〉的解释》第一百零二条第二款的规定,平顶山市中级人民法院在庭审中,依法启动了非法证据排除程序,对证据搜集的合法性进行调查。有6位侦查人员以证人身份出庭作证,接受法庭调查并经被告人辨认。为保障个案公正的实现,河南法院系统全面推行裁判文书上网工作。自2008年10月1日至2013年11月15日,河南省三级法院裁判文书已上网共542153份,在全国法院系统中居于首位。①

**3. 保障律师的辩护权和代理权**

河南省高院与河南省司法厅、律师协会在充分沟通和共同调研的基础上,出台《关于建立法官与律师良性互动关系共同促进司法公正的若干意见》,既保障律师辩护权、代理权,调动了律师在促进个案司法公正方面的积极性和主动性,又构筑了法官和律师相互监督、良性互动的关系,为实现有效的个案认同机制奠定了良好的基础。②

## (二)建立健全疑罪处理对接机制

**1. 完善案件办理对接方面的立法**

从根本属性上讲,"疑罪"以及"疑罪从无"问题,实质上是法律认识和适用问题。不依据法律而是依赖"沟通"、"协调"等方式办理"疑罪"案件,既有损司法机关的形象,也违背司法规律,非但不能解决问题,反而会增加人为因素对案件办理的消极影响,会导致当事人不信任、信服案件办理过程和结果,会损害司法公信和权威。因此,为保证公安司法机关办理疑罪案件过程能够依法进行,河南司法机关在2013年完善了相关法规。1月28日,河南省检察机关印发了《关于贯彻落实〈最高人民检察院关于加强侦查监督能力建设的决定〉的意见》(豫检文〔2013〕7号),为督促侦查人员认真负责和及时有效地履行侦查职责提供了更具操作性的规范。4月9日,河南省人民检

---

① 邸瑛琪:《疑罪从无,还有多少路要走》,《人民法院报》2013年11月25日。
② 冀天福:《河南法院邀请律师代表共同研讨维护司法公正》,最高人民法院网站,地方法院新闻,2013年5月24日。

察院发布了《关于规范审查逮捕案件受理工作的通知》（豫检文侦监〔2013〕6号），规范和细化了审查逮捕案件的工作流程，进一步完善工作对接方面的立法。

**2. 强化公检法机关办案工作中的相互制约**

2013年2月4日，河南省人民检察院制定了《侦查监督部门审查逮捕职务犯罪案件延长办案期限的暂行规定》，5月15日，又发布了《关于规范办理提请批准延长侦查羁押期限案件的通知》（豫检侦监文〔2013〕8号），为进一步规范全省提请批准延长侦查羁押期限进而防止超期提请、报送材料不规范以及久押不决现象的再次发生奠定了规范基础。

**3. 保证审判权、检察权的独立行使**

为保障疑罪从无的有效实现对接，还应保证审判权、检察权的独立行使，可以按照党的十八届三中全会的总体要求，在省以下检察机关和审判机关实行人、财、物的统一管理。

**（三）建立健全配套保障机制**

针对"李怀亮案"中适用疑罪从无时遇到的配套机制问题，公安司法机关有必要做好如下几项工作，其中的有些工作在河南已经启动。

**1. 建立健全被害方救助机制**

由于社会救助的不稳定性和不可预期性极为明显，在被害方因无罪判决而无法从犯罪人那里得到司法救助的情况下，根据"国家责任说"，国家"有义务给予适当的补助"。① 但是鉴于司法救济以及国家救济的事后性，应将帮助的时间点提前，坚持诉中救济与诉后救济相结合，确保被害方得到及时救济。

**2. 完善被告人国家赔偿制度**

对于因证据不足而被判无罪的被告人，由于其没有被法律最终确定为有罪，按照无罪推定原则，立法应明确将证据不足而被判无罪的人确定为国家赔偿的对象。应优化国家赔偿责任分担机制，明确和细化责任类型和责任大小。

---

① 韩流：《被害人当事人地位的根据与限度——公诉程序中被害人诉权问题研究》，北京大学出版社，2010，第38~39页。

### 3. 完善相关考评机制

2013年6月24日，河南省人民检察院印发《河南省基层检察院建设考评实施办法（试行）》、《河南省基层检察院业务考评计分细则（试行）》和《河南省基层检察院检察队伍建设、管理机制建设、检务保障建设考评计分细则（试行）》，为完善考评机制奠定了基础。另外，借助于2013年在全国检察系统开始实行的检察业务统一管理工作，河南检察机关的考评工作将会得到进一步优化。为防止因考评标准僵化或不合理导致考评结果违背诉讼规律的情况发生，应赋予办案部门更大的考评自主权。

## 参考文献

〔美〕波斯纳：《法理学问题》，苏力译，中国政法大学出版社，1994。
〔法〕福柯：《权力的眼睛——福柯访谈录》，严峰译，上海人民出版社，1997。
〔法〕布迪厄、华康德：《实践与反思——反思社会学导论》，李猛、李康译，中央编译出版社，1998。
〔意〕贝卡里亚：《论犯罪与刑罚》，黄风译，中国大百科全书出版社，1993。
〔德〕卡尔·拉伦茨：《法学方法论》，陈爱娥译，商务印书馆，2003。
郑成良：《法律之内的正义》，法律出版社，2002。
沈德咏：《论疑罪从无》，《中国法学》2013年第5期。
冯殿美、赵为：《论疑案的处理》，《山东大学学报》（哲学社会科学版）1996年第4期。
胡云腾、段启俊：《疑罪问题研究》，《中国法学》2006年第3期。
崔丽：《疑罪从无，还有多少路要走》，《中国青年报》2005年4月13日。
张国：《疑罪何以难从无——从一起强奸案看证据的认定》，《法制日报》2001年11月4日。

# 经济法治篇

## B.16
## 从法律视角看"影子银行"体系的发展与思考

左晓杰　赵小黎　王世佳*

**摘　要：** 随着金融产品和融资工具的不断丰富，我国影子银行体系发展速度较快。从融资规模上看，目前影子银行规模约相当于正规银行体系的12%～13%。在全面深化金融改革进程中，国家将着力加强对影子银行体系监管。建议加快影子银行体系监管法律制度建设，适时推动影子银行机构向正规金融机构转型；提高影子银行信息披露规范要求；强化金融消费者教育，有效减少金融消费争议，以堵塞隐患，防范风险，避免影子银行发展过程中的负面影响。

---

\* 左晓杰，中国人民银行郑州中心支行法律事务处（金融消费权益保护处），处长；赵小黎，中国人民银行郑州中心支行法律事务处（金融消费权益保护处）综合科，副科长；王世佳，中国人民银行郑州中心支行法律事务处（金融消费权益保护处）法律事务科，副科长。

**关键词：**

影子银行　法律监管　风险防范

近年来，我国投融资需求日益增大，金融机构开发的金融产品和服务种类越来越多，市场上从事金融业务的类金融机构或其他公司，尤其是以商业银行委托贷款、银信理财产品或业务，以及担保公司、小额贷款公司、典当行、投资管理公司、互联网金融平台等为代表的影子银行体系，也逐步发展壮大。影子银行体系相关业务或机构虽然在一定程度上满足了金融市场的需求，增强了金融市场的活力与效率，但因缺乏监管导致鱼龙混杂，也积聚了不小的风险和问题。本文试就此问题进行探讨研究。

# 一　影子银行体系分析

## （一）影子银行体系内涵分析

影子银行体系是近几年才出现的金融名词，国内外对于影子银行体系的内涵缺乏统一界定。有的认为影子银行体系属于信用中介组织和信用中介业务，但其游离于传统银行体系之外；有的认为影子银行体系是除接受监管的存款金融机构以外充当储蓄、投资中介的金融机构。中国人民银行行长周小川从监管的角度将影子银行体系定义为"为行使商业银行功能但却基本不受监管或仅受较少监管的非银行金融机构"。结合影子银行体系内涵的相关论述，我们认为影子银行体系是基于市场交易及金融创新发展起来的，具有商业银行信用创造功能但又未取得金融许可的公司类机构，以及金融体系内基本不受监管或仅受较少监管的金融业务、金融产品等。

## （二）影子银行体系的主要特征

影子银行体系与商业银行相似之处在于具有行使商业银行的信用创造等功能。同时，影子银行也具有自身特征。这些特征主要表现在三个方面。

**1. 监管方面**

商业银行业务基本在阳光下运行，账目公开，有充足的资本金，业务经营受到限制，而影子银行体系由于受到监管较少，不需要按规定详细披露财务状况，不需要考虑资本充足率，在金融市场中竞争优势明显。

**2. 资金方面**

商业银行信贷资金少部分是自由资本金，大部分是社会公众、企事业单位的存款，而影子银行体系的信贷资金部分是自有资金，还有部分来自违规变相吸收的社会公众存款。

**3. 抵御风险方面**

商业银行在遇到挤兑等重大金融风险时可以得到政府和金融安全网的保护，而影子银行体系没有相应的救助机制，风险相对较大。

## 二 我国影子银行体系发展状况

我国影子银行体系相关业务可以追溯到2004年。那时候，国内商业银行开始推出银信理财产品和相关服务。近几年，一些与影子银行体系相关的机构才陆续出现。尽管起步较晚，但我国影子银行体系发展速度较快，据有关估算，目前影子银行规模约相当于正规银行体系的12%～13%。我国影子银行体系构成主要包括两类。一类是具有影子银行体系特征的金融业务和金融产品，如委托贷款、银信理财产品等商业银行的表外交易业务和产品。另一类是行使商业银行信用创造功能，但却基本不受监管或仅受较少监管的公司类机构，也就是行使商业银行信用创造功能的影子银行机构，如担保公司、小额贷款公司、投资管理公司、典当行、互联网金融平台等。

### （一）金融业务和金融产品

具有影子银行体系特征的金融业务和金融产品，主要是指商业银行部分表外交易业务，如或有负债类业务、委托贷款类业务、银信理财产品等。为规避监管部门资金规模等监管限制，部分商业银行加快了创新类金融业务和金融产品的推广力度，使其部分表外交易业务具有了影子银行体系的部分特征，有助于其拓展利润增长点，推动自身业务转型。如银行理财产品，是银行将资金管理和投资组合管理等融合在一起，向客户提供综合化和个性化的服务产品。商业银行在与客户签订理财产品认购协议后，将其所接受的客户资金投资于事先约定的债券市场、货币市场、信托、资本市场，或用于购买结构化金融产品等，并按约定向客户返还本金和收益。

### （二）担保公司

担保公司成立之初只从事一般的担保业务，主要是与银行开展信贷担保业务合作，充当企业与规范商业银行中间的保证人，收取一定额度保费，仅具有商业银行信用中介功能，影子银行体系的特征不是非常明显。但随着担保业务发展，个别担保公司不仅限于充当企业与银行中间保证人，开始违规从事自有资金放贷，开展理财担保业务，变相吸收社会公众存款，充当社会公众与借款企业的保证人，实质上具备了商业银行的吸收存款、发放贷款功能，影子银行的特征更加明显。

### （三）小额贷款公司

发放贷款是商业银行主要特征，而小额贷款公司作为一般性的工商企业，主要以自有资金向个体工商户、小企业主和个人等发放贷款。随着小额贷款公司发展，其影子银行体系功能也随之增强，个别小额贷款公司开始违规吸收社会闲散资金，用于贷款及投资，对商业银行功能替代也更加明显。

### （四）典当行

典当作为一种传统的业务，是以财物作抵押，有偿有期借贷融资方式，只要当户在约定时间内还本并支付一定的综合服务费（包括当物的保管费、保险费、利息等），就可赎回当物，典型特征是以物换钱，虽具有影子银行体系的特征，但是发展较慢，影响也相对较小。但随着现代典当行业务发展创新看，部分股票、债券等典当业务类似于投资银行融资融券业务，具有规范性商业银行的特质，杠杆高，风险大，甚至个别典当公司吸收存款、发放信用贷款，成为民间吸储与放高利贷的重要中介。

## （五）投资管理（咨询）公司

目前，融资性担保公司由于业务发展乱，竞争无序，引起相关监管部门关注，逐步加大了整顿规范力度，并及时暂停担保公司牌照发放，部分公司为躲避监管，把担保公司直接改名为投资管理公司或投资咨询公司，有的直接改为投资公司，而实际和担保公司所开展的业务基本类似，从事违规吸收存款、发放贷款，违规担保等业务。

## （六）互联网金融平台

互联网金融平台是互联网与金融相结合的新兴领域，是对互联网和移动互联网统一环境下的金融业务。目前，互联网金融已初具规模，并对传统金融形成了较大冲击。为保持竞争力，传统金融机构纷纷转变经营思路，通过网络销售理财产品、证券、保险等方式，开始走与互联网相结合的发展道路。与此同时，各互联网企业和组织，在现有法律规范许可边界或者法律空白领域，通过与传统金融机构的合作或者金融创新等手段，促进了互联网与金融的融合。目前来看，互联网金融包括第三方支付、P2P小额信贷、众筹融资网站、新型电子货币以及其他网络金融服务平台。

## 三 我国影子银行体系产生的原因分析

### （一）金融机构不能满足中小企业融资需求

近年来，为防控通货膨胀，央行采取了稳健的货币政策，还有人民币的不断升值以及金融市场上的升值预期，导致市场上实际资金供应的紧缺，明显影响到占我国GDP总量50%以上的民营中小企业的生存和发展。大量的民营中小企业因规模小、缺乏抵押物等原因，无法通过正规金融渠道融入资金，于是在缺乏短期流动资金的情况下，借贷方便、快捷的影子银行体系融资。

### （二）金融机构不能满足社会闲散资金的投资需求

我国是高储蓄率国家，人民群众拥有大量的闲散资金。传统投资渠道

股市、房市等因风险大、门槛高等原因无法满足这些资金的投资需要。但是,影子银行体系能够为投资人提供多类门槛低、收益高的创新型金融产品。

### (三) 我国利率市场化程度不高

目前,我国已经放开了金融机构贷款利率的下限,仍未放开存款利率的上限,金融机构仍能够坐享"利差"收益的末班车。与之相比较,以民间金融为核心的影子银行体系,各种产品的利率设计更高、更灵活。虽然可能面临巨大风险,但在高利率的诱惑下,不断有新的资金涌入影子银行体系,为影子银行体系的发展提供了肥沃的土壤。

## 四 我国影子银行体系发展的利弊分析

在我国特定经济、社会、法律环境下,影子银行体系是一把"双刃剑"。一方面影子银行体系具有信用中介、信用创造、风险配置、促进创新等功能,可以此促进经济发展和市场繁荣;另一方面由于盲目逐利性和监管上空白,影子银行也给金融体系以及宏观调控等带来了诸多潜在风险和新的法律问题。

### (一) 影子银行体系的积极作用

随着大规模信贷刺激政策落下帷幕,监管部门对商业银行信贷规模采取了更为严格的限制,中小微型企业要从正规商业银行获取贷款将变得更加困难。影子银行体系不仅有效弥补了这一不足,而且在刺激经济发展方面发挥着积极作用。第一,由于脱离监管部门的监管,影子银行相关业务开展并不改变货币存量,不受监管部门信贷规模的限制,能够有效增加社会信用供给,增强金融市场的活力。第二,影子银行体系的产品和服务设计灵活、方便,能够在一定程度上支持中小微型企业的发展,并以此促进经济增长。第三,通过创新的工具设计和分散风险安排,影子银行体系的产品或服务使原先不能完成的投融资成为可能,有效扩大了金融体系服务的群体和效率边界。

## (二)影子银行体系存在的潜在风险和问题

### 1. 可能诱发系统性金融风险

影子银行体系资金具有强烈的逐利冲动。大部分资金投放在远高于正规金融利率的领域,甚至高利贷中。因其几乎不受监管,在高收益的诱惑下,可能导致大量的资产泡沫。一旦出现风险,鉴于相关产品或服务未经监管部门审批,如涉嫌非法经营,投资者损失将不具有法偿性,市场上的恐慌情绪将很容易蔓延。在市场恐慌的情绪下,影子银行体系的高杠杆率也很容易放大成金融风险,导致相关资产价格不断下跌,形成恶性循环。此外,因为影子银行体系资金与正规金融机构资金之间有千丝万缕的联系,其账面资产一旦出现大规模贬值,也会波及正规金融体系,造成整体市场流动性紧张,诱发整个信贷市场的系统性危机。

### 2. 影响宏观政策的制定和执行

一是影子银行体系的存在增加了政府制定货币政策的难度。影子银行体系控制和影响的资金规模越来越大,已经成为制定货币政策不容忽视的因素。在金融统计中如不及时、全面地将影子银行体系纳入,将不能准确反映社会融资规模。二是降低了货币政策执行效果。尽管影子银行体系并未增加名义货币供应量,但影子银行体系的存在却在事实上创造了甚至扩大了货币供应量,并导致社会流动资金增加。最关键的是,货币政策执行中对资金流向和规模的管控对其不发挥作用。因此,影子银行体系的存在将会削弱政府宏观经济政策的"防通胀、稳物价"的现实功能。

### 3. 违法违规问题较突出

由于我国影子银行体系发展较快,数量较多,市场竞争无序,违法违规问题比较突出。这些问题集中表现在以下方面。一是虚假注册、抽逃资本金等现象比较突出。一部分担保公司、投资咨询公司,通过拆借、抽逃资金等手段,虚假注册,骗取营业执照,涉嫌诈骗犯罪。二是违规经营现象比较突出。一部分担保公司、小额贷款公司、投资咨询公司、互联网金融平台等,以理财产品或服务的名义,以高收益、高回报作为诱饵,违规吸收不特定对象的资金,变相吸收公众存款,并向其他对象发放贷款,严重扰乱金融秩序,涉嫌非法吸收公众存款、非法集资犯罪。此外，由于大量影子银行体系资金来往不纳入正规金融体系监管尤其是反洗钱监测，存在一定的洗钱风险。

**4. 监管措施相对滞后**

我国对影子银行体系的监管严重滞后于现实发展。对于具有影子银行特征的金融业务和金融产品，仅出台了部门规章或规范性文件进行规制，缺少足够的权威性。如对于委托贷款管理，只是在《贷款通则》中有3条规定和人民银行、银监会的相关规范性文件。对于担保公司、小额贷款公司、投资咨询公司、典当行等行业准入、业务规则，除了一部规章《典当管理办法》外，其余管理办法、规定均为规范性文件，且小额贷款公司、担保公司的管理办法甚至仅为省级政府或部门发布的规范性文件。至于互联网金融平台，至今仍处于监管部门的"观察期"，且因其涉及互联网技术、信息科技、信息安全、金融管理等诸多领域，监管立法难度将远远超过传统的金融立法。总之，对于影子银行体系，目前还没有出台一部全面的管理办法或规定。

## 五 推进影子银行体系健康发展的思考

尽管影子银行体系存在诸多的风险和问题，但客观上看，它的存在还是具有一定的合理性和现实基础的。在全面深化金融改革的进程中，国家将着力加强对影子银行体系的监管。对影子银行体系应采取"疏堵并举"的监管原则，切实发挥其对经济金融发展的促进作用，同时要通过加快影子银行体系监管法律制度建设，以堵塞隐患，防范风险，避免其发展过程中的负面影响。

### （一）强化对影子银行体系的监管立法

逐步强化影子银行体系的监管。要解决监管依据，即监管立法问题。目前，我国金融法制建设成果还不能对影子银行体系进行全面界定和监管。必须准确把握金融行业规律，积极推进相关立法工作。一是强化民间金融监管方面的立法。要及时修订《贷款通则》，出台相关规定，明确民间金融监管主体，严厉打击非法集资和高利贷行为。二是要加快出台对各类影子银行产品或业务的专项监管规定。三是要出台效力更高的有关担保公司、小额贷款公司、典当行、互联网金融平台等机构准入、业务开展等方面的管理规定，确保相关机构业务规范开展。尤其是互联网金融平台，要在"观察期"中，强化跟踪研究，及时出台相关管理办法。四是待到时机成熟，制定统一的影子银行管理法律法规。

## （二）加强影子银行机构规范化管理

对不符合监管条件的影子银行机构，通过加强检查监测、控制业务范围和经营规模的方式限制其发展，促使其逐步被市场淘汰。但对符合条件的影子银行机构，可鼓励其通过改制、合并、分立等方式转型为村镇银行、社区银行等正规金融机构，以便将其纳入有效监管之中。

## （三）提升商业银行风险管理水平

防范风险是商业银行的生命线。在鼓励商业银行金融创新的同时，要进一步强化风险监测，不断提升商业银行风险管理水平，把控宏观和微观层面的风险因素，强化日常监测，提高对资产证券化等表外业务的拨备要求，严格执行杠杆率限制，建立覆盖总杠杆率、表内杠杆率和表外杠杆率的上限管理机制，建立影子银行体系与商业银行之间的风险隔离机制，使影子银行体系引发的风险不至于蔓延至商业银行。

## （四）加大影子银行信息披露力度

建议监管部门一方面把影子银行体系数据纳入全部监测统计，定期汇总、分析、发布相关市场数据，对风险进行提示预警，为有效引导影子银行体系提供信息支撑；另一方面积极推动建立影子银行体系的信息披露机制，规范信息披露标准，加大信息共享力度，降低信息不对称性。

## （五）提高金融消费者风险防范意识

金融消费者存在非理性的侥幸投资心理，这也是影子银行体系能够吸收到大量资金的一个重要原因。建议通过多种方式加强对金融消费者的风险意识教育，进一步增强对于影子银行体系产品及其风险的识别和防范能力，提高其安全意识和风险防范意识，维护金融消费者合法权益，有效减少消费争议。

# B.17 完善现行土地节约集约利用制度的对策建议*

赵 执**

**摘　要：** 加强土地资源的节约集约利用是我国破解坚守耕地保护红线和保障经济社会发展用地需求两难局面的重要途径。建议完善土地宏观调控体系、科学制定节约集约用地目标、统筹安排新增建设用地规模、充分挖掘存量建设用地潜力、充分发挥城乡土地利用综合潜力、加强基础设施用地集约化利用、健全节约集约用地考核评价制度，以及完善节约集约用地的相关配套措施等。

**关键词：** 土地节约集约利用　土地制度　对策建议

大力推进土地资源的节约集约利用是全国各地贯彻落实节约优先战略，推动经济发展方式转变和产业结构转型升级的重要举措。近年来，大部分地区在节约集约用地方面取得了明显成效，但由于制度层面仍存在不完善之处，导致一些地方出现土地供需矛盾突出与闲置低效利用并存、城乡建设用地结构和空间布局不合理、土地利用动态监测与执法监察不到位等突出问题和矛盾。党的十八届三中全会强调坚持走中国特色新型城镇化道路，要优化城市空间结构和管理格局，增强城市综合承载能力。本文针对现行土地节约集约利用制度中存

---

\* 本文为2012年度国家社会科学基金项目《当代中国农民公平分享农地非农化收益问题研究》（批准号：12BSH018）的阶段性成果；2013年度河南省社会科学规划决策咨询项目《新型城镇化进程中节约集约利用土地资源对策研究》（批准号：2013D011）的阶段性成果。
\*\* 赵执，河南省社会科学院农村发展研究所，博士，研究方向为土地管理。

在的普遍问题，从决策和管理层面提出完善我国土地节约集约利用制度的对策建议，以期为全国各地破解发展用地两难问题，转变资源利用方式以推动经济转型升级提供参考。

## 一　完善土地宏观调控体系

### （一）提高土地利用总体规划编制的科学性

提高土地利用总体规划的科学性，可为社会生产各部门合理分配土地资源，以及科学开发利用和保护土地资源建立良好的组织条件。其中的关键是地方要严格按照分解下达的各项控制指标，在准确掌握区域土地利用现状和潜力以及各类用地需求的基础上开展规划修编工作，科学安排用地指标，优化土地利用结构和布局，力争实现保护资源和保障发展的双赢局面。同时，要严格土地用途管制，除国家或省级重点产业项目或重大民生工程等可以严格依照程序进行规划调整外，其余一般建设项目的用地布局必须严格符合土地利用总体规划的要求。

### （二）增强土地利用规划与国民经济和社会发展相关规划的协调性

增强土地利用总体规划的整体控制作用，要求城镇建设、产业发展等与土地利用相关的规划要与之相衔接并保持一致。科学统筹和合理规划交通、能源、水利等重大基础设施建设，以及电子信息技术、新能源、新材料等重点扶持产业的发展，满足重大建设项目的用地需求，防止出现因决策不当和盲目投资造成的土地低效浪费使用现象。严格控制城乡建设用地扩展边界，科学编制城市建设发展规划，准确合理地确定城市的功能定位和发展目标，着力提升城市的综合承载能力。

### （三）完善发展用地的总量控制制度

发展土地利用总量规划控制，主要通过在规划中制定一系列的控制指标来体现。这些指标包括耕地总量控制指标、建设用地的规模控制指标、土地开发复垦与整理的控制指标和土地生态环境建设的控制指标。各级政府必须从经济社会发展用地的全局利益出发，基于土地利用现状及潜力的调查评价以及土地供需平衡分析，合理确定各类用地在规划期内的控制指标和调整指标，并通过层层分解下达执行来控制土地资源在各部门各行业之间的分配，以保障社会经济发展的合理用地需求。

### （四）建立健全土地供应调控制度体系

建立健全土地供应调控制度体系，一是建立能够促进土地集约利用和优化配置以及收益公平分配的土地规划与计划管理体制和土地财税制度，把建立稳定的、与地方政府事权相匹配的地税体系作为全面开展土地管理制度改革的切入口。二是结合地区经济转型的用地需求，建立科学合理的土地用途管制调控体系，积极推行"供给引导需求"的供地新模式。三是进一步完善建设用地审批和供应的省、市、县（区）三级分级审批制度，其中市、县（区）两级主要负责强化审批和管理责任，省级国土资源管理部门可根据实际情况将部分审批权下放到市、县。通过推进审批制度改革，省、市、县（区）三级国土资源管理部门各负其责，真正形成促进土地资源节约集约利用和经济转型升级的体制机制。

## 二 科学制定节约集约用地目标

### （一）明确节约集约用地的总体目标

建立健全各类建设项目用地定额标准及考核评价制度，进一步优化土地利用结构和空间布局，大幅度提高区域土地资源的节约集约利用水平和综合利用效益。积极推动土地利用方式向内涵集约型转变，不断提高土地资源对国民经济和社会发展的持续保障能力，增强全社会保护土地资源和节约集约用地的意识。

## （二）科学规划节约集约用地的分类目标

**1. 新型城镇化体系用地**

严格控制城市盲目扩张，优化土地利用结构和布局。加快城市产业结构调整，提升高新技术产业和现代服务业的用地比例。适度提高城镇各类用地的开发利用强度，鼓励土地复合利用和立体开发，推动土地资源的集约利用和高效配置，改善城市生态，提高人居生活质量。

**2. 工业用地**

依照"严格控制用地总量、积极用好增量土地、充分挖掘存量潜力、提高土地利用质量"的原则，大力推动区域产业结构调整和用地布局优化。切实加强土地利用的集约化和产业发展的集聚规模化，逐步淘汰落后产能和减少低效产能用地，驱动产业结构转型升级，切实提高工业用地利用效率和经济效益。

**3. 农业用地**

大力开展农村土地综合整治推进高标准农田建设，提升耕地质量和农业综合生产能力，实现耕地数量管控、质量管理和生态管护"三位一体"管理，充分发挥农用地的生产、生态和景观等功能。

**4. 基础设施用地**

加速推进"枢纽型、功能性、网络化"基础设施体系的建设，优先保障重大基础设施和重点民生项目的用地需求，加强基础设施项目用地的有效整合以及设施的共建共享，切实改善城乡居民的生活条件和环境。

**5. 城镇居住用地**

有序推进旧城改造，适当提高建筑容积率和居住人口密度，完善配套基础设施建设，改善城市居民生活环境。大力推广节能环保和紧凑节地的中小户型住宅建设，优先保证中小户型和中低价位的商品住宅以及保障性住房的土地供应。

## 三 统筹安排新增建设用地规模

### （一）从严从紧利用好土地计划指标

重点围绕"稳增长"和"调结构"，坚持最严格的耕地保护制度和节约用地制度统筹推进保发展和保红线，通过大力推进节约集约用地来提高土地资源综合利用效率，进而推动区域经济社会发展方式的转变和产业结构的转型升级。加强土地调控以保证科学发展用地，从严从紧投放年度新增建设用地计划指标，实施计划差别化管理，保障重点建设项目用地需求；创新耕地保护管理机制，实现耕地保护的数量管控、质量管理和生态管护"三位一体"管理；加强土地督察和严格土地执法，加大对未报即用等违法用地情况，以及重点工程项目建设的督察力度。

## （二）严格执行各类建设项目用地定额标准

严格土地使用标准，根据区域经济社会发展需求和产业发展规划制定出台基本涵盖各类建设项目的"建设用地指标体系"，逐步实行项目用地控制标准制度，严格按照标准中规定的行业、产业用地控制指标及单位面积的投资强度等进行项目用地审批。对于超标准使用土地的，要及时核减用地面积。从严控制独立选址的建设项目用地，除交通、能源、水利等重大建设项目需单独选址外，其他项目一律要求进驻园区，坚决遏制低水平重复建设和盲目圈占土地。严格土地利用监测监管，对土地供应规模、布局、结构、价格和开发利用进行全程监管。

## （三）进一步完善土地资源市场化配置制度

进一步扩大土地有偿使用范围，积极探索对重大基础设施建设、城市基础设施和社会事业用地中的经营性用地实行有偿使用，逐步实现除军事、保障性住房以及维护国家安全稳定和社会公共秩序的特殊用地可以继续划拨使用外，其他各类建设用地严格实行市场配置。进一步完善国有土地招标、拍卖、挂牌出让制度，依据土地利用规划确定的用途，通过市场竞争确定土地价格和用地单位，运用市场机制抑制多占、滥占和闲置浪费土地现象。规范完善土地租赁、转让、抵押二级有形市场，鼓励盘活存量土地。制定出台促进工业用地节约集约利用的激励政策，以及优先发展产业的地价政策和城镇低效用地再开发的鼓励政策，加强用地单位节约集约与合理利用土地的自我约束。各地要定期开展基准地价更新，并在供地时根据土地的节约集约利用程度来调节土地价格,对土地利用效率高的地区给予适当的土地出让金优惠,对土地利用效率低下的地区则适当抬高供应价格。

## 四 充分挖掘存量建设用地潜力

### (一)加大土地清查力度,优先盘活闲置土地

加大对闲置土地的清查处理力度,对闲置满两年的土地要依法无偿收回。出台激励政策鼓励工业项目使用未利用地和废弃地,鼓励企业综合利用土地立体空间,提高工业用地综合利用效率。加强对工业园区用地的监管,定期对区域范围内的工业园区开展清理整顿专项活动。每年对各工业园区上一年度节约集约用地任务指标落实情况进行考核评价,经考核未能达到相关要求的停止土地供应,并逐步淘汰一批产能落后和用地效益低下的工业园区。

### (二)加强低效用地整治,拓展建设用地新空间

制定扶持政策,积极推进旧城镇、旧厂房、旧村庄的改造,鼓励单位和个人开发利用城市地下空间,节约地面空间资源、保护公共空间和自然景观。对通过有偿方式取得土地使用权且与地上建设同步开发地下空间的,适当给予地下空间使用权的土地出让金优惠,一并写入国有建设用地使用权出让合同。对于独立开发城市地下空间用于建设停车场、过街通道以及人防工程等公益性项目的,政府不仅要给予奖励补贴,还要为投资建设者提供相应的组织协调服务。政府鼓励有条件地区开发低丘缓坡、荒山等地块来拓展城镇和工业发展空间,以破解保护耕地和保障发展的难题。对利用低丘缓坡等地块建设工业项目和推进城镇发展的要给予一定的政策支持加以引导,如用地计划指标单列、适当降低土地开发利用强度、依法减免部分土地出让金,以及对土地前期开发建设完成"三通一平"的免缴省级新增建设用地有偿使用费等。

### （三）严格限制高地耗、高能耗、低产出的用地供应

充分发挥供地政策的引导作用，对不符合土地利用总体规划和城市规划、不符合产业发展规划和生态环境保护要求、达不到规定的投资强度和产出效益的项目，坚决不予供地。严格执行限制和禁止用地项目目录，对钢铁、造纸、化工等高能耗、高污染项目用地要从严控制，对别墅类房地产和高尔夫球场等项目用地要坚决禁止，对党政机关办公楼用地要严格管控。要从严控制工业项目的用地规模，着力提升工业用地投入产出效益。工业项目用地的建筑系数和绿地率分别不得低于30%和超过20%，行政办公及生活服务设施用地需控制在项目用地面积的7%以内。

## 五 加强基础设施用地集约化利用

### （一）加强地下市政场站设施建设

要在严格前期勘查、科学规划设计以及充分论证分析的基础上，充分利用城市的地下空间资源。对道路、给排水、电力、通信、燃气等重大工程建设采用"网络叠加、资源共享"的方法，合理规划和建设市政管线共同沟，最大限度节约集约利用地下空间；在城市各类公共活动中心、用地紧张或景观环境要求较高的地区，改善条件逐步实施地下变电站、污水泵站、垃圾转运站、防灾救灾设施、公厕等市政场站设施建设，逐步形成安全高效现代化的市政基础设施体系，在节约地面空间资源的同时，有效改善群众生产生活环境。

### （二）强化土地的综合开发和复合利用

要在符合城市规划的前提下加强对土地的复合式利用，进一步提高土地资源综合利用效率。在市区人流密集的交通节点、学校园区、大型商服设施等地方，建立完善与周边重要公共设施高效连通的地下人行系统，用

完善现行土地节约集约利用制度的对策建议

于节约土地和改善地面交通环境；综合开发利用城市大型公共场所的地下空间，建成与地面设施相衔接的、以公共交通为主导的集商业贸易、休闲娱乐和人防工程等功能为一体的地下多功能公共活动空间，有效改善城市公共环境和拓展城市发展空间；在重要公共服务设施和高层建筑密集区等，按照规划和相关规范要求建设地下停车场，改善城区停车难及其造成的道路拥堵问题。另外，对于流经城区的主要河流，符合条件的可对其沿线土地资源实施综合开发，打造集生态涵养、水资源综合利用、历史文化和自然景观旅游等为一体的复合功能带，实现对河流沿岸土地资源的复合利用。

### （三）加快生产生活垃圾收集、中转、运输处置系统建设

要加快推进生产生活垃圾处理设施建设，因地制宜选择先进适用、符合节约集约用地要求的无害化生活垃圾处理技术，统筹安排生产生活垃圾收集、处理设施的布局、用地和规模。对于生活垃圾热值较高且土地资源比较紧缺的城市，可优先采用垃圾焚烧处理技术，并配套建设备用的垃圾卫生填埋场；对于具备生活垃圾管理水平较高的城市，可采用先进的生物处理技术；对于污染控制能力较强和土地资源相对充裕的城市，可采用卫生填埋处理技术。鼓励有条件的城市集成应用多种垃圾处理技术，按照区域共享、优势互补的原则，统筹解决区域生产生活垃圾的处理问题。

## 六 充分发挥城乡土地利用综合潜力

### （一）提升第一产业用地综合保障能力

严格落实耕地保护目标责任制，严格执行耕地保有量和基本农田保护面积等控制性指标，坚守耕地保护红线；充分运用农用地分等成果，针对各区域影响耕地质量的主要障碍因素积极开展中低产田改造。大力加强农村土地综合整治推进高标准农田建设，进一步提升区域耕地质量和农业综合生产能力，不断夯实中国大粮仓，有力保障国家粮食安全。

## （二）逐步提高第二产业新增项目的投入产出水平

严格执行区域产业政策、供地目录和建设用地指标体系，提高工业项目用地门槛，加快淘汰落后产能，推动城市产业结构转型升级，提高工业用地利用效率和产出效益。新增的建设用地要向国家、省级重大产业项目和重点民生工程倾斜。提倡立体开发工业用地，引导用地企业建设或改造多层标准厂房。允许低污染、低劳动密集度的企业适度调整建筑容积率和绿地率，进一步优化工业用地结构。出台政策引导一般工业项目通过二级市场使用存量建设用地，或者购买、租赁园区的多层标准厂房。有条件地区可通过"工业上山"、"企业入滩"等方式拓展工业发展空间、推进产业转移。

## （三）提升第三产业用地的综合利用效率

加大旧城改造和企业"退二进三"的力度，加快城市老城区产业结构的调整。对于城镇发展建设用地，要确保公共基础设施用地、调整住宅用地结构、提高市政公共设施用地等的综合效益。与此同时，加快发展商业、金融、物流、会展、文化体育和娱乐等第三产业，鼓励其对土地资源进行立体开发和复合利用，优化城市用地结构和布局，提升第三产业土地利用的社会效益、经济效益和生态效益。

# 七　健全节约集约用地考核评价制度

## （一）健全土地节约集约利用评价制度

从建设用地利用特征、结构、效率及影响因素入手，在土地利用强度、经济增长用地弹性、经济增长耗地量和土地利用管理绩效等方面筛选指标，构建区域建设用地节约集约利用评价指标体系，并通过建立模型最终以综合指数定量评价区域建设用地节约集约利用水平。将评价结果作为各地区考核土地管理和安排规划指标的重要依据。鉴于经济社会的持续发展和土地管理工作的实际需要，需定期对评价指标体系进行适当的调整与完善。

### （二）健全节约集约用地目标责任制度

省政府应在宏观层次上明确全省土地节约集约利用的总体目标和区域分工，并制定城市或地区土地节约集约利用目标考核标准和制度。将目标考核结果纳入地区经济社会发展的综合评价体系，作为领导班子和领导干部政绩考评的重要内容。各级政府一把手应对本行政区域内耕地保有量和基本农田保护面积、土地利用总体规划和年度计划执行情况负总责。省政府每年要定期对市级政府上一年度土地管理和耕地保护目标责任制完成情况进行考核，对考核优秀的给予表彰；对考核不合格的通报批评，并追究有关领导的责任。

### （三）健全节约集约用地共同责任制度

省、市、县（区）三级政府要统筹协调相关部门的工作，整合力量齐抓共管，全面推进土地资源的节约集约利用机制的建设；政府各职能部门要统一思想、紧密联系、加强配合，真正地将节约集约用地落实到实处。各级政府要成立专门的协调机构，联合国土资源、规划建设、农业、水利、林业、环境保护、财政税收、审计监察等部门齐心协力共同推进区域土地资源的节约集约利用。

### （四）健全新增建设用地指标和土地整理折抵指标使用额度分配与节约集约用地水平挂钩制度

各地安排新增建设用地计划指标和土地整理折抵指标时，要将节约集约用地目标考核结果作为重要依据。对于土地节约集约利用水平高的地区，要在政策上对下一年度城镇建设用地计划安排给予倾斜；对土地节约集约利用水平低的地区，要核减下一年度新增城镇化建设用地计划。市、县（区）级政府从土地出让金收入中提取一定比例，与土地闲置费一起设立专项奖励基金，用于奖励节约集约用地的先进单位或企业。

## 八 完善节约集约用地的相关配套措施

### (一)鼓励制度创新,积极探索面向生态的土地可持续利用的新路子

鼓励积极发展以高效生态农业和森林生态旅游等为重点的生态产业,努力推进土地生态系统的良性循环和持续发展。加强农村土地综合整治推进高标准农田建设,在提升耕地质量和农业综合生产能力的同时,有效改善农村的生产生活条件和农业生态环境。加强水土流失重点防治区的水土保持生态建设,以及矿区的生态修复和综合治理,通过实施一系列重点工程项目来实现生态脆弱和破坏地区生态环境的恢复和重建。多措并举进一步加强新增建设用地有偿使用费等土地税费和矿山生态环境治理备用金的征收使用监督管理,切实加强对耕地资源和生态环境保护的资金保障。

### (二)完善以财产权、物权为核心的土地管理法规政策

以创新土地管理制度促进土地资源的节约集约利用,是解决当前土地管理工作中的突出问题和矛盾的重要途径。其中最关键的就是全面落实农户对土地的用益物权。因此,应尽快完善以财产权、物权为核心的土地管理法规政策。在坚持集体土地所有权的前提下,尽快完成对农村土地承包经营权的确权登记发证工作,依法赋予农户长久稳定、更加充分且更有保障的土地承包经营权,让土地成为农民致富的手段或财产性收入的主要来源。这不仅能够鼓励农民增加对土地的投资、切实推动土地使用权的流转,还有助于提高土地的节约集约利用程度、实现土地资源的优化配置。

### (三)强化技术手段支撑,支持试点项目攻关和节地典型推广

逐步加大对土地资源节约集约利用关键技术的政策支持力度,尤其是加大对土地资源节约集约利用重大项目建设的支持。一是应持续增加科技三项费用支出,其增长幅度应略大于经济增长速度。二是科技三项费用的使用应适当向

节约集约用地技术研发项目上倾斜，鼓励更多的科技人员积极参与相关研究。三是要创造条件促进节约集约用地技术的推广及应用。

### （四）夯实社会基础，营造节约集约用地的良好社会氛围

深入贯彻落实节约优先战略，大力推进土地节约集约利用，努力建设资源节约型社会是广大人民群众的共同责任，需要得到全社会的重视和参与。各级政府需进一步加强对全民节约集约用地的宣传教育，深入持久组织开展形式各样、丰富多彩的资源节约活动，充分发挥特色网站、广播电视、移动通信等新闻媒体传播渠道的舆论引导作用，在全社会牢固树立节约集约用地的发展理念，营建良好氛围切实加强全国各地土地资源的节约集约利用。

**参考文献**

邓红蒂、田志强：《基础设施建设与土地资源利用》，《中国土地科学》2008年第3期。

《国务院关于促进节约集约用地的通知》（国发〔2008〕3号）。

国务院办公厅：《"十二五"全国城镇生活垃圾无害化处理设施建设规划》（国办发〔2012〕23号）。

河南省人民政府：《河南省创新土地开发利用管理机制专项工作方案》（豫政〔2011〕29号）。

胡作华：《"亩产论英雄"：破解农保率争议的绍兴探索》，《瞭望》2013年第25期。

黄新：《湖南省土地节约集约利用研究》，湖南大学硕士学位论文，2009。

李学明：《城市土地节约集约利用理论与实践研究》，中国科学技术大学博士学位论文，2010。

吕苑娟：《越是发展 越要节约》，《中国国土资源报》2012年9月24日。

上海市人民政府：《上海市土地资源节约集约利用"十一五"规划》（沪府发〔2007〕26号）。

曾毅、刘冬荣、胡卫星等：《湖南省土地利用现状分析与评价》，《国土资源科技管理》2005年第6期。

张凤民：《加强节约集约用地不断提高国土资源管理水平》，《国土资源》2009年第12期。

张志勋：《推进新型城市化建设中土地节约集约利用问题的思考》，《浙江国土资源》

2010年第11期。

郑巧玲：《基于节约集约用地理念的土地利用规划理论研究》，河南理工大学硕士学位论文，2011。

郑新立：《两手并用提高土地利用集约化水平》，《人民日报》2012年9月25日。

郑振源：《建立适应土地资源市场配置的国家宏观调控体系》，《中国土地科学》2008年第3期。

# B.18 河南农村集体土地征收补偿安置中的问题与对策

田土城 郭少飞*

**摘　要：** 在国家土地征收补偿安置的既定法律框架下，河南在制度层面虽有细化和发展，但总体上存在制度不合理、标准低、范围窄、效果差、程序不完善、救济途径少等不足。鉴于我国土地制度的现状与河南未来发展趋势，应不断完善农村集体土地征收补偿安置工作，包括依法确立完全补偿原则，扩大补偿范围，完善征地补偿安置程序，建立统一的征地补偿安置纠纷立案标准等。

**关键词：** 农村集体土地　土地征收　补偿安置

近年来，随着工业化、城镇化进程加速，我国建设用地需求量猛增，集体土地征收成为社会矛盾的多发领域。作为农业大省和人口大省，河南社会经济发展总体水平不高，农村生产力欠发达，城镇化任务艰巨，但发展速度较快，城市化率逐年提高，建设用地需求量急增，土地征收任务繁重，面临的矛盾更为复杂。为预防和化解征地矛盾，必须科学规范集体土地的征收补偿安置工作，河南在这方面做出了一些探索和实践，积累了宝贵经验。

---

\* 田土城，郑州大学法学院教授、博士生导师，主要研究民商法学；郭少飞，郑州大学法学院民商法学专业博士研究生。

# 一 河南农村集体土地征收补偿安置的实践探索

在我国集体土地征收补偿安置的总体制度框架下,河南的有关实践表现出自身特点。2009年以来,河南集体土地征收补偿安置呈现标准统一、方式多样、程序逐步完善等趋势。

## (一)补偿标准方面

2009年河南省人民政府颁布实施征地综合地价标准,该标准不再区分耕地位置、级别和耕种作物种类,同一区域实行相同的补偿地价,综合地价的主要部分是补偿安置费。其中,土地补偿费占补偿安置费的40%,安置补助费占补偿安置费的60%。从数据上看,2013年郑州市的补偿安置费标准较高,最高达20万元/亩,分布在郑州市中心二环以内;市区最低的仅4.25万元/亩;整个市区平均区片价为82152元/亩。河南省其他各县远郊农村的补偿安置费集中在每亩3万~4.5万元不等,均价3.72万元/亩。[①]

综合地价的另一部分是社保费用。河南省劳动和社会保障厅制定了《河南省征地综合区片地价中所含社会保障(养老保障)费用标准》。该标准根据所征土地的区位,分为内标准和外标准。内标准是指规划区内的标准,最高为郑州市,每亩12000元;最低为开封、信阳、三门峡3市,每亩8250元;其他省辖市多为每亩8800元。市辖县内的标准较所在市区平均每亩低1500元。外标准是指规划区外的标准,其均较内标准普遍低3000~4000元。这些费用支付到失地农民的养老金个人账户,用于那些满16周岁、"被征地时享有第二轮土地承包权、征地后人均耕地0.3亩以下的被征地农民"。

关于青苗费和地上附着物补偿,国家授权各省制定,河南省授权各省辖市制定。2010年各地市相继出台了有关标准,2013年又相继做了调整。实践中,各地按所在市标准均以一季产值补偿青苗费,地上附着物按实际价值补偿。

---

① 潘热新:《河南征地区片综合地价提高 每亩均价达3.72万元》,中国经济导报网,2013年2月27日。

经济林补偿按河南省林业厅公布的标准执行，分为干果类、水果类、药用类，并按盛果期或丰果期及前后设定了 2~9 倍于前三年平均产量与该产品上年或当年产值乘积的补偿数额计算方式。

## （二）补偿范围方面

河南省征地补偿的对象是集体所有的土地，主要是耕地。除林地、耕地之外的其他农业用地一般执行耕地补偿标准。《中华人民共和国物权法》规定农民集体土地承包经营权应成为独立的补偿客体，但河南省现行征地补偿并没有明确哪一部分是对农民土地承包经营权的补偿，仍然延续对集体所有土地补偿的格局。农民仅作为集体成员分得补偿安置费用。

非农用地，如集体建设用地、宅基地的补偿尚无专门规定，目前仍参照耕地征收补偿标准。如《河南省人民政府办公厅关于规范农民集体所有土地征地补偿费分配和使用的意见》区分了承包到户或未承包到户的集体所有土地，其中未承包到户的集体土地即包括集体建设用地和宅基地。在城市发展中，为改造城中村或者拆迁房屋，也有部分地市县（区）笼统规定了宅基地补偿。如《郑州市城中村改造规划、土地、拆迁管理实施办法》、郑州市《上街区房屋拆迁补偿安置办法》等相关规定。在实践中，宅基地补偿方式多样，有的按综合地价或宅基地市场评估价进行货币补偿，有的用宅基地换取一定面积住房。

## （三）补偿方式方面

河南省对耕地等农用地的补偿遵从国家规定，限于 4 项，即土地补偿费、安置补助费、青苗费和地上附着物补偿。货币补偿不足弥补农民损失，衍生出许多其他补偿安置方式，如用地单位安置、征地款入股安置、农业安置、留地安置、农转非安置、移民安置、住宅安置及社会保障安置等。

根据河南省各地市国土资源局网站公布的征地补偿安置公告分析，用地单位安置、农业安置等就业类安置未被普遍采用。有些地市推动集体利用征地补偿款建设商贸城或中心市场，农民分得店铺或铺位，自营或出租。也有政府引导农民创业或就业，特别是在工业园区建设中为被征地农民创造就业机会。还有政府出资担保贴息，为失地农民提供小额担保。① 留地安置是在经济发达区域或城乡结合部，根据城镇建设规划，按照规划用途划出一块土地，让被征地农村集体经济组织或失地村民从事开发经营。如安阳市高新技术开发区三里屯村自建学生公寓租给安阳大学。② 农转非安置的范围限定在城市规划区内，对城中村和人均耕地少于0.3亩的近郊农民转为城镇户口进行安置。实际上，由于追求城市化率，地方政府片面实行农转非，而农业户口的相对效益较大，许多农业户口人员不愿意农转非。农转非作为安置方式当下已经式微。

综合地价中的社保费用是河南省为被征地农民建立的社会保障的一部分。自2009年起，河南省把年满16周岁、被征地时享有第二轮土地承包权、征地后人均耕地0.3亩以下的被征地农民纳入被征地农民就业培训和社会保障制度范围。不满16周岁的人员，按征地补偿规定一次性发给安置补助费。被征地农民的养老保险资金由农民个人、农村集体经济组织和当地政府共同承担。一些地市的做法是，农民个人承担30%，政府负担30%，剩余40%由集体经济组织承担，如周口市、新乡市；有的地市如郑州市，实行基本生活保障，除了养老保险，还按年龄发放一定月数的就业生活补贴，资金来源除了征地综合地价中的社会养老保险费，还有政府补贴资金，农民个人及集体交纳的费用。

此外，就业的被征地农民随所在单位参加城镇职工基本医疗保险、工伤和生育保险。失业保险由转为城镇户口的被征地农民按具体条件参加。城镇规划区内被征地农民转为非农业户口并符合城市居民最低生活保障条件的家庭，按规定申请城市居民最低生活保障。

### （四）补偿程序方面

征地补偿程序一般包括行政程序、集体经济组织内部分配程序和司法程序。在行政程序方面，一般采取以下步骤：告知征地并办理征地补偿登记，开展实地调查和确认调查结果，征地补偿安置方案的公告，国土部门听取意见或

---

① 张涛、殷萍：《焦作市高新区小额担保贷款助失地农民致富》，《资源导刊》2009年第10期。
② 杨蕾、余纪云、张贺泽：《河南省在征用农村土地中注意保护农民利益》，《河南国土资源》2005年第1期。

举行听证,报批征地补偿安置方案,批准征地补偿安置方案,征地补偿标准争议解决,实施补偿安置方案。

关于集体经济组织内部分配程序:村委会收到征地补偿安置费用后,公告有关情况,村民大会表决通过征地费用的具体分配方案。在河南,土地补偿费以不低于80%的比例支付给被征地农户,其余归集体。安置补助费根据不同的安置途径支付。由用地单位或者其他单位统一安置被征地农户的,支付给负责安置的单位;不需要统一安置的,属于已承包到户的安置补助费,要全部支付给被征地农户。属于未承包到户的安置补助费,以不得低于80%的比例平均支付给征地补偿安置方案确定时本集体经济组织依法享有土地承包经营权的成员。地上附着物补偿费和青苗费归地上附着物或青苗的所有人。村委会应将征地补偿安置等费用收支情况向本组织成员公布。

在司法程序方面,用于分配的土地补偿费数额纠纷,法院不予受理。而征地补偿款分配纠纷、征地补偿分配中的集体成员资格纠纷,是否属于受案范围,司法实践中有争议,河南省各地市法院处理方式完全不同。

## 二　河南征收补偿安置中存在的主要问题

河南农村集体土地征收补偿安置虽然取得了一定成绩,但囿于既有制度约束和省情的局限,仍然存在一些问题,值得关注和深思。

### (一)补偿标准相对较低

当前实行的区片综合地价在一定程度上提高了征地补偿安置费用,但费用增长幅度不大,仍然较低。与山东淄博、潍坊征地区片综合地价比较,河南一般地市的补偿标准明显偏低。而政府将农村集体土地"变性"后价值剧增,数倍甚至百倍于农民征地补偿安置费用,颇为不公。农民过城市生活,原来可自给的产品须要货币化,住房自购,生活成本急剧上升,考虑到货币购买力、通胀等动态因素,现有标准下补偿安置费维持不了多久。因此,无论从维持被征地农民城市化生活的成本,还是与集体土地转性后暴涨的价格相比较,当前征地补偿标准过低。

## （二）补偿范围相对狭窄

现行征地补偿主要指向农村集体所有土地，而农民的集体土地承包经营权没有作为单独补偿对象，往往内含于集体土地之中。宅基地使用权在制度层面没有纳入征收补偿的独立对象。

另外，"农村土地征收势必影响周围残余的土地，或者导致土地分割、形成不经济的土地规模，造成土地利用的低效率，或者减低甚至消除该土地以前的利用效能"①。整块土地若大部分被征收，残余土地的价值可能大打折扣。同时，土地开发利用可能产生负外部性如噪声、粉尘、废气、废水等，损害周围土地的价值。此外，征地导致集体土地之上农民的出租损失、经营收益损失、额外生活成本等有关损失，这些都应纳入补偿范围。

## （三）补偿安置方式效用较差

河南补偿安置的类型多样，但实践中主要是货币安置。许多地市征地中存在"要地不要人"的现象。以货币补偿安置为主的做法，令被征地农民的生活水平高开低走，后期严重下降，总体上未能给被征地农民充分的补偿、明确的身份、较强的就业能力或渠道、可负担的住房、充足的保险、良好的教育、医疗等福利。

在各类安置方式中，农业安置适合耕地面积较多的区域，由于重新分得承包地能够保障基本生活。留地安置不失为被征地农民或集体自谋出路的好办法，但需要改进完善，避免随着城市发展再出现城中村、二次补偿安置等现象。而入股安置或创业、就业，由于村集体经营不力、村干部挪用或贪污、农民缺乏管理才干，导致许多用征地补偿安置费用建立的企业或自主创业没有产生效益。对于用地单位安置，由于农民生产经验和知识水平的局限性，而用地单位对岗位的技术性、专业性有一定要求，使一般农民无法满足企业的要求。用地单位安置的难度越来越大。在社会保险安置中，医疗、失业、生育等保险

---

① 王卫国：《我国农村征地制度的主要问题及研究路径》，载于张启生著《河南省征地补偿安置的实践及其制度性研究》，河南人民出版社，2009，第190页。

主要由农民自主办理，政府仅承担被征地农民的养老保险费用中的30%，而大多数农村集体经济组织无力支付40%的部分，个人缴纳部分较多，农民后期负担重；总之，被征地农民养老保险缴纳水平低，保障不力，农民退休后只能领取少量退休金。

### （四）征收补偿安置争议解决机制不健全

**1. 缺乏对农民权利和意愿的充分尊重**

当前，农村集体土地征收没有建立协商机制，对农民只是简单地公告，未事先征得同意。在征地补偿方案公告之后，土地部门应听取被征地农民等权利人意见。这种听取意见，没有赋予被征地农民实质性权利，徒具形式意义，政府听亦可，不听亦可。

**2. 征地补偿安置费争议缺乏有效解决机制**

一是对被征地农民个体权利的不当限制，被征地农民不能对征地补偿安置费争议提起申请。这实质上忽视了农民集体经济组织成员权。二是从村委会的自治性、独立性以及与地方政府的密切关系看，村委会（村干部）一般不会提出异议。三是作为裁决机关的河南省人民政府，实际上是河南土地征收补偿安置标准的制定者，是河南征地事务的决策者，其中立性、客观性不足。四是协商裁决程序没有与行政复议、行政诉讼等法律程序衔接，政府征地行为没有纳入司法审查范围。

**3. 征地行为公定力过于僵硬**

河南省各地发布的征地补偿安置公告最后均写道，"对批准后《征地补偿安置方案》有争议，不影响组织实施"。这虽然源于法律规定，但从实施效果讲，强行实施征地拆迁，造成事实上征收的局面，即使权利人有异议也无法恢复原状。

**4. 征地费用拨付责任不明确**

从费用归属的角度，补偿安置费为集体经济组织所有，青苗费和地上附着物补偿费归相应的权利人所有。征地补偿安置费用确定后，由政府层层转移或直接拨付给集体经济组织。上下级政府之间、政府与村委会之间形成委托代理关系，而现行法规并未明确代理责任和征地政府的最终责任，时常发生拖欠、

挪用、滥用、截留征地补偿安置费用的现象。

**5. 征地补偿纠纷受案范围较窄**

对于一些征地补偿纠纷和集体经济组织内部的分配纠纷，如分配标准、村民资格、具体程序等，各地市法院受案标准不一，裁判结果不同。

## 三 改进河南农村集体土地征收补偿安置的建议

### （一）赋予农民更多土地财产权利

被征地农民之所以未能在集体土地征收中得到充分保护，与法律制度对其赋权不足有关。当前，集体经济组织或村委会囿于自身缺陷无法代表农民，农民难以通过自治途径实现权利。因此，从集体土地所有权的角度，应该加强农民成员权，切实建立农民对集体事务的决策权、监督权。对于集体资产，可以实行股份化，集体内的农民按一定标准获得相应的股份，股份可以收益、担保、有偿退出。从而确立农民对集体事务和集体资产、土地的最终产权人地位。

同时，对于农村土地发展权，学术界观点不一，有认为属于国家所有，有认为属于农民所有，有认为属于国家和农民共有。我们认为，土地发展权属于所有权的衍生权利，应属农民集体及其成员。农民具体享有土地发展的自决权，这种权利只有为了公共利益才应受到限制。

另外，在征地或征地补偿安置过程中，农民作为土地的最终权利人和利益相关方，应享有知情权、参与权、自主权，了解征地状况，参与征地补偿安置的磋商谈判，自主决定是否同意征地。对征地补偿安置中的行政行为，农民享有诉讼权利。

### （二）完善不同征地模式

当前征地完全由政府主导，地方政府从征地中获取巨大利益，形成了土地财政。为此，必须转变政府职能，改变政府与农民争利的局面，变革政府在征地补偿安置中的主导地位。严格区分公益征地和非公益征地，确立不同的征地模式。公益征地可由政府主导,同时健全农民参与机制。补偿安置应以维持被征地农民的城市中等生活水平为基准。非公益征地,政府不再主导,发挥市场决定价格机制。由用地单位和农民进行磋商,达成补偿协议。在此基础上,创新政府行政管理方式,政府负责监督补偿协议的签署、履行等,办理土地手续。

改革政府支配方式,合理分配土地增值收益。在征收中,土地的增值主要包括三部分:一是土地使用权转换增值,即由农业用地转换为建设用地所产生的收益;二是环境辐射的增值,即征收后周边环境的变化以及交通改善所产生的增值;三是政府投资增值,即政府对土地及其设施予以改善所形成的增值。其中,第一种增值应由原土地所有权人获得;第三种增值应由政府获得;第二种增值既和土地的地理位置、土地状况有关,又得益于政府的投资改建,应当由土地所有权人和政府共享。① 综合考量农民的集体土地所有权、成员权、土地发展权,以及推进城乡要素平等交换的原则,土地增值收益应归农民集体所有,国家利益以税收方式实现,收取土地增值税费,纳入地方政府财政。

### (三)确立公平补偿原则

按照学术界观点,征收补偿原则有三种②,一是完全补偿,应对给被征收对象有关的直接或间接的,或由此衍生的一切损失予以补偿。二是不完全补偿。基于权利应负担社会义务,只需对受损的财产损失、迁移损失等可以量化的经济损失补偿,而精神损失无须补偿,个人应予以容忍。三是公平补偿,即根据社会一般观念对被征收人进行相当的、合理的补偿,视具体情况,有时可完全补偿,有时可不完全补偿。

目前,征地补偿所依据的以农业用地为基准的综合地价,既不是土地的市场价,也不是土地的预期价格,既非完全补偿,亦非不完全补偿,脱离了市场法则,非常不科学。鉴于河南的社会经济发展水平、未来发展对土地的需求状况和财政负担能力,对于公益征收的土地,由于土地增值利益归社会公众,适

---

① 渠滢:《我国集体土地征收补偿标准之重构》,《行政法学研究》2013年第1期。
② 陈泉生:《行政法的基本问题》,中国社会科学出版社,2001,第189~191页。

宜不完全征收。非公益征收应以促进社会公平正义、增进人民福祉为出发点和落脚点，农村土地"变性"后增值巨大，按平等交换准则，对被征收人进行完全补偿方才合理。因此，应在法律中确立公平补偿原则，具体按征收目的区别对待。

### （四）构建以市场价为基础的补偿标准

党的十八届三中全会指出，建立公平开放透明的市场规则，使市场在资源配置中起决定性作用，完善主要由市场决定价格的机制。土地作为最大、最具升值潜力的要素资源，更应通过市场机制进行配置。

为此，河南应探索土地补偿新机制，建立以市场价为基础的补偿标准，摒弃征地区片综合地价。其原因在于：第一，区片综合地价是在农用地定级的基础上，根据土地质量、区位、人均耕地数量、客观收益水平、农村社会经济发展水平、区片农用地条件及社会保障水平等评估的平均征收价格。从计算方法而言，基于土地农业用途确定的土地价格，没有体现土地的市场价值，不够科学。第二，区片综合地价实行同一区片同一价格，但即使同一地区，土地的级别、作物、产出等存在差异，经济作物和一般粮食作物产出价差非常大，实行同一地价有失偏颇。区片综合地价测算的基准日与实际补偿日有时间差，其间，农村居民收入增长，生活水平提高，而且也有时间价值计算问题，如从基准日之日起的利息。[①] 这就意味着自征地区片综合地价颁行之日起，此后对被征地农民的补偿已然少于应补偿的数额了。第三，区片综合地价没有体现土地价格上升趋势。土地现货价格与土地供需关系、区位、所在地的经济水平、周边基础设施完善程度等因素密切相关。而未来由于土地的稀缺性，土地供应减少，需求保持不变或上升，土地带来的固定收益愈来愈大，其价格总体呈上涨趋势。区片综合地价未能把土地自征地之日起的未来价格上涨部分进行贴现。第四，从费用类型上讲，由于土地补偿费过低，设置了安置补助费、社保费用，以免农民陷入无地无工作没饭吃的困境。安置补助费本属土地应有补偿，

---

[①] 徐继军、刘雨：《征地区片综合地价存在问题及改革思路》，《土地市场》（学术版）2012年第7期。

反而成为政府补助。社保费用按照城镇低保标准制定,数额少,保障不力,且从严格意义上讲,政府本应承担农民社会保障的责任。

以市场价为补偿基准,需要建立完善的土地价格评估机制,就评估主体、标准、方法、程序、复核等进行科学界定。在城乡统一建设用地市场尚未建立之前,可参照我国国有土地使用权出让价格,综合土地自然要素、供需关系、征地用途等,确定农村集体土地征收补偿标准。土地价格的基础在于周边市场存在。市场价标准对于城中村和城市近郊区的农村集体土地较为适用,而远郊区的农村集体土地现货市场交易价较低,但期货价格较高。因此,基于公平补偿原则,在市场价基础上,应建立土地市场价格修正指数体系,对远郊区农村集体土地价格进行调整,确保被征地农民长远生计,增进其福祉。这些指数包括,征收土地周边城镇居民的综合支出水平、未来一定时期内生活成本增幅、土地转用后的收益水平、通胀预期等。

### (五)扩大和细化征收补偿的范围

基于资源配置公平性而言,被征地农民或其他权利人遭受直接损失或间接损失、物质损失或精神损失,都应纳入补偿范围。就具体补偿对象而言,应把农民土地承包经营权从集体土地所有权补偿中分离出来,作为单独的补偿对象。依法确定补偿安置标准,直接把费用发放给享有此项权利的农民或农户。对于宅基地使用权,亦应单独补偿,并统一补偿的原则和标准,对此可比照商品房分摊土地面积折算宅基地换住房面积。此外,将残余地、相邻地的价值损失,农民在集体土地上的租金、营业收入等与征地相关的损失,也应纳入补偿范围。

### (六)积极探索多元化补偿安置方式

为增进农民福祉,河南仍需完善对被征地农民合理、规范、多元的保障机制,在制度层面细化各种安置方式的适用条件、农民权利、政府责任、资金筹措等规则。具体而言,在社会保障、住房、就业三个方面,可以有所作为。

在社会保障方面,提高政府为被征地农民缴纳社会保险金的比例,充实被征地农民的保险账户,资金来源于征地后的土地出让金。通过失业保险或就业补助金方式，资助失地农民一定期限的生活费用。增加被征地农民医疗保险费用，将其纳入统一的城乡居民社保体系。社保费用应以城镇居民社保中等水平为准，不论其是否转为非农业户口。

在住房安置方面，对农民的宅基地和房屋统一进行楼房安置或者另给同样面积宅基地自建房。在制度建设方面，建立统一标准，避免过大的随意性，确保农民居住面积不缩水，居住条件不下降，并将征地造成的生活不便、成本上升等问题纳入补偿的考量之中。

在就业安置方面，建立就业培训体系或者就业培训补助体系。被征地农民在培训学校接受培训且获得资格证书后可向政府申领就业培训补贴。失地农民自主创业的，在工商、税务等方面给予优惠；创新农村金融，为失地农民提供政府担保的低息或免息贷款。用地单位或其他单位雇用失地农民的，给予一定政策扶持和优惠。另外，在城市规划区内，尤其是城市近郊区，慎用留地安置方式，以免形成新的城中村。可以把征收后转性为国有的土地留给农民集体，由集体决策，按照城市规划建设完全产权的小区、商场、集贸市场等。对于农转非的被征地农民，按当地城镇居民生活水平、保障水平，享有同等的社保、医疗、教育、住房等待遇。

### （七）完善征地补偿安置程序

补偿程序应根据公益征收和非公益征收有所区分。在公益征收补偿中，被征地农民获得公正合理的补偿后负有强制缔约义务；在非公益征收补偿中，没有此种义务，被征地农民和征收主体处于完全自主平等的地位，经协商达成协议。政府以公益征地进行补偿，但后期变更为非公益用途，其土地出让金扣除税费后应归被征地农民集体，由征地时有资格分得补偿安置费的农民或其继承人按当时标准或比例分配。

设立前置磋商程序。无论何种征地，征收人必须和农民达成补偿安置协议后，才能启动征收程序。在公益征收中，征收人需要就补偿价格进行听证，说明价格构成，得到大多数被征地农民同意。若被征地农民认为不合理，有权提请征地补偿的行政、司法救济。非公益征收必须得到被征地农民的同意。

在协商裁决程序方面，取消农民个体不能对归集体所有的土地补偿安置费用提起裁决申请的规定。被征地农民作为集体成员，达到一定人数或比例可提起裁决申请。此外，把征地补偿安置费用等争议与行政复议、诉讼接轨，赋予被征地农民诉讼权。

在补偿安置费用支付方面，确认征地人或征地政府的最终责任，被征地农民没有足额获得费用的，征地人或征地政府应承担责任。如果在支付过程中，政府或其他主体存在拖欠、挪用、侵吞被征地农民费用等不法行为的，应依法追究个人或单位的法律责任，甚至刑事责任。

在征地补偿费用分配方面，除了规定农村集体和农民之间的各自比例外，对征地补偿安置的村民大会程序、表决事项、通过比例、账目公开、异议提起、司法诉讼等作出详细规定。同时，平衡村民自治和少数人权利保护之间的关系，避免行政或司法过度干涉村民自治。

就征地补偿安置方面的争议，河南省法院系统应确定统一的立案范围和标准，对当前与之有关的纠纷尽量纳入司法救济途径力争同案同判，减少同省法院标准不一、结果差异大、损害被征地农民合法权益的案件发生。

## 结　语

党的十八届三中全会对城乡统筹发展、土地制度改革、统一建设用地市场、农民财产权利、征地制度等作出了原则性的战略安排。可以料及，未来十年将是我国土地制度剧变，农民真正享有集体土地权利的时期。这对现行土地征收及征收补偿安置制度影响巨大。在集体土地与国有土地平权的基础上，在城乡统一的建设用地市场建立之后，在农民对集体土地的财产权得到充分保护之时，现行的土地征收补偿安置制度必定进行大幅修正：征地只能基于公共利益，禁止非公益征收；农民作为集体土地的最终权利人，只有经其同意才能启动征地程序；农民的土地财产权在公益征收中受到限制，但必须事先得到公正补偿；等等。总之，在中央和国家授权以及未明令禁止的征地补偿安置方面，河南应开展具有前瞻性的制度创新，积极进行实践探索，增加农民福祉，推进社会经济协调发展。

# B.19 河南环境风险源专项治理的法治保障研究

祁雪瑞 刘子睿 祁安民*

**摘 要:** 环境风险是区别于传统意义上的环境污染、资源破坏的新型环境问题,应对环境风险是政府环境管理的重要内容。当前,河南省正处于工业化、城镇化快速推进阶段,经济发展与环境保护的矛盾仍较突出,环境风险源专项执法中的一些问题在短期内仍然无法完全消除。在分析环境风险隐患形成原因的基础上,提出改进环境风险源管理的对策建议,并对河南环境风险源专项执法工作进行了思考与展望。

**关键词:** 环境风险源 专项治理 法治保障

环境风险是一种区别于传统意义上的环境污染、资源破坏的新型环境问题,应对环境风险是政府环境管理的重要内容。应对环境风险在很大程度上依赖于环境风险源的有效管理。管理好环境风险源,可以有效降低环境风险演变成环境事故的概率。环境风险源管理的日常工作由各级环境保护行政主管部门所属的环境监察机构承担。近年来,河南环境风险源管理部门通过开展工作考核和督办等措施,提升了全省相关工作人员的管理能力和管理水平,企业对风险管理重要性的认识也得到了提高,规范化管理开始纳入大多数省辖市政府年

---

* 祁雪瑞,河南省社会科学院政治与法学研究所研究员;刘子睿,吉林大学法学院;祁安民,河南省濮阳市中级法院审判监督庭庭长。

度管理目标，管理成效逐步显现。但是，由于这项工作基础较为薄弱，加之当前全省正处于工业化、城镇化快速推进阶段，经济发展与环境保护的矛盾仍较突出，一些问题在短期内仍然无法完全消除。

## 一 2013年河南环境风险源专项执法回顾

依据《河南省实施国家"十二五"危险废物污染防治规划工作方案》以及《最高人民法院、最高人民检察院关于办理环境污染刑事案件适用法律若干问题的解释》的有关规定，2013年河南开展了两项较大的环境风险源执法活动，即全省环境风险源专项执法检查和全省危险废物规范化管理后督察。2013年3月，河南省环保厅印发了《关于开展2013年全省环境风险源专项执法检查的通知》（豫环办〔2013〕19号，以下简称《通知》），河南省环境监察总队会同河南省环保厅相关处室和单位，开展了环境风险源专项执法检查活动，摸清了全省环境风险源的底数，发现并处理了一些问题，同时也遭遇到一些监管难题，发现了一些管理漏洞。之后，省环保厅下发了《关于开展全省危险废物规范化管理后督察等专项督察工作的通知》（豫环明电〔2013〕48号），要求由河南省固体废物管理中心成立督察组负责落实。同时，省环保厅还下发了《关于全省2012年度危险废物规范化管理督察考核情况的通报》（豫环文〔2013〕58号，以下简称《通报》）。

### （一）环境风险源专项执法检查督察

按照《通知》要求，河南省环境监察总队会同环保厅政策法规处、环境影响评价处、污染防治处和固体废物管理中心，组成9个督察组，在各地自查的基础上，重点督察企业环境安全主体责任和各地环境风险责任落实情况。通过督察，共发现存在不同程度环境问题的企业68家，占督察企业总数的38.9%。其中，存在问题较为严重、环境风险隐患较大的企业24家，占检查发现问题企业总数的13.7%。[①]

---

[①] 本文所引用数据均出自河南省环境监察总队文件《关于全省环境风险源专项执法检查有关情况的报告》（豫环监总〔2013〕72号）和河南省固体废物管理中心文件《全省危险废物规范化管理后督察等专项检查工作报告》（豫固文〔2013〕18号）。

2013年全省环境风险源专项执法检查，重点对较大以上环境风险源①、媒体曝光问题、环保部转办件、公民举报件、涉重金属、涉危险废物、尾矿库等重点行业企业的环境安全隐患自查自纠、污染治理设施运行及达标排放、环境风险防范设施运行、企业环境风险评价、应急预案管理等方面进行了执法检查。在这次活动中，全省共出动环保执法人员6421次，检查企业2403家，其中较大以上环境风险源企业848家，尾矿库企业375家，涉重金属企业798家，涉危险废物企业464家，媒体曝光、群众举报件18家。全省共发现并查处环境违法行为237起。

2013年6月，河南省固体废物管理中心（简称固管中心）组织督察组对18个省辖市在危险废物规范化管理方面存在问题的整改情况、进口可用于原料固体废物加工利用企业利用处置固体废物的情况、医疗废物集中处置中心运营情况、城镇污水处理厂污泥集中处置项目建设和运行情况、侵犯知识产权和制售假冒伪劣商品环境无害化销毁情况等进行了监督检查。这次检查共查看企业85家，其中危险废物生产单位44家，进口可用于原料固体废物加工利用企业11家，医疗废物集中处置中心18家，城镇污水处理厂污泥集中处置项目12个。

截至2013年9月，河南省已经取得固体废物进口许可证企业共16家，2013年上半年进口固体废物约34718吨。全省18个省辖市都建设了医疗废物集中处置中心，主要采取3种工艺对医疗废物进行处置，其中9家采用热解焚烧工艺，6家采用高温灭菌工艺，3家采用干化学消毒工艺。对医疗废物的处置，全省总设计处理能力164吨/日，实际处理量114吨/日，运行负荷率69.5%。南阳市运行负荷率最高，达到120%。

国家对进口固体废物实行许可制度，许可证当年有效，分为自动许可和限制进口两类。河南省为内陆地区，这项工作起步晚，进口固体废物加工利用企业较少。自2012年国家将进口自动许可类和限制类固体废物的前期审查权下放到省级环保部门以来，2012年全省12家取得固体废物进口许可证的企业

---

① 较大以上环境风险源，是根据环境危害指数对环境风险源进行分级分类管理的一种界定，一般指较大和重大两个级别。

中，有11家发生实际进口业务。申请进口的固体废物种类主要有废纸、废钢、轧钢产生的氧化皮、废铜、废五金电器、废棉、废塑料等。进口数量废纸最多，占70%以上，其次是氧化铁皮和废钢。2013年检查的企业中，进口废纸企业6家，进口废钢企业1家，进口废棉企业1家，进口轧钢产生的氧化皮企业1家，进口废塑料企业1家，进口废铜和废五金企业1家。检查重点是企业对进口原料的利用情况以及利用后残余物的处置情况、企业污染防治情况。现场检查发现，除某精密铜管集团股份有限公司外，其他进口固体废物加工利用企业管理水平普遍较低。某精密铜管集团股份有限公司作为一家进口废铜和废五金的企业，被环保部列入了重点环境风险监管企业名录。该企业进口固体废物管理台账完整，污染防治设施运行正常，管理水平较高。

各市污泥集中处理处置项目进展参差不齐，一少部分已经投入运行，部分正在建设，部分已经批复正在进行前期准备，部分正在审批，个别市没有进展。采用的工艺有好氧堆肥工艺、改性脱水工艺、高温厌氧发酵工艺、深度干化工艺和蚯蚓生物处理工艺。全省有15个省辖市环保部门没有开展侵犯知识产权和制售假冒伪劣商品环境无害化销毁工作。对于检查督察中发现的问题，环保部门根据不同情况分别采取了限期整改、挂牌督办、行政处罚、列入环保黑名单、吊销许可证等方式进行处理。

## （二）环境风险源执法的基本做法

**1. 多措并举推进危险废物规范化管理**

一些地方通过持续努力，做到了年初有部署、年中有督察、年底有考核，规范化管理水平逐步提高。如安阳、济源两市强化危险废物规范化管理督察考核，每年由主管局长亲自带队开展两次督察考核工作。许昌、济源两市组织开展了危险废物申报登记工作，完善了危险废物管理动态档案，较为全面地掌握了辖区危险废物产生、转移、处置、利用等情况。许昌市对考核存在问题下发有《纠正违法行为通知书》，督促整改到位，主管局长还带队对企业整改情况进行核查。焦作市印发了《关于进一步加强危险废物环境管理的通知》，要求县（区）环保部门做到"思想认识、管理规范、职责明确、监督检查"四到位。开封市开展了2013年危险废物规范化管理落实年专项活动。

**2. 将危废处理纳入政府年度环保责任目标**

新乡市为了提高医疗废物处理中心运行负荷,将医疗废物集中收集率纳入了2013年政府环境保护责任目标,实现对乡村医疗卫生机构收集医疗废物的全覆盖。安阳市不仅将危险废物规范化管理纳入了政府目标,还将污水处理厂污泥无害化处置项目建设列入了2012年、2013年政府环境保护责任目标,建成并投运了中丹生物能源有限责任公司污泥处理处置示范工程①,不仅解决了辖区内市、县全部污水处理厂污泥的减量化和无害化处置问题,而且实现了对污泥的资源化再利用。

**3. 实施医疗废物处置费"收支两条线"管理**

鹤壁、济源两市实施了医疗废物处置费"收支两条线"政策,各医疗机构与医疗废物处置中心签订合同,并按照收费标准结合医院床位数量将处置费定期交付市级财政专户,然后由市财政给处置中心拨付处置费用。这种管理模式保证了处置费用的如数收缴,也有效保证了医疗废物处置设施的正常运行。

## 二 环境风险源管理存在的主要问题及原因分析

### (一)环境风险源管理存在的主要问题

在2013年全省环境风险源专项执法检查中,发现一些相关企业和管理部门存在认识不到位以及不作为的现象。

**1. 相关企业存在的问题**

(1)部分企业环境违法问题被多次查处仍然长期不改正。一些企业对以往执法监管活动中执法部门提出的整改要求,迟迟不予以落实,致使违法行为长期存在。一是环保手续问题。部分企业不能严格执行环保要求,特别是新建、扩建项目仍然存在未批先建和未验收擅自投入生产等问题。如某市木业有限公司、某市化工有限公司等企业无环保竣工验收,甚至存在无环评审批文件

---

① 污泥处理与处置的区别:处理指污泥经单元工艺组合处理,达到"减量化、稳定化、无害化"目的的全过程。处置一般指最终处置,如填埋、焚烧、肥料利用等。

而长期违法生产的问题。二是卫生防护距离问题。如某氯碱发展有限公司、某药业股份有限公司等都是因迟迟未完成居民搬迁任务，不能得到验收，长期违法生产。三是环保服务企业生产与管理不规范问题。如某市医疗废物集中处置中心（有限公司）生产工艺落后，管理水平低，环保意识差，至今没有建立各类档案，医疗废物接收、入厂、运行处置没有记录。医疗废物处置车间内，医疗废物乱堆乱放，消毒车间未启用，车间布局也不合理，已经消毒和未消毒的用具未隔离存放。省环保厅两次现场督办，并致函市政府督促整改，目前整改效果仍然不明显。

（2）部分企业危废管理不规范。在督察中发现，一些企业对这项工作不够重视，措施不得力，制度不落实，管理水平低，整改效果差。如某市化肥厂，省环保厅连续两年对其进行了危险废物规范化管理考核，均要求其对有关问题进行整改，但本次检查发现该企业并没有认真整改，仍然存在台账混乱，废矿物油交给无资质单位违规处置等问题。有19家企业存在危险废物储存、处置不符合相关要求，转移联单制度落实不够好，台账建立不齐全，危废标志不规范等问题。如某药业股份有限公司、某生物制药股份有限公司，存在环境安全隐患。在危险废物规范化管理检查中发现，某纸品加工厂无生产迹象，无加工利用经营记录台账，无销售记录台账，无水电缴费凭证，无海关报关单、进口付款凭证等材料。某市环保局核实确认，该企业提交了停产申请，但其2012年进口加工利用经营情况报表却显示，企业全年进口废纸7824.3吨。上述情况表明企业进口的固体废物不知去向，涉嫌非法转让许可证。执法机关需要与海关沟通核实。某纸业有限责任公司未建立进口固体废物加工利用情况、夹杂物及生产过程中新产生固体废物利用处置情况台账等。多数进口固体废物加工利用企业对污染防治工作重视不够，未能严格按照国家环保标准要求生产，生产中新产生的固体废物储存、处置情况不到位，存在二次污染隐患。全省污泥集中处置项目普遍进展缓慢，污泥处理处置现状不能满足环保部要求。如某市污水处理有限责任公司自2004年运营至今，一直将所产生的污泥全部露天堆存于厂区一自然坑内，无防渗措施。采用热解焚烧工艺的医疗废物集中处置中心大多没有按国家规定开展二噁英检测，处理设施和污染防治设施的运行效果无法评估。

（3）企业风险防范能力建设普遍较弱。一是企业环境风险防范意识不强。大部分企业不同程度存在重经济效益轻风险防范、重生产安全防范轻环境风险防范等问题。二是个别企业环境风险防范设施不完善。个别企业未按照环评要求设置事故应急池等环境风险防范设施，或是将事故应急池挪作他用，使其不能正常发挥作用。三是环境应急物资储备和救援队伍建设滞后。大部分企业特别是中小企业应急储备救援装备、设备、物质不够完善，未建立应急救援队伍。四是环境应急预案管理有待进一步加强。企业对环境应急预案的制定、评估和执行情况较差，普遍存在生搬照抄、可操作性不强、不能及时修订和组织培训等问题。五是个别企业污染防治设施运行不正常，运行记录不规范。

**2. 管理部门存在的问题**

环境监管部门对有些物品的性质无法认定。如2013年某市收缴了两批伪劣脱氧剂，由于无法确定该物品是否属于危险废物，出于安全考虑，将该物品暂存于某环保科技有限公司。一些环境监管部门工作倦怠，得过且过。他们对某些投入大、要求高或者有阻碍的职责怠于履行，工作消极，无所作为；对于工作中遇到的难题，不主动汇报，不努力解决，任由其发展。对一些产业集聚区存在监管缺失。产业集聚区内项目相对集中，新建项目较多，管理部门之间沟通不畅，造成这些产业集聚区内产生危险废物的企业没有被纳入固体废物监管部门的管理。

环保服务企业建设规划与实施力度不够。以医疗废物处置为例，目前除郑州、洛阳两市外，其余16个省辖市医疗废物集中处置中心都是一条处置线在运行。随着医疗废物收集率的提高，医疗废物回收量越来越大，生产负荷逐步攀升，第二条生产线的建设势在必行，而这项工作目前进展缓慢。另外，各省辖市基本没有建立起医疗废物协同处置机制，一旦医疗废物集中处置中心出现重大设备故障或者其他原因导致设备长时间停运，势必出现医疗废物长期储存，存在环境风险隐患。

**（二）环境风险隐患形成的主要原因分析**

环境风险隐患形成的原因，可以从主体和制度两方面分析，即可以划分为问题企业自身方面的原因、监管部门执法方面的原因和现行监管制度方面的原因。

**1. 企业自身方面的原因**

很多环境隐患问题是企业自身通过加强管理和人员、资金投入就能够解决的。如危废规范化管理等问题，通过一些简单的管理或者工程措施就能够很快解决，并不需要太多的资金投入，然而很多地方对此问题却迟迟没有得到有效改善，这是企业社会责任感缺失的表现。这些企业将降低管理标准、违法排污视为节省成本、追逐利润的捷径，没有承担起污染防治主体的责任。从行为学的角度考察，一是企业管理者管理不规范行为惯性使然。二是企业管理者从本位出发趋利避害的理性选择，因为违法成本小，一方面制度本身规定的违法成本低，另一方面存在监管不到位、执罚不落实的可能性。

**2. 监管部门方面的原因**

部分地方政府对环保工作重视不够，部分环保部门尤其是县级环保部门监管责任感不强，工作态度消极，工作措施不力，遇到难题躲着走。这些表象的背后，一是监管责任制的缺失，二是地方政府把经济发展放在第一位的压力所致。

**3. 监管制度方面的原因**

其实上述企业和监管部门两方面的原因，追根溯源，还是监管制度设计的问题。好的制度设计具有自洽性，能够自加动力并且行之有效。相反，制度设计不好，就会使执行大打折扣。如2003年9月实施的《中华人民共和国环境影响评价法》，主要规定了项目环评，但是以规划环评为核心的战略环评制度没有完全确立，该法对规划环评只作了原则规定，具体的程序、内容、责任不明确，影响了规划环评工作的开展。虽然国家环保总局在随后出台的《规划环境影响评价技术导则（试行）》中提出了规划环评的早期介入原则和工作程序要求，但并未与具体的政府决策流程对接，现有的规划环评大多是在决策链的末端进行，无法体现规划环评作为战略环评的重要地位。以产业集聚区为例，有些明显不符合环保标准，如果进行环评就不会被通过，但因为是"一把手工程"而难以执法，环评被故意规避。

## 三 加强和创新环境风险源管理的对策建议

### （一）规范举报处理程序

公民举报和媒体曝光，是环境风险源专项执法的重要信息来源。媒体曝光可以看做是公民举报的特殊形式，环境执法机关对公民举报积极回应，全程反馈，可以使环境执法信息源进入良性循环的状态，达到执法行为事半功倍的效果。为此，需要对处置举报案件规定严格的程序流程，做到方便举报、及时查处、全程反馈、结果通报，对举报人认真负责。

### （二）构建协同处置机制

无论全国还是河南，目前的整体行政管理状况，协作的意识、能力与机制都相对缺乏，由于环境保护工作的特殊性，这种缺乏在环境保护行政管理方面体现得更为明显。如建立医疗废物协同处置机制。根据医疗废物处置时效限制的特点和目前企业应急处置工作需要，建立区域间的协同处置机制，可按照工艺相同和就近等原则进行协作，签订协作合同，商定协作具体事宜。当一个企业处理设备出现故障，不能在规定时限内处理本地医疗废物时，由协同处置机制内其他企业协助处理，避免因处理不及时带来环境风险。

### （三）提升设备处置能力

抓紧推进环保服务型企业生产能力建设，杜绝超负荷运行、单生产线运行。对于危废处置设备新建扩建部分，应要求其采用较为先进的工艺，并配套规范化的管理，确保其运行中不造成二次污染。环保服务型企业生产能力方面一旦出现问题，是难以在短时间内就地解决的，所以必须对生产能力进行预防性储备。这项制度与上述协同处置机制一起构成环境安全的双保险。

### （四）加强产业集聚区危险废物管理

主动关注产业集聚区建设动向，建立环保部门提前介入、及时介入机制。

对于产业集聚区,要与其他区外企业一视同仁严格执行环评和"三同时"制度。如果地方领导干预环保部门正常执法,应该及时向上级环保部门及其他有关部门汇报,积极预防危害扩大并进行责任追究。应将产业集聚区内涉及危险废物的企业纳入年度规范化管理考核内容,把管理落到实处。

### (五)强化执法督察督导

一是由省级执法机关常设环境风险隐患举报受理机构,以多种方式便利公民进行举报。二是由省级执法机关以环境监察通知、责令督促整改通报等形式,督促地方执法机关积极执法。三是持续组织开展环境风险隐患排查整治活动,对存在问题较为严重、环境风险隐患较大的企业,分别采取责令整改、行政处罚、吊销许可证、挂牌督办、列入"环保黑名单"① 等措施,督促问题解决。

### (六)充实省级执法力量

鉴于环保设施投入与企业成本和政府税收偏好的矛盾,以及地方环保机关听命于地方政府的行政运行逻辑,建议加强上层环境执法力量和执法力度,最大限度地避免地方政府以促进地方经济发展的名义牺牲环境。

同时,把培训当成专项执法的一种重要形式。预防与补漏相结合,对于工作不力、出现问题的地方行政责任者和问题企业一并进行环保培训,培训有关法律法规、技术标准、管理信息、风险隐患、环境危害、典型案例、社会责任等内容。

### (七)严格行政责任追究

实行辖区环境执法责任制,对于主观原因造成的执法不力或者执法不当,同时追究主管领导和直接责任人的行政责任。对于客观原因(包含行政干预)造成的不良状况,要甄别执法人员是否进行了充分的执法尝试后再进行责任追究。

---

① "黑名单制度"是一项由环保、金融、供电、监察等多部门联手参与执行的环保制度,对进入"黑名单"者,要向全省通报批评,曝光其违法情况;依照国家有关法律法规从重处罚,限时办结;向金融信贷部门发出通告,提醒他们在放贷时慎重对待这些投资风险高危企业;由电力部门对其限电或停止生产用电;取消该企业的年度评先资格;向社会公开承诺整改措施等。

## （八）畅通司法救济渠道

对于环境损害案件的司法设计，需要强化落实的，是举证责任倒置和法院依职权取证问题，需要建立健全的是环境公益诉讼原告资格无限制制度和环境行政赔偿制度。污染企业需要承担赔偿责任，执法不力也需要承担赔偿责任。做到这一点还需要对行政追偿制度进行配套完善。

## 四 改进河南环境风险源专项执法的思考

伴随着人类环境危机加剧，环境权的重要性更加凸显。河南人口众多、经济发展方式正在转变之中，化学需氧量、氨氮、二氧化硫、氮氧化物等主要污染物排放量均居于全国前列，减排形势不容乐观。如何能够让地方政府切实承担起生态保护职责，是一项需要顶层设计的课题。党的十八届三中全会决定要求用制度保护生态环境，强调要改革生态环境保护管理体制，建立和完善严格监管所有污染物排放的环境保护管理制度，进一步规范环境监管和行政执法。可以预见，未来的环境风险源管理工作将重点围绕环境行政执法改革展开。

### （一）排除环境执法非法干扰

长期以来，环境执法容易受到非法干扰，出现"关系案"、"人情案"。据媒体报道，曾担任仪征市环保局党组书记的侯宜中，为举报扬州化工园企业污染和环保违法违规，连续8年向上级有关部门汇报，从在职到退休，他累计撰写调研材料、信访件近30万字，问题却一直无法解决。[①] 为切实解决相关问题，杜绝此类现象，必须加快推进环境执法管理体制改革，打破行政区划设置，进行一系列程序性制度建设，把违法干预的程度降到最低。

### （二）努力为企业提供便捷服务

环境监管部门要切实转变观念，把管理变为服务。一些企业长期不办理环

---

① 邓子庆：《环保官员信访提醒环境监督去地方化》，《郑州晚报》2013年11月20日。

评或者许可手续，除了企业自身原因外，也有环境监管部门服务不到位的因素。如环评收费不够合理，环评公众参与度比较低，违法交易没有完全杜绝。所有这些，都会降低监管部门的公信力。要把提供便捷服务作为突破口，切实把环境监管部门的行政行为规范好。长期以来，存在管理就是许可、管理就是处罚的认识误区，往往把行政管理者和行政相对人视为对立双方。当今世界，管理、治理、援助的理念已经由"代替、强迫"发展成了"陪伴、协助"，也就是以当事人为中心、为主体，协助、陪伴他们遵守法律，这就是服务型政府的真谛。服务做好了，法律被自觉遵守，执法阻力就会自动消失。

### （三）提高环境处罚恰当性

这里所说的恰当性包括强度与方式。目前的弊端是强度不够，方式不当，效果不彰。处罚的目的，既有惩戒，也有补偿和恢复，但是我们常常只顾惩戒，罔顾其他。恰当的处罚强度应该是使当事人从恐惧的角度出发不敢再犯，这就需要从经营额、危害度、个人经济状况等方面综合考虑一个合适的比例。恰当的处罚方式应该是使当事人从内心情感的角度直面自己的行为后果，深刻认识到自己所犯错误的不可饶恕。这就需要创设一些行之有效的惩戒方式，并通过立法提供有效的法制保障。

### （四）完善环境行政责任追偿制度

党的十八届三中全会决定要求，对限制开发区域和生态脆弱的国家扶贫开发工作重点县取消地区生产总值考核。建立生态环境损害责任终身追究制。这是抓住了源头和关键。环境执法软弱，在很大程度上是地方决策者的 GDP 冲动造成的，动不动就给某些企业特别保护，不允许对其执法。环境行政机关是政府职能部门，不可能抗衡行政首长意志。取消了对 GDP 的考核，等于对违法行政干预釜底抽薪，对于环境执法是一大利好。而对于生态环境损害责任终身追究制的建立，是一项很复杂的工作，里面牵涉到好多具体的细节设计，最难的将是因果关系的证实与推定。不妨先确立相对简单的环境行政责任追偿制度，对行政不作为和不当作为造成的即期危害，要求责任者个人承担经济后果，同时还要承担其他形式的责任。

# B.20 河南非物质文化遗产资源保护与开发法治化研究*

欧广远**

**摘　要：** 近年来，河南以加快立法和建立非物质文化遗产名录为主线，大力完善各项政策法规，发挥了制度建设在非物质文化遗产事业发展方面的积极作用。当前，河南非物质文化遗产法制体系建设存在一些问题，不少重要的政策法规的制定和修改工作尚未完成，使得非物质文化遗产事业发展在某些领域缺乏基本的政策框架。应当在修改完善骨干立法的同时，着力健全财政资助、人才培养等方面的配套法规，促进非物质文化遗产保护和开发法治化。

**关键词：** 非物质文化遗产　保护与开发　法治保障

## 一　河南非物质文化遗产事业发展回顾

保护和发展传统文化、培育和弘扬民族精神是发展我国文化事业的主要内容。近年来，河南各相关部门按照国家提出的"保护为主、抢救第一、合理利用、传承发展"非物质文化遗产工作指导方针，以贯彻落实《国务院办公

---

\* 本文系河南省软科学研究计划项目"知识产权战略视野下的河南中医药产业发展与保护研究"（编号：112400450162）和河南省社会科学院院级课题"河南非物质文化遗产保护的公益诉讼机制研究"（编号：2013D13）的阶段性成果。
\*\* 欧广远，河南省社会科学院助理研究员，研究方向为知识产权和竞争法、科技法。

厅关于加强我国非物质文化遗产保护工作的意见》和《中华人民共和国非物质文化遗产法》为主线，大力完善各项非物质文化遗产政策法规，推动了相关工作的发展。

### （一）非物质文化遗产普查和申报工作成绩显著

据统计，河南自 2009 年 3 月开始在全省范围内开展非物质文化遗产资源普查工作以来，各部门累计投入调查经费近 3000 万元，直接参与普查工作的人员达 18 万人次。目前，各地市均已经初步完成了田野调查及原始资料整理工作。总计收集整理了文字资料约 30200 万字，照片 10 万余张，录音、录像素材 8200 多小时。目前，已经普查整理各类线索 180 余万条，其中基本立项 22 万余个。

自 2005 年以来，河南启动了国家级非物质文化遗产名录推荐项目的申报和评审工作。截至 2013 年 10 月，河南已经有 95 个项目跻身于国家级非物质文化遗产名录。从这 95 个项目优选出的少林功夫、太极拳、钧瓷烧制技艺等代表性项目，已由文化部上报给联合国教科文组织，作为申请列入联合国"人类非物质文化遗产代表作名录"的备选项目。河南被列入国家级非物质文化遗产名录的 95 个项目，涉及民间文学、民间美术、传统戏剧、曲艺杂技、传统医药、民俗等多个类别，彰显了河南非物质文化遗产资源的丰富性和多样性。此外，在文化部公布的第四批国家级非物质文化遗产项目代表性传承人中，河南有 18 人入选。连同前三批入选的 66 人，河南已经共计有 84 人入选了国家级非物质文化遗产项目代表性传承人。

### （二）非物质文化遗产行政和司法保护力度加强

2013 年，河南省新闻出版局、省文化厅等部门持续加大了行政执法力度，开展了多次文化市场专项整治行动。出动各类执法车辆近万辆次对文化市场进行巡查，警告和责令整改 2000 多家店铺，立案调查了 2298 件，较为有效地打击了文化和新闻出版领域的侵权行为。河南省高级人民法院、省检察院、省公安厅联合下发了《关于严厉打击侵犯知识产权犯罪活动的通知》，加大对侵犯知识产权犯罪行为的打击力度，有效维护了知识产权权利人的合法权益。自

2012年以来,全省共办理各类侵犯知识产权犯罪案件205件462人。其中假冒注册商标犯罪85件194人,销售假冒注册商标的商品犯罪67件127人,非法制造、销售非法制造的注册商标标识犯罪32件93人,侵犯著作权犯罪16件31人,侵犯商业秘密犯罪3件14人。① 在这些知识产权侵权案件中,反映河南非物质文化遗产特色的传统戏曲作品的侵权纠纷表现较为突出,涉及豫剧等河南戏曲的侵权案件占到相当比例,假冒国家非物质文化遗产标识的新型知识产权侵权现象也开始出现。

### (三)非物质文化遗产资源转化能力增强

河南省质量技术监督局制定了《河南省名牌产品认定准则》,在全省推进标准引领战略,全面实施质量提升工程。2013年全省新获批4个全国知名品牌创建示范区,还评定了河南省名牌产品242个。此外,新培育了省级以上品牌集群86个,批准成立了河南省知名品牌创建示范产业集聚区10个。自2012年以来,河南省新制定发布了地方标准共64项,建成了18种主导农产品标准体系。此外,还新创建了全国农业标准化示范区19个,批准创建省级农业标准化示范区59个。② 这些知名品牌和农业标准,有相当部分是借助和依靠非物质文化遗产中的传统标识、传统技艺等资源转化而来的。

## 二 河南非物质文化遗产保护与开发法治化存在的主要问题

促进河南非物质文化遗产保护与开发的法治化,对于河南非物质文化遗产事业的繁荣发展至关重要。当前河南省非物质文化遗产法制体系存在的主要问题,可以归纳为以下三个方面。

### (一) 不少重要法规的制定修改进程缓慢

有关非物质文化遗产的法规制定修改进程缓慢难以适应河南非物质文化

---

① 河南省知识产权局编《河南省知识产权公报》,2013,第16页。
② 河南省知识产权局编《河南省知识产权公报》,2013,第17页。

遗产事业迅速发展的需要。如2011年6月《中华人民共和国非物质文化遗产法》开始实施之后,制定于多年前的河南省《非物质文化遗产代表性传承人命名暂行办法》、《传统工艺美术保护办法》等政策法规也需要进行大幅修改与完善,但是这些工作当前还亟待推动。再以非物质文化遗产利用方面的政策为例,2008年11月开始实施的《河南省知识产权战略纲要》之中就明确规定:"按照继承保护、开发利用、创新提高、产业化发展的原则,建立健全传统知识、民间文艺和遗传资源开发与保护机制。扶持传统知识的整理和传承,大力挖掘河南省的民间文艺作品和遗传资源,重点开发中医药、民间曲艺、民间戏剧、民间工艺等资源。"近年来,河南省知识产权局也就如何开发利用非物质文化遗产和传统知识资源开展了一些调查研究工作。但是由于部门协调、项目组织等方面存在的问题,导致一些工作虎头蛇尾,至今河南非物质文化遗产资源开发利用工作还缺乏较为健全的制度规范。

## (二)立法过程中存在形式主义,科学立法水平有待提高

《中华人民共和国非物质文化遗产法》已经为我国非物质文化遗产的保护和开发工作提供了总体框架和基本思路。在此情况下,区域立法更应当也需要直面本地区的突出问题,作出有针对性、具备可操作性的规定。

地方的非物质文化遗产骨干立法之中当然也必须有总则部分,对该法规的指导思想、保护方针等原则问题作出规定。但是,着力点显然还是应当放在立法的分则部分。如区域立法应当着力建立完善本地区有关非物质文化遗产工作的协调机制,明确各相关职能部门在非物质文化遗产保护与开发领域的职责范围。应当对科技馆、文化馆、博物馆等公共科技文化机构,如何在各自主管部门的指导下和非物质文化遗产保护中心的协调下开展非物质文化遗产宣传和保护工作进行明确规定。对外国组织或者个人在本地区开展非物质文化遗产调查行为前的申请条件乃至审批时限等问题进行明确规定,应当对调查成果的利用规则和知识产权归属等问题进行明确规定等。如果一部省级非物质文化遗产骨干立法之中,欠缺对本地区非物质文化遗产保护和开发工作相关重要事项的科学规定,而仅仅是对立法目的、发展原则等进行泛泛而谈的宣示,那么这部立

法必将会是低效乃至失败的。制定这种法规也将是对本就有限的立法资源的浪费。

### （三）各项政策法规目前较为分散，有待加强整合

非物质文化遗产的保护与利用涉及诸多领域。相关工作直接涉及的就有文化、知识产权、新闻出版、广电、质监、文物、规划、旅游等多个政府部门。这些部门在制定政策时，通常做法是单独起草，或者由主要单位基本完成草拟后再例行程序地转圈会签，相互之间缺乏足够的沟通和协调。因此，河南已经出台的与非物质文化遗产资源保护与开发相关的各种政策法规之间还缺乏协调，更谈不上体系性。不同的政策法规之间的冲突矛盾之处目前依然较多，往往难以衔接。

## 三 推进河南非物质文化遗产保护与开发法治化应注意的问题

历史地看，地方立法是我国非物质文化遗产立法的开端。20世纪90年代，《江苏省传统工艺美术保护条例》和《宁夏民间美术、民间美术艺人、传承人保护办法》等地方法规的制定，标志着我国非物质文化遗产领域法律法规制定工作的起步。《中华人民共和国非物质文化遗产法》于2011年正式开始实施之后，全国各地又掀起了新一轮非物质文化遗产地方立法的热潮。地方立法有可能也应当在适应本地区实践需要的同时先行先试，为全国性立法的制定和修改提供宝贵经验。要提高非物质文化遗产地方立法的总体水平，还需要注意避免以下几种常见的弊端。

### （一）坚持开门立法、集思广益，忌闭门造车

非物质文化遗产与人民群众的文化生活息息相关，相关地方立法工作自然也离不开公众尤其是本地区居民的广泛参与。党的十八届三中全会通过的《中共中央关于全面深化改革若干重大问题的决定》之中也提出，要"完善人大工作机制，通过座谈、听证、评估、公布法律草案等扩大公民有序参与立法途径，通过询问、质询、特定问题调查、备案审查等积极回应社会关

切。"但是从目前来看，河南省在开门立法方面还有待改进。如 2012 年 6 月，河南省人民政府法制办公室曾经公开了《河南省非物质文化遗产条例（草案）》（以简称《条例》）并面向社会征求修改意见。该《条例》是河南省非物质文化遗产领域的骨干立法，对于规范和促进全省 8400 余项各级非物质文化遗产项目的保护与利用而言意义重大。可是，此次公开征求意见却遭遇了极为尴尬的局面，截止时收集到的公众意见条数为"零"。之所以会出现这种状况，原因大致有三。一是公开后征求意见的时间太过短暂，仅 15 日。二是公布《条例》的媒介不当、对于意见反馈方式限制太多。《条例》仅在河南省法制办官网等公众访问量很小的网站上进行了公开，同时规定公众只可以用书面的形式反馈意见。三是对解释说明工作不够充分和细致，《条例》中一些学术性、专业性较强的用词，如"传承谱系"等，社会公众通常不易理解。

今后有关非物质文化遗产资源的立法草案在公开征求意见时，应当尽可能做到：第一，适当延长征求意见的时间，至少应当为 3 个月以上。第二，丰富立法草案公开的方式，同时使意见反馈的方式多样化、便捷化、网络化。可以将草案在全省及各地市的主流媒体和访问量大的门户网站及论坛、贴吧等处公开，并且利用微博、电邮、短信等现代化方式收集公众意见。第三，应当对草案中较为晦涩的术语加以详尽解读，说明主要条文的立法理由等重要事项，以便于公众正确地理解草案中的相关规定。

## （二）坚持突出地方特点和区域特色，忌因袭照搬

区域性非物质文化遗产法规在不与国家法律、法规抵触的前提下，区域特色越突出，其实用性和可操作性就越强，也就越能解决本地区的实际问题。中国疆域广阔，各地区的经济社会发展程度不一，非物质文化遗产资源禀赋也差异巨大。因此，河南在进行非物质文化遗产法治建设时，切忌把本省市的条例变成了《中华人民共和国非物质文化遗产法》的翻版或者缩写本，搞得千篇一律，缺乏实用性。

非物质文化遗产地方立法要突出特色，必须明确主要方向和领域，聚焦于本地区的优势资源。例如，贵州、云南、青海等地是少数民族数量众多、种质

资源丰富的省区，可以将立法的侧重点放在民族语言、少数民族传统医药等非物质文化遗产类型上。青海省就已经制定了专门的《青海省发展中药藏药蒙药条例》，以保护本省较为丰富的传统医药资源。河南、山西、陕西等省份的地方剧种众多，民俗等非物质文化遗产资源相对丰富，就可以在本省立法中主要关注传统武术、曲艺杂技、民俗等非遗类型。近年来，河南在着力推动非物质文化遗产骨干立法进程的同时，启动了《河南省云台山景区保护条例》的制定工作，力求加快建设民俗文化与自然风光和谐共生的文化生态保护区，这就是在立法中彰显河南区域特色的典型例子。也只有像这种突出区域特色，地方非物质文化遗产立法才能有所作为，有针对性地指导发展本地区的非物质文化遗产事业。

### （三）建立法规实施效果评价机制，忌一劳永逸

地方立法的制定和颁布只是本地区的非物质文化遗产事业发展进入法治化、规范化轨道的开始，而不是结束。法律的生命在于实施。因此，一定要杜绝法律法规通过生效后就工作完成，一劳永逸的思想。我国乃至河南都有一些法律法规由于通过后未能严肃认真地贯彻实施，成了立而不用的空头文件。不仅没有取得良好的社会效果，反而容易使得社会公众质疑法律的权威性和正当性，这是必须认真吸取的教训。因此，必须在立法的同时就考虑建立法律法规的实施效果评价机制。

立法后的实施效果评价机制能够帮助检验非物质文化遗产相关立法的科学性和有效性，还可以为法规未来可能进行的修改积累宝贵资料。实施效果评价的重点是检验法律法规的"三性"。一是规范性。即检验非物质文化遗产相关立法中的概念界定是否清晰明确，语言表述是否准确、规范等。二是协调性。即检验非物质文化遗产相关立法与其他各项法律法规、政府规章以及规范性文件之间是否存在自相矛盾之处。三是可操作性。即检验非物质文化遗产相关立法中规定的执法主体是否确定明晰，措施和手段是否具体、可行，执法程序是否正当、便民等。只有综合考虑非物质文化遗产立法实施后对本地区文化、社会、生态环境等方面的各种影响，并适时适度地进行修正；立法才有可能产生更好的综合效益。

## 四 完善河南非物质文化遗产保护与开发法治化的配套政策

### (一)依法加大对非物质文化遗产事业的投入

实现河南省非物质文化遗产保护与开发的法治化是一项长期而艰巨的工作,各级政府应进一步加大对非物质文化遗产事业的投入力度,同时竭力创造良好的社会环境,确保相关法律政策的顺利实施。

第一,应当明确政府在非物质文化遗产事业方面的职责,规定县级以上人民政府应当将非物质文化遗产保护与利用工作纳入本级国民经济和社会发展规划,并将保护等工作的经费列入本级财政预算。

第二,除了规定政府应当提供的经费之外,还应当鼓励公民、法人和其他组织以捐赠、设立信托或者专项基金等方式对非物质文化遗产资源的保护、开发等各项工作进行资助。专项基金可以用于支持非物质文化遗产的普查和公共数据库建设、非物质文化遗产人才的培养和宣传教育、科学研究工作等各个方面。

第三,对非物质文化遗产事业进行捐赠的企业和个人,可以按照国家有关规定享受税收等优惠。从事非物质文化遗产资源开发利用的企业和个人,今后也应当在税收、土地等方面获得优惠和扶植。

### (二)完善对非物质文化遗产人才支持政策

不少类型的非物质文化遗产,如传统医药、手工技艺、曲艺杂技等,都掌握在少数技艺精湛的能工巧匠和高龄艺人手中,极易失传或者消失。

第一,要支持非物质文化遗产项目的代表性传承人和保护单位积极开展活动,提供代表性传承人补助费,提供必要的经费,资助其开展授徒、传艺、交流等活动。鼓励他们尽心尽责地传授技艺,培养后继人才。

第二,要完善人事领域的配套政策。要注意重点扶植和培养一批非物质文化遗产的搜集整理者、研究者、传播者。应当创造条件,激励研究者深入一线和基层，对非物质文化遗产进行系统整理和详尽分析，让非物质文化遗产资源得到更好地保护和利用。在进行职称评定时，对于从事工艺美术、古籍整理、传统医药等领域技术工作的人员，可以让其免于参加职称外语考试，或者以古文考试等考核标准进行替代。

第三，应当充分发挥学校在非物质文化遗产人才培养方面的作用。《中共中央关于全面深化改革若干重大问题的决定》之中提出，要"完善中华优秀传统文化教育，形成爱学习、爱劳动、爱祖国活动的有效形式和长效机制，增强学生社会责任感、创新精神、实践能力。"因此，河南可以探索结合手工课、美术课、历史课等课程为全省中小学生设立一定学时的非物质文化遗产课程。此外，要使高校成为培训非物质文化遗产人才的重要基地。发挥好河南师范大学非物质文化遗产研究会、河南教育学院非物质文化遗产保护协会等高校社团的积极作用。到2015年，争取河南省高校毕业生中有约50%的学生，至少接受过8个学时以上的非物质文化遗产相关课程教育。

## （三）充分发挥非物质文化遗产保护中心的协调作用

第一，要建立专业化的省级非物质文化遗产工作联络机制。开展资源的省际交流，挖掘河南非物质文化遗产的资源优势。

第二，继续认真组织开展非物质文化遗产普查工作，对全省非物质文化遗产进行真实、系统和全面地记录，建立健全非物质文化遗产资源档案和数据库。

第三，调动社会力量，利用各种有效渠道，深入进行非物质文化遗产的宣传、传播工作。

第四，加强河南全省非物质文化遗产重要问题的研究。对普查成果和代表作名录进行综合分析，对重要理论和实践问题提炼研究课题，深入开展研究工作。

## （四）构建多元化非物质文化遗产开发利用机制

第一，由河南省文化厅和省知识产权局牵头，组织实施《河南省非物质文化遗产开发促进工程》。要把非物质文化遗产资源开发利用与产业集聚区建设等河南经济发展的主题工作紧密结合起来,鼓励禹州等有资源优势的地区建设非物质文化遗产资源开发示范集聚区。各级政府可以通过国有资本投入扶植非物质文化遗产资源利用的方式,降低开发风险,引导社会资金投入,提高开发质量。

第二,合理高效的开发利用离不开有效的司法和行政保护。要加强对利用非物质文化遗产资源形成的知识产权成果的法治保护,健全创新激励机制。要加强对非物质文化遗产资源的行政保护,依法严厉打击各种侵害和非法利用非物质文化遗产资源的行为,尤其要着重打击假冒国家非物质文化遗产标识的行为。要建设跨地市和部门的非物质文化遗产保护协作平台,形成各地市、各部门协同保护利用非物质文化遗产资源的工作机制。可以探索在郑州率先建立"三审合一"的知识产权法院,切实提高对非物质文化遗产资源的司法保护效率。

第三,充分发挥中介组织的作用,做好无形资产评估等相关工作。可以制定政策鼓励开展非物质文化遗产资源相关各种权属的无形资产评估。会计师事务所、律师事务所等中介组织有助于减少非物质文化遗产资源开发进程中的信息不对称,为有序开发利用非物质文化遗产资源创造条件。

# 社会法治篇

B.21
# 平安河南建设的实践与对策建议

河南省社会管理综合治理委员会办公室

**摘　要：** 河南以化解社会矛盾、维护社会稳定、促进社会和谐为主线，以人民群众满意为根本标准，以解决人民群众反映强烈的突出问题为重点，采取各种措施，深入推进平安河南建设，取得明显成效。河南的做法和经验给人以深刻启示：加强平安建设，必须加强党对平安建设工作的领导，必须牢固树立"大平安"的工作理念，必须坚持走群众路线，必须注重抓好源头预防，必须注重加强基层的基础建设，必须注重体制机制建设。

**关键词：** 平安建设　社会治理　对策建议

近年来，河南坚持以科学发展观为统领，以化解社会矛盾、维护社会稳定、促进社会和谐为主线，以人民群众满意为根本标准，以解决人民群众反映强烈的突出问题为重点，深入推进平安河南建设，为维护社会大局持续稳定、促进社会公平正义、保障人民群众安居乐业做出了重要贡献。全省没有发生在全国有重大影响的刑事治安案件、重大群体性事件、暴力恐怖事件，人民群众安全感和满意度逐年增强，连续5年被评为全国社会管理综合治理优秀省份。

## 一 主要措施和初步成效

### （一）建立健全平安河南建设体制机制

省委、省政府把平安建设作为河南全局工作的重要组成部分，作为一把手工程，纳入经济社会发展规划，纳入党政领导任期责任目标，纳入干部考核奖惩。针对以往就治安讲治安、就信访抓信访，维护稳定各项工作衔接配合不够、力量分散的情况，于2006年、2011年分别出台了《平安河南建设》（两个五年纲要），以平安建设为载体，统揽政法、综合治理、信访、对敌斗争、反邪教等工作，建立和完善党政统一领导、部门齐抓共管、突出群众评价、严格考核奖惩等工作机制，着力构建"大平安"的工作格局。

**1. 完善党委、政府负总责的领导机制**

各级党委、政府认真履行维护稳定第一责任，切实把保一方平安作为首要的政治任务和"一把手"工程，把平安建设纳入经济社会发展大局，纳入目标管理和领导干部任期目标，在组织、机制、政策、保障等方面采取了一系列新的有力举措，形成了党政主要领导亲自抓、分管领导具体抓、有关领导共同抓的领导格局。各省辖市党委、政府每年向省委、省政府递交平安建设目标责任书，分级建立党政领导干部综治工作实绩档案，作为干部考核任用、晋级奖惩的重要依据。

**2. 完善部门齐抓共管机制**

把64个省直部门纳入省领导小组成员单位，细化分解任务，明确维稳工作职责。各有关部门自觉履行职能，把平安建设与业务工作同部署落实、同督促检查，主动排查化解矛盾纠纷，牵头解决重大不稳定问题，不断改进和完善

服务群众的方式、措施，形成了共创平安、共保稳定、共促和谐的工作局面。

**3. 完善工作督查考评机制**

坚持把群众的感受和评价作为衡量工作的主要标准。委托省社情民意调查中心，组织开展全省公众安全感和对政法部门执法满意度调查；加强日常考评，以暗访为主要形式，开展经常性的督察检查，引导各地各部门把精力用在抓好平常落实、务求工作实效上。

**4. 完善责任追究和奖惩机制**

河南省委办公厅、省政府办公厅下发了《关于加强平安建设工作责任制的意见》和《河南省社会治安综合治理一票否决权制实施办法》，省委政法委、综治委、纪检委、组织部、监察厅、人事厅等6部门联合制定了《河南省平安建设工作奖惩细则》，形成了比较有力的激励约束机制和监督查究机制。省委、省政府每年对平安建设先进单位进行表彰奖励，同时对发生重大不稳定问题的地方和部门实行重点管理或一票否决（警示）。

## （二）逐步健全矛盾纠纷排查化解机制

省委、省政府在加快经济社会发展的同时，始终把化解社会矛盾、维护群众权益作为一项民生大事，不断探索完善工作机制，综合运用多种手段，将社会矛盾及时化解在初始萌芽阶段。坚持以人为本，把维护群众的根本利益作为工作的出发点和落脚点，总结推广了用群众工作理念统揽信访工作，有效化解矛盾纠纷、促进和谐稳定的"义马经验"和"渑池模式"，在全省建立健全了群众工作网络，并逐步完善发展。进一步规范和推进重大决策事项社会稳定风险评估工作，对直接关系群众利益且涉及面广、容易引发不稳定问题的重大事项，必须进行社会稳定风险评估，防止和避免因决策失误、工作不当造成的不稳定问题。加强市、县、乡、村四级矛盾纠纷排查调处工作网络建设，全省18个省辖市、158个县（市、区）全部建立了矛盾纠纷排查调处工作组织机构，乡（镇、街道）全部建立了一个窗口对外、一条龙服务的综治工作中心，集中受理和统一调处矛盾纠纷。省委办公厅、省政府办公厅下发了《关于建立人民调解、司法调解、行政调解三条联动机制的意见》，着力构建党委领导下人民调解、行政调解和司法调解相互衔接配合的大调解工作机制，使矛盾纠纷排查化解工作更加规范化、科学化。在征地拆迁、劳资纠纷、环境污染、医疗纠纷、交通事故、非法集资等重点领域，突出抓好专业性调解组织建设，大力开展行业性、专业性调解，及时化解影响稳定的突出矛盾和问题。进一步完善人民调解网络，大力加强人民调解员队伍建设，着力把矛盾化解在基层、把隐患消除在萌芽状态。

### （三）持续开展严打整治斗争

认真贯彻宽严相济的刑事政策，紧紧抓住影响人民群众安全感的突出治安问题，毫不动摇地坚持严打方针，持续开展打击"两抢一盗"犯罪、打黑除恶、命案攻坚、打击拐卖妇女儿童犯罪等专项斗争，建立了打击刑事犯罪的长效工作机制，不断提升侦破大要案能力，始终保持对各类刑事犯罪的高压态势，河南"命案攻坚"一直保持全国领先位次，打黑除恶专项斗争一直保持全国领先，刑事犯罪高发势头得到有效遏制。持续不断开展社会治安重点地区和突出治安问题集中排查整治活动，一些地方、一些领域社会治安落后的局面得到了扭转，促进了整体治安形势的好转。

### （四）不断完善社会治安防控体系

注重从源头上查找治安隐患，从深层次上解决治安问题，把社会治安防控体系建设纳入经济社会发展总体规划。健全完善了以110指挥为龙头的快速反应机制建设，实施社区警务战略，推进了警力下沉、警务前移，最大限度把警力摆到街面，加强对社会面的巡逻防控，提高了动态条件下社会治安防控能力。广泛开展多种形式的群防群治工作，市、县、乡三级都建立了由政府出资的专职治安巡防队伍，全省专业社工、治安志愿者、民调员、协管员、保安员等各种形式的群防群治队伍达150余万人。加强以视频监控为主的技防建设，着力推动视频监控设施升级改造、联网运行、资源共享和综合应用。全省158个县（市、区）和所有乡（镇、街道）全部建立了视频监控平台，城区重点路段、部位、公共复杂场所视频监控设施安装率达到100%。在农村，普遍安装经济实用的技防设施。专群结合、群防群治、城乡联动的治安防控体系在全省基本形成。

## （五）稳步推进社会治理创新

坚持以人为本、服务为先，紧紧抓住并着力解决影响社会和谐稳定的突出问题，积极推进流动人口服务管理、特殊人群帮教管理、信息网络建设管理、社会组织管理服务和社会治安重点地区排查整治等社会管理工作创新，制定出台了一系列政策措施，健全完善了各部门各项工作运行机制，有效加强了薄弱环节的社会管理工作，提高了管理效能和服务水平。在流动人口服务管理方面，积极探索"以证管人、以房管人、以业管人"的服务管理新模式，形成教育、就业、管理、维权、服务"五位一体"的工作体系，不断提升流动人口服务管理水平。在特殊人群帮教管理方面，建立刑释解教人员、社会闲散青少年、吸毒人员、违法犯罪的艾滋病人等高危人群常态化管控机制，严格落实管控责任，有针对性地完善措施，确保不失控漏管。在网络虚拟社会建设管理方面，坚持法律手段、行政手段、经济手段、技术手段并用，构建了网上网下相结合的网络虚拟社会防控网。在社会组织管理服务方面，完善分类管理制度，引导社会组织在国家法律允许的范围内开展活动，有效防范了境外非政府组织的渗透破坏活动。

## （六）切实夯实基层的基础建设

把维护社会和谐稳定的基础建立的更加牢固。始终把基层的基础建设作为平安建设的基础性、保障性工作，不断增强基层实力，激发基层活力，全面提高基层预防、发现、控制、打击犯罪的能力，尽可能地把影响社会治安稳定的因素化解在基层、解决在萌芽状态。切实加强乡（镇、街道）综治组织建设，配齐配强了综治办主任、专职副主任，并落实了待遇。村（社区）设立了综治办，建立了治安员、调解员、信息员队伍。公安派出所、人民法庭、司法所等基层政法单位规范化建设比例大幅提高。以拓展管理职能、提升服务效能为重点，推进乡（镇、街道）综治中心规范化建设，强化社会矛盾排查化解、社会治安防控、行政便民服务等职能，构建了基层综治维稳工作平台。广泛开展平安乡（镇、街道）、平安村（社区）等基层平安创建和平安校园、平安医院、平安边界、平安交通等行业平安创建活动，积小平安为大平安，不断提升全省平安建设整体水平。

## 二 平安河南建设的启示

2006年,自第一个平安河南建设五年纲要实施以来,河南开展平安建设,维护社会和谐稳定,始终坚持围绕中心、服务大局,自觉将工作融入党和国家工作大局之中,主动为经济社会又好又快发展提供强有力的服务和保障,取得了明显成效,积累了实践经验。

### (一)加强党对平安河南建设的领导

坚持和改善党的领导,是实现人民当家作主和依法治国的政治保证。坚持党的领导、人民当家作主、依法治国的有机统一,是我国社会主义民主政治的特点和优势。深化平安河南建设,关键在加强党的领导。建设平安河南,说到底是维护社会和谐稳定的工作,是全党全社会的共同责任,同时也是一项涉及面很广的社会系统工程,需要各部门和社会各方面积极参与,协同作战。事实证明,只要党委、政府高度重视,党政领导真正负起责任,平安建设就一定能取得良好的效果。各级党委必须发挥好核心领导作用,统筹经济发展和社会稳定,处理好改革、发展、稳定三者的关系;各有关部门必须在党委的领导下,充分发挥职能作用,形成工作合力,齐抓共管。各级党委、政府和各有关部门要始终把维护社会稳定作为重大政治任务,放到全局工作的重要位置,严格落实维护稳定领导责任制,强化保一方平安的政治责任,切实履行好第一责任,为经济社会持续健康发展创造良好的环境。

### (二)牢固树立"大平安"理念

平安建设是一个动态开放的体系。近年来,河南各级政法综合治理部门推进工作,始终是围绕着平安建设来展开的,从严厉打击刑事犯罪到全力维护社会和谐稳定,从社会治安综合治理到深入排查化解矛盾纠纷,平安建设的理念在不断丰富、体系在不断完善、领域在不断拓展、内涵在日渐丰富。实践经验告诉我们,平安与治安是两个不同的概念。建设平安河南,必须把工作触角从打击犯罪、维护治安稳定延伸到维护政治安全、经济安全、文化安全、生态安全等各个领域，推动政法综合治理工作从打击、防范、管控到服务、管理、建设等各个环节的转变。我们只有牢固树立"大平安"的工作理念，自觉地把平安建设放到加快中原崛起、实现富民强省宏伟目标的战略全局中来谋划，切实实现政法综治工作触角的有效延伸和工作职能与方式的有效转变，才能更好地服务全省工作大局。

### （三）坚持走群众路线

近年来，河南的平安建设之所以取得显著成效，形成平安建设人人有责、平安成果人人共享的工作局面，实现了社会的持续和谐稳定，根本在于要始终坚持党的群众路线，把人民群众对平安的需求作为努力方向，把实现好、维护好、发展好最广大人民的根本利益作为出发点和落脚点，把解决人民群众反映强烈、影响社会和谐稳定的突出问题作为重中之重，充分发挥专群结合的优势，大力加强新形势下的群众工作，努力为群众排忧解难，积极探索群防群治的新路子，充分调动了社会各界和广大群众的积极性和主动性。实践经验表明，群众路线是党的生命线和根本工作路线。推进平安建设，须臾不可能离开这条生命线和根本工作路线，必须始终坚持人民主体地位，坚定相信群众和依靠人民群众，坚持以人民群众满意为根本标准，把发挥专门机关的作用与发挥人民群众的作用结合起来，开展群防群治。这是不断开创平安河南建设新局面的重要保证。

### （四）注重抓好源头预防

从源头上预防和减少矛盾纠纷的产生，是维护社会稳定、促进社会和谐的治本之策。在当前社会矛盾触点多、燃点低，敏感性、关联性、对抗性、破坏性增强的形势下，必须继续贯彻打防结合、预防为主的方针，坚持标本兼治，更加注重治本，更加注重源头预防，在千方百计解决现有问题的同时，着力从源头预防上下功夫，最大限度地减少新矛盾、新问题的产生，彻底扭转"一边解决问题、一边制造矛盾"的被动局面。

### （五）注重加强基层的基础建设

平安建设各项方针政策与举措的贯彻落实，归根结底要靠基层，靠基层组织的扎实工作,靠广大基层干部群众的积极参与和具体行动。只有注重加强基层的基础工作,党的组织基础、群众基础才能更加牢固,平安建设才能顺利推进,社会才能长治久安。基础不牢,地动山摇;基层扎实,坚如磐石。大量事例充分表明,凡是基层基础工作扎实的地方,各项措施落实得就好,社会就能保持长久的和谐稳定,而基层基础工作薄弱的地方,影响社会和谐稳定方面的问题也就比较突出。实践表明,国际国内形势越是复杂多变,社会越是深刻变革,平安建设的任务就越是艰巨繁重,就越要做好抓基层打基础工作。必须始终把加强基层的基础建设作为一项长期性、根本性的任务来抓,把平安建设的各项措施真正落实到基层,以基层基础的稳固促进整体工作水平的提升,筑牢维护社会稳定的第一道防线。

### (六)注重体制机制创新

拥有一亿人口的河南,社会转型正在加快,改革进入深水区和攻坚期,各种矛盾纠纷叠加,新旧问题彼此交错,平安建设任务繁重,难度正在加大。面对复杂的现实状况,要有效破解平安建设的难题,必须善于总结经验、把握规律,着力推进体制机制创新。从近年来河南的具体实践看,平安建设工作之所以能够健康顺利发展,关键在于体制机制创新,先后建立健全了党政主要领导负总责的领导体制、各部门齐抓共管的工作机制、新时期群众工作机制、矛盾纠纷排查化解机制、严打防范的工作机制、督察奖惩工作机制,为各项工作开展提供了依法治理的制度保障。实践经验表明,建设平安河南,既要对解决具体矛盾和问题提出明确要求,同时更要对建立完善长效工作机制作出安排,推动维护稳定各项措施的落实。

## 三 推进平安河南建设的对策建议

当前和今后一个时期平安河南建设的总体思路和任务目标是,深入贯彻落实党的十八大和十八届三中全会精神,以邓小平理论、"三个代表"重要思想、科学发展观为指导,紧紧围绕全面建成小康社会的目标,以人民群众满意为根本标准,以维护社会和谐稳定为核心,从更高起点、更高层次上全面深化平安建设，加强基层基础工作，强化法治德治建设，着力解决人民群众最关切的公共安全、权益保障、公平正义等问题，为加快中原崛起、河南振兴、富民强省营造更加和谐稳定的社会环境。通过扎实深入的工作，到"十二五"时期末，平安建设工作体制机制更加完善，法治德治建设成效更加显著，社会和谐稳定的基础更加扎实，人民群众安居乐业的局面更加巩固。力争不发生在全国有重大影响的危害国家安全和政治稳定案（事）件，力争不发生在全国有重大影响的集体上访、极端上访和群体性事件，力争不发生在全国有重大影响的刑事治安案件，力争不发生在全国有重大影响的交通、火灾等公共安全责任事故，力争不发生在全国有重大影响的执法人员违法违纪案件。

### （一）认真做好矛盾纠纷源头预防和排查化解

**1. 着力预防和减少矛盾纠纷**

统筹经济社会发展，切实办好民生事业，使广大人民群众更好地共享经济社会发展成果。认真解决劳动就业、教育医疗、社会保障等突出民生问题，加快推进城乡基本公共服务均等化。把全面推行社会稳定风险评估作为重大政策、重大项目、重大改革的前置条件和必经程序，防止和避免因决策失误、工作不当造成不稳定问题。

**2. 健全矛盾纠纷排查化解机制**

创新群众工作方法，加大依法治理力度，完善工作制度机制，切实解决涉及群众切身利益的突出问题，努力实现小事不出村、大事不出乡、难事不出县、矛盾不上交。完善矛盾纠纷排查、预警、化解、处置机制，落实动态排查、分级调处、挂牌督办、领导包案等制度。切实加强人民调解工作，充分发挥社会法庭、行业协会、群众自治组织等社会力量的作用，大力发展行业性、专业性人民调解组织，完善人民调解、行政调解、司法调解衔接联动的工作机制。

**3. 畅通群众信访诉求渠道**

省、市、县、乡全部建立24小时电话接访制度，省、市、县实行受理网上信访制度，全省实行群众信访件邮递免费绿色通道，让群众随时随地便利地表达诉求。坚持市级领导定期接访、县乡领导每日接访制度，重视解决初信初访，落实首办责任制，坚持各级领导和机关干部定期下访，为解决群众诉求提供方便。把法治作为化解社会矛盾的重要方式，努力实现定分止争；实行诉讼与信访分离，把涉法涉诉信访纳入法治轨道。积极预防、妥善处置大规模集体上访和群体性事件。加强舆论引导，为预防化解社会矛盾营造良好的舆论环境。

### （二）扎实推进社会治安防控体系建设

**1. 持续开展严打整治斗争**

加强国家安全人民防线建设，不断深化反邪教工作，依法打击境内外敌对势力的渗透破坏活动和暴力恐怖活动。深入开展打黑除恶、命案攻坚、打击"两抢一盗"、打击毒品违法犯罪、打击危害食品药品安全犯罪、打击破坏市场经济秩序犯罪等专项行动，始终保持对严重刑事犯罪的高压态势。加强社会治安重点地区和突出治安问题排查整治，深化校园及周边治安综合治理。

**2. 进一步加强社会治安防控**

认真贯彻执行《河南省公共安全技术防范管理条例》。全面推进社会面治安防控网、村（社区）治安防控网、单位内部安全防控网、重点要害部位和特种行业以及公共复杂场所治安管控网、治安防控区域协作网"五网"建设。实施村（社区）警务机制，充分发挥驻村（社区）民警维护治安、服务群众的桥梁纽带作用，健全村（社区）警务与村（居）民自治相结合的治安防范体系。加快实施以视频监控为主的城乡技防体系建设规划，推动视频监控设施升级改造、联网运行、资源共享和综合应用，实现社会全面管控的可视化、精细化、动态化。发展壮大群防群治队伍，积极发展保安服务业，探索治安防范承包、治安保险等多种形式的治安防范模式。

**3. 加强和创新重点领域社会管理**

完善流动人口服务管理，推广以证管人、以房管人、以业管人的服务管理模式，在全省逐步实行居住证"一证通"制度，解决流动人口在劳动就业、社会保障、子女就学、医疗卫生等方面存在的问题。健全弱势群体的救助关爱服务体系，加强对刑释解教人员、社区矫正人员、吸毒人员、社会闲散人员、具有肇事惹祸倾向的精神病患者等人群的服务管理，防止因失控漏管而危害社会。加强道路交通安全和消防安全管理，强化各级政府安全生产监管责任和企业主体责任，严防发生重特大安全事故。健全突发事件预警和应急处置机制，提高依法、果断、正确应对处置能力。

### （三）切实加强基层基础工作

**1. 大力加强基层党组织建设**

突出抓好党的基层组织和党的工作全覆盖，充分发挥基层党组织在平安建设中的战斗堡垒作用，增强基层党组织服务和改善民生、推动发展、维护社会和谐稳定的能力。强化基层政权建设，转变职能，为人民群众提供更多更好的公共服务。

**2. 加强基层政法综治组织规范化建设**

加强县、乡两级综治办建设，配强综治办主任；加强派出所、司法所、法庭、检察室等基层政法组织建设；进一步明确和强化村（社区）党支部、村（居）委会平安建设工作职责；抓好基层综治干部的教育培训，不断提升他们的素质、能力和水平。

**3. 加强基层社会治安管理服务平台建设**

进一步拓展服务平台职能，提升服务管理的质量和效率。推行城乡社区网格化管理，在网格配备管理员，自然村配备治保员，将网格管理员、村治保员纳入社区工作岗位或群防群治岗位进行管理。

**4. 大力开展平安创建工作**

深入推进"双创"活动，开展平安乡（镇、街道）、平安村（社区）、平安单位等基层平安创建，推进行业平安创建，以基层平安促进全省平安。

### （四）强化法治、德治一体化建设

**1. 弘扬法治精神**

落实党的十八大关于加快建设社会主义法治国家的精神，全力推进科学立法、严格执法、公正司法、全民守法，坚持依法治国、依法执政、依法行政共同推进，坚持法治国家、法治政府、法治社会一体建设。特别是各级各单位要依法行使职权，严格依法办事，把权力关进制度的"笼子里"，在法治轨道上开展工作。政法单位带头弘扬社会主义法治精神,把严格执法、公正司法、执法为民作为基本要求,切实维护法律尊严,力求让人民群众在每起案件中都感受到公平正义,提升执法的亲和力和公信力。

**2. 加大普法宣传**

充分发挥法治宣传普及教育的作用,在全社会弘扬社会主义法治精神,促进领导干部学法、遵法、用法,促进行政机关依法行政,促进公民守法、依法维护自身权益,形成办事依法、遇事找法、解决问题用法、化解矛盾靠法的良好氛围,形成人们不愿违法、不能违法、不敢违法的法治环境。

**3. 依法解决问题**

善于运用法治思维和法治方式深化改革、推动发展、化解矛盾、维护稳定,充分发挥法治的引导、规范、保障和惩戒作用,依法化解社会矛盾、依法预防打击犯罪、依法规范社会秩序、依法维护社会稳定,把平安建设纳入法治轨道。严格执行重大决策事项合法性审查制度,防止因违法决策而引发矛盾纠纷。

**4. 强化德治建设**

加强社会公德、职业道德、家庭美德、个人品德建设,提高公民文明素养。加强政务诚信、商务诚信、社会诚信和司法公信建设,建立有效的信用激励和惩戒机制。完善行业规范、社团章程、社区公约、村规民约,发挥社会规范在德治建设中的作用。加强平安文化建设,大力宣传表彰见义勇为人员,发动群众积极参与平安建设,共同营造平安家园。

## (五)强化保障措施

**1. 加强责任落实**

按照"属地管理"和"谁主管谁负责"的原则,健全党委、政府负总责,各部门齐抓共管,条块结合、整体联动的双重责任机制,建立党政领导、综治协调、部门负责、社会协同、公众参与的工作格局。严格落实平安建设党政领导责任制,明确各级党政主要领导为第一责任人,分管领导是直接责任人,其他领导"一岗双责",强化各级党委、政府特别是党政主要领导保平安、保稳定的政治责任。各级党委、政府把平安建设纳入总体布局,始终放在重要位

置,加强领导、加强协调,加大投入、加强奖惩,确保平安建设工作健康发展。

**2. 凝聚工作合力**

各级政法委、综治办要在党委、政府的领导下,充分发挥职能作用,积极做好统筹协调、组织指导工作,调动成员单位的积极性、主动性和创造性,分领域、分系统、分行业抓好平安建设各项措施的落实。综治委各专项组,要相互支持、相互协作,认真完成自己所负责的事项,确保达到目标、取得实效。综治委各成员单位,要各司其职、各负其责,切实看好自己的门、管好自己的人、办好自己的事。

**3. 实行项目带动**

要把平安建设的思路、目标、任务、措施等确定为具体的项目,用项目建设的形式来推动落实。尤其是重点加强政法单位基层的基础设施建设,如派出所、司法所、法庭、检察室、信访接待场所、戒毒场所、流动人口综合信息服务管理系统建设等,做实做强平安阵地。

# B.22 河南社会法庭建设的实践与探索[*]

李宏伟[**]

**摘　要：** 社会法庭是在建构和谐社会和多元纠纷解决机制的背景下产生的。河南法院坚持党委领导和政府支持的基本原则，通过建立健全社会法庭工作制度，规范社会法庭与相关组织的衔接配合机制，在全国首创社会法庭并在全省范围内推行，是新时期人民法院构建替代性纠纷解决机制的一个大胆探索。社会法庭的构建体现了河南法院对司法诉讼的客观认识以及对社会力量参与纠纷解决的积极支持。

**关键词：** 社会法庭　矛盾化解　社会治理

社会法庭是河南省高级人民法院2009年4月在全国率先推出的一种调解模式，聘请在乡村德高望重、处事公道的群众担任社会法官，针对婚姻纠纷、家庭赡养纠纷、邻里纠纷等民事纠纷案件，依据法律法规、乡规民约、道德伦理等，以最快捷、不收费的独特方式调处矛盾纠纷。[①] 建立社会法庭，是河南构建多元纠纷解决机制进行的新探索，是河南强化基层民主自治管理形成的新模式，是河南法院推进能动司法建设的创新与实践。社会法庭运行以来，以

---

[*] 本文系2012年度中国法学会部级法学研究课题《法治区域构建的内在机理及对策研究——基于中部地区经济社会协调发展的视角》〔编号：CLS（2012）D241〕的阶段性成果。

[**] 李宏伟，河南省社会科学院政治与法学研究所助理研究员，研究方向为民商法学、区域法治建设。

[①] 张立勇：《社会法庭：跳出法院之外的实践与思考》，《人民法院报》2010年3月17日。

"便民、快捷、不收费、不结怨"的独特优势,成功化解了一批基层矛盾纠纷,有效降低了法院诉讼案件受理数量,得到了群众的拥护和党委、政府的支持,取得了良好效果。

## 一 河南创建社会法庭的背景动因

人民群众是法治社会的建设主体。作为拥有1亿多人口的全国第一人口大省,河南建设法治社会必须始终依靠广大人民群众,让人民群众参与人民司法,让人民群众解决人民矛盾,使人民群众通过更加有效的方式、更加便利的渠道参与司法、分享司法,最大限度实现司法民主化、大众化。创建社会法庭,是让人民群众参与人民司法的重要体现和路径。创建社会法庭不但可以动员和利用社会力量化解民事纠纷,顺应多元纠纷社会化化解的方向和潮流,而且也是适应农村生产关系的深刻变革、完善农村基层治理机制方面的有益尝试和探索。

### (一)化解社会矛盾纠纷的现实需要

当前和今后一段时期政法机关的三项重点任务是:推进社会矛盾化解、社会管理创新、公正廉洁执法。创建社会法庭,与完成前两项重点任务密切相关,与社会矛盾化解工作的联度更为紧密。

**1. 解决法院审判力量的不足**

当初河南法院工作面临着两大难题:一是案多人少的矛盾突出。全省法院2008年审结各类案件数比2007年多出两倍,许多基层法院法官年人均办案都在200件以上。二是"案结事不了"的问题突出。河南法院2008年处理涉诉信访案件84678件,2009年处理涉诉信访案件27221件,同比虽有所下降,但上访总量仍在高位徘徊。信访案件数量居高不下,消耗了法院大量的人力物力,挤占了本来就十分有限的司法资源①,严重影响了审判工作的有序开展。面对这两大难题,河南省高级人民法院党组认识到,仅仅依靠法院内部增加编

---

① 张立勇:《社会法庭:跳出法院之外的实践与思考》,《人民法院报》2010年3月17日。

制或者加班工作等老办法,是不能从根本上解决问题的,必须创新思路,从源头上寻求疏导社会矛盾、分流诉讼压力的新渠道,从广大群众中寻求解决民间纠纷的新力量,探索建立多元纠纷解决机制①;跳出法院之外,依靠人民群众建立更好的更多的适应目前农村以及基层社会发展新特点新情况的社会组织来化解矛盾纠纷。

**2. 化解社会矛盾的新平台**

创建社会法庭,搭建起了化解社会矛盾的崭新平台,在法院之外、诉讼之前竖立起了一道过滤和化解社会矛盾的新屏障。司法不是万能的,司法有其本身的局限性和不适应性。在很多民事纠纷的调处上,社会法官比法官更具优势。一是社会法官在当地群众中有威望,同一个纠纷,同一个解决办法,从社会法官嘴里说出来就比干部、比法官嘴里说出来效果要好得多。二是社会法官往往在当地生活了几十年,对家家户户之间的矛盾纠葛掌握得清清楚楚,这次的纠纷可能是因为一棵树或一堵墙而引起的,但实际上两家的纠葛由来已久,其他人可能不了解这个背景,而社会法官却能找到根儿,找到纠纷的症结,从根本上化解纠纷。三是社会法官调处纠纷的方式更灵活,对于一起纠纷,他可以自己处理,也可以请当事人的亲朋好友协助处理,可以不分白天晚上,随时化解纠纷,很多时候喝着酒、拉着家常就把问题解决了。四是在很多民事纠纷的调处上,在社会法庭解决比在法院解决更容易让群众接受和信服,社会效果更好。

**3. 破解信访工作难题的重要举措**

河南省是个农业大省,也是一个信访问题较为突出的省份。解决好农村、农民问题,可以说是河南省社会和谐稳定的前提。通过建立社会法庭、聘任社会法官,把大量存在于基层民间中德高望重、群众信服、熟悉社情民意的群众充分动员和利用起来,利用他们的熟悉乡土民情优势和民间经验,主动、及时、有效地化解矛盾纠纷,把纠纷化解在萌芽状态,消灭在最原始状态,这对于强化涉诉信访源头治理,维护社会稳定,促进社会和谐,无疑具有重要的现实意义。

---

① 张立勇:《社会法庭:跳出法院之外的实践与思考》,《人民法院报》2010年3月17日。

## （二）合理分配纠纷解决资源的客观需要

有人类即有纠纷，有纠纷就有救济。就救济主体之不同，大体上分为两类：一是私力救济，二是公力救济。任何一个国家的纠纷解决机制都是两者的有机组合。从巴比伦的《汉谟拉比法典》到古罗马时代，再到日耳曼人的《萨克森法典》；我国从奴隶社会到先秦、战国时期以及封建社会、现代社会，都普遍存在人们通过私力救济解决纠纷、实现权利的方式。

人类社会最为理想的一种纠纷解决模式，应当是纠纷解决的社会化而非国家化。在这种纠纷解决模式下，大量的民间纠纷则应组织社会力量自行加以解决。社会法庭纠纷解决模式的建构正是纠纷解决由国家化向社会化逐步过渡的环节之一，也是我国纠纷解决逐步社会化的表现之一。换言之，也是纠纷解决资源在国家与社会之间的重新分配。就此意义而言，河南省法院系统建立的社会法庭在一定程度上可以认为是当代中国在纠纷解决方面由国家化逐步向社会化过渡的一种有益尝试。

## （三）建构多元化纠纷解决机制的迫切需要

目前，中国特色的多元化纠纷解决体系已经初步形成，并在社会实践中发挥着重要功能。但是，多元化的纠纷解决体系还尚不成熟。其不成熟主要表现在以下几个方面。

**1. 纠纷解决体系在结构设置上不尽合理**

一是从主体上讲，解决纠纷方式分为诉讼方式与非诉讼方式两类。我国现行立法给予诉讼方式更多的重视，却对非诉讼方式重视不够。二是非诉讼纠纷解决机制内部，各种纠纷解决机制也存在发育程度不均衡问题。总体而言，商事仲裁制度不但有《中华人民共和国仲裁法》规制，而且还有完整的机构设置和完善的程序安排。劳动仲裁以及行政复议等在立法上也有较明确规定，但是除此之外的其他非诉讼纠纷解决机制无论是在立法还是制度设计上实践效果都不好。

**2. 纠纷解决体系内各组成部分之间缺乏协调与衔接**

一是诉讼与非诉讼解决纠纷方式之间缺乏有效衔接，诉讼成为纠纷解决的最后一道屏障。然而事实上并非如此。许多立法规定及制度设计都排斥了诉讼对纠纷的最终解决权。诸如抽象行政行为、内部行政行为等。二是非诉讼解决纠纷方式之间也缺乏应有的衔接和配合。如《中华人民共和国劳动法》规定的劳动仲裁与人事争议等。实践中消协调解与工商行政管理机关的行政调解其实也并没有多大区别。①

**3. 纠纷解决体系内部各组成部分自身需要完善**

就纠纷解决的最后一道屏障的诉讼而言，尽管立法规定得相当完备，但诉讼本身依然存在许多进一步修改和完善之处。河南省创建的社会法庭，就是在原有的诉讼、仲裁、行政裁决、调解之外重新培育的一种的新的纠纷解决方式，使我国的纠纷解决机制更加丰富、更加多元化。社会法庭完善和创新了我国目前建构的多元化纠纷解决机制，是多元化纠纷解决方式中的一个新成员。

### （四）创新基层群众自治机制的内在需要

随着市场经济的不断深化，基层群众之间的矛盾纠纷呈现出主体多元、情势多变、形式多样、矛盾多发之状，致使我国的基层群众自治机制面临着很多问题亟待解决。一是在体制层面，我国农村二元政治体制的碰撞，给推进群众自治带来了新难题。二是在观念层面，由于我国曾是一个经历漫长封建社会的国家，人治思想不同程度地存在基层群众的头脑中，在观念上还习惯主要依附行政方法处理。三是在法律文化层面，几千年封建文化传承的法律传统与新时代的新传统共同构成了我国基层社会法律文化的基石。四是在司法自身层面，素有"东方经验"的调解曾是解决纠纷的基本模式和首选方式，但随着社会发生的重大变迁，诉讼观念也相应发生了重大转变。五是在解决纠纷需求的层面。面对这些变化，现有农村基层纠纷解决组织应对失灵，其表现为基层调解组织的积极性不高，司法所的功能趋于弱化，基层管理行政职能弱化。这些因素造成在农村基层的解决纠纷渠道不畅，致使大量矛盾纠纷在基层没有得到有力、有序、有效疏导和化解，严重影响基层社会的和谐稳定。

---

① 吴卫军：《现状与走向：我国多元纠纷解决机制透析：兼论和谐社会纠纷解决体系的建构》，载于《中国犯罪学研究会第十五届学术研讨会论文集》（第一辑），2006。

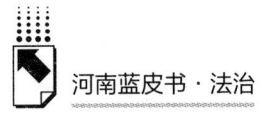
河南蓝皮书·法治

## 二 河南推进社会法庭建设的做法与成效

从2009年5月开始,河南全省法院采取"分批试点、稳步推进"的工作方针,对社会法庭进行积极探索,并将郑州、新乡、许昌等确定为第一批试点。2009年9月12日全省法院社会法庭工作会议上,河南省高院在总结前期试点经验的基础上,进一步提出了"一乡(镇)一庭"的社会法庭创建目标。至此,社会法庭工作开始在全省范围内全面铺开,建成了一批运转规范、特色鲜明的社会法庭。如许昌长葛市成立了女子社会法庭,商丘梁园区、开封市顺河区建立的少数民族社会法庭,平顶山舞钢公司建立了企业社会法庭,温县陈家沟旅游社会法庭,信阳工业城社会法庭;许昌的社会法庭悬挂出统一的社会法庭徽标,焦作、漯河等地法院为社会法庭统一刻制了公章。2013年9月27日,长葛市成立了河南省首家社会法官协会,标志着河南省社会法庭建设又上了一个新台阶。①

截至2012年9月,全省已建立社会法庭2794家,选任社会法官36335名,调处各类纠纷147732件,有力地促进了社会和谐稳定。② 社会法庭的建立与运行,不仅初步解决了法院工作中的难题,还突破了传统司法模式,在化解纠纷、调解社会矛盾、推进司法民主、创新社会管理等方面显现出独特的社会效果。

### (一)坚持党委领导和政府支持的基本原则

实践证明,党委领导和政府支持,是社会法庭工作得以顺利开展的前提和保障。针对社会法庭在发展过程中所面临的问题,应进一步强化党委领导和政府支持的基本原则,推动社会法庭工作健康有序发展。

---

① 2013年9月27日,河南省长葛市社会法官协会成立,18个社会法庭团体会员和52名社会法官个人会员参加了会议,会议通过了《长葛市社会法官协会章程》并选举产生了协会理事、会长、副会长等组成成员。该协会是河南省第一家依法登记成立的由社会法官组成的城乡社区服务类非营利性社会团体法人,是社会法官进行自我管理、自我服务、自我约束的自治性组织,标志着河南省社会法庭建设工作进入了一个新阶段。
② 吴倩等:《创设社会法庭助推社会管理》,《河南日报》2012年9月6日。

**1. 强化党委领导，确保社会法庭工作的政治方向**

坚持党的领导，是我国宪法确定的政治原则，更是做好社会法庭工作的根本政治保证。社会法庭工作中坚持党的领导，就是要在工作中坚决贯彻落实党的路线方针政策和重大战略部署，坚持为党和国家工作大局服务。注重现实，就是要围绕国家经济发展和和谐稳定大局，结合社会实际，以最为方便快捷的方式，化解各类矛盾纠纷。只有进一步强化党的领导，找准社会法庭定位，明确社会法庭的发展方向，才能确保社会法庭"走对路，走好路，走长路"。

**2. 加强政府支持，确保社会法庭建设有保障**

社会法庭要实现科学发展，必须解决人、财、物和机制等保障问题，而这些问题没有党委的领导、重视以及政府的支持，不可能得到有效解决。只有坚持和依靠党委的领导、政府支持，才能真正将德高望重、热心公益的人士选任到社会法官的岗位上来，为社会法庭科学发展提供有力的人才保障；才能彻底解决制约社会法庭工作深入健康发展机制障碍，以及人员管理、经费保障和配套衔接等突出问题；才能有效整合各种纠纷解决力量，形成具有我国特色的、行之有效的纠纷解决体系。如2009年河南省委、省政府就专门出台了《关于建立人民调解、司法调解、行政调解三调联动机制的意见》，从制度上保障了"三调联动"的实施。

## （二）建立健全社会法庭工作制度

**1. 明确社会法庭建设总体目标**

为深入推进社会矛盾化解，充分发挥社会法庭在促进基层社会和谐稳定方面的作用，就需要进一步加大社会法庭建设力度，扩大社会法庭在基层社会的覆盖面。在县域范围内，每个乡（镇）建设一个社会法庭；在市区范围内，每个街道办事处建设一个社会法庭。同时，根据各地的实际情况，鼓励建设具有行业、民族等特色的社会法庭，也可以在社区、自然村、流动人口聚居地等设置社会法庭或工作室。

**2. 规范社会法庭硬件建设标准**

一是规范社会法庭的办公地点。社会法庭的选址一般在乡、镇、街道办事处办公区或紧邻办公区设置。二是规范社会法庭的名称。社会法庭的名称为：

县（市、区）地名＋乡（镇、街道）地名＋社会法庭；特色社会法庭的名称为：县（市、区）地名＋社会法庭所在地地名＋行业（民族）名称＋社会法庭；社会法庭工作室的名称为：社会法庭全称＋社区（行政村或其他地点）名称＋工作室。三是规范社会法庭的办公用房。社会法庭办公用房一般不少于两间，且不得与其他纠纷解决组织（机构）合署办公。四是规范社会法庭的标志。五是规范社会法庭的办公环境。

### 3. 严格社会法官选任

社会法官选任对象为普通群众，一般不选任现职的党政干部、公务员。优秀人民调解员可作为社会法官，但在常驻社会法官或非常驻社会法官中所占的比例均不得超过1/3。在选任条件上，社会法官应符合下列条件：身体、精神健康的成年人，热心参加社会法庭工作，公道正派、群众威信高，有一定调解纠纷能力。在选任程序上，常驻社会法官一般由村（居）委会推荐，由乡（镇）党委、政府确定正式人选后，提请乡（镇）人大主席团或县级以上政法机关颁发社会法官证书。非常驻社会法官由行政村或社区成年公民推荐，由乡（镇）党委、政府确定后，提请乡（镇）人大主席团或县级以上政法机关颁发社会法官证书。

### 4. 确定经费来源和发放标准

社会法庭的经费包括：社会法官开展工作时必要的交通费、伙食及误工补助，社会法庭的水电费、办公设施和办公用品支出费用，优秀社会法官的奖金以及其他开展工作必需的费用。上述经费由人民法院积极协调当地政府纳入当地政府财政预算；未纳入当地政府财政预算的，由人民法院协调当地政府共同保障。常驻社会法官的交通费、伙食及误工补助标准可以参照当地人民陪审员、人民调解员补助标准确定，但不得直接与调处纠纷的数量挂钩；非常驻社会法官根据其参与调处纠纷的工作量给以适当补助。各级法院或当地党委、政府可以根据社会法官工作实绩，评选优秀社会法官并适当给予奖励。

### 5. 完善社会法庭日常工作运行机制

主要包括建立纠纷调处工作台账和建立社会法庭议事制度。社会法庭根据工作需要可定期或不定期召集社会法官协商议事，可以由社会法庭负责人召集,也可以由常驻社会法官轮流召集。建立常驻社会法官值班制度。明确轮流值班时间、地点、岗位职责和值班纪律。加强卷宗保管,明确专人保管已建档的卷宗,卷宗的保管期限一般不得少于5年。加强印章保管,建立印章保管制度,指定专人保管,明确印章保管人的职责。

**6. 健全人民法院指导社会法庭工作制度**

中级法院应重点建立下列社会法庭工作制度:健全社会法庭工作台账报送制度;健全指导、培训社会法官制度,制定辖区社会法官的年度培训计划、培训内容、方式和目标;健全简单民事案件委托社会法庭调解制度;健全司法确认制度,制定开展司法确认工作的规范性意见,指导辖区基层法院积极开展司法确认工作;健全社会法官绩效考核制度;健全社会法庭经费保障制度;健全向党委、政府汇报社会法庭工作情况制度。中级法院主要负责人一年内向同级党委、党委政法委汇报社会法庭工作不少于两次。基层法院可以比照上述制度制定实施细则。

## (三)规范社会法庭与相关组织的衔接配合机制

**1. 建立与规范社会法庭与司法衔接配合机制**

建立规范社会法庭与司法机关的衔接配合机制可以赋予调处结果以权威性。社会法庭与司法机关的衔接配合机制的建立与规范,将化解矛盾的社会效果制度化、常态化、固定化,从而保障了社会法庭化解矛盾的长效机制,为社会法庭长久生命力提供了制度层面的保障。

(1)建立和规范程序性衔接配合机制。

第一,诉前引导。诉前引导主要是指人民法院在立案时根据纠纷的具体情况,引导适合由社会法庭调处的纠纷的当事人通过社会法庭解决。这样既减轻了当事人的讼累,节约了司法资源,也缓解了法院的诉讼压力。

第二,诉中委托。诉中委托主要是指人民法院立案后、判决作出前可以将适合社会处理的矛盾纠纷委托社会法庭进行调处。

第三,经社会法庭调处的纠纷与司法的程序衔接。经社会法庭处理但没有达成调解协议的纠纷一方当事人到法院提起诉讼的,法院可以建立"绿色通道"方便当事人诉讼。

(2) 建立效力性衔接配合机制——司法确认制度。

第一，人民法院审查确认社会法庭调解协议，应坚持两个原则：一是审查调解协议是否出于当事人自愿，双方意思表示是否真实；二是审查调解协议内容是否违背宪法、法律的禁止性规定。

第二，视具体情况，人民法院对调解协议依法审查后可产生四种结果。一是法院审查并认可其合法性和可执行性的，出具确认书，确认调解协议内容，赋予协议内容司法强制效力。确认书经当事人签收后即发生法律效力；若一方拒绝履行，另一方可依据确认书向法院申请强制执行。二是当事人达成协议并履行完毕，法院可以根据当事人的要求出具确认书，确认纠纷终结。三是当事人申请撤回确认申请的，法院应准予，不再予以确认。四是经审查不符合司法确认条件的，经法院重新组织调解不成的，则出具不予确认的决定书。

**2. 建立与规范社会法庭与其他非诉纠纷解决机制衔接配合机制**

建立规范社会法庭与其他非诉调解组织的衔接配合机制有利于优化整合非诉调解资源。

(1) 建立和规范社会法庭与仲裁机制的衔接配合。一是程序上的衔接，当事人如果对仲裁裁决不服的，可以选择到社会法庭申请调解处理，当然当事人也可依法选择通过司法途径救济。二是受理范围的衔接，如果当事人对于不属于仲裁机构受理范围的纠纷达成仲裁协议的，仲裁机构不予受理，双方当事人经合议可以到社会法庭调处。

(2) 推动社会法庭与人民调解机制的衔接配合。社会法庭与人民调解可以在以下几方面建立衔接配合机制：一是受理纠纷的范围方面，人民调解不能受理的部分纠纷，如部分治安纠纷和刑事自诉案件中轻伤害损害赔偿纠纷，人民调解可以引导至社会法庭调处。二是效力方面，人民调解对于自己调解不成功的纠纷，可以委托社会法官进行调处并出具相应的评判书。三是调解主体方面，对于跨村的纠纷，双方当事人可以共同选择信任的但不限于本村内的社会法官或人民调解员共同调处，避免宗族、家族等人情案出现。

(3) 推动社会法庭与行业协会调解机制的衔接配合。社会法庭与行业协会调解相互衔接主要包括：一是调解纠纷的主体方面，可以将某一行业中名望较高的人士选任为社会法官，既保障行业协会优势，同时也可以让社会法官所组成的评议庭处理纠纷。二是效力方面，经行业协会达成的协议可以申请社会法庭出具调解协议书，从而使和解协议在司法确认时更加方便快捷。

（4）推动社会法庭与行政调解的衔接配合。社会法庭与行政调解的衔接配合机制主要包括：一是调解主体的选任方面，社会法官在调处纠纷时可以邀请行政机构工作人员协助调处纠纷，行政机关在调解纠纷时，也可以邀请社会法官参与调解。二是效力方面，因为行政调解协议的效力较低，一方可以任意反悔而无须付出任何代价，行政调解达成的协议可由社会法庭为其出具调解协议书，方便双方当事人到法院进行司法确认。

### （四）推进社会法庭建设的初步成效

社会法庭作为群众自治解决民间纠纷的社会组织，其价值和生命力最终取决于它在解决民间纠纷、化解社会矛盾方面的实际效果，取决于老百姓对其的认可与接受。

**1. 社会法庭受理纠纷的范围不断扩大**

在社会法庭受理纠纷的范围上，要坚持树立一个总的原则，即"法不禁止即可受理"的原则。社会法庭作为基层群众自治解决自己纠纷的社会组织，应当秉承私权利的行使原则，即只要不是法律明文禁止的，只要不是法律明文规定必须由国家公权力解决的纠纷，社会法庭都可以受理，都可以加以调解。

从一般意义上讲，社会法庭在调处婚姻家庭纠纷、邻里之间的纠纷、与村民待遇问题相关的村民利益分配纠纷、与农村土地承包经营权相关的纠纷等传统类型的纠纷时具有明显的优势，随着社会法庭的日益发展并日益被人民群众接受，其受理纠纷的范围也应当不断拓宽。一是因赌博而产生的"债务"，即"赌债"。二是因封建迷信引发的纠纷。三是轻微刑事纠纷。但是需要强调的是，社会法官在主持这种调解时，一定要向当事人讲清楚法律的有关规定，并对作出错误行为的当事人进行批评教育，促使其认错改错。同时，这种调解也不能制作文书，甚至不用记录在册。

**2. 化解纠纷的方法和手段多样化**

社会法庭区别于人民法庭的一个重要特征在于，只要是法律不禁止的方法和手段，社会法庭都可以采用。在此问题上，我们要坚持"实用主义"的观点，坚持"白猫黑猫论"。只要有利于矛盾的化解，只要有利于社会的稳定，都可以为我所用。就社会法官调解的方法来讲，可以包括道德说教的方法、批评教育的方法、情感感化的方法、家族族长干预的方法等。就工作场所来讲，社会法官可以在社会法庭的调解室内组织调解，可以走村入户上门调解，可以在农民干农活的地方调解，也可以在酒桌上推杯换盏、吆五喝六中化解矛盾。总之，只要有利于矛盾的化解，只要有利于方便群众，任何地方都可以。

## 三 河南社会法庭发展的前景与展望

### （一）社会法庭发展前景光明

社会法庭不仅仅是顺应当前中国社会尤其是农村社会发展阶段性特征的新生事物，而且它是顺应国情、省情、民情的一种替代性纠纷解决机制。它的价值和意义绝不是阶段性的，而是具有长久的生命力。河南省高院课题组的问卷调查显示，法院内部有76.67%的同志对开展社会法庭工作持赞成态度；对人民群众的问卷调查显示，有86.51%的群众赞同开展社会法庭工作。这一调查结果也充分说明了社会各界对社会法庭前景的期盼。

### （二）社会法庭在农村的发展空间更为广阔

社会法庭在农村的发展空间比城市更为广阔，理由在于：一是在一个相当长的时期内，城乡差距还会存在，农村经济社会发展相对缓慢。社会法庭作为解决民间纠纷的机制，其在农村的生存空间要远远大于城市。二是城市作为人群相对集中的地方，解决纠纷的机制相对较多，人们之间发生了纠纷，往往会有较多的替代性机制可以利用。在这种情况下，社会法庭的优势表现得不一定明显。三是在我国传统农村，他们在解决纠纷时具有较严重的顾虑感和比较普遍的社会支持缺失感。同时广大农民因为对法律的陌生感所致，一旦纠纷进入诉讼，农民经常会完全失去控制，对未来没有了预期。[①] 而以社区为基本居住区域的城市居民之间，对诉诸诉讼一般并不存在顾及脸面的问题。

### （三）社会法庭的发展将呈现阶段性特征

**1. 社会法庭的初创和奠基阶段，即"人工陀螺阶段"**

在这一阶段，由于社会法庭的理论基础还不够牢固，法律地位还不够明确，各级党委、政府对社会法庭的认识和态度还不尽一致，人民群众对社会法庭的效果还不甚了解。在这一阶段，各级法院特别是基层法院必须承担起应有的责任，以能动司法、服务大局的理念和气魄，积极主动地推进社会法庭工作深入、持久、健康发展。在经费保障上，各级法院要积极主动地向当地党委、政府汇报协调，争取最大限度的政策层面的支持。

**2. 归党委、政府管理阶段，即"电子陀螺阶段"**

在这一阶段，各级党委特别是乡（镇）一级党委要承担起领导社会法庭工作的重担，要把社会法庭的发展纳入当地社会发展的总体规划当中，争取把经费保障纳入当地财政预算，形成社会法庭建设的工作制度。此时，人民法院要逐渐退居配角地位，真正担负起指导社会法庭发展的责任。在社会法庭发展特别成熟的地方，人民法庭可以撤销，工作人员可以撤回基层法院，把有限的司法资源主要用于解决较复杂、疑难的纠纷和案件。地方党委、政府建立起来的一整套工作制度，可以作为"陀螺"的电池，保障社会法庭持续运转。

**3. 完全自治自立发展阶段，即"太阳能陀螺阶段"**

这一阶段的社会法庭将会真正呈现出其社会性的本质，它将会脱离公权力的呵护而相对独立地生存和发展。这时的社会法庭将会真正变成一个民间组织。在经费来源上，它可以接受社会的捐助，可以采取群众自筹的方式，也可以从集体经济收益中单独列支。它会依靠从太阳能当中吸收的能量，维持自身的运转。总之，它会逐渐脱离各级公权力的支配而走向真正的独立，最大限度地发挥化解矛盾的第一道防线的作用。

---

① 王晨光：《农村法制现状》，社会科学文献出版社，2006。

## （四）从更长远的历史的角度来展望，社会法庭可能成为乡级社会自治形态的重要组成部分

当社会法庭发展成为完全的群众自治性纠纷解决组织时，国家应适时出台"社会法庭法"，对社会法庭的性质、功能、社会法官的选任、职责、调处纠纷的范围、调解的效力等方面给予规定，并适当扩大社会法庭处理纠纷的范围，将部分刑事案件，主要是轻微刑事案件，即可能被判处3年以下有期徒刑、拘役、管制的案件，以及被告人认罪后进行诉辩交易的案件，交由社会法庭受理和裁决。此时的社会法庭的名称也可以改称社会法院，可以参考借鉴英美国家治安法院（庭）的运作模式。社会法院以完全大众化的运行机制，处理发生在乡村范围内的大部分纠纷。此时，人民法院主要处理发生在县城以及城市市区范围的普通纠纷，发生在辖区的重大、疑难、复杂的案件，以及当事人不服社会法院裁决的案件。

## 结　语

社会法庭由从群众中推荐和选任的社会法官来处理发生在群众中的矛盾，一方面给基层村民提供了自己解决自己问题的平台，另一方面也动员和组织了基层民间社会力量参与社会事务，促进了社会和谐稳定。这是符合我国农村特点和现实需要的积极探索和创新，是人民群众直接参与社会事务的具体表现，是实现基层群众自治的重要形式，是加强基层民主政治建设的有益尝试，同时，也是人民法院参与基层社会管理创新的一种新的探索和创新。

**参考文献**

张立勇：《社会法庭：跳出法院之外的实践与思考》，《人民法院报》2010年3月17日。

荣超：《社会法庭初论》，广西师范大学硕士学位论文，2013。

吴卫军：《现状与走向：我国多元化纠纷解决机制透析——兼论和谐社会纠纷解决体

系的构建》，载于《中国犯罪学研究会第十五届学术研讨会论文集》（第一辑），2006。

王莉：《论社会法庭制度》，河南大学硕士学位论文，2012。

武保迎：《中国古代调解制度探析》，《淮海工学院学报》（人文社会科学版）2012年第4期。

韦留柱：《"社会法庭"探析》，《政治与法律》2010年第9期。

和忠等：《当前社会法庭存在的问题及对策》，中国法院网，2010年10月22日。

王晨光：《农村法制现状》，社会科学文献出版社，2006。

李培林等：《社会冲突与阶级意识——当代中国社会矛盾问题研究》，社会科学文献出版社，2005。

黄玉：《社会矛盾化解研究》，黑龙江人民出版社，2011。

陈信勇等：《社会矛盾多元化解决机制理论与实践》，知识产权出版社，2009。

徐昕：《迈向社会和谐的纠纷解决》，中国检察出版社，2008。

# B.23 河南医疗行为的法律规制研究

赵新河*

**摘　要：** 随着医疗损害民事赔偿的"去医疗事故化"，导致"医疗事故罪"成为"无本之木"。对违规医疗行为行政处罚的虚置化，加之"医疗责任鉴定"这一核心证据的生成困难，难以对医疗事故罪进行刑事追诉。应将医疗事故罪的罪名修改为"医疗过失致人死亡罪"、"医疗过失伤害罪"；建立医学会与司法鉴定机构共同参与的医疗过错鉴定体制；将违规医疗行为的行政处罚依据由"发生医疗事故"修改为"侵犯患者的生命健康权并使患者及家属遭受较大经济损失"。

**关键词：** 医疗行为　法律规制　配套衔接

我国现行立法对医疗行为的法律规制是通过民事法、刑事法、诉讼法、卫生行政管理法规规章等行为规范的颁布与实施来实现的。比如，《中华人民共和国侵权责任法》（以下简称《侵权责任法》）规定了医疗损害的民事责任，《中华人民共和国刑法》（以下简称《刑法》）中设立了医疗事故罪、非法行医罪等犯罪，《医疗事故处理条例》等卫生行政管理法规规章规定了医疗事故的行政责任，《中华人民共和国民事诉讼法》、《中华人民共和国刑事诉讼法》规定了医疗过错司法鉴定意见这一诉讼证据的生成机制。从表面看，对医疗行为的法律规制可以做到有法可依。那么，在执法、司法实践中又是怎样的情形

---

\* 赵新河，河南省社会科学院法学研究所副研究员，主要从事刑法、医事法研究。

呢？不妨通过对河南省2002~2013年涉医诉讼案件统计数据来分析研判（见表1）。

表1　河南省2002~2013年涉医诉讼案件统计数据

| 案件类型 | 2002 | | 2003 | | 2004 | | 2005 | | 2006 | | 2007 | |
|---|---|---|---|---|---|---|---|---|---|---|---|---|
| | 案件数 | 人数 | 案件数 | 人数 | 案件数 | 人数 | 案件数 | 人数 | 案件数 | 人数 | 案件数 | 人数 |
| 非法行医 | 26 | 29 | 24 | 25 | 22 | 22 | 47 | 51 | 18 | 19 | 16 | 18 |
| 医疗事故罪 | 0 | 0 | 4 | 4 | 1 | 1 | 1 | 1 | 2 | 2 | 0 | 0 |
| 医疗事故损害赔偿 | 1004 | | 972 | | 926 | | 902 | | 1014 | | 968 | |

| 案件类型 | 2008 | | 2009 | | 2010 | | 2011 | | 2012 | | 2013（前3季度） | |
|---|---|---|---|---|---|---|---|---|---|---|---|---|
| | 案件数 | 人数 | 案件数 | 人数 | 案件数 | 人数 | 案件数 | 人数 | 案件数 | 人数 | 案件数 | 人数 |
| 非法行医 | 101 | 102 | 223 | 227 | 124 | 126 | 82 | 87 | 133 | 136 | 184 | 184 |
| 医疗事故罪 | 1 | 1 | 2 | 2 | 1 | 1 | 1 | 1 | 2 | 2 | 3 | 3 |
| 医疗事故损害赔偿 | 1095 | | 1242 | | 1102 | | 1182 | | 1144 | | 823 | 823 |

从该统计数据可以看出，自2008年4月28日最高人民法院公布《关于审理非法行医刑事案件具体应用法律若干问题的解释》后，全省的非法行医（犯罪）案件的数量显著增多。究其原因，一是该司法解释明确了该罪的追诉标准，廓清了非法行医的定罪疑问。二是非法行医的刑事追诉往往并不需要以复杂的技术鉴定为基础证据（根据《中华人民共和国刑法》第三百三十六条的规定，未取得医生执业资格的人擅自从事医疗活动，情节严重的，即构成非法行医罪）是重要因素。与此形成鲜明对比的是，虽然10年来全省医疗事故损害赔偿案件的数量在小幅波动的基础上呈现增多的态势，并一直保持较高的案件数量，但是全省同期每年度对违规医疗行为按医疗事故罪追究刑事责任的数量一直非常少。每年1~4件，2002年、2007年甚至是零数据。那么，在这一数据背后，究竟是因为刑法中的医疗事故罪发挥了足够的威慑作用而很少有人触犯，还是对医疗事故罪的刑事追诉存在法律障碍与困惑，或与医疗行为法律规制相关的法律机制是否存在问题？本文试通过对十多年来我国相关民事、卫生行政、司法鉴定的立法变化的研习来寻找答案。

# 一 医疗损害赔偿"去医疗事故化",导致对违规医疗行为行政处罚虚置化

根据2002年9月1日起施行至今的《医疗事故处理条例》(以下简称《条例》)的规定,医疗机构发生医疗事故的,由卫生行政部门根据医疗事故等级和情节,分别给予警告、责令限期停业整顿、吊销执业许可证的处罚;对负有责任的医务人员依照刑法关于医疗事故罪的规定,依法追究刑事责任;尚不够刑事处罚的,依法给予行政处分或者纪律处分。对发生医疗事故的有关医务人员,除依照前款处罚外,卫生行政部门并可责令暂停一定期限执业、吊销执业证书的处罚。可见,这里对医疗机构和医务人员进行行政处罚、行政处分或者纪律处分的前提均是"发生医疗事故"。

根据最高人民法院于2003年1月6日发布的"关于参照《医疗事故处理条例》审理医疗纠纷民事案件的通知"实际上认可了医疗损害赔偿民事纠纷赔偿标准的"二元化",即对医疗事故损害赔偿适用《条例》,对不构成医疗事故的医疗损害纠纷适用民法通则。那么,由于对于造成同样人身损害结果的医疗纠纷案件,按照《条例》和民法通则计算出的赔偿项目与数额,前者远远低于后者(按照《条例》,没有死亡赔偿金,抚养费计算标准较低,精神损害抚慰金相当低,等等),作为民事纠纷的启动者和原告方当事人,患者方会毫无疑问地主张适用民法通则,并极力拒绝和抵制医疗事故鉴定和按照《条例》确定赔偿项目与数额;而医疗方出于对医疗事故行政处罚和医疗事故罪追究的忌惮,宁愿按民事法多赔偿也不愿主张通过医疗事故鉴定将纠纷定性为医疗事故,除非对纠纷不构成医疗事故或即使构成医疗事故但医疗方责任比例很低而不会遭受严厉行政处罚和刑事追究有足够"信心"和"把握"。由此,导致将医疗纠纷案件委托医疗事故鉴定的比例、被鉴定为医疗事故的比例大幅下降,使得以医疗事故为前提的对医疗机构和医务人员的行政处罚在相当程度上被虚化。2010年7月1日《侵权责任法》施行后,这一局面更加明朗化。因为,归属于民事基本法律的《侵权责任法》的法律位阶显然高于《医疗事故处理条例》这一行政法规,且按照《侵权责任法》确定的医疗损害赔偿远

远高于《条例》。患者方有明确的法律依据摆脱《医疗事故处理条例》与医疗事故鉴定，通过医疗损害赔偿民事诉讼、医疗过错司法鉴定实现其民事赔偿诉求。而医疗方按照《医疗事故处理条例》将医患纠纷上报卫生行政机关并主动要求将纠纷定性为医疗事故的可能性则微乎其微。可见，"医疗事故"的概念在民事诉讼领域已经逐渐退出、消失，"医疗事故"的结论难以生成。而公、检、法等司法机关往往认为，医疗事故罪的立案追诉以医疗事故鉴定意见为前提，致使"医疗事故罪"已成为"无本之木"。同时，以医疗事故为前提的对违规医疗行为的行政处罚与追究也显然被架空，违规医疗行为的行政责任被虚置化。

## 二 刑事诉讼法对"医疗责任鉴定"规定不明，导致对医疗事故罪难以追诉

由于自身缺乏必要的临床医学和法医学专业知识、技能和技术设备，刑事司法机关包括侦查机关、检察机关、审判机关要完成对《刑法》第三百三十五条规定的医疗事故罪的核心构成要件"医务人员严重不负责任造成就诊人死亡或者严重损害就诊人身体健康"（包括医务人员存在严重不负责任的医疗过错或医务过失、该医疗过错行为与就诊人死亡或者就诊人身体健康严重损害结果之间的因果关系、行为人对就诊人身体损害结果的责任程度三方面的问题）的认定，就必须借助"鉴定"这一医疗事实发现的替代机制，通过专业的鉴定意见或鉴定结论来认定事实与责任。鉴定问题成为医疗侵权纠纷的核心问题，理论上鉴定是由中立的、对待裁判案件具有绝对专业知识的专家完成。① 其中，谁委托鉴定（委托人）与委托谁鉴定（鉴定人或鉴定机构）是鉴定机制的重要内容。

根据刑事诉讼法的有关规定，医疗事故罪属于公诉案件，应由公安机关负责立案侦查，由司法机关承担刑事诉讼中的举证责任。原《中华人民共和国

---

① 王成：《医疗侵权行为法律规制的实证分析——兼评〈侵权责任法〉第七章》，《中国法学》2010年第5期。

刑事诉讼法》(以下简称"96刑诉法")第一百一十九条规定,为了查明案情,需要解决案件中某些专门性问题时,应当指派、聘请有专门知识的人进行鉴定。显然,从委托主体看,只有有权行使侦查权的侦查机关才能指派、聘请鉴定,其他组织和个人,包括卫生行政机关、患者及家属对刑事诉讼证据意义上的医疗鉴定没有指派、聘请、委托的诉讼权利。他们至多可以其他形式向侦查机关提供证据材料,如提供医疗用品等物证、提供病历资料等。患者及家属也可提出鉴定申请,但这不等于其享有刑事诉讼的鉴定委托权。从鉴定主体看,行使刑事司法职能的侦查、检察、审判机关在需要指派、聘请有专门知识的人对医疗损害责任进行鉴定时,还面临着确定鉴定人的法律困境。因为刑事诉讼法对此问题的规定不详,"96刑诉法"第一百二十条第二款规定,对人身伤害的医学鉴定有争议需要重新鉴定或者对精神病的医学鉴定,由省级人民政府指定的医院进行。但是,这里并没有规定医疗事故鉴定或医疗损害责任鉴定也由省级人民政府指定的医院进行,且后者实施的鉴定往往是伤残等级评定和死亡原因评定。那么,刑事司法机关能否委托《医疗事故处理办法》(以下简称《办法》)与《医疗事故处理条例》这一卫生行政法规所设立的医疗事故鉴定组织进行医疗事故鉴定?《办法》第十一条规定,病员及其家属和医疗单位对医疗事故或事件的确认和处理有争议的,可提请当地医疗事故技术鉴定委员会进行鉴定,由卫生行政部门处理。这就是说,医疗事故技术鉴定委员会可接受病员及其家属和医疗单位的委托实施医疗事故鉴定,并没有规定医疗事故技术鉴定委员会可接受侦查机关等司法机关委托实施医疗事故鉴定。另外,《办法》第十三条有"鉴定委员会负责本地区医疗单位的医疗事故的技术鉴定工作"之规定,这有时会成为刑事司法机关委托医疗事故技术鉴定委员会实施鉴定的依据。有著述认为,把医疗事故鉴定委员会的鉴定结论作为医疗事故案件能否立案以及最后裁判的依据,有悖于人民法院最终裁判和独立行使审判权的基本原则。① 质言之,诉讼法是国家的基本法律,属于行政法规位阶的《办法》无权设定刑事司法中的程序与规则。

---

① 冯卫国:《医疗事故罪刑事诉讼中的若干问题研究》,《山东公安专科学校学报》2002年第1期。

根据2002年取代《办法》的《条例》第二十条的规定，卫生行政部门对需要进行医疗事故技术鉴定的，应当交由负责医疗事故技术鉴定工作的医学会组织鉴定；医患双方协商解决医疗事故争议，需要进行医疗事故技术鉴定的，由双方当事人共同委托负责医疗事故技术鉴定工作的医学会组织鉴定。显然，这里也没有规定设立在医学会的医疗事故技术鉴定机构可以接受刑事司法机关的医疗事故鉴定委托。根据最高人民法院2003年1月6日发布的《关于参照〈医疗事故处理条例〉审理医疗纠纷民事案件的通知》，人民法院在民事审判中，根据当事人的申请或者依职权决定进行医疗事故司法鉴定的，交由条例所规定的医学会组织鉴定。因医疗事故以外的原因引起的其他医疗赔偿纠纷需要进行司法鉴定的，按照《人民法院对外委托司法鉴定管理规定》组织鉴定。但是，这一"通知"显然仅适用于医疗纠纷民事案件，并不适用于对医疗事故罪的刑事追诉。

2005年10月1日起《全国人大常委会关于司法鉴定管理问题的决定》（以下简称《决定》）开始施行，其中规定，国家对从事法医类司法鉴定业务的鉴定人和鉴定机构实行登记管理制度，法医类鉴定包括法医临床鉴定，而法医临床鉴定是对医疗事故罪的追诉所需要的鉴定，但是《决定》第九条又规定，在诉讼中，对本决定第二条所规定的鉴定事项发生争议，需要鉴定的，应当委托列入鉴定人名册的鉴定人进行鉴定。由于医学会不具备《决定》第五条规定的必备条件（有进行司法鉴定所必需的仪器、设备；有在业务范围内进行司法鉴定所必需的依法通过计量认证或者实验室认可的检测实验室等），设立在各地各级医学会的医疗事故技术鉴定委员会均没有被列入鉴定人名册和取得司法鉴定资格，因此自2005年10月1日后再委托或指派医疗事故技术鉴定委员会实施医疗事故罪刑事追诉所需要的鉴定没有法律依据。

新《中华人民共和国刑事诉讼法》（2013年1月1日起施行，以下简称新《刑事诉讼法》）第一百四十四条关于鉴定问题完全沿袭了"96刑诉法"第一百一十九条的规定（为了查明案情，需要解决案件中某些专门性问题的时候，应当指派、聘请有专门知识的人进行鉴定），但值得注意的是，新《刑事诉讼法》第五十二条第二款规定，行政机关在行政执法和查办案件过程中搜集的物证、书证、视听资料、电子数据等证据材料，在刑事诉讼中可以作为证据使用。根据这一规定，新《刑事诉讼法》实施后，根据2002年实施的《医疗事故处理条例》第二十条的规定，卫生行政机关在接到医疗机构关于重大医疗过失行为的报告或者医疗事故争议当事人要求处理医疗事故争议的申请后，交由医学会组织医疗事故技术鉴定结论，并以该鉴定结论作为医疗事故行政处理依据，该医疗事故鉴定结论可以作为追诉医疗事故罪的鉴定意见使用。但是，如前所述，《侵权责任法》实施后，从民事赔偿预期利益方面权衡，患者一般不会向卫生行政机关提出处理医疗事故争议的申请，医疗方一般也不会主动向卫生行政机关提出处理医疗事故争议的申请，或主动请求将纠纷鉴定为医疗事故。

综上，在现行司法鉴定体制下，医疗损害责任的鉴定机制处于混乱不明状态，致使追诉医疗事故罪所需要的核心证据"鉴定意见"生成障碍。这一因素与前述医疗损害民事赔偿的"去医疗事故化"因素共同导致对医疗事故罪的刑事追诉处于困惑窘迫境地，这正是形成上述统计表中医疗事故罪案件数量相当低的重要原因。

## 三 强化医疗行为法律规制的对策与建议

从上文可知，医疗损害民事赔偿立法的"去医疗事故化"演变，导致医疗行为法律规制之民法与卫生行政法、刑法、司法鉴定制度之间的严重脱节，没有形成相互衔接、配套的有机整体。这一问题亟待解决，必须从以下几个方面修改完善上述相关法律法规。

### （一）建议将医疗事故罪修改为"医疗过失致人死亡罪"、"医疗过失伤害罪"

《刑法》在第三百三十五条增设医疗事故犯罪自然有其必要性，而最高人民法院《关于执行中华人民共和国刑法确定罪名的规定》将其罪名确定为"医疗事故罪"。这与修订《刑法》时《医疗事故办法》充任着医疗事故卫生行政处理与民事审判双重依据这一法律架构、"医疗事故"是评判医疗过失行为的基本法律概念这一法制背景相对应。加之"事故"是我国刑法中评价业务过失犯罪的惯用词语，因此把《刑法》第三百三十五条所增设的犯罪之罪名确定为医疗事故罪似乎顺理成章。本文提出修改医疗事故罪的罪名,是基于下述理由。

**1. 从《医疗事故处理办法》到《医疗事故处理条例》,卫生行政立法上"医疗事故"的内涵向轻缓化的演变,使得"医疗事故"本身不再具有对医疗过错行为的严厉谴责意蕴**

1987年6月9日,国务院发布《医疗事故处理办法》,其中第六条根据给病员直接造成损害的程度看,将医疗事故分为三个级别,一级、二级、三级医疗事故对应的患者人身损害结果依次是死亡、严重残废或者严重功能障碍、残废或者功能障碍。另外,《办法》第二十四条规定,医务人员由于极端不负责任,致使病员死亡、情节恶劣已构成犯罪的,对直接责任人员由司法机关依法追究刑事责任。可见,当时《医疗事故处理办法》规定的医疗事故以造成病员比较严重的残废或功能障碍为前提,而《刑法》第三百三十五条规定的医疗事故罪的结果要件是"造成就诊人死亡或者严重损害就诊人身体健康",刑法立法并没有完全照搬《办法》中的附属刑法规范,而是吸纳了上述行政法规中的部分内容,对构成医疗事故罪的结果要件作了较《医疗事故处理办法》更宽泛的设置,在病员死亡之外,将"严重损害就诊人身体健康"的医疗事故也规定为犯罪,但医疗事故罪的结果要件至少涵盖了一级、二级医疗事故,其构成要件与当时的卫生行政法规即《办法》对医疗事故的构成要件及其法律责任的规定具有一定的对应关系。此时行政法、刑法语境内的"医疗事故"均体现着对医疗过失行为的严重否定评价,以"医疗事故罪"命名该犯罪尚能比较准确地评价该类行为的社会危害程度,并体现出我国刑事立法对该类医疗过失行为的严厉谴责。

2002年9月1日,取代《办法》的《条例》之第四条根据对患者人身造成的损害程度,将医疗事故分为四级:造成患者死亡、重度残疾的,属一级医疗事故;造成患者中度残疾、器官组织损伤导致严重功能障碍的,属二级医疗事故;造成患者轻度残疾、器官组织损伤导致一般功能障碍的,属三级医疗事故;造成患者明显人身损害的其他后果的,属四级医疗事故。同日实施的卫生部发布的《医疗事故分级标准》又将医疗事故分为四级十等,一级乙等至三级戊等对应伤残等级一至十级,四级医疗事故是指造成患者明显人身损害的其他后果的医疗事故。可见《条例》中的三级医疗事故的人身损害结果较《办法》中的三级医疗事故更轻,而四级医疗事故则不构成残疾,总体上看医疗事故的范围更宽泛,"医疗事故"概念本身对严重医疗过失行为的严厉谴责色彩已经淡化,"医疗事故罪"不再能够直接体现刑事立法对该类医疗过失行为的严厉谴责。

**2. 继续沿用"医疗事故罪"的罪名,将出现对犯罪行为评价功能不准、威慑功能不足、安抚功能落空之虞**

罪名即具体犯罪的名称,是对某一犯罪的本质特征的概括。有著述认为,罪名的功能主要体现在三个方面:其一,概括功能,罪名是对罪状的概括。其二,评价功能,罪名评价行为对社会危害性的大小、评价行为人将受处罚的轻重。其三,威慑功能,罪名是刑罚的前提和理由,刑罚是罪名的必然后果,罪名对行为人在心理上产生威慑效应。[①] 只有合理、准确确定刑法设立的某一犯罪的罪名,才能指引、规范司法实践确定某一行为是否触犯该罪名,即准确定罪。从内涵上看,定罪是确定被审理的作为(或不作为)同法律中所规定的犯罪构成相符合[②],而从定罪的基本任务来看,则是司法机关对被审理的行为与刑法所规定的犯罪构成之间相互一致认定的活动[③]。可见,刑事司法中的定罪是揭示、确定某被审理、评价行为是否与刑法规定的某一犯罪的内涵相符合,即是否触犯某罪名的司法认知过程,定罪具有对某种行为定罪所产生的社会效益、价值或者影响其他人或事的一定的积极效果。[④] 此外,定罪还具有伸张社会正义、安抚被害人的作用。[⑤]

将《刑法》第三百三十五条规定的犯罪的罪名确定为医疗事故罪,势必使刑事司法人员产生"只有构成医疗事故才可能构成医疗事故罪"或"构成医疗事故就是犯罪"的习惯性思维与认识。根据前文分析,随着民事立法和司法实践中对医疗损害法律评价的"去医疗事故化",随着卫生行政法立法中"医疗事故"概念的轻缓化,医疗事故不再能体现出对医疗过失的严重否定评

---

[①] 张永艾:《关于罪名理论与实践的若干问题》,《铁道警官高等专科学校学报》2003年第2期。
[②] 〔苏〕A. H. 特拉维宁:《犯罪构成的一般学说》,王作富等译,中国人民大学出版社,1958,第4页。
[③] 高铭暄:《刑法学原理》(第二卷),中国人民大学出版社,1993,第140页。
[④] 王勇:《定罪导论》,中国人民大学出版社,1990,第26页。
[⑤] 高铭暄:《刑法学原理》(第二卷),中国人民大学出版社,1993,第146~147页。

价和严厉谴责,而"医疗事故"鉴定结论或鉴定意见存在生成障碍。上述因素共同导致对医疗事故罪的刑事追诉陷于窘迫境地。因此,如果刑法上继续沿用"医疗事故罪"的罪名,将产生罪名确定欠妥、定罪困难的局面,出现评价功能不准、威慑功能不足、安抚功能落空的负面效果。

**3. 设立医疗事故罪的刑法典第三百三十五条原文并没有直接规定,构成该罪必须以构成医疗事故为前提**

2008年《最高人民检察院、公安部关于公安机关管辖的刑事案件立案追诉标准的规定(一)》(以下简称《立案规定》)第五十六条规定了医务人员"严重不负责任"造成就诊人死亡或者严重损害就诊人身体健康而应予立案追诉的七类情形,并规定,"严重损害就诊人身体健康",是指造成就诊人严重残疾、重伤、感染艾滋病、病毒性肝炎等难以治愈的疾病或者其他严重损害就诊人身体健康的后果。可见,该规定从行为要件和结果要件两方面明确了本罪的立案追诉标准。这是认为医疗事故罪的罪名值得重新斟酌的理由之一。这也许与2008年该《立案规定》制定时,医疗纠纷民事审判中已经出现的对医疗事故鉴定与《医疗事故处理条例》作为民事赔偿法律依据的争议,法律界对"医疗事故"的日渐冷落有关。可以认为,这是迄今唯一的能够矫正刑法与民事法、行政法等法律相脱节带来的医疗事故定罪困惑的立法努力。

本文建议,最高司法机关应当通过司法解释,对刑法第三百三十五条设立的犯罪的罪名更新、分解为"医疗过失致人死亡罪"、"医疗过失伤害罪"两个罪名。

## (二)完善医疗过错责任鉴定制度

在"事实认定日益科学化"的今天,司法鉴定程序的公正性、科学性集中反映了诉讼制度的发展水平。① 对医疗事故犯罪刑事追诉所需要的鉴定意见生成机制,应当通过刑事诉讼法的司法解释尽快加以明确。根据《全国人大常委会关于司法鉴定管理问题的决定》第九条的规定,在诉讼中,需要鉴定的,应当委托列入鉴定人名册的鉴定人进行鉴定。但委托法医实施鉴定则存在

---

① 徐静村、颜飞:《司法鉴定统一立法要论》,《中国司法鉴定》2009年第6期。

临床专业欠缺的不足。医疗注意义务是法律所赋予的，但是注意标准则是一个医学判断问题。医疗过错应当从医疗过程来判断而不从医疗结果来判断，……医疗行为是否存在过错，亦即对医疗行为是否符合诊疗规范、是否违背医疗注意义务的判断。① 也就是说，医疗损害鉴定属"行为鉴定"而非结果鉴定，只有对医疗过程进行完整考察才能对医疗过错与因果关系作出正确的判断，必须由临床医学专家担任鉴定人。应当注重发挥医学会与司法鉴定机构各自的专业优势，建立两者共同参与的医疗过错鉴定体制，适应对刑法第三百三十五条所设犯罪的追诉需要。

此外，应将《医疗事故处理条例》单纯以构成"医疗事故"为行政处罚依据的规定修改为：发生医疗事故，或侵犯患者的生命健康权并使患者及家属遭受较大经济损失的，给予卫生行政处罚。

---

① 刘鑫、高鹏志：《医疗过错鉴定规则体系研究》，《证据科学》2012 年第 3 期。

# B.24 河南涉法涉诉信访工作机制创新研究

刘 旭*

**摘　要：** 近年来，河南涉法涉诉信访工作在改革试点、办案质量提升、信访源头治理、信息化平台建设等方面取得积极进展。但一些深层次的矛盾仍然制约着涉法涉诉信访工作的开展。要继续推进涉法涉诉信访体制机制改革进程、优化涉法涉诉信访权力运行机制、完善涉法涉诉信访考核体系、着力提升涉法涉诉信法治思维水平，采取多渠道、全流程的举措，强化对信访人权利的制度保障。

**关键词：** 涉法涉诉信访　机制创新　信访改革

党的十八届三中全会为河南涉法涉诉信访机制的改革创新指明了方向，提出了新的要求。为此，应加大涉法涉诉领域改革创新力度，积极推进涉法涉诉信访体制机制改革进程，进一步优化涉法涉诉信访权力配置和运行机制，不断完善涉法涉诉信访考核评价体系，下大力气提高党员干部运用法治思维、法治方式处理信访案件的能力，以更加健全完备的流程设计和制度保障，推动河南涉法涉诉信访法治化水平的提升。

## 一　河南涉法涉诉信访工作回顾

2013 年，河南政法系统贴近群众信访诉求，以解决涉法涉诉信访领域突

---

\* 刘旭，河南省社会科学院政治与法学研究所助理研究员。

出问题为突破口，加强涉法涉诉信访处理长效机制建设，完善涉法涉诉信访化解的制度配套，在改革突破、办案质量、根源治理、信息平台建设等方面取得进展。涉法涉诉信访体制改革全面启动，诉讼信访分离、信访终结机制等改革内容，推动运用法治原则和思维解决信访问题；办案流程控制的加强，社会化的案件评查和参与机制，使得涉法涉诉信访的办案质量稳步提升；人民调解、司法调解和行政调解等调解体系不断完善，多元化、综合性解决手段推广运用，涉法涉诉信访根源治理的效果逐步展现；现代信息媒介更多地应用到涉法涉诉信访受理和处置领域，涉法涉诉信访的信息化平台更为健全，信息化管理水平明显提高。

## （一）涉法涉诉信访机制改革全面启动

2013年是涉法涉诉信访机制全面改革的启动年。在中央层面，年初召开的中央政法工作会议明确将涉法涉诉信访机制改革作为今年工作的重点，要求涉法涉诉信访从普通信访中分离出来，引导涉法涉诉信访问题在法治轨道内妥善解决。为了深入贯彻会议精神，推进涉法涉诉信访工作法治化建设，河南省政法委按照中央安排和部署，结合实际情况，提出河南省推进涉法涉诉信访改革的指导原则、目标和改革试点举措，为这项工作的顺利开展提供了有力保障。

河南省委、政法委确定三门峡、信阳等5个城市为改革试点市，各改革试点市分别制订了关于涉法涉诉工作改革实施的试行方案，进一步明确涉法涉诉信访工作的改革方向、推进思路、制度及措施保障。方案要求各部门抓紧推动建立协作配合机制，通过组织开展案件评查、个案调查、执法巡查、执法检查等方式，强化对涉法涉诉信访工作的监督考核。各地市为此专门成立了改革试点工作领导小组，从组织、领导机制上为这项工作的开展创造条件。2013年9月11日，信阳市委政法委正式颁布《信阳市涉法涉诉信访工作改革试点工作实施方案》，全面启动涉法涉诉信访改革工作。方案确定了依法办理、解决问题、履行职责、源头化解的基本原则，要求推行诉讼信访分离制度，建立涉法涉诉信访事项导入司法程序机制。方案提出，对涉及民商事、行政、刑事等诉讼权利的信访事项从普通信访体制中分离出来，政法机关建立相应的审查、甄别机制，依照职责权限，正确引导此类信访进入法律程序处理；分流后的涉法涉诉信访案件，由政法机关根据法律和事实，对符合条件的要及时启动复议、重审；对已经穷尽法律程序的，严格落实信访终结制度，维护生效执法及司法裁决的法律效力。方案明确涉法涉诉信访机制改革的目标，就是要督促政法机关严格依照法定权限和程序履行职责、行使权力，形成权责明确、行为规范、监督有效的司法工作运行机制，确保政法机关各项职权始终在宪法和法律规定的框架内行使。

### （二）涉法涉诉信访案件办理质量提升

办案质量是涉法涉诉信访得到有效化解的根本保障。公正高效地执行和实施法律，做出有权威、有公信力的处理，是涉法涉诉信访工作经得起时间考验、实践检验和群众查验的关键。河南把办案质量提升和效率提升作为主线，按照为民、公正、高效、清廉的要求，建立健全案件质量标准体系、质量流程监管体系、案件评查及社会监督体系，从各个环节实施案件质量控制。通过采取并推行干警素质提升计划、案件隐患排查机制以及案件质量评分考核制度，促进案件质量全面提升，大力推动涉诉信访案件及时、高效化解。如泌阳县人民法院不断探索全方位、社会化的案件评查机制，将案件质量评查作为信访矛盾处理的前置程序，邀请监督员、人民陪审员、专家学者参与评查工作，及时向人大代表、政协委员和特邀监督员通报评查结果，通过扩大案件评查的社会参与度，完善案件评查的实施细节，提升案件评查的实施反馈和后期改正，着力构建以提升司法公信力为指向的案件质量控制机制。驻马店市政法委从2013年5月15日开始，组织开展了全市涉法涉诉信访突出问题集中攻坚活动，活动坚持案件办理和案件评查两手抓，在执法和司法环节深入推进办案规范化建设，着力提升执法、司法质量，对出现的涉法涉诉信访隐患，则全面加强案件评查和领导包案，严格办案质量要求和责任追究，有效化解了一批疑难复杂信访案件。到2013年10月22日，驻马店市法院系统共处理重大涉法涉诉信访"骨头案"和"钉子案"案件101件，办结息诉74件，办结息诉率为73.27%。

### （三）涉法涉诉信访源头治理效果显现

在利益分化加剧、社会深层次矛盾凸显的时代背景下，涉法涉诉信访面临着利益调整失衡、矛盾对抗激烈等深层次诱发根源。因而,有必要确立并贯穿源头治理的理念,深入查找信访案件产生的社会及心理原因,综合运用利益配置、纠纷调解、心理疏导、物质救助等多重方法,完善矛盾调处的相关制度设计和衔接,努力从源头上解决涉法涉诉信访突出问题。河南各地政法机关不断适应新形势下开展涉法涉诉信访工作的具体实际,在立案、办案、执行、申诉等法律环节,积极推行案前隐患排查、执法全程纠错以及分段分类化解的工作模式,结合执法司法工作流程开展调解介入、质量复查、思想疏导和司法救助,涉法涉诉信访案件源头治理的效果逐步展现。郑州市二七区法院从审判执行工作的实际出发,在立案阶段推行信访风险评估工作机制,认真抓好诉前调解和审前释法工作,做到防患于未然;在案件审理时实行调解前置制度,对发生不稳定情况和上访苗头的案件,一律设立由当事人代表、人大代表、政协委员、人民陪审团成员参与的阳光观摩庭,参与案件的讨论评议;在案件执行环节实施快速执行和司法救助相结合的措施,消除因执行效率、当事人困难状况等造成的执行阻力;在信访接待环节施行受理、督办以及领导包案制度,实行由多方代表组成的信访听证,消除当事人的对立情绪,促使上访人服判息诉。安阳市北关区人民法院狠抓涉法涉诉信访的源头化解工作,通过整合诉讼调解、行政调解、人民调解等多方调解资源,强化民事及刑事附带民事案件调解、执行和解以及行政纠纷的协调,努力把矛盾纠纷化解在萌芽状态,预防和减少不和谐、不稳定因素。该院在原有立案大厅的基础上,专门设置了立案调解窗口和诉前调解室,由经验丰富、法律政策水平较高的审判人员专门负责立案调解服务和诉前调解室工作,该举措自2013年9月起运行,在两个月时间内共受理案件279件,诉前调解成功140件,当事人自动撤销案件22件。该院把调解工作贯穿于庭前、庭中、庭后的各个环节,大力提高法官调解能力和做群众工作的水平,全力推动调解工作的开展。2012年以来,全院民事诉讼案件调解结案或经调解撤诉案件共1227件,调撤率达到53.4%。

## (四)涉法涉诉信访信息化平台建设日益完善

适应信息时代条件下传媒工具日新月异的要求,运用现代技术手段改造和提升管理和执法流程,成为政府加强与公众互动、提升政务运行效率的有效途径。河南在处理涉法涉诉信访的过程中，吸收和借鉴现代信息化管理精神，搭建多领域、多渠道信息化平台，引进并逐步运用网络信访投诉、在线信访处置、信访信息整合等办法，将便利快捷的信息化管理工具融入执法、司法信访的收集、互动以及决策执行中，极大地方便了群众的诉求表达，有效增进了政法部门化解信访、服务群众的水平。2013年8月，商丘市公安局网上公安便民服务平台正式上线启动。该平台以商丘市公安局为核心，链接该市7个县（市）公安局、188个派出所和690个警务室，共计885个公安网站的四级架构网站集群，针对涉法信访案件，平台开通了信访投诉、在线督办、信访咨询等6项网上信息公开栏目，涵盖了执法督察、复议、信息交办、处理公示等多项业务，实现了涉法信访24小时网上在线办理的一站式全程服务。不仅在信息化办公方面取得了显著的进展，微博、微信等现代信息手段也得到了越来越广泛的应用，发挥了吸取涉法涉诉信访呼声、快速反馈公众信访要求的积极作用。2013年10月，河南省高级人民法院、河南省公安厅、河南省工商行政管理局等6家单位，共同推出"河南微博民生服务日"主题活动，围绕执法和司法领域群众反映强烈的问题，在线受理并反馈广大网友提出的各类问题。河南省公安厅也开通了专门的"平安中原"政务微博，在国庆节期间，"平安中原"微博被转发62万余次，收到评论37万条，点击量超过1000万次，全省公安微博集群共接受咨询并提供服务6730次。

## 二 河南涉法涉诉信访工作机制存在的主要问题

当前，社会矛盾纠纷呈现易发多发的态势，矛盾纠纷调处制度供给不足，导致一些社会领域矛盾对抗激烈，带动信访案件激增和群体性事件的出现；社会转型期政府职能转变的滞后，执法和司法体系的粗放低效，涉法涉诉不公现象依然存在，针对执法和司法决定、工作人员作风等方面的异议及不满增多。具体到河南，涉法涉诉信访总量依然居处高位。有数据显示，2011年河南共处理涉诉信访案件19964件，占到全省涉法涉诉信访总量的57%。[①] 河南涉法涉诉

---

[①] 邢镭、宋向乐：《河南2011年处理涉诉信访案19964件占总量的57%》，大河网，2012年1月11日。

信访工作仍然面临着体制机制不科学、法治化水平不高、改革进程滞后等深层次问题，涉法涉诉信访处理的法治保障比较薄弱，信访人权利受损等现象比较突出。

## （一）涉法涉诉信访法治化程度不高

涉法涉诉信访问题尤其要求贯彻和遵守法律法规，在尊重宪法和法律权威的前提下，按照法定职责权限和法定程序，确立并实现法治的公平正义、程序正当、权利保障等价值目标。河南在涉法涉诉信访问题上普遍推行了集中受理、领导包案、考核追责制度，地方政府在制定和实施制度过程中采取的诸多方法和举措，诸如涉法涉诉信访混同处理，党政领导直接抓案件、信访考核排名及一票否决等，在合法性及合理性基础上值得认真的反思和探究。执法和司法流程的效果不佳，不少信访案件在信访部门化解不掉，而要依赖党政领导的重视和批示才能获得推动，信访受理和处置的长效性法律机制难以形成。政府机构多运用行政的手段、经济的手段，甚至其他法外手段来处理涉法涉诉信访。行政命令和权力协调占据主导地位，上级使用追责罢官手段督导下级，下级使用收买等非法手段来化解信访，而普通群众则通过闹访、缠访来维护利益。信访处置法治化机制的缺失，最终导致法律闲置、脱法行事的后果，法律的稳定性、权威性以及司法的终局性遭到破坏。

## （二）涉法涉诉信访考核机制不健全

加强涉法涉诉信访考核及责任追究，初衷是为了强化责任意识，构筑压力机制，督促有关人员全面履行职责，推动信访隐患的消除及案件的顺利化解。政府部门对涉法涉诉信访施行的考评及相应奖惩规定，将信访排名和官员政绩、升迁挂钩，以信访发生量、越级上访数、进京上访数为重点考核指标。信访评价的科学性不足，导致信访处置"重防控、轻解决"的局面，并催生了暴力截访、限制信访人自由、危害信访人人身及生命安全的极端行为。河南涉法涉诉信访处置考核方面科学性缺陷也是屡见不鲜，如河南省某市一区级人民法院制定的《人民法院关于涉诉信访工作月考评办法（试行）》规定：发生中央级交办的信访案件,每件每人扣20分,省级交办的每件每人扣15分。信访考核机制的偏差,将越级访、进京访等上访行为纳入受排斥、打压的位置,迫使地方动用各种资源和手段实施拦访、截访,既恶化了信访环境,又耗费了巨大的财政成本,使信访治理陷入恶性循环。

### (三)信访人权利保障机制薄弱

权利保障及其实现是衡量政府法治水平的重要维度。执法和司法进程立场的缺失,权利保障结构的失衡,成为涉法涉诉信访产生的制度性根源,当事人依靠正式法律制度难以获得公平对待和公正裁决,以上访为代表的利益表达及抗争便随之产生。河南省的涉法涉诉信访工作还存在知情阻碍、参与隔阂以及监督支持缺位等问题,特别是在以控制上访量为目标的信访考核体系下,一些地方动用政法力量围堵、拦截上访人,甚至使用威胁、暴力、监禁的手段阻止上访,殴打、关押上访人的现象时有发生。媒体曝光的内幕显示,相关的截访采取雇用社会闲散人员,委托保安公司抓人等办法,在北京多处地方设立"黑监狱",关押进京上访人员。震惊国内的外地进京截访人员非法拘禁一案就牵涉到十多名河南籍上访人。①

## 三 创新河南涉法涉诉信访工作机制的建议

深化河南涉法涉诉信访工作机制改革创新,要以党的十八届三中全会精神为指导,从体制机制建设入手,不断推进涉法涉诉信访法治实施战略。要把权力运行机制作为改革的重要内容,继续探索执法、司法权力科学化配置和有效分工,努力构造既遵循法治要求又体现信访工作规律的权力运行模式。针对信访考核产生的现实弊端,要修订涉法涉诉信访考核办法,加强信访考核内容的科学设计,确保信访考核的合法性、全面性和实效性。实现涉法涉诉信访改革目标,更要从观念上予以改造和更新,破除陈旧思想和人治思维的不良影响,推动以法治思维、法治方式处理信访问题。要将权利保障原则贯穿到涉法涉诉

---

① 权义:《访民披露"黑监狱"截访案细节》,《东方早报》2012年12月5日。

信访工作全程，通过优化制度设计，搭建制度平台，创造现实条件，构筑保障信访人权利的防线体系和制度屏障。

## （一）推进涉法涉诉信访机制改革进程

涉法涉诉信访的改革在全国全面推开，不少省份已经采取取消信访排名等改革举措，河南应当在改革试点的基础上，以深化改革为契机，进一步总结经验，完善涉法涉诉信访管理流程，推动涉法涉诉信访机制改革的深入开展。提升信访工作法治化水平，加强涉法涉诉信访的法治应对，关键是将法治的理念、原则和制度融入涉法涉诉信访的管理流程中，建立健全涉法涉诉信访信息甄别、分流、受理、处置等一系列环节的法规体系，构建涉法涉诉信访不当干预的排除机制，并采取信息化交流移转平台的搭建，以及法律援助和社会救助资源的跟进，着力提升涉法涉诉信访工作的规范化程度和法治保障水平。要加强执法和司法过程中法律救济途径的制度衔接，畅通复核、复议、上诉、重审等法定申诉渠道，通过提升办理效率，加强事实审查质量，改进人员素质和作风，以及推行各项便民利民措施等，增进执法和司法系统处理涉法涉诉信访的功能和效果，为在法治框架内解决涉法涉诉信访问题奠定制度基础。

## （二）优化涉法涉诉信访权力运行机制

"信访不信法"现实误区的背后，隐藏的是权力主治对法律主治的僭越以致取代。社会涉法涉诉信访寻求领导批示解决的模式，凸显出信访治理中权力过分集中、权力配置不合理的弊端。老百姓迷信党政领导重视、批示，而国家法律治理机制的失落，是权力过于集中而缺乏分工制约的外在表现。破除信访治理中的痼疾，就要以明确宪法和法律体系下的职责分工、推行法治化权力运行机制为突破。近年来，各地探索司法职权的优化配置，推行主审法官、合议庭办案责任制，都是推进涉法涉诉信访权力运行机制的有益尝试。河南可以立足区域情况，不断探索权力科学化配置和有效分工机制的改革，从基层自治、社会化参与以及地方权力配置等方面深化理论研究和制度实践，为涉法涉诉信访机制改革开辟新的路径。针对人事、财政、司法事务向党政中枢集中的倾向，要构建符合宪法权力构架原则的地方权力运行机制，在党政部门与执法和司法部门之间,明晰权力分工的界限和范围,杜绝党政领导非法干预执法和司法进程,乃至主宰执法和司法启动权、复核权、决策权以及终结权的情况。在执法和司法部门内部,也要纠正一言堂、领导说了算的集权弊病,确立办案人员对事实和法律负责的权力配置机制,推动执法及司法的申诉和异议能够在部门、在基层得到化解。要继续推广信访处置中听证、陪审、监督员制度,改变以往信访社会参与中的有职无权、形式化参与盛行的现象,搞好社会参与中的权力配置和分工,推动专业人士、民间力量在涉法涉诉信访中的深度参与、实质参与和有效参与。

### (三)完善涉法涉诉信访考核机制

传统的信访考核体制注重以信访量,尤其是越级上访、进京上访量为标准,对地方官员实施一票否决、责任追究等压力机制,造成信访机制的扭曲和异化。出于压缩信访量的目的,地方部门把主要精力放在关键时段、重要部位的拦访、截访活动上,信访考核对涉法涉诉案件更带来司法权独立行使方面的负面影响,滋生以调代判、风险上交等问题。因此,涉法涉诉信访考核机制的改革,要实现从信访数量防控到信访问题有效解决的重心转移,改变过去将信访发生量作为主要考核标准的做法,综合采取信访受理渠道及平台的完善度、信访处置质量和效率的情况、信访反馈及案后整改的速度和情况、信访隐患发生的相关责任追究、信访公开透明化处理的程度等多项指标,从信访制度建设、基础设施建设、信访人员工作作风和效率等方面,确立对涉法涉诉信访工作的正确导向,真正反映涉法涉诉信访工作现实规律,规范和约束涉法涉诉信访相关权力运作,推动涉法涉诉信访工作目标落实到位。河南的涉法涉诉信访考核,应当适应改革的要求和呼唤,尽快取消信访地市排名的做法,改变信访考核中以排名压责任,甚至实施一票否决的举措,引进科学的信访评价指标,加强信访的质量考核、效率考核和制度化考核,进一步构建内容科学、顾及全面、奖惩得力、实施有效的综合性信访考核体系。

### (四)提升运用法治思维处理涉法涉诉信访的水平

法治思维的运用是衡量法制建设程度的重要标志。推动涉法涉诉信访在法治的轨道上解决，关键是以法治的视角和观念看待信访，确立依法行事、权力制约、权利保障、公平正义等法治理念，为信访案件依法解决提供思想认识保障。当前，制约河南涉法涉诉信访深化改革的思维障碍仍然较为顽固，行政解决的思维、权力服从的思维、依赖领导指示的思维普遍存在，破除陈旧观念和人治思维的任务紧要而迫切。执法、司法人员及信访干部要树立宪法法律至上的意识，养成依规范用权、按制度办事的心理和行为习惯，着力强化规则意识、制度意识和底线意识，切实遵守宪法、诉讼法确定的职责分工和法律实施流程，做到思想状况和行为表现与法律立场、原则、规范的一致。尤其要用法治思维和法治方式对待上访行为，摒弃上访即闹事、访民即刁民的思维定式，强化权利保障意识，站在尊重人民主体地位、执法为民、司法为民的立场上，从权利保障的维度认知权力、职责的属性，尊重并重视公民权利表达，倾听并反馈公民利益诉求。法治思维也包括尊重并遵守法定程序的思维，对于涉法涉诉案件处理，办案人员要秉承客观、中立、公正的原则，强化公开透明、听取意见、听证等程序观念，确立期限和效率意识，自觉接受程序的约束，维护法律程序的权威性和公信力。

**（五）不断强化对信访人权利的制度保障**

权利保障是法治实现的主线，为公民权利提供更为健全完善的制度保障，也是涉法涉诉信访工作的出发点和着力点。河南的涉法涉诉信访工作不断取得进步，要立足于提供更为现实充分的权利实现条件，搭建权利维护的制度和设施平台，改进保障权利行使的工作流程设计，为公民实体权利及程序权利的享有创造有力的支持。信访是宪法当中公民表达权及批评、建议权的重要体现，因此要从保障公民基本权利行使的角度，运用现代科技手段和传媒工具，改造并提升信访渠道效能，开通多样化、更为便捷的信访途径，通过探索推广信访邮资免除、网络在线信访等工作办法，降低信访提起的各项成本；也要利用信访制度网络，整合法律援助和社会救助资源，推广权利告知制度，完善权利救济的部门衔接和地域衔接，着力保障公民接近公正裁判的权利。在信访受理及处置的各项环节，要全面实施信访公示，严格信访工作进度通报反馈，做到信访处置全程公开透明，维护信访者及社会公众的知情权；在信访相关的事实核查、决定做出、听证组织等事项上，要认真听取当事人申辩意见，接受当事人及媒体公众的监督，畅通信访参与和监督通道。河南务必在全省范围内开展一次拦访、截访等违法行为的大排查、大清理、大整顿，对策划、组织、实施侵犯公民信访权、自由权、人身权的行为，运用党纪、政纪处罚以及法律责任的追究，予以彻底制止和清除。最终，通过制度、组织和观念上加强权利导向，优化信访流程设计和制度安排，着力增进制度纠偏和权利救济的效能，完善公民权利的防线体系和保护屏障。

# B.25 河南农村留守妇女权益法律保障研究[*]

黄进才 黄延廷[**]

**摘 要：** 目前，河南省农村留守妇女的权益缺失突出地表现为身体健康权益受损、生活安全感缺乏、文化教育权利难以保障等，其中有着深层的社会根源，应在实际考察和理论分析的基础上，从激励农地流转、城乡一体化发展、完善女权法律等方面设计农村留守妇女权益法律保障的具体路径。

**关键词：** 农村留守妇女 合法权益 法律保障

随着改革开放的深入，城市化的步伐加快，农村人口向城市转移的效果已经十分明显，农村留守妇女是在人口转移过程中出现的一个特殊社会群体，由于丈夫在家庭生产生活中的缺位，她们面临着生活发展的诸多新问题。对她们的权益进行理论和实证研究，将推动全社会关注留守妇女进而改善她们的社会地位，无疑对社会的和谐发展具有重要的应用价值。

## 一 河南农村留守妇女权益保障的现状

### （一）生产压力较大，身体健康权益受损

农业生产活动本来主要是由男子承担的，这从"男"字的书写结构上即

---

[*] 此文系国家哲学社会科学基金项目《新生代农民工城市融入法律制度创新研究》（12BFX092）、教育部人文社会科学研究规划基金项目《农地流转法律制度创新研究》（13YJAZH036）的阶段性成果。

[**] 黄进才，河南师范大学法学院院长、教授，河南十大杰出中青年法学家，主要研究领域为经济法学；黄延廷，河南师范大学法学院副教授。

可看出,即由"田"和"力"两个字组成,这就是说,田间的劳动力是男人,男人就是田间的劳动力,说明农业耕作的承担者应是男人而非女人。中国几千年的传统农业社会就是通过"男耕"这样的生产方式延续下来的,不仅非常和谐,而且还促进了民族的繁荣。然而,我国改革开放以后,随着工业化、城市化的发展,家庭男性到城市务工,留下女性在家里承担农业劳动,从生理上来讲,这些女性干起不适合自己、不属于自己的工作,这样就产生了农村留守妇女的生产压力大、精神负担重等种种现象。超负荷的劳动、压力很难使这些妇女的身体机能维持正常状态从而维护其健康利益,换言之,她们的身体健康权受到了严重侵害。①

2013年8月,课题组对河南省N市几个村庄的调查发现,在农忙季节,20%左右的农村留守妇女每天的劳作时间在6~8个小时,60%的农村留守妇女每天的劳作时间在8~10个小时,还有20%左右的农村留守妇女每天的劳作时间在10个小时以上,这一部分妇女主要是家里喂养牲畜,如猪、羊、牛等(当地的农民称这是家庭货币收入的最主要来源,一只羊能卖近千元,一头猪能卖几千元,一头牛能卖1万~2万元,而一亩小麦卖钱的话收入不到一千元),每天忙完地里活以后,还要给它们弄吃的,如煮猪食、割草喂牛羊等,所以时间还要延长几个小时。虽然相当一部分农活已经使用机械作业,但还有一部分农活还得手工作业,最典型的就是山坡地、河洼地、极小块零星地、地头、地边这些地方都是机械所无能为力的,只能人工农作;另外,小麦的耕种、收割、玉米的耕种可以机械作业,但玉米的收获还得手掰玉米。一位受访妇女曾这样描述她们的感受:"玉米地里闷热、不透风,掰着玉米,汗流浃背,再加上玉米秆上的灰不断地往脖子里钻、玉米叶子又不时地拉着皮肤使人浑身痒痒,甭提有多难受了,当我掰完一行玉米并把它们装包扛出来时,几乎就要晕倒了。"可见,农村留守妇女的身体健康权益在繁重的体力劳动中受损极大。

### (二)面临较多困扰,生活缺乏安全感

由于家庭主要男性劳动力的离开,农村留守妇女遭受多方面的困扰,她们

---

① 鲜开林:《农村留守妇女合法权益问题的调查分析》,《财经问题研究》2011年第4期。

的生活缺乏安全感,这集中体现在以下两个方面。

**1. 面临婚姻家庭破裂的危机**

丈夫出外务工,特别是到较远的大城市务工,他们"常回家看看"的愿望不仅时间上不允许,经济上更不允许(回家的费用较高,再者还耽误工作,损失了该挣的收入),这样他们只能是半年回一次家,甚至一年回一次家。常年不回家,夫妻之间的距离逐渐拉大,而丈夫们由于情感和生理的需求,很容易产生婚外情。时间一长,农村留守妇女就面临着要么离婚、要么婚姻名存实亡的危机,随之家庭财产也会因此而分离或分割。众所周知,目前农村家庭的主要收入已是非农收入,这些收入完全由丈夫们掌控,农村留守妇女们无从查知。一旦离婚,由于女方经济不能独立,同时在自己的财产权保护上又观念淡薄,使得男方在婚姻危机、打算离婚阶段很容易把财产隐匿起来、转移出去,女方最后只能分得极少的财产,因此成为最大的受害者。

**2. 可能受到性骚扰的侵害**

课题组在调研中发现,在农村性侵害案件中,70%以上的受害者都是留守妇女。法律上赋予妇女们众多的维权手段,但她们很少使用。主要原因在于:第一,害怕性侵者打击报复;第二,说出去怕有损自己的声誉和引起丈夫的猜疑;第三,个别基层干部甚至是公安民警为了谋取个人利益经常威胁、利诱她们与性侵者和解。这些因素使打击性骚扰的行为受到影响。

## (三)文化教育权利保障不力

**1. 教育机制难以满足继续教育的诉求**

在课题组调查的农村留守妇女当中,文化程度普遍偏低,其中小学未毕业的占14.9%,小学毕业的占到35.4%,初中毕业的占到47.2%,而高中及以上毕业的仅占2.5%。虽然她们的文化层次较低,但她们大多都拥有继续接受教育的想法。当问及原因时,80%左右的妇女都表示是为了更好地教育子女和提高农业科技水平,20%左右的妇女则回答是为了给自己充充电,以便掌握经济、计算机、法律等方面的知识,使自己跟上时代的步伐。然而,当问及"您曾经通过哪些途径接受继续教育"这一问题时,一半左右的农村留守妇女表示她们只是偶尔接受过乡里或者村里举办的文化知识普及和技能培训,并且她们一致表示这样的文化知识普及和技能培训活动根本满足不了她们提高自己各方面水平的需求。另外,在大部分农村地区,没有志愿者义务支教、专项技能证书培训班之类的活动来帮助农村留守妇女满足她们的愿望,更没有教育部门针对农村留守妇女的具体情况开展的相关文化知识宣传和辅导活动。

**2. 文化娱乐方式单调,生活得不到有效调剂**

在课题组调查的农村留守妇女之中,几乎全部都愿意参加各式各样的文化娱乐活动,使自己的生活更加丰富多彩。可是,现实生活中她们参加文化娱乐的途径非常有限,其中打纸牌、打麻将的占到70%左右,看露天电影的占50%左右,参加庙会的占40%左右,看戏曲表演的占25%左右,自己参加唱歌、跳舞活动的仅占15%左右,甚至还有20%左右的调查对象主要是干活回来看看电视。概而言之,农村留守妇女文化娱乐活动的休闲度、娱乐度、放松度,都达不到预期水平。

## 二 河南农村留守妇女权益缺失的理论分析

### (一)农业生产方式的快速转型

在工业文明还没有到来的农业社会里,一家一户男耕女织、自给自足的小农耕作方式尽管没有给予人们普遍的平等和充分的自由,但它造就了一个"父慈,子孝,兄良,弟悌,夫义,妇听,长惠,幼顺"的和谐秩序。在这种社会结构中,农村妇女根本不存在生产压力,也没有现代社会所谓的婚姻家庭危机,至于文化生活的阙如,是由于整个时代的落后,因此表面上她们拥有她们应当拥有的一切。但是,进入近代,市场经济、科学技术主宰了社会,农村也受到了极大的冲击。农民也是追求利益最大化的理性经济人①,市场经济的高效益吸引着他们抛妻、离子、弃地进入城市淘金。在工业化、城市化的浪潮之下,传统农业生产方式的式微使农村的一切从根本上失去了平衡,也导致农村妇女的利益受到了种种侵害。要想改变这种局面,根据马克思历史唯物主义

---

① 〔美〕西奥多·W. 舒尔茨:《改造传统农业》,梁小民译,商务印书馆,2006,第32~46页。

中经济基础决定上层建筑的基本原理,必须从经济上在农村确立一种新的生产方式使农村社会结构得到重建从而使农村妇女在其中处于一种新的平衡才能使她们的权益重新得到保障,因此农村生产方式的变革是农村妇女获得新生的社会基础。

### (二)城乡发展的二元差异性

我国城乡二元的发展体制是目前农村留守妇女各方面权益得不到保障的根本原因之一。其中,城乡不同,并且分离的户籍制度使农村留守妇女在她们基本权利保护的起点上就输于城市居民。农村户籍的诸多局限性限制了留守妇女的迁徙自由,如城市限制农村人口在城市的居留(暂住证只是短时期合法居留的凭证),农村人口在城市不能享受正常工作保障和福利保障(没有失业金、基本生活费、医疗保险金等),农村妇女在严格的户口等级制中,处在宝塔式等级阶梯的最底层,一系列权利被侵害就成自然之事。随着社会转型的加剧和城乡之间的人口流动和劳动力的转移速度大大加快,城市里的工业升级了,人力资本提高了,科技化、信息化更强了,城市的发展突飞猛进、一日千里,城乡差距越拉越大,城乡隔离更为严重,她们享受不到应有的社会公共资源,她们的合法权益就会得不到保障。

同时,城乡二元差异性在经济发展、政治参与以及文化教育等方面的具体表现是当前农村留守妇女各方面权利有所缺失的具体根源和派生根源。第一,城市经济优先发展的二元差异性导致城乡居民收入本来就有的差距更加扩大,地区优势再加上政策优势使城市的经济优势愈益明显,农村留守妇女的经济纯收入与城市居民的经济纯收入差别悬殊。第二,政治参与的城乡二元差异性使得农村留守妇女参政议政的话语权大打折扣,她们的利益诉求得不到充分的表达,因此权益受损的状况就只能一直延续。第三,文化教育方面的城乡二元差异性使得农村留守妇女的受教育权、休闲权、娱乐权和幸福权的权利指数显著下滑。

### (三)维护妇女权益的法律法规滞后

**1. 我国现行维护妇女权益的法律法规操作性不强**

我国现有法规对农村妇女权益的切实保护明显不力。《中华人民共和国妇女权益保障法》第四十条规定："不得对妇女实施性骚扰"，这应该是我国法律首次明文禁止性骚扰行为，然而法律并没有详细明确"性骚扰"的概念和界定标准，对具体实施造成了很大的困难，因此从法理上讲，"性骚扰"不过是一个空白"罪状"，还有待"填充"。

**2. 维护妇女权益的许多方面还没有规定**

在我国法律中没有明确承认各国都已充分保护的配偶权，对于配偶权被侵害怎样补偿以及如何处罚侵犯配偶权的行为也没有具体规定。① 对于明知他人有配偶、仍然与有配偶者同居的严重侵犯他人配偶权的行为，法律上还没有明确其应承担的法律责任，这是很多农村留守妇女婚姻破裂的直接原因。另外，民营企业雇工带薪休假没有纳入法律也是农村留守妇女感情、婚姻危机的一大原因。总之，当前的法律法规既不能有效地覆盖农村留守妇女权益保障的方方面面，又难以具体解决她们权益面临侵袭的现实问题。

## 三 加强河南农村留守妇女权益法律保障的建议

根据以上实际考察和理论分析，课题组认为，河南目前需要从以下几个方面加强农村留守妇女权益的法律保障。

### （一）制定农地转出转入法规，促进农地流转

在工业化、城市化的大背景下，农业生产方式变革的方向是农地规模化、产业化、现代化经营。实行这一变革后，普通农户的土地必须向农业经营自然禀赋较高的种植大户转移，或者向资金以及技术实力都很强的农业企业流转，大量的农村留守妇女就可以从繁重的农业体力劳动中解放出来。没有了超负荷的劳动压力，她们的身体和心理健康就可以得到保证。从党的十六届三中全会、十七届三中全会到党的十八届三中全会，包括《中华人民共和国物权法》等政策法律中都提出了农地流转、农地适度规模经营、农业现代化经营的精神和措施，然而，农地流转的比率较低，农地零碎化经营依然严重，农业生

---

① 林云飞：《社会转型下农村留守妇女权益的保障》，《人民论坛》2012年第36期。

产方式还非常传统。在新型农业当中，农地资源的重新优化配置是改革的起点和关键，而我国农地流转不动虽然有政策、福利保障、生产习惯、传统文化等各方面的原因，但经济刺激不够还是最为现实的主因。综观世界各发达农业国家和地区，都经历过农地流转不佳的时期，但在强化政策激励引导之后，都产生了土地的有效集中，为农业现代化经营打下了良好的基础。[1] 无论是从借鉴各国和各地区的成功经验来说，还是从农地、农业经营的特殊规律、基本理论来看，要想实现农地的规模化经营必须采取必要的具有农地规模化偏向的激励、引导措施来促进农地的流转方向，具体可以从以下两方面着手。

**1. 制定激励农地转出的法律法规**

农地转出包括转包、租赁、转让三种方式。转包是在本村成员范围内租赁土地；租赁是把土地租赁给外村的人员或者单位耕种；转让是卖断土地承包经营权，在此一承包期内不再拥有土地耕种权，对方则可以在长时期内使用土地，这种方式非常有利于土地的投资、开发、改良，有利于提高农业生产效率。所以在具体奖励农地流转的措施中，给予的流转奖励或者流转补贴应该有所区别。如可以给予转包、租赁农地的农户每年每亩200~300元的奖励或补贴，给予转让农地的农户每年每亩400元左右的奖励或补贴，也可以学习法国的做法给予一次性奖励。

**2. 制定激励农地转入的法律法规**

应当给予农地转入方一定的补贴。目前，农地经营成本偏高，如果给予一定的补贴，就可以降低他们的经营成本，提高他们的利润，转入方自然也会把土地使用费再涨一些，反过来这又刺激了土地的流转，形成了良性循环。在规定转入方的转入补贴时，可以采取比较灵活的方式，如既可以给予转入土地者每年每亩200元的补贴，还可以只给予100元的货币补贴，剩下的以农业生产设备补贴、种子补贴、化肥补贴、技术补贴等形式给予，或者不给货币补贴，全部以各种生产资料补贴的形式给予。[2]

---

[1] 黄延廷：《农地流转、规模化进程中的农地流转制度创新研究》，《社会科学》2012年第1期。
[2] 孙自铎：《论经济发展中的双滞后与加快土地流转的新路径》，《江淮论坛》2011年第1期。

## （二）加快户籍制度改革，统筹城乡发展

**1. 废除城乡二元户籍制度**

为了保护农村留守妇女的权利，必须从根本上废除城乡二元户籍制度，加快城乡统筹发展。因此，河南农村留守妇女权益问题的解决有赖于国家一些基本法律、政策的变革。

实行全国统一的户籍法律以后，一部分有能力的妇女可以不再受到户籍的羁绊，很容易到城市工作、生活，充分实现自己的人生价值；一部分妇女虽然没有到城市谋生的能力，但愿意随着丈夫到城市中一起生活，也有利于她们婚姻家庭稳定；剩下的仍留在农村的妇女，由于城乡二元体制的消除，城乡公共福利、文化教育、消遣娱乐等方面的一致发展，她们的权益也会得到较好的保障，享受幸福的生活。在全国统一的户籍法中，其内容应充分反映户籍制度的基本功能，应包括以下几个方面：第一，进行公民身份登记，为国家人口管理提供相关数据和其他的基础性资料。第二，确认公民的民事权利能力以及民事行为能力，证明公民的身份。第三，允许公民自由迁徙，只要符合公民的意愿，迁出地和迁入地不得以各种理由加以拒绝，一旦拒绝，侵害到公民的自由迁徙权，应当有详细、具体的措施给以救济。除了以上功能之外，户籍法不得附载任何其他的社会功能和行政功能。

**2. 统筹城乡发展措施**

统筹城乡发展的具体措施应该包括以下几个方面。

（1）实行统一的经济政策。既然国家已经赋予了城市发展的优惠政策，那么按照公平发展的原则，现在国家政策应该开始向农村和农业领域倾斜。具体应该制定"农民增收和农业发展支持法"，其中要明确规定农业基础设施、土地管理、农村金融、生产资料购买、农产品销售、农业技术现代化等方面的具体支持措施。为了保证这些措施的落实，这部法律中还应规定国家保证农民增收、农业发展的资金支持数字以及逐年增加的比例。

（2）实行统一的继续教育政策。实行统一的义务教育支持法规可使农村妇女的基本学历达到高中、职专以上，实行统一的继续教育政策可使农村妇女的文化知识水平进一步提高，实行统一的职业培训法规可使农村妇女的技术技

能水平达到生产的需要。

（3）实行统一的文化政策。当前，可在有关法律中增添农村文化娱乐设施建设办法、经费划拨管理办法以及有关工作人员培训办法等，建成和城市统一的文化娱乐场所，配置有一定水平的文化干部和专业技术人员，使农村妇女拥有享受文化娱乐生活、享受社会发展成果的基本条件，满足她们的精神需求。①

### （三）完善相关法律，有效保障农村妇女权益

在《中华人民共和国妇女权益保障法》中，应对性骚扰的法律概念不断加以拓展、细化、明晰，或者在相关的实施细则中做出具体规定，这才有利于打击农村性骚扰，保护农村留守妇女。另外，还应制定有益于受害妇女举证的证据标准，可将受害妇女偷拍、偷录证明性骚扰行为的证据纳入合法证据的范围，除非这种方式侵害了他人的合法权益或者违反了法律的禁止性规定。

同时，应在《婚姻法》中明确第三者侵害配偶权的民事责任。在以后的法律修改中应规定：第三者明知对方婚姻关系依然存在仍与对方发生婚外情，第三者与过错一方配偶均应当承担相应的民事侵权责任。在追究侵权责任之前，可设置禁止令予以警告，要求他们停止侵害。如仍继续侵害，他们应该承担更为严重的法律后果。

此外，基于"法律面前人人平等"的理念，带薪休假、探亲假不应该主要限于国家机关、人民团体和全民所有制企业、事业单位的固定职工，这些单位的临时工、民营经济实体包括各厂、矿、公司等以及外资企业员工的带薪休假、探亲假权利也应该有明确的规定。并且应严格执行国务院有关休假的处罚性条款，对拒不支付员工假期期间薪酬的，属于国家机关和企事业单位的，对主管人员依法给予处分；属于其他单位的，由相关人事部门、劳动保障部门或职工自己申请人民法院强制执行。

---

① 贾先文：《农村公共服务社区化运作机制的构建》，《现代经济探讨》2012年第3期。

# 法治反腐篇

## B.26
## 河南法治反腐运行态势分析与前瞻

闫德民*

**摘　要：** 目前，河南法治反腐运行态势良好，法治反腐理念日渐深入人心，法治反腐的法制基础已经初步形成，依法制约和监督权力运行初见成效，依法惩治腐败的威慑力逐步显现。但影响法治反腐平稳健康运行的不利因素尚存，与法治反腐理念相悖的封建残余思想尚待进一步清除，反腐败法律法规制度体系尚待进一步健全，对权力运行的制约和监督尚待进一步加强。就改善河南法治反腐运行状况提出对策建议，对法治反腐运行趋势进行展望。

**关键词：** 法治反腐　运行态势　权力制约监督

---

\* 闫德民，河南省社会科学院政治与法学研究所所长、首席研究员。

党的十六大以来特别是近年来，随着全国反腐败法治化进程明显加快，法治在河南惩治和预防腐败中的功能作用日渐得到较好发挥，为新形势下全省党风廉政建设和反腐败斗争提供了重要的制度保障。但是，由于人们对法治反腐①重要性的认识还不够到位，国家的反腐败法律体系尚不够完善，法治反腐运行的配套机制尚不够健全，相关法律制度的刚性和执行力亟待增强。因此，目前河南反腐败法治化的总体水平还不够高。在可以预见的未来一个时期，随着法治反腐的理念更加深入人心和相关法律制度的健全与完善，法治反腐的组织机构及其运行机制更加科学化、规范化，法治思维和法治方式将成为河南党风廉政建设和反腐败斗争的主导思维和最重要方式，法治在惩治和预防腐败中的功能作用将得到更充分的发挥。

## 一　河南法治反腐运行态势总体分析

近年来，河南坚持依法治省和廉洁兴省战略不动摇，不断提高国家反腐败法律法规的执行力，着力加强地方性反腐败立法工作，坚决依法查处大案要案，始终保持对腐败分子的高压态势，全省法治反腐呈现出良好的运行态势。

### （一）法治反腐理念日渐深入人心

法治是治国理政的基本方式，也是反对消极腐败、建设廉洁政治的根本路径。在依法治国、建设社会主义法治国家的大背景下，河南鲜明地提出了依法治省和廉洁兴省战略，强调把党风廉政建设和反腐败斗争纳入法治轨道，坚持用法治思维和法治方式反对腐败，加快反腐模式从传统反腐向法治反腐的转变。持续开展依法反腐思想教育，引导纪检监察和司法机关工作人员摈弃人治思维，牢固树立法治思维，坚持宪法和法律至上，严格按法规制度办案，把全部反腐工作都置于法治框架内进行，使对所有贪腐案件的查处都始终秉持法治

---

① 北京大学法学院教授、博士生导师姜明安对法治反腐所下的定义是：通过制定和实施法律，限制和规范公权力行使的范围、方式、手段、条件与程序，为公权力执掌者创设公开、透明和保障公正、公平的运作机制，以达成使公权力执掌者不能腐败、不敢腐败从而逐步减少和消除腐败的目标。

精神，始终以法治精神为依归。全省纪检监察机关广泛开展了"依纪依法安全文明廉洁办案"专题教育活动，分期分批对省、市、县三级纪检监察机关分管案件工作的领导及相关人员进行了专题培训。全省法院系统则集中开展了社会主义法治理念教育活动，坚持以人民群众满意为根本标准，始终把端正执法思想放在首位，引导广大干警准确把握社会主义法治理念的科学内涵和本质要求；坚持开门教育，动员社会各界广泛参与，切实整改存在的问题，以实际行动践行社会主义法治理念；相继开展法院思想作风整顿活动，集中清理执行积案专项活动和集中处理涉法涉诉上访案件工作，解决了一大批案件和问题，取得了良好的社会效果，全省排查出的积案执结率达到95%；全省上半年新收执行案件执结率达到85.2%，涉法涉诉进京非正常上访由过去的前5名下降到第13名，教育活动群众满意率达到90.6%。① 经过各方面的共同不懈努力，法治反腐理念已在河南省渐入人心，依法反腐正在成为全省纪检监察和司法机关工作人员的自觉行动。

### （二）法治反腐的法制基础已经初步形成

坚持法治反腐理念，把全部反腐工作都纳入法治轨道，前提是必须要有一套反腐败的法律法规体系。这是法治反腐的重要基础。没有这样一个法律法规体系，或者这种法律法规体系不健全、不完善，法治反腐就会因为缺乏其应有的法制基础而被束之高阁，或者使其功能作用受到一定的影响和削弱。为了奠定法治反腐的法制基础，这些年来，我们党先后制定和施行了《中国共产党党员权利保障条例》、《中国共产党党内监督条例（试行）》、《中国共产党巡视工作条例（试行）》等党内法规制度；为确保公共权力的正确行使，我国制定了《中华人民共和国行政许可法》、《中华人民共和国公务员法》、《中华人民共和国行政监察法实施条例》等基础性法律法规制度；为依法依纪惩治腐败，国家还制定并不断完善包括刑事处罚、党纪处分和政纪处分在内的惩处违法违纪行为的实体性法律法规，并加入了《联合国反腐败公约》。同时，河南省也在加紧通过地方立法来构建反腐败法制基础，先后出台了《河南省反腐

---

① 张建新：《我省社会主义法治理念教育经验叫响全国》，《河南日报》2007年8月25日。

败条例》，制定了《关于严格禁止违反规定干预和插手公共资源交易的若干规定》、《关于进一步规范招投标活动的意见》、《工程建设廉洁准入暂行办法》等项制度。经过上述努力，反腐败法规制度体系的基本框架已逐步建立起来，法治反腐的法制基础已初步形成，并在制约和监督权力运行的实践中发挥了基础性和关键性的作用。

### （三）依法制约和监督权力运行初见成效

腐败本质上是权力腐败。权力一旦失去制约和监督，必然导致腐败。预防和治理腐败，核心是加强对权力运行的制约和监督。法治的核心要义是约束公权力、保障私权利。依靠法治制约和监督权力，把权力关进制度的笼子里，是有效预防和治理腐败的根本路径。近年来，河南省在实践中通过全委会听取党委常委会工作报告，在济源、荥阳、夏邑等市县进行党代会常任制试点，探索在党代会闭会期间发挥党代表的作用，发挥党代会和全委会对重大问题的决策职能。在全国较早地提出了要加大对县（市、区）的巡视力度，将全部县（市、区）纳入巡视范围，并积极拓展巡视范围，不仅将市县四大领导班子及其成员纳入巡视范围，而且还将市县两级纪委领导班子也纳入了巡视范围。[1]坚持制约有效、规则在前、程序严谨，把对权力行使的监督检查纳入各项改革中，逐步建立健全决策权、执行权、监督权既相互制约又相互协调的权力结构和运行机制。在进一步深化行政管理体制改革中，继续精减和调整行政审批事项，完善并联审批、全程代办、特事特办等高效便捷服务机制。在深化对司法体制和工作机制改革过程中，注重完善对司法权运行的制约监督机制，健全司法公开、司法回避、司法问责等制度规范，确保司法机关公正廉洁执法。[2]

### （四）依法惩治腐败的威慑力逐步显现

依法惩治腐败，是法治反腐的内在要求和题中应有之意。要有效遏制和治理腐败，必须始终保持惩治腐败的高压态势，坚决依纪依法严惩腐败。近年

---

[1] 杨波：《河南巡视工作：为中原经济区建设当好助推器》，《中国日报》2011年1月19日。
[2] 尹晋华：《在中共河南省第八届纪律检查委员会第六次全体会议上的工作报告》，2011年1月30日。

来,河南省在突出抓好反腐制度建设、强化对权力运行的制约和监督的同时,坚持有案必查、有腐必惩,持续加大办案工作力度,突出办案重点,严肃查办违反政治纪律行为,坚决维护中央权威;严肃查办发生在领导机关和领导干部中贪污贿赂、失职渎职案件,重点领域和关键环节中的案件,严重违反政治纪律和组织人事纪律的案件,重大责任事故和群体性事件涉及的失职渎职及背后的腐败案件;严肃查办商业贿赂案件,加大对行贿行为刑事处罚、经济处罚和资格处罚力度;严肃查办发生在基层政权组织和重点岗位以权谋私、滥用职权的案件;严肃查处执法机关以案谋私、贪赃枉法和为黑恶势力充当"保护伞"等案件。据中共河南省委常委、省纪委书记尹晋华答记者问时提供的数据,2007年11月至2013年5月,全省纪检监察机关立案80687件,给予党政纪处分87818人,其中市(厅)级干部137人,平均每年25人。① 有关数据还显示,6年多来,河南省共计查处县(处)级干部2405人,平均每年查处373人、重处分112人、移送司法机关43人。② 经过上述努力,一些人民群众反映强烈的突出问题得到阶段性的解决,初步遏制了消极腐败现象的进一步滋生和蔓延,增强了全省广大干部群众反腐败的信心,依法惩治腐败的威慑力在河南得到初步显现,并呈现出继续增强的良好发展态势。

上述可见,近年来河南法治反腐运行态势总体良好,这种总体良好的运行态势,不仅表现在各种法治反腐举措的陆续推出上,也不仅表现在查处腐败分子的具体数字上,更表现在人民群众对全省党风廉政建设和反腐败斗争成效的满意度上。人民群众满意不满意,是检验和衡量党风廉政建设和反腐败斗争成效的最根本标准。2011年初国家统计局河南省调查总队开展的2010年河南省党风廉政状况民意问卷调查结果显示:近六成群众对当前本省党风廉政总体状况给予肯定,超过七成半的群众对近年来河南党风廉政建设和反腐败斗争成效表示认可,群众对本省党风廉政状况满意率连续5年稳步上升。③ 2012年9月

---

① 尹晋华:《以"恶"对事 以善对人》,《检察日报》2013年7月2日。
② 陈曦等:《收拢五指 重拳惩腐——河南省纪检监察机关加强案件查办工作纪实》,《中国纪检监察报》2013年9月27日。
③ 郭海方:《河南党风廉政状况民意问卷调查显示群众满意率连续5年稳步上升》,《河南日报》2011年1月26日。

至10月,中共河南省纪委与国家统计局河南调查总队联合开展的这项民意调查结果又显示:2012年群众对党风廉政建设和反腐败斗争成效表示"满意"和"较满意"的占72.82%,满意率较2011年提高了3.26个百分点[1]。人民群众满意度之所以能够得到持续提升,依法反腐在其中发挥了非常重要和不可替代的作用。

## 二 影响河南法治反腐平稳健康运行的不利因素

近年来,河南法治反腐运行态势总体良好,腐败现象得到较为有效的遏制,取得了社会满意度有明显提高的成效。但是,在现实中影响河南法治反腐平稳健康运行的不利因素依然存在。

### (一)封建残余思想尚待进一步清除

尽管经过近年来的思想教育,法治反腐理念逐渐得到河南广大纪检监察和司法机关工作人员的认同与践行,并日渐深入人心。然而,中国是一个拥有几千年封建专制统治历史的国家,人治观念和"官本位"意识等封建残余思想在人们心灵上打下了深深的烙印。在封建专制统治的历史长河中,作为华夏文明重要发祥地的河南长期处于全国的政治、经济、文化中心,封建思想意识在这里的积淀尤为深厚,上述封建残余思想在这里也就更加根深蒂固。应当说,我们党领导人民进行的新民主主义革命是彻底的,但是肃清封建残余思想影响的任务完成得并不是那么彻底。时至今日,上述封建残余思想还幽灵般地潜伏在一些领导干部的头脑里,影响和支配着他们的思想和行动。由于"官本位"意识和人治思想作祟,少数领导干部认为权比法大,有权就可以不受法律约束,就可以凌驾于法律之上,就可以以言代法、以权代法、以权压法。在这些封建残余思想的影响下,少数领导干部不注重运用法律武器反腐败,而是片面强调个人人格魅力和道德教化的作用,习惯按长官意志办事,使得有些法律制

---

[1] 陈曦等:《收拢五指　重拳惩腐——河南省纪检监察机关加强案件查办工作纪实》,《中国纪检监察报》2013年9月27日。

度得不到应有的贯彻执行，在一定程度上影响了法治在反腐败中应有作用的发挥。

### （二）反腐败法律法规制度体系尚待进一步健全

反腐败法律法规制度体系不健全、不完善，是目前影响法治反腐实际效果的一个重要原因。一是长期以来我们主要是依靠党内的红头文件来反对腐败的，党纪党规有余，国家法律法规制度不足，是一个不争的事实。我们并不否认党内红头文件在反腐败斗争中所发挥的作用，但是必须承认与国家法律法规制度相比，党纪党规的刚性、权威性和震慑力相对较弱，往往是原则性规定较多，可操作性的规定较少，因而执行起来随意性和弹性比较大。二是目前我国尚缺少像"中华人民共和国反腐败法"或"中华人民共和国廉政法"这样一部专门法典。我国反腐败法律法规制度体系现存的一个明显缺陷，就是总体上呈现分散状态，部分法律程序不够严密，立法方面存有空白、盲点和缺项。缺乏一部系统、完整的反腐败法典，在很大程度上影响了法治反腐的实际效果。三是反腐败法律法规制度之间的彼此关联性比较差。现有的反腐败法律法规制度缺失顶层设计，相互之间不协调、不匹配、不配套，缺乏应有的关联性和协同性，有些彼此重叠甚至相互抵触，也在一定程度上影响了法治反腐的效果。

### （三）权力运行制约监督法治化程度尚待进一步提高

目前，河南的反腐败斗争已经取得了阶段性的重要成果，但是从总体上说形势依然比较严峻，腐败现象在一些领域仍然易发多发，一些重大违纪违法案件影响恶劣。滋生腐败的深层次原因，既有权力过分集中而又得不到有效制约的问题，也有制约和监督权力刚性不足的问题。当下腐败现象之所以易发多发，不仅在于制约和监督权力运行的制度不健全、不完善，同时还在于这些制度对权力运行的制约和监督尚缺乏足够的有效性。造成这种有效性不足的原因，既有制度执行不力的问题，也有制度本身不科学、不规范、不严密的问题，更有制度法治化程度不高、刚性严重不足的问题。如作为我们党和国家的根本组织制度和领导制度，民主集中制是防止权力滥用、遏制权力腐败的最重要的基本制度，但是即使是这样一个重要的基本制度，也长期体现在党内的红头文件里，而没有以党内、国家或地方性的立法形式对其作出具体和详细的刚性规定，因此在实践中违背民主集中制原则的现象屡见不鲜，一些人自恃位高权重、胆大妄为，竟公然肆意践踏这一重要原则。现在，一些地方"一把手"制约监督难，难就难在民主集中制原则得不到有效的贯彻执行，其深层原因则是由于民主集中制未被纳入法治轨道而使之执行刚性不足。

## 三 改善河南法治反腐运行状况的对策建议

习近平总书记在十八届中央纪委第二次全会上发表的重要讲话中指出："要继续全面加强惩治和预防腐败体系建设，加强反腐倡廉教育和廉政文化建设，健全权力运行制约和监督体系，加强反腐败国家立法，加强反腐倡廉党内法规制度建设，深化腐败问题多发领域和环节的改革，确保国家机关按照法定权限和程序行使权力。要加强对权力运行的制约和监督，把权力关进制度的笼子里，形成不敢腐的惩戒机制、不能腐的防范机制、不易腐的保障机制。"[①] 党的十八届三中全会审议通过的《中共中央关于全面深化改革若干重大问题的决定》进一步强调指出："坚持用制度管权管事管人，让人民监督权力，让权力在阳光下运行，是把权力关进制度笼子的根本之策。必须构建决策科学、执行坚决、监督有力的权力运行体系，健全惩治和预防腐败体系，建设廉洁政治，努力实现干部清正、政府清廉、政治清明。"[②] 这些重要论断，为推进法治腐败、建设廉洁政治指明了方向。实施依法治省和廉洁兴省战略，推进河南党风廉政建设和反腐败斗争，客观上要求切实解决法治反腐运行中存在的突出问题，加快推进河南反腐法治化进程。为此，提出对策和建议如下。

### （一）着力提高对法治反腐重要性的认识

党的十八大报告强调指出，依法治国是党领导人民治理国家的基本方略，法治是治国理政的基本方式，要更加注重发挥法治在国家治理和社会管理中的

---

① 习近平：《在十八届中央纪委二次全会上发表重要讲话》，《人民日报》2013年1月23日。
② 《中共中央关于全面深化改革若干重大问题的决定》，《人民日报》2013年11月16日。

重要作用。针对目前人们对法治反腐重要性的认识还不够到位的现实情况，应通过各种形式，加强对各级领导干部、相关工作人员乃至广大人民群众的法治反腐教育，着力提高其对法治反腐重要性的认识。要使他们认识到，法治是反腐败的利器，是反腐败斗争取得胜利的重要保证，要把反腐败斗争置于法治的框架内来进行。要使他们深深地懂得，只有坚持依靠法治反腐，才能确保我们反腐败的正当性、稳定性、持续性和有效性。要教育和引导他们坚决摒弃人治思想、"官本位"意识等封建残余思想，牢固树立法治意识，培养法治精神，强化法治思维，掌握法治反腐方式方法，不断提高法治反腐的自觉性和能力、水平。

### （二）建立健全反腐败法律法规制度体系

健全和完善反腐败法律法规制度体系，一是加强国家和地方反腐败立法。反腐败专门法律的出台，是一个国家惩治和预防腐败体系基本框架形成的重要标志。没有这样一部专门法律，构建惩治和预防腐败体系基本框架就无从谈起。要抓紧时间研究制定我国反腐败的专门法律，从根本上确立和完善我国惩治和预防腐败体系的基本框架。加强反腐败立法，既要注意加强防范性方面法律的立法，又要注意加强惩戒性、制约监督性等方面法律的立法；既要坚持统筹兼顾，充分考虑反腐败立法的全面性、系统性，又要分清轻重缓急有序推进，注意反腐败立法的针对性、有效性。要在中央和地方立法并行的前提下，河南省的地方立法可以先行一步，大胆地进行立法实践，为全国立法积累经验、探索路子。二是抓紧研究制定事关反腐倡廉工作全局的重要法规，出台与《中国共产党纪律处分条例》和《行政机关公务员处分条例》等一系列重要法规的相关配套规定。三是进一步增强各项反腐败立法之间的协调性，使它们彼此相互配合、相互补充、共同作用，以避免其相互之间的不一致甚至冲突。

### （三）提高权力制约监督法治化水平

法治不仅意味着公权力要严格依法行使，还意味着要把对权力的制约和监督纳入法治的轨道。制约和监督权力不是无序的随意之举，它必须以法律为依据，受法律的规范和约束。推进权力制约和监督法治化，既要通过一定的权力制度体系来实现和维系权力制约和监督的合法性，又要着力推进相关制度规定的法治化。一是要以明确的法律规范确认权力行为主体行使权力的法理基础。权力主体的施权行为必须有法律依据，任何缺乏法律依据的权力运作行为都是非法的和无效的。根据权责对等原则，应在相关法律法规和规章中明确权力行为主体违法行使权力行为的种类，规定其应承担的法律责任。二是要明确界定权力主体的职权范围和行权边界，并使之法律化、制度化。权力主体须严格按法定边界行使权力，越界行使且对权利构成侵害的须承担相应法律责任。三是要科学、严密的权力运行程序。要对权力运行程序的各个环节进行合理设定，尤其要明确规定权力主体行使权力的方式和步骤，使权力运行的各环节在时间和空间上相互衔接，在功能上相互协同。为此，必须着力推进权力运行程序的法治化。

## 四 河南法治反腐运行趋势展望

从总体上看，今后一个时期河南法治反腐运行将呈现出持续向好的态势，法治反腐理念更加深入人心，反腐败法律法规制度体系更趋完善，权力制约和监督的法治化水平进一步提高。

### （一）法治反腐理念更加深入人心

随着法治反腐教育的逐步强化和各种教育举措的落实到位，该项教育的效应将日益显现，人们比以前更加尊重法律、敬畏法律、信仰法律，对法治反腐重要性的认识将随之得到进一步提高，法治反腐将成为人们的共识，法治思维将成为人们开展党风廉政建设和反腐败斗争的主导思维方式，法治方式将成为人们开展党风廉政建设和反腐败斗争的行为准则，法治反腐理念的本质内涵和基本要求更多地融入规范反腐倡廉的长效机制中去，过去那种习惯于依靠权力发号施令、甚至无视法律规范的行为和现象将会大为减少。

### （二）反腐败法律法规制度体系更趋完善

未来一个时期，将是国家进行反腐败立法的重要黄金期，包括"中华人民共和国反腐败法"或"中华人民共和国廉政法"等专门法律在内的一系列惩治和预防腐败的法律法规或将陆续制定和颁布施行,河南也将根据本省党风廉政建设和反腐败斗争的实际需要,制定并颁布施行与之相配套的实施办法,并制定和出台适合本省实际的反腐败的地方性法规,反腐败法律法规制度长期以来存在的一些空白和漏洞空间将被进一步压缩,有的或将完全消失,整个反腐败法律法规制度体系将更加系统、严密,进一步健全、完善,河南法治反腐的法制基础将被进一步夯实。

### (三)权力制约监督 法治化水平将达到新高度

随着反腐败法律法规制度体系的进一步健全和完善,权力行为主体行使权力的法理基础或将以明确的法律规范得到确认,权力运行的边界将以法律法规的形式更进一步地加以明晰,权力运行的法定程序也将趋于更加科学和严密,权力的赋予、行使与交接等均由法律法规作出明确规定,有权即有责、用权必负责、责权相统一的制度和机制渐趋健全和完善起来,越过权力边界行使权力、不按法定程序滥用权力并且造成一定后果者,将视情节轻重被追究法律责任。

**参考文献**

王彦军:《我国现行权力监督制约机制的主要弊端与缺陷探析》,《理论导刊》2003年第9期。

孙力:《现代政治文明的重要取向:权力监督的法治诉求》,载于《当代中国:发展·安全·价值——第二届上海市社会科学界学术年会文集》(上),2004。

李凤龙:《论权力监督制约机制与廉政建设》,东北师范大学硕士学位论文,2003。

中央纪委法规室、研究室:《法制化:廉政建设的必由之路》,《人民日报》2002年4月11日。

陈朝宗:《权力制约与权力监督的制度创新研究》,《福建行政学院学报》,2008年第5期。

巴剑鸿:《权力运行法治化的构建》,第六届中国·无锡法治建设论坛网络展评,2013。

巩建华、郭万敏：《我国政治权力运行法治化探析》，《前沿》2010年第15期。

郭道晖：《法治新模式与新动力：以社会权力制约国家权力》，《学习与探索》2009年第5期。

阎德民：《地方政府权力扩张和失范及其治理路径选择》，《中共郑州市委党校学报》2012年第3期。

〔美〕丹尼斯·朗：《权力论》，陆震纶等译，中国社会科学出版社，2001。

〔美〕罗伯特·达尔：《民主理论前言》，顾昕、朱丹译，三联书店，1999。

〔德〕弗里德里希·尼采：《权力意志》，孙周兴译，中央编译出版社，2000。

〔德〕尤尔根·哈贝马斯：《公共领域的结构转型》，曹卫东等译，学林出版社，2002。

〔美〕苏珊·罗斯·艾克曼：《腐败与政府》，王江等译，新华出版社，2000。

〔英〕伯特兰·罗素：《权力论：新社会分析》，吴友三译，商务印书馆，1991。

阎德民：《中国特色权力制约和监督机制构建研究》，人民出版社，2011。

# B.27 网络反腐的法治化研究*

马 欣**

**摘 要:** 网络反腐是反腐利器。但是,由于人们的法治意识不强,网络反腐运行的法律体系和配套机制不够健全;网民在进行网络反腐时违反道德精神甚至是违法的行为时常发生。建议将网络反腐纳入法治化轨道,作为体制内反腐的稳定组成部分,以最大限度发挥网络反腐的积极效应,避免其副作用和消极社会影响。

**关键词:** 反腐倡廉 网络反腐 法治化

2013年伊始,一件发生在河南省郑州市的网络反腐事件轰动全国,引起社会舆论广泛的关注。此次事件起源于微博爆料,后来被称为"房妹"事件。虽然名字为"房妹",但是事件的主要被举报人却是"房妹"之父——郑州市某区房管局原局长翟某。翟某在担任房管局局长时,利用职权倒卖数百套经济适用房,一家4口每人均有两个户口,坐拥29套房产。从2012年12月26日首次爆料开始,到2013年1月6日被证实涉嫌违法违纪的翟某遭刑事拘留,短短的十几天时间,事件的发展一波三折,不断升级发酵。中央电视台、人民日报、新华网等各大媒体、报纸、网络持续跟踪报道,并发表评论;数千万网民积极参与,留言发表看法,助推事件发展,一时之间成为舆论关注的焦点,也成为2013年度"表哥""表叔""房叔"等系列网络反腐事件中的一个典型

---

\* 本文为国家社会科学基金项目《反腐倡廉建设中防治窝案串案问题研究》(11CDJ018)的阶段性成果。
\*\* 马欣,河南省社会科学院政治与法学研究所助理研究员。

案例。在整个事件当中,网络成为推动事件发展的主力。

中央纪委十七届第七次全会指出,要健全网上舆论引导机制,发挥互联网等新兴媒体在促进反腐倡廉建设中的积极作用。① 2013年9月2日,定位于"信息公开、新闻发布、政策阐释、民意倾听、网络举报的主渠道、主阵地"的中央纪委监察部网站正式开通,成为社会各界关注的焦点,该网站"网络举报"功能在多个功能中尤为受到公众关注。可以看出,正是由于网络反腐的显著效应,中央对网络在反腐倡廉中发挥的积极意义已经开始关注。

## 一 网络反腐的重要性分析

反腐败必须依靠群众。党的十八届三中全会强调,让人民监督权力,让权力在阳光下运行。网络无疑是发挥群众积极性,支持群众参与反腐倡廉建设的新载体。全国人大代表、河南省高级人民法院院长张立勇在接受人民网记者采访时指出:"网络反腐取得了一些很好的效果,可以对腐败分子形成震慑,有的腐败分子通过揭露,很快被处理、查处。通过网络反对腐败是当前反腐倡廉的一个新兴的平台和载体"。②

### (一)扩大民主监督的新途径

党的十八届三中全会明确指出,要健全民主制度、丰富民主形式,从各层次各领域扩大公民有序政治参与。据《中国互联网络发展状况统计报告》,截至2013年6月,我国网民规模达5.91亿,互联网普及率为44.1%,分布于不同年龄层次、社会层次。③ 网络的发展为人们提供了自由、即时、充分的意见表达空间,数亿网民不论什么样的身份,轻松就拥有了网络话语权,再加上随

---

① 《中国共产党第十七届中央纪律检查委员会第七次全体会议公报》,《人民日报》2012年1月11日。
② 张立勇:《"网络反腐"是反腐倡廉的新载体》,人民网,2013年3月9日。
③ 中国互联网络信息中心(CNNIC):《第32次中国互联网络发展状况统计报告》,中国互联网络信息中心网站,2013年7月17日。

着我国民主政治进程的加快发展,广大民众对公共事务的知情、参与、表达、监督意识和监督行为的不断增强,使得网络背后隐藏着一双双群众雪亮的眼睛,构成了对官员监督的"天网"。在网络反腐中,网民通过网络行使民主监督权利,及时对现实生活中官员的各种违规、违纪、违法现象展开披露、质疑和监督,通过网络反腐的磁场效应能够迅速聚合广泛的群众关注并参与监督,继而推动网络舆论的形成。在网络舆论的重压之下,使得相关职能部门迅速行动,投入审查处理当中,促使案件解决的进程加快,网络监督成效显著。如"微笑表哥"杨某因在交通事故现场"微笑"遭受舆论质疑,其多块知名奢侈手表也被网友揭露而遭调查至最终落马,这与网民坚持不懈地围观、追问和监督不无关系。据统计,中央纪委监察部网站开通以来,举报网站统计的网络举报数量呈现明显上升之势。2013年9月2日至10月2日,中央纪委监察部举报网站统计的网络举报数量达2.48万多件,平均每天超过800件。① 可以说,网络反腐借助网络平台扩大了公民的民主监督权利,很大程度上使公民的知情权、参与权、表达权和监督权得到了落实。

### (二)廉政文化宣传和警示的新阵地

**1. 网络作为新兴媒体,与传统媒体相比,在廉政文化宣传和警示方面拥有无法比拟的特殊优势**

网络综合了诸多传统媒体的优势,也摒弃它们存在的缺陷,使其在信息传播中具有即时方便、数量宏大、受众面广、功能强大,传递内容立体直观、生动形象等特点,为廉政文化宣传开辟了一个全新的天地。网络上的廉政文化宣传在内容上可以汇集世界各地、古今中外丰富多彩的廉政文化信息及优秀成果,克服以往廉政文化宣传内容乏味的缺陷;在形式上可以是文字、广告、视频或者动漫,图文并茂、视听兼具,弥补传统廉政文化宣传形式单一的不足。网络改变了以往廉政文化宣传呆板、枯燥、说教的面貌,正在变得灵活、有趣、亲民,喜闻乐见,老少皆宜。

---

① 王少伟、姜永斌:《"开门反腐"的有力之举:写在中央纪委监察部网站开通一个月之际》,《中国纪检监察报》2013年10月8日。

**2. 网络反腐的显著效应起到了震慑和警示广大干部的作用，增加了腐败的成本**

在"全民反腐"的网络时代和舆论高压态势下，官员们的一言一行、一举一动都难以逃脱公众的视线，网络反腐成为悬挂在官员们头上的达摩克利斯之剑，让腐败分子无所遁形。随着单某"承诺书"事件、雷某不雅视频事件、"房姐"龚某事件等诸多典型案件中多名问题官员因为网络反腐"倒下"，使一些潜在腐败分子认识到，监督就在身边，自己的不良言行举止曝光于网上受到舆论压力乃至党纪国法惩处的机会成本加大，受此影响，他们必然会加强自身规避风险的意识，变得自律，腐败生存的空间被压缩。

**（三）提高举报和反腐败效率的新渠道**

2013年全国"两会"期间，全国人大代表、河南省人民检察院检察长蔡宁在接受记者采访时指出："河南检察机关立案查处的贪污贿赂等职务犯罪案件有一半以上来自群众举报，包括网络举报。"[①] 蔡宁介绍说，近年来，通过网络举报，给办案机关提供线索，使得腐败分子很快被查处、处理，扳倒了一批腐败分子，网络反腐取得了一些很好的效果。与传统的举报方式相比，网络举报操作简单，方便快捷，而且不受时间、地域、身份的限制。再加上如今许多腐败分子的腐败形式越来越具有隐蔽性，越来越具有迷惑性，仅仅依靠纪检部门往往力不从心，这就需要发动广大的人民群众投入反腐败这场硬仗中。群众的眼睛是雪亮的，网络则是汇集群众眼睛的最佳平台。网民一旦在网上提供腐败行为的"蛛丝马迹"，通过网络的迅速传播，产生极强的放大效应，短时间内便会引起社会的广泛关注。纪检监察部门鉴于巨大的舆论压力，会及时介入，提高对事件的调查处理力度和速度，增加事件查处的透明度，第一时间把调查处理结果公之于众，回应社会的普遍关注，给广大人民以满意的交代。2012年11月20日，重庆市北碚区原区委书记雷某因不雅视频在网络上被曝光，次日有关部门表示注意到此事，并开始核实。22日，有关部门确认有关视频并非PS，继续核实当事人身份。23日上午11时，重庆市纪委确认不雅视

---

① 蔡宁：《河南"腐败案"过半来自群众举报》，《河南商报》2013年3月12日。

频主角为雷某本人，宣布免去其书记职务，并立案调查。有网友称，63个小时，一个正厅级干部被微博秒杀，舆论一片哗然①；7个月后（2013年6月28日），重庆市第一中级人民法院一审判处雷某有期徒刑13年。② 人民群众通过网络积极参与到反腐中，让反腐加力提速，反腐硕果累累。在强力的网络反腐面前，腐败分子"闻网色变"、战战兢兢；人民群众拍手称快、积极参与，成为反腐进程中的重要力量。

## 二 网络反腐目前存在的主要问题

网络反腐是反腐利器，也是一把双刃剑，既有建设性，又有破坏性。当前，由于我国的法治化程度还不够高，人们的法治观念还比较薄弱，国家对网络反腐运行的法律支撑体系和配套机制建设尚不够健全，违反道德精神甚至是违法的网络反腐行为在网络上大行其道。通过网络发布虚假信息，散播网络谣言，诽谤诬陷，恶意炒作，侵犯隐私权，宣泄对社会不满情绪的攻击、诋毁性言语等现象和问题不容忽视。

### （一）网络反腐法律机制还不够健全

目前，我国网络反腐的发展尚处在一种自发的、民间的状态，虽然官方已经看到网络反腐的巨大影响力，并采取措施在积极面对、回应蓬勃发展的网络反腐，但是我们还是非常遗憾地看到，对于规范网络反腐有序、健康运行的法律法规建设明显滞后。武汉大学法学教授周叶中说："网络反腐本质上并不是法治的，它还带有一种'人治'甚至是'运动式'的思维。"③ 可以说，缺乏法律支撑已经成为网络反腐的最大问题。网民因在网上实名举报官员的违纪违规情况而遭受到官员打击报复的事件时有发生，网络举报人的人身安全该如何

---

① 孔璞等：《雷政富不雅视频摄于5年前 曝光63小时后被免职》，人民网，2012年11月24日。
② 魏一东等：《雷政富因涉嫌受贿罪一审被判有期徒刑13年》，人民网，2013年6月28日。
③ 李柯勇等：《两会新华视点：代表委员探讨网络反腐倒逼公权力改革》，新华网，2013年3月9日。

保护？一些居心叵测的网络匿名举报信息片面、不实、虚假，对遭举报官员的形象造成难以弥补的损害，被举报人的合法权益该如何维护？如何认定"人肉搜索"的侵权责任，如何惩治发布虚假信息、散播网络谣言，恶意诽谤诬陷，恶意炒作、侵犯隐私权、宣泄对社会不满情绪的不当言语等行为，诸此种种，我国的法律并没有与时俱进、因时制宜地给出明确的答案。由于缺乏规制网络反腐运行的相关的监督管理、违法责任追究、损害补偿救济法律制度，缺乏统一的运作程序、工作流程、接纳和反馈机制，难以满足当前网络反腐发展的需要，导致网民通过互联网举报腐败现象存在无序、混乱、盲目的情况也就不足为奇了。若要规范网络反腐，使其沿着有序、健康的道路前行，当务之急是要将网络反腐纳入法制化的轨道。

### （二）网络反腐可能侵犯隐私权和名誉权

网络是一个巨大的、隐蔽的、匿名的信息平台，网民在进行网络反腐的同时，受困于自己的道德水平、法律观念或者素质能力，在不能证实自己所掌握的资料属不属实或者是自己道听途说的情况下，便将当事官员的"腐败行为"不负责任地随意举报公开有之；运用"人肉搜索"，揭露公布官员及其他相关人员的隐私有之；和某位官员有过节，为了打击报复，编造虚假事实，恶意诽谤诬陷，对官员进行人身攻击有之；操纵网络话语权，在网络上进行谩骂、侮辱、中伤、诋毁官员，严重误导舆论有之。这些做法的后果，侵犯了当事官员的隐私权和名誉权，同时也使一些无辜的家属及相关人员受到牵连，损害了他们的合法权益，甚至造成更严重的后果。张立勇就指出："网友有时候掌握的情况不一定是那么扎实、全面，可能会偏听偏信。这样的情况下，如果在网络上公布，就很容易对无辜的人造成伤害。这对一个官员的形象损害很大，如果再修复过来很困难。"① 比如2012年网络上爆料的广州"房婶"事件，一度闹得沸沸扬扬。后经广州市纪委查实，泄露李芸卿房屋信息的是广州市国土房管局一名编外人员，而李芸卿与3个儿子共有16套房产，购房资金来源都合法。此事件来源于房地产交易登记中心的一名编外人员受人所托，将当事人的房产

---

① 张立勇：《"网络反腐"是反腐倡廉的新载体》，人民网，2013年3月9日。

信息泄露，被别有用心的人在网络上发布。① "房婶"事件最终证实属于子虚乌有，一方面说明这是一件虚假的网络反腐事件；另一方面虽然还当事人一个清白了，然而其过程对当事人及其家人所造成的伤害恐怕短时期内难以弥补。

### （三）网络反腐可能干扰司法程序

网络是一个巨大的信息集散地，公开透明，以自媒体反腐形式表现的网络举报在诉诸舆论时，不管是主观还是客观、有意还是无意，都可能对现实的司法侦查和审判工作带来一定的消极影响，具体表现为：公开的网络举报容易导致举报信息大规模扩散，可能会起到风吹草动的作用，致使被举报人一方面恐吓、打击报复举报人；另一方面迅速转移、销毁犯罪证据，或与相关人员事先相互勾结，串通一气，给案件查处工作带来阻力，不但加大查处难度，造成查处成本的增加，而且导致很多事情无法查清。在司法程序中，为了保护当事人及其相关人员的名誉、隐私、生活和工作，在案件尘埃落定之前，侦查工作实行的是保密性和不公开原则，而网络举报和爆料则严重干扰这一原则，使其失效。案件的审判是要以事实、证据为根据，以法律为准绳的，但一些案件由于网民和媒体的过度关注和深刻介入，民意鼎沸，万众瞩目，无形中给案件的审判处理带来了巨大的压力，在强大的舆论压力下可能会影响司法公正。在舆论一边倒的局面下，司法机关在办理相关案件时或多或少会参考、照顾网民意见，则可能出现审判被媒体、民意、网络所绑架等现象，损害了审判的独立性。缺乏法律规制的民间自发性网络反腐正游走在法律的边缘。我们应充分认识到，网络反腐必须依法而行，群众审判不能代替正常的司法程序。

### （四）网络反腐可能扰乱社会秩序

网络是一个虚拟的空间，面对如此多"幕后"的网民，我们无法判断其发表言论的真实性，面对网络上大量的真假难辨的反腐举报信息，如果一一去核实的话，工作量巨大，那么只能造成相关部门的疲于应付，并在回应网民舆

---

① 扶庆等：《广州"房婶"事件尘埃落定　网络反腐应减少误伤》，新华网，2012年12月22日。

论上面临巨大压力。大量揭露腐败的举报信息，也正在影响着人们的正常视听和判断，觉得腐败已成为大部分官员的通病，一有哪个官员腐败举报信息爆料出来，不经过查处、证实，网民们就会偏听偏信，觉得是真的。而一旦经过相关部门核实，确认举报信息的虚假、当事官员并无腐败行为时，网民们就会对调查结果充满怀疑，认为可能是官官相护的包庇，哪有不腐败的官呢？我们的政府部门正在遭遇严重的信任危机，严重影响其权威公正的形象，不利于工作的顺利进行。网络反腐的持续进行，已经使网民们习以为常和麻木，常规的举报已经引不起关注。反腐举报信息为了抓人眼球、引人注意、造成轰动，晒房产、放艳照、揭小三、曝名表，网络反腐越来越向低俗化、娱乐化方向发展，充斥着大量的炒作和哗众取宠，而人们也会以看热闹的心态参与进来，造成网络环境的乌烟瘴气，形成扰乱社会正常秩序的严重后果，也严重削弱了反腐的正当性和严肃性。

## 三 推进网络反腐法治化的对策建议

将网络反腐纳入法制化、制度化轨道，构建科学合理、秩序井然、依法运行的网络反腐体制机制，使其沿着依法、理性、有序、健康的方向发展，才能以最大限度发挥网络反腐的积极效应，避免其副作用和消极社会影响，使其成为我国反腐工作的一个很好的补充和必要的组成部分。

### （一）建立健全网络反腐法律法规体系

应加快网络反腐立法步伐，为网络反腐运行提供法律保障。第一，要制定保护网络举报人方面的法律法规，明确进行网络反腐是网络举报人的合法权利，国家保护网络举报人的合法权利不容践踏、轻视和打击，当举报人受到威胁的时候，应有相应的保护措施；当举报人遭到打击报复，人身、财产安全遭受损失的时候，应有相应的救济补偿规定；当举报人对反腐有重大贡献的时候，应有相应的奖励机制。通过有关的法律法规，给网络举报人以肯定、支持和保护，使其勇于举报、敢于举报。第二，制定相关法律法规，"科学界定知情权与隐私权、政务公开信息与保密信息、社会监督与造谣诽谤、言论自由与人身攻击的界限，合理界定非法信息的范围。"① 通过相关法律规定，明确网络举报人所承担的义务和进行网络反腐时的界限，使网络反腐有法可依、有章可循，为反腐败提供畅通、合法的渠道。第三，对于违反法律法规的明确规定，通过网络捏造事实诽谤诬陷他人，发布虚假信息，散播网络谣言，恶意炒作，侵犯隐私权，宣泄对社会不满情绪的攻击、诋毁性言语等行为应依据情节轻重和危害程度，制定惩处措施，依法追究其法律责任。

## （二）健全和完善网络反腐运行机制

应尽快完善规范网络反腐运行的运作程序、工作流程、接纳和反馈机制，为网络反腐有序发展保驾护航。第一，要完善网络举报平台，畅通反腐渠道。当前的网络举报主要是在微博、论坛、社区、博客中进行，举报信息数量巨大，情况纷繁复杂，处理指向不明，除了一些引起巨大舆论关注的事件外，其他的都石沉大海、杳无音讯，这样不利于网络反腐的顺利进行。为了推进更有效的网络反腐，各级政府应整合现有资源，创新举报方式，开设专门的网络举报通道和平台，因地制宜地接受本地区的反腐举报，可以更有针对性地处理这些举报信息。第二，要完善举报信息处理和反馈机制。接收到网络举报信息后，有关部门要及时汇总、梳理和甄别，分析举报信息的真实客观性，快速进行处理，认真进行查证，不断提高信息处理效率，尽快给举报人以合理、满意的回应。第三，要完善信息公开制度。在推进网络反腐的进程中，党政机关等职能部门，应坚持党务公开、政务公开、信息公开，让权力公开透明，在阳光下运行，自觉接受人民群众的监督。第四，完善舆论引导机制。面对汹涌的网络舆情，政府部门应做好疏通和引导工作，而不是"堵"、打压或是掩盖。通过搭建权威的信息发布平台，定期与网民沟通交流，解答网民关注的热点、焦点问题，解决网民的实际困难；对于重大网络反腐事件，及时向网民公布和披露案件审查处理进程，满足网民的知情需求；及时解释、澄清网上的虚假言论、不实信息，解除公众的猜疑、推测，引导网络舆论朝着释放正能量的方向发展，营造良好的网络反腐舆论环境。

---

① 王苏生：《设立部门甄别网曝信息防恶意造谣促检举精准》，《信息时报》2013年1月25日。

### （三）加强网络反腐法治化的宣传教育

加强法律和道德的宣传教育，提高网民素质，增强网民依法进行网络反腐的能力。通过各种途径和渠道，加大对网民进行依法网络反腐的宣传教育，使网民认识到，网络虽然是虚拟的、匿名的、看不见摸不着的，但它不是不受约束、随心所欲地爱怎么表达就怎么表达的空间，在行使网络反腐的监督权时依然要受到法律和道德的双重制约。作为网民，一方面要提高自身的法律意识和法律素质，真正认识到在网络中行使监督权哪些行为、哪些言论是违法的，是需要承担法律责任的。网上反映官员问题时，要以事实为依据，客观公正，不夸大、不歪曲、不捏造、不诋毁，严格遵守法律的规定，不挑战法律的界限和权威。另一方面要加强自身的思想道德学习，提高自己的个人素质和道德素养，在积极进行网络反腐的同时、在跟帖回复时，自觉做到不造谣、不信谣、不传谣，不助长谣言的蔓延、传播，发现网络谣言要积极举报。加强自律能力、自控能力，自觉做网络健康环境的维护者，为构建一个健康有序的网络舆论环境做出自己的努力。

**参考文献**

《中共中央关于全面深化改革若干重大问题的决定》，《人民日报》2013年11月16日。
罗维鹏：《法治视野下网络反腐热的冷思考》，《湖南工业大学学报》（社会科学版）2013年第4期。
孔令兵：《法治视野下的网络反腐》，《行政与法》2012年第2期。
傅达林：《"网络反腐"尚需法律支持》，《经济参考报》2009年6月9日。
朱根明：《网络反腐 法规制度建设须跟上》，《人民公安报》2012年9月6日。
苏显龙：《网络反腐须纳入法治轨道》，《人民日报》2012年12月3日。

# B.28 用法律和制度筑起源头防治腐败堤坝的思考建议*

陈东辉**

**摘　要：** 法律和制度带有根本性、全局性、稳定性和长期性。只有建立健全制约和监督权力运行的法律和制度体系，才能把权力关进制度的笼子里，提升从源头上预防和治理腐败的效果。当前，我国反腐倡廉法律和制度还存在一些漏洞和不足。必须树立用法律制度遏制腐败的意识，着力推进决策的科学化、民主化、法制化，健全权力运行制约和监督机制，完善预防腐败法律和制度体系。只有这样，才能使公共权力运行受到严密规范与刚性约束，为预防腐败提供有效保障。

**关键词：** 法律　制度　源头治理　反腐倡廉

反腐败斗争是关系党和国家生死存亡的重大政治问题。习近平总书记多次强调反对腐败的重要性和紧迫性，要求从严治党，坚持"老虎"、"苍蝇"一起打。第十八届中纪委二次全会明确指出，要树立长期作战思想，注重深化改革，健全体制机制，加强源头治理，逐步铲除滋生腐败的土壤和条件。党的十八届三中全会决定要求，健全反腐倡廉法规制度体系，完

---

\* 本文为国家社会科学基金项目《反腐倡廉建设中防治窝案串案问题研究》（11CDJ018）的阶段性成果；中国法学会 2012 年度部级法学研究课题《从源头上遏制腐败研究》（GLS（2012）D133）的阶段性成果。
\*\* 陈东辉，河南省社会科学院省情研究中心副研究员，河南省纪检监察学会特约研究员。

善惩治和预防腐败、防控廉政风险、防止利益冲突、领导干部报告个人有关事项、任职回避等方面法律法规。法律和制度带有根本性、全局性、稳定性和长期性。只有建立健全制约和监督权力运行的法律和制度体系，才能把权力关进制度的笼子里，有效防止权力的异化，提升从源头上预防和治理腐败的效果。

## 一 从源头上预防和治理腐败的重要意义

从源头上预防和治理腐败，是长期以来我们党同各种腐败现象以及形形色色腐败分子作斗争的经验总结，体现了党对权力腐败规律和防治腐败规律的深刻把握。当前，消极腐败等危险更加尖锐地摆在全党面前。只有坚持从源头上预防和治理腐败，才能有效制约和监督权力运行，切实提高党的拒腐防变和抵御风险能力，夯实党的执政基础，巩固党的执政地位。

### （一）同腐败现象作斗争的经验总结和规律把握

孟德斯鸠曾经指出："一切有权力的人都容易滥用权力，这是万古不易的一条经验。"任何组织的有效运转，都离不开权力的行使。一方面中国共产党作为一个组织，从成立那一天起就面临着权力腐败的风险；另一方面工人阶级先锋队的性质和为人民服务的宗旨，决定着党同各种腐败现象是水火不容的关系。从某种意义上说，中国共产党由胜利走向新的胜利的发展史，就是一部在同腐败现象作斗争中不断实现自我净化、自我完善、自我革新、自我提高的自我建设史。早在新民主主义革命时期，我们党就面临着各种腐败风险的侵蚀，出现了"谢步升案"、"黄克功案"等典型案例。新中国成立后，一些党员干部经不起人们用糖衣裹着炮弹的攻击，在糖弹面前打了败仗。从刘青山、张子善，到胡长清、成克杰，等等。面对腐败分子，党采取了壮士断腕的自我疗治措施。在90多年同腐败现象作斗争的实践中，我们党深刻认识到，只有不断推进从源头上防治腐败的体制改革，建立健全反腐倡廉法规制度体系，努力形成权力运行制约和监督机制，才能有效防止腐败行为的发生。

## （二）加强和改善党的领导的必然选择

邓小平指出："为了坚持党的领导，必须努力改善党的领导。"改善党的领导，"不是要削弱党的领导，涣散党的纪律，而正是为了坚持和加强党的领导，坚持和加强党的纪律。"当前，世情、国情、党情正在发生深刻变化。党面临着执政考验、改革开放考验、市场经济考验、外部环境考验"四大考验"和精神懈怠危险、能力不足危险、脱离群众危险、消极腐败危险"四大危险"。加强和改善党的领导的任务比过去任何时候都更为繁重和紧迫。不可否认，党的领导水平和执政水平总体上同形势发展以及党的历史使命是适应的。但也要看到，一些党员干部理想信念动摇，产生了讲排场、比阔气、铺张浪费的享乐主义思想，滋生了脱离实际、脱离群众、当官做老爷的官僚主义作风；一些领域腐败现象呈现出易发多发的态势。这些都对党的领导产生着弱化和消解作用。腐败分子本身具有"鼠屎效应"，这就会不同程度地放大腐败个案的破坏力，削弱党在人民群众中的威信，降低党的凝聚力和号召力。因此，有效预防腐败，严厉惩治腐败，就成为加强和改善党的领导的必然选择和最低要求。

## （三）建设廉洁高效政府的客观要求

2013年3月，李克强在国务院第一次廉政工作会议的讲话中指出："廉洁是公信力的基石。如果不能有效遏制和解决腐败问题，政府就会失去公信力，人民就不相信我们能够把其他事情办好，我们的一切工作和努力就有可能付诸东流。"实践证明，效率与廉洁密切相关。如果政府腐败、官员贪墨，权力必然容易遭受利益的侵蚀，权力运行的方向就会与设计的目标导向背离。最终的结果是，政府行为要么低效率，要么零效率，要么负效率。反之，在干部清正、政府清廉、政治清明的政治生态环境中，法律制度的运转受到不必要干扰的概率较小，权力异化的可能性较低。那些所谓的"潜规则"对政府行政行为的负面影响和掣肘作用也随之减少。这样，政府就会更加高效。人们将个人部分权利让渡出来，形成政府掌控的公权力，目的是让政府以高效的行为进行权力再平衡、利益再分配，进而更好地服务人民，更好地实现社会公平

正义。因此，人们希望看到的政府是廉洁高效的服务型政府。这就要求设计一套从源头上规制政府行为的法律制度体系，以便给权力撒上防腐剂，戴上紧箍咒。

### （四）破除消极腐败危险的根本举措

2013年4月，习近平在中共中央政治局第五次集体学习时强调，"必须下最大气力解决好消极腐败问题，确保党始终同人民心连心、同呼吸、共命运。"消极腐败是与贪污公款、行贿受贿、买官卖官等腐败犯罪相对的一种权利变异行为。"三公消费"（公车消费、公款吃喝、公款出国）中屡禁不止的铺张浪费现象，就是典型的消极腐败行为。在"吃点、喝点、花点，不算犯罪"心理的驱使下，一些公务人员肆意挥霍公款，或大吃大喝，搞"舌尖上的腐败"；或借考察之名行观光旅游之实。这就导致消极腐败现象呈现出蔓延之势。中央"八项规定"实施以来，消极腐败行为得到有效治理，一些高档餐饮、酒店、烟酒的营业额受到很大冲击。由此可见，正是公款消费这种消极腐败行为催生了高档餐饮这一畸形的产业链条。事实上，消极腐败的破坏力不仅不比贪污受贿等腐败犯罪小，而且治理起来的难度更大。因为，在某种程度上，消极腐败已经成为一种风气和习惯。这也使消极腐败成为我们党面临的最致命的危险。破除这一危险，既要注重治表，更要表里兼治。从源头上进行预防和治理则是根治消极腐败的治本之策。

## 二 从源头上防治腐败在法律和制度方面存在的不足

从源头上防治腐败的措施是多方面的，法律和制度建设是其中最为关键的一环。但是，由于我国正处在社会转型期和改革深水区，一些制度的构建还处在"摸着石头过河"与"顶层设计"并重的阶段。这就不可避免地使现行法律和制度带有开创和探索的色彩，存在或多或少的漏洞和不足。

### （一）预防和治理腐败制度不适应

主要表现为预防和治理腐败机构设置不适应反腐败斗争的形势需要。当前，我国具有反腐败功能的机构：一是党内纪律检查机构，包括中央纪律检查委员会和地方各级纪律检查委员会，主要负责处理党员干部违反党的纪律的行为。二是监察机关，包括监察部和各级监察机关，主要负责对具有违法行为但没有构成犯罪的国家公职人员进行行政处分。三是检察机关内设机构，包括国家反贪污贿赂总局和各级检察机关内设的反贪污贿赂局，主要负责侦查贪污贿赂等重大腐败犯罪。这种设计看上去较为系统，既有负责追究党纪的机构，又有追究行政责任的机构，还有追究刑事责任的机构。但是，由于三个机构分属党委、政府和司法等不同系统，履行反腐倡廉职责的依据分别是党纪、行政法规和刑事法律，因此实践中经常出现国家政策和法律适用的冲突问题。这种多龙治水的状况，在某种程度上影响了预防和治理腐败机构的职能发挥。2007年，我国成立了国家预防腐败局。但这一举措的背景与签署《联合国反腐败公约》有关，主要是为了满足预防腐败的国际合作和国际援助需要。至于国家预防腐败局与上述三个防治腐败系统的关系，国家并没有进行明确，而是仅仅规定其职责是负责全国预防腐败工作的组织协调、综合规划、政策制定、检查指导。这样反而会使防治腐败的职责和权力更加分散，不利于形成统一和整体的系统力量。

## （二）反腐倡廉法规体系不够完善

目前，我国还没有制定单行的"反腐败法"，有关反腐倡廉建设的规定散见于刑法、行政法、诉讼法，以及相关法规规章和党内法规中。尽管，关于预防和惩治腐败的法规条文较多，但是系统性不强，没有形成完整的法规体系。这就造成在实际执行中的法律冲突问题，或者说对具体腐败案件处置时出现操作上的不衔接。按照现行《中华人民共和国刑法》（以下简称《刑法》）规定，贪污受贿罪的立案定罪起点是5000元。但是，由于对腐败案件的查处一般是先有纪委系统介入，再加上现行《刑法》是在1997年制定的，考虑到物价上涨等多重因素，纪委系统对是否将腐败案件移送检察机关往往内部掌握有一个额度标准。所以，实践中很少有贪污受贿5000元，甚至是1万元被定罪量刑的。这在某种程度上也损害了法律的严肃性和权威性。至于党内法规，也不能很好地适应反腐倡廉建设实践的要求，滞后于同腐败现象作斗争形势发展的需要，存在系统性不强、整体性不足、可操作性较差等问题。一些规定因没有配套性法规和实施细则而流于形式。如，《关于党政机关县（处）级以上领导干部收入申报的规定》总共9条，尽管对申报财产范围作了规定，但由于过于粗略，致使"收入申报"几乎成为工资表的翻版。这样就不可能真实反映领导干部的实际收入，无法达到防患于未然的预防腐败效果。

### （三）反腐法律条款设计不够合理

我国现行《刑法》第八章是对贪污贿赂罪的规定。在反腐倡廉建设的实践中，这些规定发挥了重要作用。但是，面对纷繁芜杂的新情况、新问题，《刑法》中设置的一些具体条款也暴露出不合理的一面。我国刑法对腐败犯罪的定罪量刑是按照涉案金额进行规定的，明确了定罪及承担不同刑事责任的具体金额数。这在其他国家从来没有过。因为，随着经济发展，一定量的涉案金额对社会造成的危害程度会发生变化。而法律具有稳定性，不可能经常修订。再加上贪污贿赂罪侵犯的不仅仅是公私财产权，而且侵犯了公务人员职务行为的廉洁性，其产生的社会危害性应当综合考虑。此外，我国幅员辽阔，区域之间经济发展差距较大，相等数额的金钱在不同区域的购买力有很大差别。所以，仅仅按照涉案金额定罪量刑是不够科学的。再者，关于行贿罪和受贿罪的规定也不够合理。行贿罪和受贿罪是一对合罪，应该同等处罚。《刑法》对受贿罪成立的限定条件是"为他人谋取利益"，对行贿罪则是"为谋取不正当利益"。这样的规定会使一些受贿罪找不到对应的行贿罪。按照《刑法》规定，受贿罪的定罪量刑起点是5000元，而根据《关于人民检察院直接受理立案侦查案件立案标准的规定》，行贿罪的定罪量刑起点是1万元。这样的规定将会使对行贿罪的责任追究明显轻于受贿罪，不利于对腐败行为的预防和治理。此外，巨额财产来源不明罪，不仅具有"兜底罪"的嫌疑，而且最高刑五年有期徒刑的规定，也使该罪在实践中成为腐败分子逃避应有处罚的"安全岛"。这与设立该罪名的初衷是相悖的。

### （四）监督权力运行制度不够健全

从制度设计上看，我国对监督权力运行的制度设计不少，包括党内监督、国家监察机关监督、审计监督、人大监督、媒体监督、群众监督以及自我监督等。随着信息化进程的加快和大数据时代的到来，网络监督也成为监督公共权力运行的重要渠道。2009年10月，中央纪委监察部统一开通了全国纪检监察举报网站，受理群众对党员、党组织以及行政监察对象违反党纪、政纪行为的检举和控告。但是，从我国现行监督体制的实际运行看，还是存在"上级监督太远，下级监督太险，同级监督太难，纪委监督太软，组织监督太短，法律监督太晚"的困局。一个县委书记因贪腐落马后感叹说，名义上对县委书记有八种监督，但实际到我这儿就只有一种监督，就是自我监督，而自我监督往往是最靠不住的。为什么会出现这种状况呢？一个重要原因是制度设计的缺陷。按照现行制度设计，行使监督职能的纪委和监察部门与同级党委是领导与被领导关系，这就使监督作用的发挥大打折扣。"一把手"腐败之所以成为很难解决的问题，与这样的制度设计不无关系。此外，由于各种因素的制约，人大监督作用的发挥还有待进一步加强，不同机关的监督力量还有待进一步整合。

## 三 用法律和制度筑起源头防治腐败堤坝的思考建议

邓小平曾经指出，反腐败"一靠教育，二靠制度"，"搞法制靠得住些"。教育解决的是世界观、人生观、价值观等主观世界问题。法制则能为反腐倡廉建设提供更为客观和牢靠的保障。从源头上预防和治理腐败，必须不断完善相关法律法规和各项规章制度，努力建立起惩治和预防腐败法律制度体系，使公共权力运行和国家公职人员从政行为受到严密规范与刚性约束。

### （一）树立用法律制度遏制腐败意识

由于我国经历了2000多年的封建统治，"官本位"思想和"长官意识"有着根深蒂固的影响，一些人法律和制度观念淡薄，想问题、办事情往往不按规则行事。这就给腐败现象提供了滋生的土壤。从源头上防治腐败，必须强化法制意识教育，使人们养成遵守办事规程和行动准则的习惯。

### 1. 加强对党员领导干部的思想教育

要通过开展有针对性的法制讲坛、典型腐败案例透析等学习教育活动，推动领导干部自觉学习法律制度，牢固树立制度意识和法律意识，进而在行使权力时坚持依法办事、依法行政，自觉维护制度、严格执行制度。

### 2. 加强对行政行为相对人的思想教育

在这里，行政行为相对人特指那些经常需要政府审批或监管的企业家和商人。从以往查处的腐败案例看，个别行政行为相对人为了谋取更多利益或回报，往往采取各种各样的行贿手段来腐蚀国家公职人员。查处腐败案件时之所以会出现串案，就是根据行贿人这条线顺藤摸瓜的结果。要探索建立对这些人员的定期教育制度，使他们遵守规制、依法经商。

### 3. 加强对普通群众的思想教育

社会上普遍存在的"上学找关系"、"看病送红包"等不良现象，从一个侧面反映了群众法律制度意识的淡薄。要通过普法宣传教育形成"法律面前人人平等、制度面前没有特权、制度约束没有例外"的社会共识，营造遵纪守法、腐败可耻的社会舆论氛围。

## （二）推进决策科学化、民主化、法制化

任何决策都必须通过权力运行来实现，腐败总是同权力如影随形。从源头上防治腐败，必须推进决策科学化、民主化、法制化，使权力在阳光下按照法律和制度的轨道科学运行。

### 1. 推进决策科学化

在进行决策时，要坚持立党为公、执政为民的原则，牢固树立权为民所用、情为民所系、利为民所谋的理念，进行深入细致的调查研究，以事实为依据，以法律为准绳，按照事物的内在联系和客观规律，遵循科学程序，进行严密的论证和逻辑推理，努力降低决策的风险成本和腐败概率。

### 2. 推进决策民主化

坚持贯彻落实党的民主集中制，努力避免"一言堂"，防止"个人或少数人说了算"，通过决策民主化有效降低滋生腐败的风险。充分发扬民主，扩大公众决策参与渠道，采取民主听证会、决策咨询会等形式广泛听取各方面的意

见。不断完善监督制度，对决策进行全过程监督。要健全决策责任制度，按照"谁决策、谁负责"原则进行责任追究，以最大限度降低权力对决策的干预和利益对决策的干扰。

**3. 推进决策法制化**

探索建立决策法律制度体系，运用法律规范调控决策过程，完善决策制度架构推进合理决策。通过立法明确决策者的责任义务，推动决策者在决策过程中做到依法、用法、守法，防治决策权力因变异而导致腐败。

## （三）健全权力运行制约和监督机制

健全权力运行制约和监督机制，推进权力运行程序化和公开透明，可以有效降低权力被腐蚀的危险。

**1. 完善党内监督制度，提升党内监督质量**

改革党的纪律检查体制，推动开展纪检部门双重领导体制的试点工作。进一步强化对纪检监察派驻机构的统一管理，充分发挥纪检系统派驻机构的监督作用。

**2. 以党内民主制约权力运行**

要进一步完善党内民主制度，切实保障党员的知情权、参与权、选举权和监督权。健全党代表大会制度和党内选举制度，推行党代表大会代表任期制，健全党内情况通报制度，推进党务公开。完善党内民主决策机制，健全党委常委会向全委会定期报告工作并接受监督的制度。

**3. 科学配置权力结构**

按照结构合理、配置科学、程序严密、制约有效的原则，配置各部门各系统及其内设机构的权力和职能。推进党政分开、政企分开、政事分开，在权力制度设计上科学规制党委与政府的关系、市长与市场的关系。探索建立科学高效的权力制约和协调机制，推动权力的正确行使。

**4. 努力形成监督的整体合力**

完善监督体制，整合监督力量，推进党内监督与人大监督、政协监督、审计监督、媒体监督的有机结合，发挥网络监督的积极作用。推动重大事项决策、重要干部任免、重要项目安排、大额度资金使用的制度化、规范化、程序化，将权力运行的全过程都置于各种监督之下，以防止腐败的发生。

## （四）完善预防腐败法律和制度体系

腐败是世界性难题，预防腐败是复杂的系统工程。从透明国际廉洁指数的排名看，预防腐败成效显著的国家有一个共同点，就是法律和制度体系较为完善。应当根据我国实际情况合理借鉴先进经验，努力采取源头措施防止腐败现象的滋生。

**1. 健全党内纪律和法规**

当前，党内法规出台较多，但是系统性和可操作性不强。如《中国共产党纪律处分条例》因缺少相应的实施细则和程序性规定而影响了作用发挥。健全党内法规，既要注重实体性规定，更要注重程序性规定，力争早日形成内容科学、程序严密、配套完备、运行有效的法规制度体系。

**2. 对现有防治腐败法律法规进行及时清理**

组织专业力量对反腐倡廉建设法律法规及时"回头看"，对于不适应的条文进行修订，对滞后于社会发展的法规进行废止，根据形势需要制定新的法律法规。

**3. 尽快出台"中华人民共和国反腐败法"**

由全国人大成立相关立法小组，研究腐败现象滋生和发展的规律，征集反腐败立法建议，制定反腐败法律草案，在适当的时候提请审议出台。

**4. 建立独立的防治腐败机构**

成立新的独立的防治腐败系统，或者将国家反贪污贿赂总局以及地方各级反贪污贿赂局独立出来，实行垂直管理，以提高防治腐败的针对性和独立性，使之更好地行使监督权力，惩治腐败行为。

# 河南反贪污贿赂的实践探索

侯民义　王和平[*]

**摘　要：** 2013年，河南检察机关不断加大查办和预防贪污贿赂犯罪力度，反贪污贿赂工作总体上保持了力度大、质量高、效果好的发展态势。2014年，河南的反贪污贿赂工作如何在新的起点上，以查办和预防贪污贿赂犯罪的实际成效，深层次化解社会矛盾，满足人民群众的新要求和新期待，更好地服务河南经济社会发展大局，已成为当前和今后一个时期全省检察机关需要认真思考的一项重要课题。

**关键词：** 反贪污贿赂　查办和预防　法律监督

## 一　2013年河南反贪污贿赂工作回顾

2013年，河南检察机关认真贯彻标本兼治、综合治理、惩防并举、注重预防的方针，加大反贪污贿赂工作力度。1～10月，全省检察机关共立案侦查贪污贿赂犯罪案件1807件2534人，侦查终结1570件2247人，提起公诉1333件1906人；人民法院已作出生效有罪判决1116人；为国家挽回直接经济损失3.21亿元。全省反贪污贿赂工作的主要做法如下。

---

[*] 侯民义，河南省人民检察院法律政策研究室主任；王和平，河南省人民检察院法律政策研究室副主任。

## （一）遵循办案规律

坚持办案数量、质量、效率、效果、安全相统一，牢牢把握"稳定数量、提高质量、改善结构、注重效率、增强效果、确保安全"的基本工作思路。

**1. 坚持以执法办案为中心**

强调有腐必惩、有案必办，"老虎""苍蝇"一起打，既集中精力突出查办职务犯罪大案要案，又认真查办发生在群众身边、损害群众利益的腐败问题。

**2. 坚持一切从实际出发**

强调从全省检察队伍素质、执法办案能力、腐败发生现状等实际出发，开展查案工作，防止办案数量忽高忽低、大起大落；防止脱离本地实际，盲目追求大案比例。

**3. 保持查案常态化**

针对一些地方上半年抓立案、下半年抓结案的"季节性办案"现象，强调要自觉按照诉讼规律开展查案工作，做到正常立案、侦结、起诉，保持诉讼常态化；针对部分地区大案比例与实刑判决率差额过大问题，强调要着力提高大案的内在质量，加强对诉讼过程的法律监督，推动职务犯罪案件大案率与实刑判决率协调发展。

## （二）突出办案重点

坚持把反贪污贿赂工作放在全国、全省工作大局中谋划和部署，进一步突出办案重点。

**1. 重点查办危害科学发展的贪污贿赂犯罪**

组织开展商业贿赂、工程建设领域专项治理等专项活动，依法查办招商引资、重点项目审批、企业改制重组、能源资源、生态环境、新型城镇化建设、产业集聚区建设等领域和环节的贪污贿赂犯罪，维护市场经济秩序，促进产业政策落实，保障政府投资安全。在全国率先开展了中储粮系统"转圈粮"专项治理活动，查办了一批中储粮系统案件。

**2. 重点查办影响党和政府形象的贪污贿赂犯罪**

围绕促进干部清正、政府清廉、政治清明，全省检察机关进一步加大对国家机关工作人员贪污贿赂犯罪打击力度，尤其注重查办发生在领导机关和领导干部中的大案要案，立案侦查了一批组织人事、行政审批、执法司法等重点领域和关键环节的贪污贿赂犯罪。在严肃查处领导干部贪污受贿犯罪的同时，加大对严重行贿犯罪的打击力度。

**3. 重点查办危害民生民利的贪污贿赂犯罪**

坚持把人民群众关注点作为反贪污贿赂工作的着力点，认真组织开展查办和预防发生在群众身边、损害群众利益职务犯罪专项工作，坚决查处危害民生民利贪污贿赂犯罪案件，做好追赃和及时返还款物工作，依法维护群众权益。2013年1~10月，共立案侦查征地拆迁、保障性住房、教育医疗、社会保障、食品药品监管等领域贪污贿赂犯罪1017件1465人。持续开展涉农惠民专项治理活动，立案查办农田水利、退耕还林、农机补贴等领域贪污贿赂犯罪，推动国家惠农政策落实。

**4. 重点查办影响社会和谐稳定的贪污贿赂犯罪**

坚持把查办和预防贪污贿赂犯罪同解决影响社会和谐稳定的源头性、根本性、基础性问题结合起来，努力从源头上消除不稳定因素。推行举报线索调查反馈制度，做好释法说理工作，防止因群众多次举报得不到及时妥善处理而激化社会矛盾。健全反腐倡廉网络舆情收集、研判和处置机制，及时回应和处置腐败热点问题。严肃查处重大信访、群体性事件、黑恶势力犯罪背后的贪污贿赂犯罪。

### （三）提升办案质量

坚持把案件质量作为办案工作的"生命线"，采取多项措施，确保办案质量。

**1. 强化案件质量管理**

严格办案工作规程，通过案件动态管理系统，进行案件质量考评和案件质量跟踪监督，强化对办案关键环节的适时控制。坚持个案质量考评、精品案件评选、办案工作讲评通报、案件质量统计调查等制度，强化案件质量引导。对查案工作质量效果比较好的基层检察院进行表彰,对工作落后的通报批评,发挥激励作用。

**2. 加快侦查方式转变**

针对贪污贿赂犯罪新情况新特点,河南省检察机关进一步树立"科技是第一侦查力"的理念,加强侦查信息化和装备现代化建设,努力缓解案多人少、侦查手段滞后等现实难题。省检察院与省直行政执法、组织人事、金融、通信等41个单位,市级检察院平均与15家左右,基层检察院平均与10家左右单位建立了信息共享机制,建成了基础信息数据库,建立了有线、无线侦查指挥系统,实现了全省联网,配备了必要的侦查装备。侦查信息化的建设应用,改变了过去"审讯靠嘴、查证靠腿"的传统办案方式,增强了运用现代科技手段发现犯罪、侦破案件、取证固证、追逃追赃等能力,加快了办案进度,保证了案件质量,提高了文明办案、规范执法的水平。

**3. 加强素质能力建设**

有针对性地开展业务培训和技能竞赛、岗位练兵,提高发现犯罪、侦破案件、搜集证据、运用法律、把握政策等能力。推进专业化建设,省市院分类建立了20个侦查人才库,入库专业侦查人员350名,全省统一调配使用。建立廉政风险防控机制,实行下级院反贪局局长向上级院反贪局述职述廉制度,全面推行反贪部门领导干部廉政档案制度和侦查干警执法档案制度,加强对侦查办案重点岗位和关键环节的监督和管理,防止和减少反贪干警违法违纪,提高反贪队伍的社会公信力。

### (四)注重办案效果

坚持执法想到稳定、办案考虑发展,在加大办案力度的同时,努力化解矛盾纠纷,实现法律效果、社会效果的有机统一。在执法价值取向上,由单纯强调把案件办准向办好转变;在执行法律政策上,由机械适用法律向更加注重宽严相济、教育挽救干部转变。

**1. 注重延伸职能**

明确了执法办案的三个层次,即"定分止争、明辨是非","案结事了、息诉罢访"和"深化职能、促进社会管理创新"三个层级目标,依法办案的同时，注重加强释法说理，积极建言献策，努力实现执法效果最大化。

**2. 注意改进工作方式方法**

克服就案办案、孤立办案等错误倾向，明确要求有利经济社会发展的案件坚决查办，查办案件对企业发展有不利影响的慎办、缓办。慎用查封、冻结、扣押等强制措施，灵活把握办案时机，尽量避免办案对企业正常生产经营活动造成负面影响。

**3. 正确区分罪与非罪**

准确把握法律政策，正确区分经济纠纷与经济犯罪的界限、改革探索和执行政策中出现偏差与钻改革空子实施犯罪的界限、政策性劳动收入和非劳动收入与贪污受贿的界限，对罪与非罪界限不清的，不轻易作犯罪处理。

**4. 贯彻宽严相济刑事政策**

在突出查办大案要案的同时，区别对待小案，对严重侵害群众权益、情节恶劣的小案，坚决依法查处；对犯罪情节较轻的小案，依法从宽处理。对一个单位、一个行业涉案人数众多的案件，坚持惩办与宽大相结合，对罪行严重、情节恶劣的依法严惩，对犯罪数额较小、主动说明情况、积极退赃的，依法依纪移交纪检监察机关或发案单位作党政纪处理。

## （五）更加注重预防

**1. 积极提出预防检察建议**

引导检察干警进一步树立"办好案件是政绩，结合办案搞好预防、减少犯罪是更大政绩"的理念，坚持侦防结合，推行办理典型案件向发案单位发一件检察建议、上一堂法制课等"五个一"制度。省检察院在办理中国银河证券股份有限公司原党委书记、总经理肖某内幕交易、受贿案，中储粮河南分公司系列窝串案后，及时组织专题调查，向国家有关部门提出建议，促进了证券管理制度、粮食储备管理政策的完善。

**2. 扎实推进专项预防**

全省检察机关相继组织开展了工程建设领域贪污贿赂犯罪、建设用地容积率调整情况等专项预防调查活动；联合省纪委、教育厅、卫生厅等部门，开展了构建高校惩防体系建设和全省药品统一采购招标监督工作；对南水北调、郑州地铁、石武客运专线等数千个工程项目开展同步预防。

**3. 深入开展预防宣传和警示教育**

建成了172个警示教育示范基地，每年接受社会各界参观、培训45万余人次；充分发挥预防职务犯罪领导小组办公室职能作用，推动社会化预防广泛开展；落实预防职务犯罪年度报告制度，加强预防腐败公共宣传和行贿犯罪档案查询，不断增强预防贪污贿赂犯罪工作实效。

## 二 当前反贪污贿赂工作存在的主要问题

近年来，河南省的反贪污贿赂工作虽然保持了较好的发展势头，但与依然艰巨的反腐败任务需要、与中央和省委的要求、与人民群众的新期待相比，仍有不少差距，实践中也存有不少困难，亟待解决。

### （一）案多人少的矛盾比较突出

随着党风廉政建设和反腐败斗争的深入开展，一些领域消极腐败现象滋生蔓延势头得到遏制。但当前腐败现象依然多发，滋生腐败的土壤依然存在，反腐败斗争形势依然严峻复杂，特别是河南作为人口大省，反贪污贿赂工作的任务更为艰巨。同时，人民群众对腐败的容忍度越来越低，对反腐败的期望值越来越高，对检察干警提出了更高的要求。与承担的任务相比，全省各级检察院反贪部门的人员普遍不足，反贪干警经常加班加点，长期超负荷工作，有的甚至累倒在工作岗位上，适当增加全省检察机关反贪部门的人员编制，调整充实办案力量，已成为当务之急。

### （二）办案人员素质和物质保障不适应新形势需要

为逃避打击，贪污贿赂犯罪的手段日益呈现出隐蔽化、智能化、复杂化，权钱交易间接化、犯罪手段市场化、利益实现期权化等将成为新时期贪污贿赂犯罪的主要特征，新型贪污贿赂犯罪不断增多，导致查案工作难度和投入越来越大。同时，修改后刑诉法关于律师介入侦查活动、不得强迫当事人自证其罪、非法证据排除、全程同步录音录像、指定居所监视居住等规定，不仅增加了办案难度,给检察人员的执法能力和水平提出了新要求,也给办案经费保障、检察技术投入提出了新要求。提高人员素质,加大反贪污贿赂工作的经费投入已变得十分紧迫。

### (三)执法环境还有待进一步改善

一些单位不愿意配合检察机关的查案工作,犯罪线索的获取、犯罪证据的收集固定渠道不畅。有的单位领导从保护本单位利益和声誉出发,对涉嫌贪污贿赂犯罪的案件线索不移送检察机关,在检察机关查案过程中说情干预。有些地方党政领导从狭隘的政绩观和眼前利益出发,不愿意检察机关多办案件,甚至对办案划定"禁区"。更有一些具体掌握人、财、物管理权的部门和人员,在反贪办案工作触及其利益时,向检察机关施压,甚至为办案工作设置障碍,执法环境亟待改善。

## 三 加强反贪污贿赂工作对策建议

当前,贪污贿赂犯罪总体上虽然得到一定程度的遏制,但在一些地方和部门仍然易发多发,并呈现一些新的规律和特点,反贪污贿赂工作形势依然严峻。党的十八大突出强调坚持中国特色反腐倡廉道路,全面推进惩治和预防腐败体系建设。党的十八届三中全会《中共中央关于全面深化改革若干重大问题的决定》(以下简称《决定》)进一步指出:必须构建决策科学、执行坚决、监督有力的权力运行体系,健全惩治和预防腐败体系,建设廉洁政治,努力实现干部清正、政府清廉、政治清明。党的十八大和十八届三中全会都对反贪工作提出了更高的标准和更严的要求。2014年,实现十八大和十八届三中全会《决定》确定的目标任务,需要我们更加全面履行查办和预防贪污贿赂犯罪职责,为建设廉洁政治作出新贡献。

### (一)突出工作重点,保持高压态势

坚持有案必查、有腐必惩,"老虎""苍蝇"一起打,既突出查办大案要案,又注意查办群众反映强烈的案件。要突出查办领导干部和权力部门的贪污

贿赂犯罪案件，严肃查办关系民生、侵害群众利益的贪污贿赂犯罪案件，特别是征地拆迁、教育、就业、医疗、社会保障、食品药品安全、生态环境、涉农惠民等领域的案件，坚决查办黑恶势力"保护伞"。深入查办工程建设、国土资源、金融证券、政府采购等重点领域的贪污贿赂犯罪案件。继续深入推进工程建设、商业贿赂专项治理和查办涉农惠民领域贪污贿赂犯罪专项工作，更加注重办案数量、质量、效率、效果、安全有机统一，用查办案件的实际效果彰显反腐败的决心，取信于民。

### （二）加大预防力度，构建惩防体系

一是加强侦查预防一体化机制建设。创新预防形式，深入开展个案预防，紧密结合经济社会发展要求和贪污贿赂犯罪发案特点，积极开展专项预防和系统预防。二是加大预防职务犯罪工作宣传和警示教育力度，与新闻宣传主管部门、新闻媒体协同配合，开展预防职务犯罪大采访、大宣传活动；推进预防职务犯罪警示教育基地建设；积极推动预防职务犯罪进党校和行政学院，作为对领导干部的教育培训内容，增强国家工作人员的廉政意识和法治观念。三是加强和规范预防调查工作，提升检察建议质量效果，统筹检察预防与社会预防，不断提升预防职务犯罪工作水平，进一步推进惩防体系建设。

### （三）创新工作机制，规范执法行为

一是更加注重运用法治思维、法治方式执法办案，强化人权意识、程序意识、证据意识、效率意识和监督意识，严格执行修改后的刑事诉讼法，切实转变执法理念，确保办案合法合规。二是积极支持律师依法执业、参与诉讼，持续推进执法公开，依法规范开展查案工作，让侦查权在阳光下运行。三是健全业务考评、案件动态管理机制，确保办案质量。四是推进侦查信息化和装备现代化建设，提升运用现代科技手段查获犯罪的能力，以信息化促进执法规范化。

### （四）加强队伍建设，提高执法能力

一是深入开展以为民务实清廉为主要内容的党的群众路线教育实践活动，

坚持从严要求、从严教育、从严管理、从严监督，以思想政治建设为根本，树立正确执法理念。二是以执法能力建设为核心，加强侦查人才队伍建设，采取视频讲座、集中培训、岗位练兵和技能竞赛等方式，着力提高反贪干警的侦查能力和执法水平，大力培养侦查专家和办案能手。三是以党风廉政建设为保障，突出抓好纪律作风建设和自身反腐倡廉建设，坚决防止和纠正特权思想、霸道作风，努力打造忠诚可靠、执法为民、务实进取、公正廉洁的高素质反贪队伍，做到让党放心，让人民满意。

# B.30 行贿行为处罚问题研究

中共河南省省纪委研究室 开封市纪委监察局

**摘 要:** 行贿与受贿是一种对合行为。开展反腐败斗争,必须有效遏制行贿行为的发生。当前,行贿案件具有发生领域相对集中、主体多元化、对象高层次、手段多样化、资金来源公款化等特点。行贿案件之所以频发多发,主要原因包括社会对行贿人的容忍度较高、行贿行为"低成本高收益"、实践中对行贿人处罚偏轻等。必须转变观念,采取多种措施,加大对行贿行为的处罚力度。

**关键词:** 贿赂犯罪 行贿行为 处罚力度

贿赂犯罪是发案率较高的一种犯罪行为,目前仍然呈现上升趋势。贿赂行为之所以呈现频发、高发势头,与司法执纪实践中对行贿行为追究少、处罚力度小有极大关系。行贿与受贿是一种对合行为。对行贿行为查处不力,不仅会使违法者得不到追究,而且还会使受贿行为难以遏制。因此,开展反腐败斗争,必须深入研究行贿行为的特点和发展趋势,认真分析惩治不力的原因,制定相应对策,有效遏制行贿行为的发生。

## 一 当前行贿案件的发案特点

### (一)行贿案件发生领域呈现扩散趋势

根据开封市近年来查办的案件,行贿案件相对集中在工程发包、房地产开发、土地拆迁补偿、司法等环节。在开封市查处的8起行贿案件中，有2起案件与建筑工程有关，占总数的25%；3起案件与土地拆迁补偿有关，占总数的37.5%；2起案件与司法机关有关，占总数的25%。从总体上看，行贿案件近年来开始呈现出向组织人事、教育、卫生等领域蔓延的趋势，特别是组织人事部门正在成为行贿行为多发区域。一些国家工作人员为谋官求职或者调换岗位，向上级领导行贿。一些地方查处的大案要案中，涉案的腐败分子大都和买官卖官有关。

### （二）行贿主体呈现多元化趋势

当前，行贿的主体在私营企业主和党政机关干部中所占比例较高。当年，原安徽省副省长王怀忠案件牵扯出的10多个行贿人员，几乎全部是个体老板，他们的行贿动机都与谋取经济利益有关。近年来，行贿案件主体呈现多元化的趋势，国有企业、集体企业和事业单位的工作人员行贿的案件有所增加，尤其是单位行贿问题突出。如原平顶山市新华区区委书记杜某案，向其行贿的147人中，有135人是为了解决职务晋升及工作调动问题，占比达92%。原河南嵩县县委书记刘某为了自己升迁，许诺升迁之后让部下跟着一起升迁，由县领导班子成员分工负责进行集体行贿，拉取选票。

### （三）行贿目标对象呈现高层次趋势

过去，行贿者行贿的目标对象主要是掌握人、财、物权力的人员，如政府部门掌握行政审批实权的官员，以及垄断性行业关键岗位的人员。近年来，行贿人选择拉拢腐蚀的目标更加趋向于走"上层路线"，行贿对象层次趋高的迹象比较明显，主要表现为对各个机关部门的"一把手"进行行贿。这也是近年来"一把手"违纪违法呈上升趋势的一个重要原因。

### （四）行贿手段形式呈现多样化趋势

近年来，除比较常见的权钱交易、权物交易、现金行贿之外，行贿手段呈现出更加隐蔽的倾向。如为他人报销发票、送字画、赠送"干股"、借款以及采取"打麻将"等赌博游戏故意输钱等方式进行行贿；或者以出资旅游、出国观光、帮助海外定居、提供留学担保、进行性贿赂等方式行贿。这些隐蔽型贿赂行为,加大了行贿行为和腐败案件的认定难度和查处力度。

### (五)行贿资金来源呈现公款化趋势

过去行贿人多是用自己的钱行贿。随着国有企业成为市场经济竞争的主体和地方政府领导人发展经济的政绩意识增强,国有企业、地方政府、国家机关开始加入行贿者行列。行贿人利用手中权力动用公款进行行贿。一方面公款行贿无论谋取个人或部门、地方利益,都难以追究到具体人,行贿者跑回项目、资金又能够得到提拔升迁。这种情况助长了党政干部使用公款进行行贿的冲动。另一方面从我国法律看,公款行贿构成犯罪的首要条件是"谋取不正当利益"。是否为谋取不正当利益是一个很难界定的问题。这就在法律上给公款行贿留下了空间,造成打击不力的局面。

## 二 当前行贿行为频发多发的主要原因

### (一)存在宽宥行贿人的社会心理

由于深层次社会文化意识的影响,人们对行贿与受贿采取了区别对待的态度,认为先有贪官的无限贪欲,才会有行贿者的不得已"表示"。很多人错误地认为,行贿人相较于受贿人是"弱势群体",尽管对受贿者十分憎恶,还是认为行贿者值得同情。甚至部分办案人员也持这种观点,思想上存在"先入为主"的现象,办案过程中对行贿者给予心理上的同情,最终影响了立案及量纪量刑。

### (二)"低成本高收益"的行贿预期

在现实中,行贿人可以用较少的成本付出获得高额利润和其他好处。而且,行贿多是在"一对一"的情形下发生的,隐蔽性极高,被查处的风险极低,即使被查处的行贿人往往也是以证人的身份出现在案件中,现实中不会面临严重的刑事处罚。这种高收益与低付出、低风险、低责任并存的"经济"

现象，在一定程度上刺激了行贿行为的发生，使一些行贿人铤而走险、肆无忌惮，想方设法、绞尽脑汁地实施贿赂行为，以贿赂来谋取更多的利益回报。

### （三）法律制度与反腐败实践的脱节

目前来看，《中华人民共和国刑法》（以下简称《刑法》）和党纪政纪关于行贿的定罪（错）量刑（纪）的规定已经不能适应反腐败实践的需要。一是对"贿赂"范围的界定过窄。只限于财物，而不包括非财物性利益，如提供劳务、免费旅游、色情服务等。正是由于立法上的缺陷，使得许多行贿人有意识地规避法律，逃避了法律制裁。二是现行法律的规定，将"牟取不正当利益"作为行贿的主观构成要件。但是，对于如何理解"不正当利益"多有争议。从现实情况看，正当利益与不正当利益都是相对的，有时很难截然分开，也难以把握。三是入罪数额门槛较高。《刑法》规定个人受贿5000元以上才构成犯罪，而行贿数额却在1万元以上才构成犯罪，单位行贿数额必须达到20万元才构成犯罪，这些都在客观上提高了行贿入罪的门槛。这样的法律规定显然放纵了行贿者，不利于惩治行贿行为。四是现行法律对盗窃抢劫等财产性犯罪普遍规定了并处或单处罚金，而对行贿等犯罪，只规定单位犯罪可处罚金，对个人没有作出相应规定，不足以震慑行贿犯罪。

### （四）惩处力度不够

行贿和受贿多是"一对一"的犯罪，行贿手段越来越隐蔽，方式越来越多样，而办案人员又不得使用技侦手段，难以获取有效证据。执纪执法办案机关为保证受贿案件顺利侦查终结，往往将行贿人作为受贿案件的证人对待，不立案查处。加之，我国《刑法》规定"行贿人在被追诉前主动交代行贿行为的，可以减轻处罚或者免除处罚"，实践中对于行贿人主动交代的，一般不予处罚。

### （五）查处时存在"重受贿轻行贿"现象

从开封市来看，2009~2011年，开封市两级检察机关共立案受贿案件25件，而行贿案件仅为8件。此外，行贿者很少或根本没有被追究纪律和法律责任。如原平顶山市新华区区委书记杜某受贿贪污案中，所涉147个行贿人中，均未受到法律追究。原开封市尉氏县国土资源局党委书记赵某受贿案件中，所涉行贿人5人，只有1人被判刑，且因涉及贪污罪行，其他行贿人只受到了党政纪处分。

## 三 加大对行贿行为处罚力度的对策建议

### （一）转变观念，提高对行贿行为危害性的认识

行贿行为和受贿行为一样，都是贪利性行为。行贿人通过权钱交易来破坏公平竞争的秩序环境，最终达到自己获利的目的。对行贿行为的社会危害性认识不足，甚至不以为然，就会提升社会对行贿行为的容忍度，助长人们的投机心理，从而使国家权力面临更大的腐蚀风险，使社会公平受到更多的威胁。因此，在加大对行贿行为处罚力度的同时，应加大对行贿犯罪的宣传报道力度，曝光典型行贿案件，深层次揭露行贿行为的社会危害性，引导社会形成行贿可耻、自爱光荣的观念，最大限度地降低社会对行贿行为的容忍度，提升社会各界对行贿行为的自觉抵制，形成强大的社会舆论压力，从社会心理上设置一道摒弃和抵制行贿行为的思想防线。

### （二）完善法律，严格追究行贿人的刑事责任

对行贿行为的构成、处罚作进一步明确，从立法上扩大行贿罪的认定范围，加大处罚力度，提高行贿行为的刑罚代价，强化立法震慑，使行贿者产生敬畏之心。

**1. 完善行贿构成要件**

根据我国《刑法》第三百八十九条第一款规定，谋取"不正当利益"是行贿罪的构成要件。事实上，无论行贿人谋取利益正当与否，都侵犯了国家机关的正常活动和国家工作人员职务的廉洁性，都破坏了社会的公平正义，都应该受到严厉处罚。如果谋取正当利益不构成行贿罪，就等于默认了部分行贿行为的合法性，不利于社会对行贿行为的认知和遏制，不利于对公权力行使廉洁

性的保护。行贿目的不应该作为行贿罪的构成要件，但可以作为量刑的情节来考虑。因此，建议立法去除行贿犯罪关于谋取"不正当利益"的主观要件，规定单位或个人只要是为谋取利益，无论是正当或不正当利益，主观方面都应构成犯罪。

**2. 扩大"贿赂"的界定范围**

应根据特定行为现实控制的需要，适时将具有较大社会危害性的非财物性贿赂的相关情形列入刑事法规条文中，扩大行贿行为的认定范围，提升对行贿行为和腐败行为的打击力度。

**3. 对"被追诉前"进行界定**

刑法第三百九十条第二款规定"行贿人在被追诉前主动交代行贿行为的，可以减轻处罚或者免除处罚"。目前，对"被追诉前"的时间界定，既没有立法方面的说明和解释，也没有司法方面的界定解释，导致在办案实践中容易被宽泛理解，使得对行贿人处罚偏轻。纪委办案过程中行贿人主动交代行贿行为算不算"被追诉前"？检察机关在侦查阶段、起诉阶段行贿人主动交代行贿行为算不算"被追诉前"？理解和操作起来很困难。从合理性、现实性，有利于打击、分化瓦解行受贿犯罪出发，调研对象普遍认为"被追诉前"的时间以起诉书送达人民法院为"被追诉前"的时间界定标准更为合理，包括纪委办案阶段、检察机关侦查阶段和起诉阶段，凡在该阶段执纪执法机关审查犯罪嫌疑人犯罪行为时，主动交代了执纪执法机关没有掌握的行贿行为的，或者执纪执法机关已经掌握但尚未开展讯问之前，主动交代了行贿行为的，按照"行贿人在被追诉前主动交代行贿行为"认定，适用《刑法》第三百九十条第二款的规定。

**4. 完善行贿罪的刑罚规定**

修改对构成个人或单位贿赂罪数额的规定，降低贿赂行为认定数额，降低行贿行为入罪门槛，有效打击个人行贿、单位贿赂及公款行贿等违法违纪行为。针对行贿行为的贪利性，建议对个人行贿的刑罚增加罚金、没收财产等财产刑规定，且数额与行贿金额和所获利益挂钩，以增加行贿行为的经济代价。

## （三）健全制度，强化对行贿行为的纪律约束

对行贿人除依法定罪责处罚外，还要根据行贿行为的目的和产生收益的结

果,积极探寻运用非刑罚措施进行管控和处罚。

**1. 行贿应纳入违纪处罚**

对于国家工作人员违反组织人事纪律原则,用行贿手段谋取个人职务岗位升迁变动的,建议由纪检监察、组织部门制定处理办法,区分不同情形和危害程度给予党政纪处理,该降职、降级、撤职的,必须降职、降级、撤职,严格完善处罚程序,并纳入干部廉政档案管理体系,为干部使用提供基础依据。为自己或者他人谋取私利而行贿,严格按照《中国共产党纪律处分条例》和《中华人民共和国公务员法》等法规给予党政纪处理。

**2. 实行廉洁准入制度**

建议建立行贿违纪犯罪数据库,可将纪检监察机关的处理结果和司法机关依法作出的审判结论,作为不廉洁记录名单录入的直接依据,并将不廉洁记录以信息网站等特定渠道予以公布。对有行贿记录的单位和个人,在公职录用、职务晋升、市场准入、贷款审批等方面加以严格限制,让行贿者受到社会道德谴责和非刑罚处罚,提高他们行贿的代价成本,降低社会主体实施行贿的冲动。

**3. 加重行贿行为的行政责任**

对构不成行贿犯罪的谋财型行贿行为,建议修改目前的定额罚款的处罚规定,按收益结果或特定经济指标作为参照确定罚款数额,加重其承担的经济数额,加大其经济成本。

# Abstract

The book compiled mainly by Henan Academy of Social Sciences, reviews comprehensive legal construction of Henan since the beginning of reform and opening up, especially in 2013 that Henan promotes the process of administering the province conducted by law as thoroughly implements the basic strategy of governing the country according to law, reflects the local legislation development of science and innovation, strict law enforcement and fair administration of justice, legal education, and other fields, and summarizes new issues, new achievements, new trends in legal construction of the economic and social fields and anti-corruption according to law, provides suggestions to improve the legal construction of Henan.

The general reports of this book, all written by Henan Academy of Social Sciences Research Group, represent the basic ideas about the analysis and prediction of overall legal situation in Henan from 2013 to 2014 of this book, as well as the general idea , trend outlook and suggestions of promoting the construction of "rule of law in Henan" in the next step. The part B. 1 of general reports shows the whole picture of Henan legal construction. Because this book is the first Henan Blue Book of the rule of law, this general report first reviews the history of Henan's practice of the rule of law since the beginning of reform and opening up, concludes remarkable results of works in formulating laws scientifically, executing laws strictly, making justice, carrying out legal publicity and education. The general report B. 1 analyzes the current situation and features of legal construction in Henan, proposes the problems to be solved in the development of the rule of law in Henan, and finally puts forward the prospects and suggestions for 2014 of the rule of law in Henan. The part B. 2 of general reports is an empirical study on system innovation and practice of "rule of law in Henan". It builds a comprehensive evaluation index system of legal counties ( cities, districts ) construction of which includes ten elements of "formulating systems, ruling government by law, impartial judicial environment, building economic rule of law, building a culture of rule of law, building society rule of law, building ecological rule of law, legal supervision system and legal education", and what will provide evaluation criteria of creating a favorable legal environment for economic and social development in Henan.

The sub-reports of the book focus on the institutional innovation and practice of different areas of rule of law in Henan, such as the protective legislation to "safe—Henan" construction in the papers of legislative research, the relative concentration of power of administrative punishment in the articles of government rule of law, and exploration of misjudgments lifelong accountability system in the articles of justice, the rural collective land acquisition compensation measures in papers of economic rule of law, and the empirical lessons of social tribunal construction in the papers of social rule of law, and the legal research about anti-corruption of network in the papers of anti-corruption according to law , all of these innovative and targeted ideas and suggestions will help to promote the legal construction in Henan.

"Rule of law in Henan" is a long-term task and systematic engineering, requires public participation and teamwork. For its different requirements of relevant departments and legal profession, this book invite several well-known experts and scholars of the legislature, government, the judiciary, universities and other units to research and analyze the various aspects of the focus and difficult issues of the rule of law, and propose suggestions from different angles to promote the construction of "rule of law in Henan".

# Contents

B. 1  Development Status of Rule of
　　　Law in Henan and Outlook for 2014
　　　　　　　*Henan Academy of Social Sciences Research Group* / 001

**Abstract**: Since the beginning of reform and opening up, Henan has fully implemented the basic strategy of governing the country by law, and accelerated the process of ruling the province by law. Works in formulating laws scientifically, executing laws strictly, judicial fairness, legal education have achieved remarkable results. But we must clearly recognize that, compared with the requirements of the rapid development of the socialist market economy and people's growing demand for justice the level of legal construction in Henan needs to improve. In 2014, Henan province will focus on the overall work, and actively promote the rule of law in key areas, and strive to improve the quality of legislation and law enforcement and judicial justice, to make people act in accordance with the laws. All these things will provide solid legal protection for the prosperity and development of Henan province.

**Keywords**: Formulate Laws Scientifically; Execute Laws Strictly; Judicial fairness; Carry out Legal Publicity and Education


B. 2　The Study on Evaluation Index System of Legal
　　　Counties (Cities, Districts) Construction
　　　in Henan　*Henan Academy of Social Sciences Research Group* / 031

**Abstract**: Legal counties (cities, districts) construction is to create a system of

innovation and legal practice law in Henan province. Comprehensive evaluation index system of legal counties (cities, districts) construction which includes ten elements of "formulating systems, ruling government by law, impartial judicial environment, building economic rule of law, building a culture of rule of law, building society rule of law, building ecological rule of law, legal supervision system and legal education", in order to create a favorable legal environment for economic and social development in Henan.

**Keywords**: Legal Construction; Evaluation Index System; Rule of Law in Henan

## B.3　2013~2014 Henan Legislative Practice Proposals

*Wang Xufeng / 058*

**Abstract**: In 2013, Henan actively promoted the work of local legislation around the central task, and played a leading role in promoting legislation and scientific arrangements legislative projects, and strove to improve the quality of local legislation. So, local legislation has made new progress. But there are still some problems. In 2014, focusing on major work arrangements and hot issues that concern the people, Henan National People's Congress and its Standing Committee will actively play a leading role in the legislative works, innovate legislation system and effectively improve the quality of local legislation.

**Keywords**: Local Legislation; Legislative Practice; Legislative Proposals

## B.4　Reflections on the Revision of Existing Agricultural Land Management Regulations

*Ding Tongmin, Ding Song / 069*

**Abstract**: Amending existing agricultural land management laws and regulations is critical for ensuring that farmer get a fair share of non-agricultural income from land. The ideas of amending the existing agricultural land management regulations should be innovated in the following seven areas: shifting from focusing on state ownership to paying equal attention to the state ownership and rural collective ownership; from focusing on holding the national farmland red line to paying equal attention to protecting the interests of farmers; from focusing on savings from existing agricultural land resources to paying equal attention to intensive agricultural land conservation and achievement in the value of assets, and so on.

**Keywords:** Non-agricultural Farmland  Agricultural Land Regulations  Land Reform

## B.5 Study on Legislative Guarantee of Safe—Henan Construction *Li Zhe / 079*

**Abstract:** Safe—Henan construction is considered as important safeguard for Henan prosperity. In recent years, Henan legislature carry out productive work concerning legislation and supervision of law enforcement, effectively promote the safe—Henan Construction. Adapt to the new situation and new tasks, the legislature will adhere to the people-oriented, promote scientific development, promote administration according to law and judicial justice, continues to carry out legislative activities and legal supervision, to provide a strong legislative guarantee for safe—Henan construction.

**Keywords:** Safe—Henan; Legislative Guarantee; Legal Supervision

## B.6 Research of Food Legislative Guarantee in Henan Province *Lou Binglu, Zheng Shuqian / 085*

**Abstract:** On the whole, there are large numbers of normative documents of law. The level of these documents is clear, and the division of work is reasonable. The main contents and legislative purposes of the specific categories of food

safety law documents keep in step with food safety work in our whole country and whole province. These documents play a basic role in leading, regularizing, safeguarding food safety work of Henan province. However, there are some problems and shortcomings in existing norms of food safety law, which to be solved and overcome.

**Keywords:** Food Safety; Legislative Guarantee; Countermeasures

## B.7 The Exploration and Propsals of Service-oriented Administrative Enforcement in Henan Province

*Wang Haiyun, Wu Baoshan and Qiao Huiru / 100*

**Abstract:** In recent years, Henan actively explore new administrative enforcement mode which adhere both strictly regulate the management and educational guidance services, disposal combined with counseling, reflects "management, law enforcement and service trinity". Through efforts to explore, Henan has achieved remarkable success on promoting service-oriented administrative enforcement, and this will play a positive role in promoting administration according to law, standardizing administrative enforcement actions and promoting law enforcement for people in next step,

**Keywords:** Administrative Enforcement Mode; Service-oriented Administrative; Explore and Prospect

## B.8 Research on Relative Concentrated Administrative Punishment

*—A Case Study of Henan Urban Governance*　　*Shen Kaiju, Si Ye / 111*

**Abstract:** Administrative enforcement as an important part of the way of City administrative management, directly related to the interests of administrative relative person. The establishment of relative concentrated administrative punishment, as an important part of the administrative reform and legal administration, is very important for changing the traditional model of law enforcement, regulating administrative enforcement actions, improving the efficiency of law enforcement. Henan in carrying out relatively concentrated administrative punishment has achieved some success, but there are problems and deficiencies, need further improvement.

**Keywords**: Relative Concentrated Administrative Punishment; Administrative Law Enforcement System; Urban Governance

B. 9    Henan Practices of Establishing a sound System of Government Information Publicity    *Bao Shiqi* / 121

**Abstract**: In the historical process of Henan province to establish and perfect the system of government information publicity, there are both the government practice of preliminary exploration, and the promotion in the background of government information disclosure legislation. Although currently Henan has formed a mature system of government information publicity organization leadership, also has a huge succession in the institutional setup, staffing, institutional mechanisms, carrier platform, etc, but in the future, Henan still needs to work hard in the local public legislation, perfecting the mechanism, improve the quality of information disclosure, and promote the construction of information publishing.

**Keywords**: Service-oriented Government; Information Publicity; Institutional Practice

B. 10   Analysis About the "7. 18" Case of Throwing Baby by Linzhou Police in Henan *Wang Hongyuan* / 131

**Abstract**: In recent years, it becomes a matter of widespread conse about whether are police officers able to achieve impartial law enforcement. The "7. 18" case of throwing baby by Linzhou police was considered as a significant event which

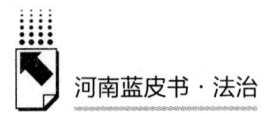

disclosed many shortcomings in administration and legal concept of linzhou police, as well as lack of awareness of local democracy and public supervision. Therefore, it is very important to further strengthen the awareness of service for the people, respect the people's lives and rights, and to vigorously strengthen the administrative enforcement power restriction, perfect the supervision and restriction mechanism, enhance administrative capacity with the way of legal thinking.

**Keywords**: Case of Throwing Baby; Administrate by Law; Justice

B.11  Exploration and Enlightenment of Trial Reforms in Henan
——*A Case of New Collegial Panel of People's Court in Jinshui District*

*Cao Yong* / 142

**Abstract**: Jinshui Court upholds judicial innovations to improve trial quality and efficiency, optimize the allocation of judicial resources, and promote justice for the people, so as to implement new system of collegial panel handling that dramatically improves the quality and efficiency of the trial, perfects trial operation mechanism, strengthens the judge staff building, gradually completes the transformation from the traditional model of the individual-based investigators handling to flow-through operation mode of large groups or small groups of investigators handling, and achieves significant social effect and judicial effect.

**Keywords**: The New Collegial Panel; Handling Team; Judicial Innovation

B.12  Exploration and Reflection About Misjudgments Lifelong Accountability System

*Zhang Zhonglin, Wang Xi* / 150

**Abstract**: In 2012, Henan High Court set up the system of implementation of the misjudgments lifelong accountability in the lead, which has aroused widespread concern. The establishment of this system is a benefit exploration to strengthen the sense of responsibility of the judge handling the case, to improve the quality and efficiency of the trial, to reduce and prevent the occurrence of misjudged. In practice, Henan Court took a series of effective measures and encountered problems and difficulties, in order to improve the working mechanism of misjudged prevention and promote judicial justice in a nationwide.

**Keywords**: Misjudgments Lifelong Accountability System; Trial System Reform; Exploration and Reflection

B. 13　Henan Practice on Punishing Dishonest Debtor According to Law　　　　　　　　　　*Wang Yunhui* / 157

**Abstract**: In recent years, according to the Supreme Court's work plan and basing on their own realities, Henan courts actively explore and implement measures on how to punish dishonest debtor. These measures frightened dishonest debtor greatly, achieved remarkable results and good social reactions. More importantly, these measures establish a solid foundation of long-term execution mechanism.

**Keywords**: Dishonest Debtor; Escape Execution; Punish According to Law

B. 14　Research on the Interaction of Media Supervision and Public Credibility of the Judiciary　　　　　　　　　　*Li Yang* / 166

**Abstract**: Media Supervision can prevent and reveal corruption and promote the public credibility of the judiciary. At the same time, because media pursuits sensation and speed, it will make improper supervision and destroy the public credibility of the judiciary. Freedom of press and independent adjudication are two powers gives by Constitution. They have the same essence to find the truth and justice. Media supervision and public credibility of the judiciary should have good

interaction relationship.

**Keywords**: Media Supervision; Public Credibility of the Judiciary; Interaction

B.15 Henan Practice of Solving the Difficulty of "Acquitted Because of Insufficient Evidence" According to "Li Huailiang Case"

*Zheng Jinyu, Yao Xiansen / 175*

**Abstract**: From "Li Huailiang case" analysis, there are many reasons for the difficulty of "acquitted because of insufficient evidence". Henan judiciary adhere to promote judicial justice by individual justice, establish and improve case identification and supporting mechanisms, and make acquittal to Li Huailiang because of insufficient evidence according to legal procedures statutory powers. Next it Should focus on the recognition mechanism from the individual justice and handling mechanism of suspected crime and supporting protection mechanisms, to explore the path of solving the difficult of "acquitted because of insufficient evidence".

**Keywords**: "Li Huailiang Case"; Acquitted Because of Insufficient Evidence; Individual Justice

B.16 Research on Development and Thing of China's Shadow Banking System from a Legal Perspective

*Zuo Xiaojie, Zhao Xiaoli and Wang Shijia / 185*

**Abstract**: In recent years, with the constant improvement of our financial system, and the enrichment of financial products and financing instruments, the shadow banking system developed rapidly in china. From the scale of financing, according to the relevant estimate, its scale is equivalent to 12% to 13% of the formal banking system at present. With the deepening of financial innovation, the state will focus on strengthening the supervision of the shadow banking system. Good suggestions include : accelerating the establishment of supervision legal system of the shadow banking system to promote that the shadow banking institutions transform to the formal financial institutions; improving the standard requirements of information disclosure of shadow bank; strengthening financial consumer education to reduce the financial consumption dispute effectively. So that it can remove the hidden danger and prevent risks, and avoid its negative effects in the process of development.

**Keywords**: Shadow bank; Legal Supervision; Risk Prevention

## B.17 The Research on Countermeasures of Improving the Current System of Economical and Intensive Use of Land *Zhao Zhi* / 194

**Abstract**: The economical and intensive use of land resources is an important way for regions to crack the dilemma : how to protecting the barn of China and guaranteeing the land demand of the economic and social development simultaneity. This paper puts forward the countermeasures to improving the current system of economical and intensive use of land based on the research of current situation of land use in China. Such as perfecting the macro-control system of land resources, setting the objectives of land economical and intensive use scientifically, making overall arrangements of new construction land scale, tapping into the potential of existing construction land fully, strengthening the intensive utilization of infrastructure land , and so on. Which can provide references for regions to break the bottleneck of land use, as well as transforming the economic development mode and upgrading the industrial structure.

**Keywords**: The Economical and Intensive Use of Land; System; Countermeasures

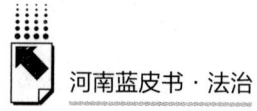

河南蓝皮书·法治

B.18 Research on Problems and Countermeasures about compensation and Resettlement of Henan Rural Collective Land Expropriation

*Tian Tucheng, Guo Shaofei* / 207

**Abstract**: Under the vested legal frame of land expropriation compensation and resettlement at national level, Henan province developed and refined the system of collective land expropriation compensation, but the system still has some shortages such as unreasonable design, low compensation standards, narrow scope of compensation, bad effectiveness of compensation manners, incomplete procedures, less relief and so on. Whereas the current situation and future development trend of China's land systems and considering the actual conditions, Henan should establish the principle of complete compensation, enlarge compensation scope; establish the uniform legal standards for filing suitcase of land expropriation compensation and so on.

**Keywords**: Rural Collective Land; Land Expropriation; Compensation and Resettlement

B.19 The Study on Legal Protection for Special Enforcement of Environmental Risk Sources in Henan Province

*Qi Xuerui, Liu Zirui and Qi Anmin* / 220

**Abstract**: The environmental risk is a kind of new environmental problems, which is different from traditional environment pollution and resource damage. At present, Henan Province is in the rapid advance stage of industrialization and urbanization, the contradiction between economic development and environmental protection is still outstanding, and the problems of special enforcement of environmental risk source will not completely eliminated in the short term. Therefore, we must carefully analyze the reasons for the formation of hidden environmental risks, propose suggestions about environmental risk management, then special enforcement of environmental risk source in Henan will make great success.

**Keywords:** Environmental Risk Sources; Special Enforcement; Legal Protection

B. 20 Study on the Legislative Protection and Development to Intangible Cultural Heritage in Henan  *Ou Guangyuan* / 232

**Abstract:** In recent years, Henan province accelerate the legislation and the establishment of the intangible cultural heritage as the main line, improve policies and regulations system construction, play a positive role in the development of the intangible cultural heritage cause. But the construction of the legal system of intangible cultural heritage in Henan Province still has some problems. Many important policies and laws need to be modified, and the development of intangible cultural heritage is lack of basic policy framework in some areas. In the future, we should focus on the work of the intangible cultural heritage of Henan Province, improve the modification and perfection of significant legislation, add regulations to sufficient financial support and personnel training, promote the protection and utilization of the intangible cultural heritage of the rule of law.

**Keywords:** Intangible Cultural Heritage; Protection and Development; Legal Guarantee

B. 21 Practice and Countermeasures Proposal of Safe—Henan Construction
*Office of The Committee for Comprehensive Management of Social Management in Henan Province* / 242

**Abstract:** In order to resolve social conflicts, maintain social stability and

promote social harmony, Henan take the satisfaction of the people as the fundamental criteria, focus on solving people's salient issues, adopt various measures to further promote safe—Henan construction, and achieved significant results. Henan practices and experiences express a profound revelation: to strengthen peace-building, we must strengthen the Party's leadership over the work of peace-building, we must firmly establish the "great peace" philosophy, we must adhere to the mass line, and pay attention to grasp the source of prevention, we must focus on strengthening basic construction, and pay attention to build institutional mechanisms.

**Keywords:** Peace-building; Social Governance; Countermeasures Proposal

## B.22  The Practice and Exploration of the Construction of Henan Social Court  *Li Hongwei / 255*

**Abstract:** The social court is produced under the background of building harmonious society and multiple dispute resolution mechanism. Henan court to adhere to the basic principles of the leadership of the Party committee and government support, through the establishment of a sound social court system, linking normative social court and related organization coordination mechanism. Henan court initiates social court which has been launched within the scope of whole province. It's a bold exploration to construct alternative dispute resolution mechanism of people's court in the new period. The social court reflects the objective knowledge of court for judicial action, and active support from social forces to participate in the dispute.

**Keywords:** Social Court; Contradictory Resolving; Social Governance

## B.23  Legal Regulation of Medical Practice in Henan  *Zhao Xinhe / 270*

**Abstract:** With imperfect civil compensation of medical malpractice, "medical crime" becomes as "trees without root", because of administrative penalties set of non-practical, medical liability identification is difficult to generate, and it makes difficult for the criminal offense of medical malpractice prosecution. So, the relevant provision should be modified as follows to be perfect: the crime of the medical malpractice should be defined as "the crime of medical negligence causing death", "the crime of medical negligence hurt"; to establish Medical Association and the joint participation of Forensic medical mistakes identification system; then adapt to Penal Code Section 335 requiring the prosecution of crime, the basis to administrative penalties of illegal medical practice should be changed from the "medical accident" to "violation of the right to life and health of patients and leading to patients and their families suffered great economic losses."

**Keywords:** Medical Practice; Legal Regulation; Legal Supporting Measures

B. 24　Research on the Innovative Working Mechanism of Petition Related Law and Litigation in Henan Province　　　　　*Liu Xu* / 281

**Abstract:** In recent years, the work of petition related law and litigation in Henan Province has made remarkable progress in experimental reform, case handling quality improvement, source treatment, information platform construction. But some deep-seated contradictions still restrict the development of this work. To solve these problems, we must continue to advance the system and mechanism reform process of petition related law and litigation, optimization petition power operation mechanism, perfect petition assessment system, improve the level of legal thinking in handling with petition, to strengthen the system guarantee for petition people rights by adopting multiple channels and whole process measures.

**Keywords:** Petition Related Law and Litigation; Innovative Mechanism; Petition Reform

河南蓝皮书·法治

B.25 Research on the Legal Protection of Rights and Interests of Women Left in Rural Areas in Henan Province  *Huang Jincai, Huang Yanting* / 292

**Abstract:** At present, the women left in rural are lack of rights and interests, such as the health rights damaged and life being lack of security, culture and education rights can not be guaranteed, and so on. These problems have deep social roots, we should carry up actual investigation and theoretical analysis, promote circulation of farmland and integration of urban and rural development, improvement of women's legal rights, so as to design specific path to protect rights and interests of women left in rural.

**Keywords:** Women Left in Rural; Legal Rights; Legal Protection

B.26 Analysis and Prospect of the Situation in Legal Anti-corruption in Henan  *Yan Demin* / 301

**Abstract:** At present, the situation of Henan legal anti-corruption is quite good: the idea of fighting against corruption by law has win support among the people; the legal basis has preliminarily formed; restriction and supervision for power by law have had results; the deterrent from punishing the corrupted has gradually grown. But some unfavorable factors which influence the smooth operation of legal anti-corruption still exist; the feudal thought and idea are waited to be cleared further; the system of anti-corruption by laws and regulations needs further improvement and perfection; the restraint and supervision against power should be further strengthened. This article will put forward the countermeasure and suggestion to improve the operating status of Henan legal anti-corruption, and give the prospect of legal anti-corruption movement trends.

**Keywords:** Legal Anti-corruption; Current Situation; Power Supervision and Constraints

B. 27  Legal Study on Network Anti-corruption

*Ma Xin / 313*

**Abstract**: In recent years, the network anti-corruption becomes a new form of anti-corruption, but because of the people's legal awareness is not high enough, the legal system and supporting mechanisms of network anti-corruption is still imperfect, even immoral and illegal behavior often occur when users carry up anti-corruption in network. Therefore, we should put the network anti-corruption into the orbit of the rule of law, take it as a system of anti-corruption stable component, and exert its positive effect to maximum, avoid the side effects and negative social influence.

**Keywords**: Anti-corruption; Network Anti-corruption; Legalization


B. 28  Thinking of Suggestions to Build the Dam at the Source of Corruption by Law and System

*Chen Donghui / 323*

**Abstract**: Law and system are always institutional, fundamental, comprehensive, stable and lasting. So, only by establishing a sound legal and institutional system, can put the power into cage system, and promote the effect to prevent and control corruption at the source. At present, there are still some loopholes and shortcomings in our anti-corruption laws and regulations. We must set up awareness of using the legal system to curb corruption, take efforts to promote the democratization and legalization of scientific decision, perfect the control and supervision of the exercise of power mechanism, improve the legal and institutional system of corruption prevention. Only by doing this, can make the public authority to be regulated strictly and completely, so as to provide effective protection for the prevention of corruption.

**Keywords**: Law; System; Source Control; Anti-corruption

河南蓝皮书·法治

B.29 Practice Exploration of Henan's Anti-corruption and Bribery Work  *Hou Minyi, Wang Heping* / 333

**Abstract:** In 2013, the procuratorates of Henan province thoroughly implement the central, provincial anti-corruption decision deployment and increase the investigation and prevention of corruption and bribery. On the whole, the corruption and bribery work maintains the big strength, high quality, good effect development momentum. In 2014, the anti-corruption and bribery work of Henan how to develop in the new starting point, investigate and prevent of corruption and bribery crimes to deep resolve social contradiction, satisfy the people's new requirements and look forward, better serve economic and social development of Henan, has become a very important subject that procuratorates need to think seriously about in a period of current and future .

**Keywords:** Anti-corruption and Bribery Work; Investigation and Prevention; Legal; Supervison

B.30 Study on Penalty of Offering Bribery
*Research Discipline CPC Henan, Kaifeng City Commission for Discipline Inspection and Supervision Bureau* / 342

**Abstract:** Offering bribery and accepting bribery are corresponding behaviors. Preventing offering bribery effectively is essential to anti—corruption. At present, cases of offering bribery appear the features as: occurred field is relative concentrated, subject is diverse, object is high-level, the means is diverse and the sources of funding always come from public funds and so on. The reasons that frequent cases of bribery occur, mainly include high social tolerance for bribery and "low-cost high-yield" of bribery, light penalties of bribery in practice and so on. We must change ideas, and take various measures to aggravate penalties of bribery.

**Keywords:** Bribery; Acts of Offering Bribes; Punishment

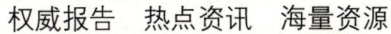

## 权威报告　热点资讯　海量资源

## 当代中国与世界发展的高端智库平台

皮书数据库　www.pishu.com.cn

皮书数据库是专业的人文社会科学综合学术资源总库，以大型连续性图书——皮书系列为基础，整合国内外相关资讯构建而成。该数据库包含七大子库，涵盖两百多个主题，囊括了近十几年间中国与世界经济社会发展报告，覆盖经济、社会、政治、文化、教育、国际问题等多个领域。

皮书数据库以篇章为基本单位，方便用户对皮书内容的阅读需求。用户可进行全文检索，也可对文献题目、内容提要、作者名称、作者单位、关键字等基本信息进行检索，还可对检索到的篇章再作二次筛选，进行在线阅读或下载阅读。智能多维度导航，可使用户根据自己熟知的分类标准进行分类导航筛选，使查找和检索更高效、便捷。

权威的研究报告、独特的调研数据、前沿的热点资讯，皮书数据库已发展成为国内最具影响力的关于中国与世界现实问题研究的成果库和资讯库。

## 皮书俱乐部会员服务指南

**1. 谁能成为皮书俱乐部成员？**
- 皮书作者自动成为俱乐部会员
- 购买了皮书产品（纸质皮书、电子书）的个人用户

**2. 会员可以享受的增值服务**
- 加入皮书俱乐部，免费获赠该纸质图书的电子书
- 免费获赠皮书数据库100元充值卡
- 免费定期获赠皮书电子期刊
- 优先参与各类皮书学术活动
- 优先享受皮书产品的最新优惠

卡号：2832728620895664
密码：

**3. 如何享受增值服务？**

（1）加入皮书俱乐部，获赠该书的电子书

第1步　登录我社官网（www.ssap.com.cn），注册账号；

第2步　登录并进入"会员中心"—"皮书俱乐部"，提交加入皮书俱乐部申请；

第3步　审核通过后，自动进入俱乐部服务环节，填写相关购书信息即可自动兑换相应电子书。

（2）免费获赠皮书数据库100元充值卡

100元充值卡只能在皮书数据库中充值和使用

第1步　刮开附赠充值的涂层（左下）；

第2步　登录皮书数据库网站（www.pishu.com.cn），注册账号；

第3步　登录并进入"会员中心"—"在线充值"—"充值卡充值"，充值成功后即可使用。

**4. 声明**

解释权归社会科学文献出版社所有

皮书俱乐部会员可享受社会科学文献出版社其他相关免费增值服务，有任何疑问，均可与我们联系
联系电话：010-59367227　企业QQ：800045692　邮箱：pishuclub@ssap.com
欢迎登录社会科学文献出版社官网（www.ssap.com.cn）和中国皮书网（www.pishu.cn）了解更多信息

# 法律声明

"皮书系列"(含蓝皮书、绿皮书、黄皮书)由社会科学文献出版社最早使用并对外推广,现已成为中国图书市场上流行的品牌,是社会科学文献出版社的品牌图书。社会科学文献出版社拥有该系列图书的专有出版权和网络传播权,其LOGO( )与"经济蓝皮书"、"社会蓝皮书"等皮书名称已在中华人民共和国工商行政管理总局商标局登记注册,社会科学文献出版社合法拥有其商标专用权。

未经社会科学文献出版社的授权和许可,任何复制、模仿或以其他方式侵害"皮书系列"和LOGO( )、"经济蓝皮书"、"社会蓝皮书"等皮书名称商标专用权的行为均属于侵权行为,社会科学文献出版社将采取法律手段追究其法律责任,维护合法权益。

欢迎社会各界人士对侵犯社会科学文献出版社上述权利的违法行为进行举报。电话:010-59367121,电子邮箱:fawubu@ssap.cn。

社会科学文献出版社

权威·前沿·原创

社会科学文献出版社

# 皮书系列

## 2014年

盘点年度资讯 预测时代前程

社会科学文献出版社 学术传播中心 编制

**社会科学文献出版社**
SOCIAL SCIENCES ACADEMIC PRESS (CHINA)

社会科学文献出版社成立于1985年，是直属于中国社会科学院的人文社会科学专业学术出版机构。

成立以来，特别是1998年实施第二次创业以来，依托于中国社会科学院丰厚的学术出版和专家学者两大资源，坚持"创社科经典，出传世文献"的出版理念和"权威、前沿、原创"的产品定位，社科文献立足内涵式发展道路，从战略层面推动学术出版的五大能力建设，逐步走上了学术产品的系列化、规模化、数字化、国际化、市场化经营道路。

先后策划出版了著名的图书品牌和学术品牌"皮书"系列、"列国志"、"社科文献精品译库"、"中国史话"、"全球化译丛"、"气候变化与人类发展译丛""近世中国"等一大批既有学术影响又有市场价值的系列图书。形成了较强的学术出版能力和资源整合能力，年发稿3.5亿字，年出版新书1200余种，承印发行中国社科院院属期刊近70种。

2012年，《社会科学文献出版社学术著作出版规范》修订完成。同年10月，社会科学文献出版社参加了由新闻出版总署召开加强学术著作出版规范座谈会，并代表50多家出版社发起实施学术著作出版规范的倡议。2013年，社会科学文献出版社参与新闻出版总署学术著作规范国家标准的起草工作。

依托于雄厚的出版资源整合能力，社会科学文献出版社长期以来一直致力于从内容资源和数字平台两个方面实现传统出版的再造，并先后推出了皮书数据库、列国志数据库、中国田野调查数据库等一系列数字产品。

在国内原创著作、国外名家经典著作大量出版，数字出版突飞猛进的同时，社会科学文献出版社在学术出版国际化方面也取得了不俗的成绩。先后与荷兰博睿等十余家国际出版机构合作面向海外推出了《经济蓝皮书》《社会蓝皮书》等十余种皮书的英文版、俄文版、日文版等。

此外，社会科学文献出版社积极与中央和地方各类媒体合作，联合大型书店、学术书店、机场书店、网络书店、图书馆，逐步构建起了强大的学术图书的内容传播力和社会影响力，学术图书的媒体曝光率居全国之首，图书馆藏率居于全国出版机构前十位。

作为已经开启第三次创业梦想的人文社会科学学术出版机构，社会科学文献出版社结合社会需求、自身的条件以及行业发展，提出了新的创业目标：精心打造人文社会科学成果推广平台，发展成为一家集图书、期刊、声像电子和数字出版物为一体、面向海内外高端读者和客户，具备独特竞争力的人文社会科学内容资源供应商和海内外知名的专业学术出版机构。

# 社长致辞

我们是图书出版者,更是人文社会科学内容资源供应商;

我们背靠中国社会科学院,面向中国与世界人文社会科学界,坚持为人文社会科学的繁荣与发展服务;

我们精心打造权威信息资源整合平台,坚持为中国经济与社会的繁荣与发展提供决策咨询服务;

我们以读者定位自身,立志让爱书人读到好书,让求知者获得知识;

我们精心编辑、设计每一本好书以形成品牌张力,以优秀的品牌形象服务读者,开拓市场;

我们始终坚持"创社科经典,出传世文献"的经营理念,坚持"权威、前沿、原创"的产品特色;

我们"以人为本",提倡阳光下创业,员工与企业共享发展之成果;

我们立足于现实,认真对待我们的优势、劣势,我们更着眼于未来,以不断的学习与创新适应不断变化的世界,以不断的努力提升自己的实力;

我们愿与社会各界友好合作,共享人文社会科学发展之成果,共同推动中国学术出版乃至内容产业的繁荣与发展。

社会科学文献出版社社长
中国社会学会秘书长

2014 年 1 月

社会科学文献出版社　皮书系列

"皮书"起源于十七、十八世纪的英国，主要指官方或社会组织正式发表的重要文件或报告，多以"白皮书"命名。在中国，"皮书"这一概念被社会广泛接受，并被成功运作、发展成为一种全新的出版形态，则源于中国社会科学院社会科学文献出版社。

皮书是对中国与世界发展状况和热点问题进行年度监测，以专家和学术的视角，针对某一领域或区域现状与发展态势展开分析和预测，具备权威性、前沿性、原创性、实证性、时效性等特点的连续性公开出版物，由一系列权威研究报告组成。皮书系列是社会科学文献出版社编辑出版的蓝皮书、绿皮书、黄皮书等的统称。

皮书系列的作者以中国社会科学院、著名高校、地方社会科学院的研究人员为主，多为国内一流研究机构的权威专家学者，他们的看法和观点代表了学界对中国与世界的现实和未来最高水平的解读与分析。

自 20 世纪 90 年代末推出以经济蓝皮书为开端的皮书系列以来，至今已出版皮书近 1000 余部，内容涵盖经济、社会、政法、文化传媒、行业、地方发展、国际形势等领域。皮书系列已成为社会科学文献出版社的著名图书品牌和中国社会科学院的知名学术品牌。

皮书系列在数字出版和国际出版方面成就斐然。皮书数据库被评为"2008~2009 年度数字出版知名品牌"；经济蓝皮书、社会蓝皮书等十几种皮书每年还由国外知名学术出版机构出版英文版、俄文版、韩文版和日文版，面向全球发行。

2011 年，皮书系列正式列入"十二五"国家重点出版规划项目，一年一度的皮书年会升格由中国社会科学院主办；2012 年，部分重点皮书列入中国社会科学院承担的国家哲学社会科学创新工程项目。

# 经 济 类

经济类皮书涵盖宏观经济、城市经济、大区域经济，提供权威、前沿的分析与预测

## 经济蓝皮书
### 2014年中国经济形势分析与预测（赠阅读卡）

李 扬 / 主编　2013年12月出版　估价：69.00元

◆ 本书课题为"总理基金项目"，由著名经济学家李扬领衔，联合数十家科研机构、国家部委和高等院校的专家共同撰写，对2013年中国宏观及微观经济形势，特别是全球金融危机及其对中国经济的影响进行了深入分析，并且提出了2014年经济走势的预测。

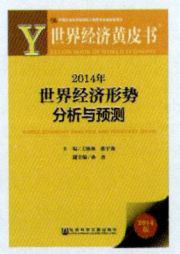

## 世界经济黄皮书
### 2014年世界经济形势分析与预测（赠阅读卡）

王洛林　张宇燕 / 主编　2014年1月出版　估价：69.00元

◆ 2013年的世界经济仍旧行进在坎坷复苏的道路上。发达经济体经济复苏继续巩固，美国和日本经济进入低速增长通道，欧元区结束衰退并呈复苏迹象。本书展望2014年世界经济，预计全球经济增长仍将维持在中低速的水平上。

## 工业化蓝皮书
### 中国工业化进程报告（2014）（赠阅读卡）

黄群慧　吕 铁　李晓华 等 / 著　2014年11月出版　估价：89.00元

◆ 中国的工业化是事关中华民族复兴的伟大事业，分析跟踪研究中国的工业化进程，无疑具有重大意义。科学评价与客观认识我国的工业化水平，对于我国明确自身发展中的优势和不足，对于经济结构的升级与转型，对于制定经济发展政策，从而提升我国的现代化水平具有重要作用。

## 皮书系列 重点推荐 — 经济类

### 金融蓝皮书
**中国金融发展报告（2014）（赠阅读卡）**

李扬 王国刚/主编　2013年12月出版　定价：69.00元

◆ 由中国社会科学院金融研究所组织编写的《中国金融发展报告（2014）》，概括和分析了2013年中国金融发展和运行中的各方面情况，研讨和评论了2013年发生的主要金融事件。本书由业内专家和青年精英联合编著，有利于读者了解掌握2013年中国的金融状况，把握2014年中国金融的走势。

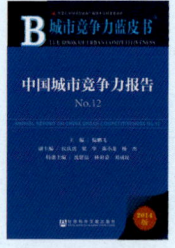

### 城市竞争力蓝皮书
**中国城市竞争力报告No.12（赠阅读卡）**

倪鹏飞/主编　2014年5月出版　估价：89.00元

◆ 本书由中国社会科学院城市与竞争力研究中心主任倪鹏飞主持编写，汇集了众多研究城市经济问题的专家学者关于城市竞争力研究的最新成果。本报告构建了一套科学的城市竞争力评价指标体系，采用第一手数据材料，对国内重点城市年度竞争力格局变化进行客观分析和综合比较、排名，对研究城市经济及城市竞争力极具参考价值。

### 中国省域竞争力蓝皮书
**中国省域经济综合竞争力发展报告（2012~2013）（赠阅读卡）**

李建平　李闽榕　高燕京/主编　2014年3月出版　估价：188.00元

◆ 本书充分运用数理分析、空间分析、规范分析与实证分析相结合、定性分析与定量分析相结合的方法，建立起比较科学完善、符合中国国情的省域经济综合竞争力指标评价体系及数学模型，对2011~2012年中国内地31个省、市、区的经济综合竞争力进行全面、深入、科学的总体评价与比较分析。

### 农村经济绿皮书
**中国农村经济形势分析与预测(2013~2014)（赠阅读卡）**

中国社会科学院农村发展研究所　国家统计局农村社会经济调查司/著
2014年4月出版　估价：59.00元

◆ 本书对2013年中国农业和农村经济运行情况进行了系统的分析和评价，对2014年中国农业和农村经济发展趋势进行了预测，并提出相应的政策建议，专题部分将围绕某个重大的理论和现实问题进行多维、深入、细致的分析和探讨。

经济类　皮书系列 重点推荐

### 西部蓝皮书
中国西部经济发展报告（2014）（赠阅读卡）

姚慧琴　徐璋勇/主编　　2014年7月出版　　估价:69.00元

◆ 本书由西北大学中国西部经济发展研究中心主编，汇集了源自西部本土以及国内研究西部问题的权威专家的第一手资料，对国家实施西部大开发战略进行年度动态跟踪，并对2014年西部经济、社会发展态势进行预测和展望。

### 气候变化绿皮书
应对气候变化报告（2014）（赠阅读卡）

王伟光　郑国光/主编　　2014年11月出版　　估价:79.00元

◆ 本书由社科院城环所和国家气候中心共同组织编写，各篇报告的作者长期从事气候变化科学问题、社会经济影响，以及国际气候制度等领域的研究工作，密切跟踪国际谈判的进程，参与国家应对气候变化相关政策的咨询，有丰富的理论与实践经验。

### 就业蓝皮书
2014年中国大学生就业报告（赠阅读卡）

麦可思研究院/编著　王伯庆　郭娇/主审
2014年6月出版　估价:98.00元

◆ 本书是迄今为止关于中国应届大学毕业生就业、大学毕业生中期职业发展及高等教育人口流动情况的视野最为宽广、资料最为翔实、分类最为精细的实证调查和定量研究；为我国教育主管部门的教育决策提供了极有价值的参考。

### 企业社会责任蓝皮书
中国企业社会责任研究报告（2014）（赠阅读卡）

黄群慧　彭华岗　钟宏武　张蒽/编著
2014年11月出版　估价:69.00元

◆ 本书系中国社会科学院经济学部企业社会责任研究中心组织编写的《企业社会责任蓝皮书》2014年分册。该书在对企业社会责任进行宏观总体研究的基础上，根据2013年企业社会责任及相关背景进行了创新研究，在全国企业中观层面对企业健全社会责任管理体系提供了弥足珍贵的丰富信息。

社会政法类

# 社会政法类

社会政法类皮书聚焦社会发展领域的热点、难点问题，提供权威、原创的资讯与视点

### 社会蓝皮书

**2014年中国社会形势分析与预测（赠阅读卡）**

李培林　陈光金　张 翼/主编　2013年12月出版　估价:69.00元

◆ 本报告是中国社会科学院"社会形势分析与预测"课题组2014年度分析报告，由中国社会科学院社会学研究所组织研究机构专家、高校学者和政府研究人员撰写。对2013年中国社会发展的各个方面内容进行了权威解读，同时对2014年社会形势发展趋势进行了预测。

### 法治蓝皮书

**中国法治发展报告No.12（2014）（赠阅读卡）**

李 林　田 禾/主编　2014年2月出版　估价:98.00元

◆ 本年度法治蓝皮书一如既往秉承关注中国法治发展进程中的焦点问题的特点，回顾总结了2013年度中国法治发展取得的成就和存在的不足，并对2014年中国法治发展形势进行了预测和展望。

### 民间组织蓝皮书

**中国民间组织报告（2014）（赠阅读卡）**

黄晓勇/主编　2014年8月出版　估价:69.00元

◆ 本报告是中国社会科学院"民间组织与公共治理研究"课题组推出的第五本民间组织蓝皮书。基于国家权威统计数据、实地调研和广泛搜集的资料，本报告对2012年以来我国民间组织的发展现状、热点专题、改革趋势等问题进行了深入研究，并提出了相应的政策建议。

社会政法类　　皮书系列 重点推荐

### 社会保障绿皮书

中国社会保障发展报告（2014）No.6（赠阅读卡）

王延中 / 主编　　2014年9月出版　　估价：69.00元

◆ 社会保障是调节收入分配的重要工具，随着社会保障制度的不断建立健全、社会保障覆盖面的不断扩大和社会保障资金的不断增加，社会保障在调节收入分配中的重要性不断提高。本书全面评述了2013年以来社会保障制度各个主要领域的发展情况。

### 环境绿皮书

中国环境发展报告（2014）（赠阅读卡）

刘鉴强 / 主编　　2014年4月出版　　估价：69.00元

◆ 本书由民间环保组织"自然之友"组织编写，由特别关注、生态保护、宜居城市、可持续消费以及政策与治理等版块构成，以公共利益的视角记录、审视和思考中国环境状况，呈现2013年中国环境与可持续发展领域的全局态势，用深刻的思考、科学的数据分析2013年的环境热点事件。

### 教育蓝皮书

中国教育发展报告（2014）（赠阅读卡）

杨东平 / 主编　　2014年3月出版　　估价：69.00元

◆ 本书站在教育前沿，突出教育中的问题，特别是对当前教育改革中出现的教育公平、高校教育结构调整、义务教育均衡发展等问题进行了深入分析，从教育的内在发展谈教育，又从外部条件来谈教育，具有重要的现实意义，对我国的教育体制的改革与发展具有一定的学术价值和参考意义。

### 反腐倡廉蓝皮书

中国反腐倡廉建设报告No.3（赠阅读卡）

中国社会科学院中国廉政研究中心 / 主编
2013年12月出版　　估价：79.00元

◆ 本书抓住了若干社会热点和焦点问题，全面反映了新时期新阶段中国反腐倡廉面对的严峻局面，以及中国共产党反腐倡廉建设的新实践新成果。根据实地调研、问卷调查和舆情分析，梳理了当下社会普遍关注的与反腐败密切相关的热点问题。

# 行业报告类

行业报告类皮书立足重点行业、新兴行业领域，提供及时、前瞻的数据与信息

### 房地产蓝皮书
**中国房地产发展报告 No.11（赠阅读卡）**

魏后凯 李景国 / 主编　　2014年4月出版　　估价：79.00元

◆ 本书由中国社会科学院城市发展与环境研究所组织编写，秉承客观公正、科学中立的原则，深度解析2013年中国房地产发展的形势和存在的主要矛盾，并预测2014年及未来10年或更长时间的房地产发展大势。观点精辟，数据翔实，对关注房地产市场的各阶层人士极具参考价值。

### 旅游绿皮书
**2013~2014年中国旅游发展分析与预测（赠阅读卡）**

宋瑞 / 主编　　2013年12月出版　　定价：69.00元

◆ 如何从全球的视野理性审视中国旅游，如何在世界旅游版图上客观定位中国，如何积极有效地推进中国旅游的世界化，如何制定中国实现世界旅游强国梦想的线路图？本年度开始，《旅游绿皮书》将围绕"世界与中国"这一主题进行系列研究，以期为推进中国旅游的长远发展提供科学参考和智力支持。

### 信息化蓝皮书
**中国信息化形势分析与预测（2014）（赠阅读卡）**

周宏仁 / 主编　　2014年7月出版　　估价：98.00元

◆ 本书在以中国信息化发展的分析和预测为重点的同时，反映了过去一年间中国信息化关注的重点和热点，视野宽阔，观点新颖，内容丰富，数据翔实，对中国信息化的发展有很强的指导性，可读性很强。

行业报告类　皮书系列 重点推荐

### 企业蓝皮书

**中国企业竞争力报告（2014）（赠阅读卡）**

金　碚/主编　　2014年11月出版　　估价:89.00元

◆　中国经济正处于新一轮的经济波动中，如何保持稳健的经营心态和经营方式并进一步求发展，对于企业保持并提升核心竞争力至关重要。本书利用上市公司的财务数据，研究上市公司竞争力变化的最新趋势，探索进一步提升中国企业国际竞争力的有效途径，这无论对实践工作者还是理论研究者都具有重大意义。

### 食品药品蓝皮书

**食品药品安全与监管政策研究报告（2014）（赠阅读卡）**

唐民皓/主编　　2014年7月出版　　估价:69.00元

◆　食品药品安全是当下社会关注的焦点问题之一，如何破解食品药品安全监管重点难点问题是需要以社会合力才能解决的系统工程。本书围绕安全热点问题、监管重点问题和政策焦点问题，注重于对食品药品公共政策和行政监管体制的探索和研究。

### 流通蓝皮书

**中国商业发展报告（2013~2014）（赠阅读卡）**

荆林波/主编　　2014年5月出版　　估价:89.00元

◆　《中国商业发展报告》是中国社会科学院财经战略研究院与香港利丰研究中心合作的成果，并且在2010年开始以中英文版同步在全球发行。蓝皮书从关注中国宏观经济出发，突出中国流通业的宏观背景反映了本年度中国流通业发展的状况。

### 住房绿皮书

**中国住房发展报告（2013~2014）（赠阅读卡）**

倪鹏飞/主编　　2013年12月出版　　估价:79.00元

◆　本报告从宏观背景、市场主体、市场体系、公共政策和年度主题五个方面，对中国住宅市场体系做了全面系统的分析、预测与评价，并给出了相关政策建议，并在评述2012~2013年住房及相关市场走势的基础上，预测了2013~2014年住房及相关市场的发展变化。

皮书系列 重点推荐  国别与地区类

# 国别与地区类

国别与地区类皮书关注全球重点国家与地区，提供全面、独特的解读与研究

### 亚太蓝皮书
亚太地区发展报告（2014）（赠阅读卡）

李向阳/主编　2013年12月出版　定价:69.00元

◆ 本书是由中国社会科学院亚太与全球战略研究院精心打造的又一品牌皮书，关注时下亚太地区局势发展动向里隐藏的中长趋势，剖析亚太地区政治与安全格局下的区域形势最新动向以及地区关系发展的热点问题，并对2014年亚太地区重大动态作出前瞻性的分析与预测。

### 日本蓝皮书
日本研究报告（2014）（赠阅读卡）

李薇/主编　2014年2月出版　估价:69.00元

◆ 本书由中华日本学会、中国社会科学院日本研究所合作推出，是以中国社会科学院日本研究所的研究人员为主完成的研究成果。对2013年日本的政治、外交、经济、社会文化作了回顾、分析与展望，并收录了该年度日本大事记。

### 欧洲蓝皮书
欧洲发展报告(2013~2014)（赠阅读卡）

周弘/主编　2014年3月出版　估价:89.00元

◆ 本年度的欧洲发展报告，对欧洲经济、政治、社会、外交等面的形式进行了跟踪介绍与分析。力求反映作为一个整体的欧盟及30多个欧洲国家在2013年出现的各种变化。

国别与地区类 皮书系列 重点推荐

### 拉美黄皮书
**拉丁美洲和加勒比发展报告（2013~2014）（赠阅读卡）**
吴白乙 / 主编　2014年4月出版　估价：89.00元

◆ 本书是中国社会科学院拉丁美洲研究所的第13份关于拉丁美洲和加勒比地区发展形势状况的年度报告。本书对2013年拉丁美洲和加勒比地区诸国的政治、经济、社会、外交等方面的发展情况做了系统介绍，对该地区相关国家的热点及焦点问题进行了总结和分析，并在此基础上对该地区各国2014年的发展前景做出预测。

### 澳门蓝皮书
**澳门经济社会发展报告（2013~2014）（赠阅读卡）**
吴志良　郝雨凡 / 主编　2014年3月出版　估价：79.00元

◆ 本书集中反映2013年本澳各个领域的发展动态，总结评价近年澳门政治、经济、社会的总体变化，同时对2014年社会经济情况作初步预测。

### 日本经济蓝皮书
**日本经济与中日经贸关系研究报告（2014）（赠阅读卡）**
王洛林　张季风 / 主编　2014年5月出版　估价：79.00元

◆ 本书对当前日本经济以及中日经济合作的发展动态进行了多角度、全景式的深度分析。本报告回顾并展望了2013~2014年度日本宏观经济的运行状况。此外，本报告还收录了大量来自于日本政府权威机构的数据图表，具有极高的参考价值。

### 美国蓝皮书
**美国问题研究报告（2014）（赠阅读卡）**
黄平　倪峰 / 主编　2014年6月出版　估价：89.00元

◆ 本书是由中国社会科学院美国所主持完成的研究成果，它回顾了美国2013年的经济、政治形势与外交战略，对2013年以来美国内政外交发生的重大事件以及重要政策进行了较为全面的回顾和梳理。

# 地方发展类

地方发展类皮书关注大陆各省份、经济区域，提供科学、多元的预判与咨政信息

### 社会建设蓝皮书
#### 2014年北京社会建设分析报告（赠阅读卡）
宋贵伦/主编　2014年4月出版　估价:69.00元

◆ 本书依据社会学理论框架和分析方法，对北京市的人口、就业、分配、社会阶层以及城乡关系等社会学基本问题进行了广泛调研与分析，对广受社会关注的住房、教育、医疗、养老、交通等社会热点问题做了深刻了解与剖析，对日益显现的征地搬迁、外籍人口管理、群体性心理障碍等进行了有益探讨。

### 温州蓝皮书
#### 2014年温州经济社会形势分析与预测（赠阅读卡）
潘忠强　王春光　金浩/主编　2014年4月出版　估价:69.00元

◆ 本书是由中共温州市委党校与中国社会科学院社会学研究所合作推出的第七本"温州经济社会形势分析与预测"年度报告，深入全面分析了2013年温州经济、社会、政治、文化发展的主要特点、经验、成效与不足，提出了相应的政策建议。

### 上海蓝皮书
#### 上海资源环境发展报告（2014）（赠阅读卡）
周冯琦　汤庆合　王利民/著　2014年1月出版　估价:59.00元

◆ 本书在上海所面临资源环境风险的来源、程度、成因、对策等方面作了些有益的探索，希望能对有关部门完善上海的资源环境风险防控工作提供一些有价值的参考，也让普通民众更全面地了解上海资源环境风险及其防控的图景。

### 广州蓝皮书
2014年中国广州社会形势分析与预测（赠阅读卡）

易佐永　杨　秦　顾涧清 / 主编　2014年5月出版　估价：65.00元

◆ 本书由广州大学与广州市委宣传部、广州市人力资源和社会保障局联合主编，汇集了广州科研团体、高等院校和政府部门诸多社会问题研究专家、学者和实际部门工作者的最新研究成果，是关于广州社会运行情况和相关专题分析与预测的重要参考资料。

### 河南经济蓝皮书
2014年河南经济形势分析与预测（赠阅读卡）

胡五岳 / 主编　2014年4月出版　估价：59.00元

◆ 本书由河南省统计局主持编纂。该分析与展望以2013年最新年度统计数据为基础，科学研判河南经济发展的脉络轨迹、分析年度运行态势；以客观翔实、权威资料为特征，突出科学性、前瞻性和可操作性，服务于科学决策和科学发展。

### 陕西蓝皮书
陕西社会发展报告（2014）（赠阅读卡）

任宗哲　石　英　江　波 / 主编　2014年1月出版　估价：65.00元

◆ 本书系统而全面地描述了陕西省2013年社会发展各个领域所取得的成就、存在的问题、面临的挑战及其应对思路，为更好地思考2014年陕西发展前景、政策指向和工作策略等方面提供了一个较为简洁清晰的参考蓝本。

### 上海蓝皮书
上海经济发展报告（2014）（赠阅读卡）

沈开艳 / 主编　2014年1月出版　估价：69.00元

◆ 本书系上海社会科学院系列之一，报告对2014年上海经济增长与发展趋势的进行了预测，把握了上海经济发展的脉搏和学术研究的前沿。

地方发展类·文化传媒类

### 广州蓝皮书

广州经济发展报告（2014）（赠阅读卡）

李江涛 刘江华/主编　2014年6月出版　估价:65.00元

◆ 本书是由广州市社会科学院主持编写的"广州蓝皮书"系列之一，本报告对广州2013年宏观经济运行情况作了深入分析，对2014年宏观经济走势进行了合理预测，并在此基础上提出了相应的政策建议。

# 文化传媒类

文化传媒类皮书透视文化领域、文化产业，探索文化大繁荣、大发展的路径

### 新媒体蓝皮书

中国新媒体发展报告 No.4(2013)（赠阅读卡）

唐绪军/主编　2014年6月出版　估价:69.00元

◆ 本书由中国社会科学院新闻与传播研究所和上海大学合作编写，在构建新媒体发展研究基本框架的基础上，全面梳理2013年中国新媒体发展现状，发表最前沿的网络媒体深度调查数据和研究成果，并对新媒体发展的未来趋势做出预测。

### 舆情蓝皮书

中国社会舆情与危机管理报告（2014）（赠阅读卡）

谢耘耕/主编　2014年8月出版　估价:85.00元

◆ 本书由上海交通大学舆情研究实验室和危机管理研究中心主编，已被列入教育部人文社会科学研究报告培育项目。本书以新媒体环境下的中国社会为立足点，对2013年中国社会舆情、分类舆情等进行了深入系统的研究，并预测了2014年社会舆情走势。

# 经济类

**产业蓝皮书**
中国产业竞争力报告（2014）No.4
著(编)者：张其仔　2014年5月出版 / 估价：79.00元

**长三角蓝皮书**
2014年率先基本实现现代化的长三角
著(编)者：刘志彪　2014年6月出版 / 估价：120.00元

**城市竞争力蓝皮书**
中国城市竞争力报告No.12
著(编)者：倪鹏飞　2014年5月出版 / 估价：89.00元

**城市蓝皮书**
中国城市发展报告No.7
著(编)者：潘家华　魏后凯　2014年7月出版 / 估价：69.00元

**城市群蓝皮书**
中国城市群发展指数报告(2014)
著(编)者：刘士林　刘新静　2014年10月出版 / 估价：59.00元

**城乡统筹蓝皮书**
中国城乡统筹发展报告（2014）
著(编)者：程志强　潘晨光　2014年3月出版 / 估价：59.00元

**城乡一体化蓝皮书**
中国城乡一体化发展报告（2014）
著(编)者：汝信　付崇兰　2014年8月出版 / 估价：59.00元

**城镇化蓝皮书**
中国城镇化健康发展报告（2014）
著(编)者：张占斌　2014年10月出版 / 估价：69.00元

**低碳发展蓝皮书**
中国低碳发展报告（2014）
著(编)者：齐晔　2014年7月出版 / 估价：69.00元

**低碳经济蓝皮书**
中国低碳经济发展报告（2014）
著(编)者：薛进军　赵忠秀　2014年5月出版 / 估价：79.00元

**东北蓝皮书**
中国东北地区发展报告（2014）
著(编)者：鲍振东　曹晓峰　2014年8月出版 / 估价：79.00元

**发展和改革蓝皮书**
中国经济发展和体制改革报告No.7
著(编)者：邹东涛　2014年7月出版 / 估价：79.00元

**工业化蓝皮书**
中国工业化进程报告（2014）
著(编)者：黄群慧　吕铁　李晓华　等
2014年11月出版 / 估价：89.00元

**国际城市蓝皮书**
国际城市发展报告（2014）
著(编)者：屠启宇　2014年1月出版 / 估价：69.00元

**国家创新蓝皮书**
国家创新发展报告（2013~2014）
著(编)者：陈劲　2014年3月出版 / 估价：69.00元

**国家竞争力蓝皮书**
中国国家竞争力报告No.2
著(编)者：倪鹏飞　2014年10月出版 / 估价：98.00元

**宏观经济蓝皮书**
中国经济增长报告（2014）
著(编)者：张平　刘霞辉　2014年10月出版 / 估价：69.00元

**减贫蓝皮书**
中国减贫与社会发展报告
著(编)者：黄承伟　2014年7月出版 / 估价：69.00元

**金融蓝皮书**
中国金融发展报告（2014）
著(编)者：李扬　王国刚　2013年12月出版 / 定价：69.00元

**经济蓝皮书**
2014年中国经济形势分析与预测
著(编)者：李扬　2013年12月出版 / 估价：69.00元

**经济蓝皮书春季号**
中国经济前景分析——2014年春季报告
著(编)者：李扬　2014年4月出版 / 估价：59.00元

**经济信息绿皮书**
中国与世界经济发展报告（2014）
著(编)者：王长胜　2013年12月出版 / 定价：69.00元

**就业蓝皮书**
2014年中国大学生就业报告
著(编)者：麦可思研究院　2014年6月出版 / 估价：98.00元

**民营经济蓝皮书**
中国民营经济发展报告No.10（2013~2014）
著(编)者：黄孟复　2014年9月出版 / 估价：69.00元

**民营企业蓝皮书**
中国民营企业竞争力报告No.7（2014）
著(编)者：刘迎秋　2014年1月出版 / 估价：79.00元

**农村绿皮书**
中国农村经济形势分析与预测（2014）
著(编)者：中国社会科学院农村发展研究所
　　　　国家统计局农村社会经济调查司　著
2014年4月出版 / 估价：59.00元

**企业公民蓝皮书**
中国企业公民报告No.4
著(编)者：邹东涛　2014年7月出版 / 估价：69.00元

**企业社会责任蓝皮书**
中国企业社会责任研究报告（2014）
著(编)者：黄群慧　彭华岗　钟宏武　等
2014年11月出版 / 估价：59.00元

**气候变化绿皮书**
应对气候变化报告（2014）
著(编)者：王伟光　郑国光　2014年11月出版 / 估价：79.00元

**区域蓝皮书**
中国区域经济发展报告（2014）
著(编)者：梁昊光　2014年4月出版 / 估价：69.00元

## 皮书系列 2014全品种

### 经济类·社会政法类

**人口与劳动绿皮书**
中国人口与劳动问题报告No.15
著(编)者：蔡昉　　　2014年6月出版 / 估价：69.00元

**生态经济（建设）绿皮书**
中国经济（建设）发展报告（2013~2014）
著(编)者：黄浩涛　李周　2014年10月出版 / 估价：69.00元

**世界经济黄皮书**
2014年世界经济形势分析与预测
著(编)者：王洛林　张宇燕　2014年1月出版 / 估价：69.00元

**西北蓝皮书**
中国西北发展报告（2014）
著(编)者：张进海　陈冬红　段庆林　2014年1月出版 / 定价：65.00元

**西部蓝皮书**
中国西部发展报告（2014）
著(编)者：姚慧琴　徐璋勇　2014年7月出版 / 估价：69.00元

**新型城镇化蓝皮书**
新型城镇化发展报告（2014）
著(编)者：沈体雁　李伟　宋敏　2014年3月出版 / 估价：69.00元

**新兴经济体蓝皮书**
金砖国家发展报告（2014）
著(编)者：林跃勤　周文　2014年3月出版 / 估价：79.00元

**循环经济绿皮书**
中国循环经济发展报告（2013~2014）
著(编)者：齐建国　2014年12月出版 / 估价：69.00元

**中部竞争力蓝皮书**
中国中部经济社会竞争力报告（2014）
著(编)者：教育部人文社会科学重点研究基地
南昌大学中国中部经济社会发展研究中心
2014年7月出版 / 估价：59.00元

**中部蓝皮书**
中国中部地区发展报告（2014）
著(编)者：朱有志　2014年10月出版 / 估价：59.00元

**中国科技蓝皮书**
中国科技发展报告（2014）
著(编)者：陈劲　2014年4月出版 / 估价：69.00元

**中国省域竞争力蓝皮书**
中国省域经济综合竞争力发展报告（2012~2013）
著(编)者：李建平　李闽榕　高燕京　2014年3月出版 / 估价：188.00元

**中三角蓝皮书**
长江中游城市群发展报告（2013~2014）
著(编)者：秦尊文　2014年6月出版 / 估价：69.00元

**中小城市绿皮书**
中国中小城市发展报告（2014）
著(编)者：中国城市经济学会中小城市经济发展委员会
《中国中小城市发展报告》编纂委员会
2014年10月出版 / 估价：98.00元

**中原蓝皮书**
中原经济区发展报告（2014）
著(编)者：刘怀廉　2014年6月出版 / 估价：68.00元

## 社会政法类

**殡葬绿皮书**
中国殡葬事业发展报告（2014）
著(编)者：朱勇　副主编 李伯森　2014年3月出版 / 估价：59.00元

**城市创新蓝皮书**
中国城市创新报告（2014）
著(编)者：周天勇　旷建伟　2014年7月出版 / 估价：69.00元

**城市管理蓝皮书**
中国城市管理报告2014
著(编)者：谭维克　刘林　2014年7月出版 / 估价：98.00元

**城市生活质量蓝皮书**
中国城市生活质量指数报告（2014）
著(编)者：张平　2014年7月出版 / 估价：59.00元

**城市政府能力蓝皮书**
中国城市政府公共服务能力评估报告（2014）
著(编)者：何艳玲　2014年7月出版 / 估价：59.00元

**创新蓝皮书**
创新型国家建设报告（2014）
著(编)者：詹正茂　2014年7月出版 / 估价：69.00元

**慈善蓝皮书**
中国慈善发展报告（2014）
著(编)者：杨团　2014年6月出版 / 估价：69.00元

**法治蓝皮书**
中国法治发展报告No.12（2014）
著(编)者：李林　田禾　2014年2月出版 / 估价：98.00元

**反腐倡廉蓝皮书**
中国反腐倡廉建设报告No.3
著(编)者：李秋芳　2013年12月出版 / 估价：79.00元

**非传统安全蓝皮书**
中国非传统安全研究报告（2014）
著(编)者：余潇枫　2014年5月出版 / 估价：69.00元

## 社会政法类 — 皮书系列 2014全品种

**妇女发展蓝皮书**
福建省妇女发展报告（2014）
著(编)者:刘群英　2014年10月出版 / 估价:58.00元

**妇女发展蓝皮书**
中国妇女发展报告No.5
著(编)者:王金玲　高小贤　2014年5月出版 / 估价:65.00元

**妇女教育蓝皮书**
中国妇女教育发展报告No.3
著(编)者:张李玺　2014年10月出版 / 估价:69.00元

**公共服务满意度蓝皮书**
中国城市公共服务评价报告（2014）
著(编)者:胡伟　2014年11月出版 / 估价:69.00元

**公共服务蓝皮书**
中国城市基本公共服务力评价（2014）
著(编)者:侯惠勤　辛向阳　易定宏
2014年10月出版 / 估价:55.00元

**公民科学素质蓝皮书**
中国公民科学素质调查报告（2013~2014）
著(编)者:李群　许佳军　2014年2月出版 / 估价:69.00元

**公益蓝皮书**
中国公益发展报告（2014）
著(编)者:朱健刚　2014年5月出版 / 估价:78.00元

**国际人才蓝皮书**
中国海归创业发展报告（2014）No.2
著(编)者:王辉耀　路江涌　2014年10月出版 / 估价:69.00元

**国际人才蓝皮书**
中国留学发展报告（2014）No.3
著(编)者:王辉耀　2014年9月出版 / 估价:59.00元

**行政改革蓝皮书**
中国行政体制改革报告（2014）No.3
著(编)者:魏礼群　2014年3月出版 / 估价:69.00元

**华侨华人蓝皮书**
华侨华人研究报告（2014）
著(编)者:丘进　2014年5月出版 / 估价:128.00元

**环境竞争力绿皮书**
中国省域环境竞争力发展报告（2014）
著(编)者:李建平　李闽榕　王金南
2014年12月出版 / 估价:148.00元

**环境绿皮书**
中国环境发展报告（2014）
著(编)者:刘鉴强　2014年4月出版 / 估价:69.00元

**基本公共服务蓝皮书**
中国省级政府基本公共服务发展报告（2014）
著(编)者:孙德超　2014年1月出版 / 估价:69.00元

**基金会透明度蓝皮书**
中国基金会透明度发展研究报告（2014）
著(编)者:基金会中心网　2014年7月出版 / 估价:79.00元

**教师蓝皮书**
中国中小学教师发展报告（2014）
著(编)者:曾晓东　2014年4月出版 / 估价:59.00元

**教育蓝皮书**
中国教育发展报告（2014）
著(编)者:杨东平　2014年3月出版 / 估价:69.00元

**科普蓝皮书**
中国科普基础设施发展报告（2014）
著(编)者:任福君　2014年6月出版 / 估价:79.00元

**口腔健康蓝皮书**
中国口腔健康发展报告（2014）
著(编)者:胡德渝　2014年12月出版 / 估价:59.00元

**老龄蓝皮书**
中国老龄事业发展报告（2014）
著(编)者:吴玉韶　2014年2月出版 / 估价:59.00元

**连片特困区蓝皮书**
中国连片特困区发展报告（2014）
著(编)者:丁建军　冷志明　游俊　2014年3月出版 / 估价:79.00元

**民间组织蓝皮书**
中国民间组织报告（2014）
著(编)者:黄晓勇　2014年8月出版 / 估价:69.00元

**民族发展蓝皮书**
中国民族区域自治发展报告（2014）
著(编)者:郝时远　2014年6月出版 / 估价:98.00元

**女性生活蓝皮书**
中国女性生活状况报告No.8（2014）
著(编)者:韩湘景　2014年3月出版 / 估价:78.00元

**汽车社会蓝皮书**
中国汽车社会发展报告（2014）
著(编)者:王俊秀　2014年1月出版 / 估价:59.00元

**青年蓝皮书**
中国青年发展报告（2014）No.2
著(编)者:廉思　2014年6月出版 / 估价:59.00元

**全球环境竞争力绿皮书**
全球环境竞争力发展报告（2014）
著(编)者:李建平　李闽榕　王金南　2014年11月出版 / 估价:69.00元

**青少年蓝皮书**
中国未成年人新媒体运用报告（2014）
著(编)者:李文革　沈杰　季为民　2014年6月出版 / 估价:69.00元

**皮书系列 2014全品种** 社会政法类·行业报告类

**区域人才蓝皮书**
中国区域人才竞争力报告No.2
著(编)者：桂昭明 王辉耀　2014年6月出版 / 估价：69.00元

**人才蓝皮书**
中国人才发展报告（2014）
著(编)者：潘晨光　2014年10月出版 / 估价：79.00元

**人权蓝皮书**
中国人权事业发展报告No.4（2014）
著(编)者：李君如　2014年7月出版 / 估价：98.00元

**世界人才蓝皮书**
全球人才发展报告No.1
著(编)者：孙学玉 张冠梓　2013年12月出版 / 估价：69.00元

**社会保障绿皮书**
中国社会保障发展报告（2014）No.6
著(编)者：王延中　2014年4月出版 / 估价：69.00元

**社会工作蓝皮书**
中国社会工作发展报告（2013~2014）
著(编)者：王杰秀 邹文开　2014年8月出版 / 估价：59.00元

**社会管理蓝皮书**
中国社会管理创新报告No.3
著(编)者：连玉明　2014年9月出版 / 估价：79.00元

**社会蓝皮书**
2014年中国社会形势分析与预测
著(编)者：李培林 陈光金 张翼　2013年12月出版 / 估价：69.00元

**社会体制蓝皮书**
中国社会体制改革报告（2014）No.2
著(编)者：龚维斌　2014年5月出版 / 估价：59.00元

**社会心态蓝皮书**
2014年中国社会心态研究报告
著(编)者：王俊秀 杨宜音　2014年1月出版 / 估价：59.00元

**生态城市绿皮书**
中国生态城市建设发展报告（2014）
著(编)者：李景源 孙伟平 刘举科　2014年6月出版 / 估价：128.00元

**生态文明绿皮书**
中国省域生态文明建设评价报告（ECI 2014）
著(编)者：严耕　2014年9月出版 / 估价：98.00元

**世界创新竞争力黄皮书**
世界创新创新竞争力发展报告（2014）
著(编)者：李建平 李闽榕 赵新力　2014年11月出版 / 估价：128.00元

**水与发展蓝皮书**
中国水风险评估报告（2014）
著(编)者：苏杨　2014年9月出版 / 估价：69.00元

**危机管理蓝皮书**
中国危机管理报告（2014）
著(编)者：文学国 范正青　2014年8月出版 / 估价：79.00元

**小康蓝皮书**
中国全面建设小康社会监测报告（2014）
著(编)者：潘璠　2014年11月出版 / 估价：59.00元

**形象危机应对蓝皮书**
形象危机应对研究报告（2014）
著(编)者：唐钧　2014年9月出版 / 估价：118.00元

**政治参与蓝皮书**
中国政治参与报告（2014）
著(编)者：房宁　2014年7月出版 / 估价：58.00元

**政治发展蓝皮书**
中国政治发展报告（2014）
著(编)者：房宁 杨海蛟　2014年6月出版 / 估价：98.00元

**宗教蓝皮书**
中国宗教报告（2014）
著(编)者：金泽 邱永辉　2014年8月出版 / 估价：59.00元

**社会组织蓝皮书**
中国社会组织评估报告（2014）
著(编)者：徐家良　2014年3月出版 / 估价：69.00元

**政府绩效评估蓝皮书**
中国地方政府绩效评估报告（2014）
著(编)者：贠杰　2014年9月出版 / 估价：69.00元

# 行业报告类

**保健蓝皮书**
中国保健服务产业发展报告No.2
著(编)者：中国保健协会 中共中央党校
2014年7月出版 / 估价：198.00元

**保健蓝皮书**
中国保健食品产业发展报告No.2
著(编)者：中国保健协会
　　　　　中国社会科学院食品药品产业发展与监管研究中心
2014年7月出版 / 估价：198.00元

**保健蓝皮书**
中国保健用品产业发展报告No.2
著(编)者：中国保健协会　2014年3月出版 / 估价：198.00元

**保险蓝皮书**
中国保险业竞争力报告（2014）
著(编)者：罗忠敏　2014年1月出版 / 估价：98.00元

## 行业报告类
## 皮书系列 2014全品种

**餐饮产业蓝皮书**
中国餐饮产业发展报告（2014）
著(编)：中国烹饪协会 中国社会科学院财经战略研究院
2014年5月出版 / 估价:59.00元

**测绘地理信息蓝皮书**
中国地理信息产业发展报告（2014）
著(编)：徐德明 2014年12月出版 / 估价:98.00元

**茶业蓝皮书**
中国茶产业发展报告（2014）
著(编)：李闽榕 杨江帆 2014年4月出版 / 估价:79.00元

**产权市场蓝皮书**
中国产权市场发展报告（2014）
著(编)：曹和平 2014年1月出版 / 估价:69.00元

**产业安全蓝皮书**
中国出版与传媒安全报告（2014）
著(编)：北京交通大学中国产业安全研究中心
2014年1月出版 / 估价:59.00元

**产业安全蓝皮书**
中国医疗产业安全报告（2014）
著(编)：北京交通大学中国产业安全研究中心
2014年1月出版 / 估价:59.00元

**产业安全蓝皮书**
中国医疗产业安全报告（2014）
著(编)：李孟刚 2014年7月出版 / 估价:69.00元

**产业安全蓝皮书**
中国文化产业安全蓝皮书(2013~2014)
著(编)：高海涛 刘益 2014年3月出版 / 估价:69.00元

**产业安全蓝皮书**
中国出版传媒产业安全报告（2014）
著(编)：孙万军 王玉海 2014年12月出版 / 估价:69.00元

**典当业蓝皮书**
中国典当行业发展报告（2013~2014）
著(编)：黄育华 王力 张红地
2014年10月出版 / 估价:69.00元

**电子商务蓝皮书**
中国城市电子商务影响力报告（2014）
著(编)：荆林波 2014年5月出版 / 估价:69.00元

**电子政务蓝皮书**
中国电子政务发展报告（2014）
著(编)：洪毅 王长胜 2014年2月出版 / 估价:59.00元

**杜仲产业绿皮书**
中国杜仲橡胶资源与产业发展报告（2014）
著(编)：杜红岩 胡文臻 俞瑞
2014年9月出版 / 估价:99.00元

**房地产蓝皮书**
中国房地产发展报告No.11
著(编)：魏后凯 李景国 2014年4月出版 / 估价:79.00元

**服务外包蓝皮书**
中国服务外包产业发展报告（2014）
著(编)：王晓红 李皓 2014年4月出版 / 估价:89.00元

**高端消费蓝皮书**
中国高端消费市场研究报告
著(编)：依绍华 王雪峰 2013年12月出版 / 估价:69.00元

**会展经济蓝皮书**
中国会展经济发展报告（2014）
著(编)：过聚荣 2014年9月出版 / 估价:65.00元

**会展蓝皮书**
中外会展业动态评估年度报告（2014）
著(编)：张敏 2014年8月出版 / 估价:68.00元

**基金会绿皮书**
中国基金会发展独立研究报告（2014）
著(编)：基金会中心网 2014年8月出版 / 估价:58.00元

**交通运输蓝皮书**
中国交通运输服务发展报告（2014）
著(编)：林晓言 卜伟 武剑红
2014年10月出版 / 估价:69.00元

**金融监管蓝皮书**
中国金融监管报告（2014）
著(编)：胡滨 2014年9月出版 / 估价:65.00元

**金融蓝皮书**
中国金融中心发展报告（2014）
著(编)：中国社会科学院金融研究所
中国博士后特华科研工作站 王力 黄育华
2014年10月出版 / 估价:59.00元

**金融蓝皮书**
中国商业银行竞争力报告（2014）
著(编)：王松奇 2014年5月出版 / 估价:79.00元

**金融蓝皮书**
中国金融发展报告（2014）
著(编)：李扬 王国刚 2013年12月出版 / 估价:69.00元

**金融蓝皮书**
中国金融法治报告（2014）
著(编)：胡滨 全先银 2014年3月出版 / 估价:65.00元

**金融蓝皮书**
中国金融产品与服务报告（2014）
著(编)：殷剑峰 2014年6月出版 / 估价:59.00元

**金融信息服务蓝皮书**
金融信息服务业发展报告（2014）
著(编)：鲁广锦 2014年11月出版 / 估价:69.00元

**皮书系列 2014全品种** — 行业报告类

**抗衰老医学蓝皮书**
抗衰老医学发展报告（2014）
著（编）者：罗伯特·高德曼 罗纳德·科莱兹
尼尔·布什 朱敏 金大鹏 郭弋
2014年3月出版 / 估价：69.00元

**客车蓝皮书**
中国客车产业发展报告（2014）
著（编）者：姚蔚 2014年12月出版 / 估价：69.00元

**科学传播蓝皮书**
中国科学传播报告（2014）
著（编）者：詹正茂 2014年4月出版 / 估价：69.00元

**流通蓝皮书**
中国商业发展报告（2014）
著（编）者：荆林波 2014年5月出版 / 估价：89.00元

**旅游安全蓝皮书**
中国旅游安全报告（2014）
著（编）者：郑向敏 谢朝武 2014年6月出版 / 估价：79.00元

**旅游绿皮书**
2013~2014年中国旅游发展分析与预测
著（编）者：宋瑞 2013年12月出版 / 估价：69.00元

**旅游城市绿皮书**
世界旅游城市发展报告（2013~2014）
著（编）者：张辉 2014年1月出版 / 估价：69.00元

**贸易蓝皮书**
中国贸易发展报告（2014）
著（编）者：荆林波 2014年5月出版 / 估价：49.00元

**民营医院蓝皮书**
中国民营医院发展报告（2014）
著（编）者：朱幼棣 2014年10月出版 / 估价：69.00元

**闽商蓝皮书**
闽商发展报告（2014）
著（编）者：李闽榕 王日根 2014年12月出版 / 估价：69.00元

**能源蓝皮书**
中国能源发展报告（2014）
著（编）者：崔民选 工军生 陈义和
2014年10月出版 / 估价：59.00元

**农产品流通蓝皮书**
中国农产品流通产业发展报告（2014）
著（编）者：贾敬敦 王炳南 张玉玺 张鹏毅 陈丽华
2014年9月出版 / 估价：89.00元

**期货蓝皮书**
中国期货市场发展报告（2014）
著（编）者：荆林波 2014年6月出版 / 估价：98.00元

**企业蓝皮书**
中国企业竞争力报告（2014）
著（编）者：金碚 2014年11月出版 / 估价：89.00元

**汽车安全蓝皮书**
中国汽车安全发展报告（2014）
著（编）者：赵福全 孙小端 等 2014年1月出版 / 估价：69.00元

**汽车蓝皮书**
中国汽车产业发展报告（2014）
著（编）者：国务院发展研究中心产业经济研究部
中国汽车工程学会 大众汽车集团（中国）
2014年7月出版 / 估价：79.00元

**清洁能源蓝皮书**
国际清洁能源发展报告（2014）
著（编）者：国际清洁能源论坛（澳门）
2014年9月出版 / 估价：89.00元

**人力资源蓝皮书**
中国人力资源发展报告（2014）
著（编）者：吴江 2014年9月出版 / 估价：69.00元

**软件和信息服务业蓝皮书**
中国软件和信息服务业发展报告（2014）
著（编）者：洪京一 工业和信息化部电子科学技术情报研究所
2014年6月出版 / 估价：98.00元

**商会蓝皮书**
中国商会发展报告 No.4（2014）
著（编）者：黄孟复 2014年4月出版 / 估价：59.00元

**商品市场蓝皮书**
中国商品市场发展报告（2014）
著（编）者：荆林波 2014年7月出版 / 估价：59.00元

**上市公司蓝皮书**
中国上市公司非财务信息披露报告（2014）
著（编）者：钟宏武 张旺 张蒽 等
2014年12月出版 / 估价：59.00元

**食品药品蓝皮书**
食品药品安全与监管政策研究报告（2014）
著（编）者：唐民皓 2014年7月出版 / 估价：69.00元

**世界能源蓝皮书**
世界能源发展报告（2014）
著（编）者：黄晓勇 2014年9月出版 / 估价：99.00元

**私募市场蓝皮书**
中国私募股权市场发展报告（2014）
著（编）者：曹和平 2014年4月出版 / 估价：69.00元

**体育蓝皮书**
中国体育产业发展报告（2014）
著（编）者：阮伟 钟秉枢 2013年2月出版 / 估价：69.00元

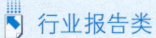 行业报告类

# 皮书系列 2014全品种

**体育蓝皮书·公共体育服务**
中国公共体育服务发展报告（2014）
著(编)者：戴健　2014年12月出版 / 估价：69.00元

**投资蓝皮书**
中国投资发展报告（2014）
著(编)者：杨庆蔚　2014年4月出版 / 估价：79.00元

**投资蓝皮书**
中国企业海外投资发展报告（2013~2014）
著(编)者：陈文晖　薛誉华　2013年12月出版 / 估价：69.00元

**物联网蓝皮书**
中国物联网发展报告（2014）
著(编)者：龚六堂　2014年1月出版 / 估价：59.00元

**西部工业蓝皮书**
中国西部工业发展报告（2014）
著(编)者：方行明　刘方健　姜凌等
2014年9月出版 / 估价：69.00元

**西部金融蓝皮书**
中国西部金融发展报告（2014）
著(编)者：李忠民　2014年10月出版 / 估价：69.00元

**新能源汽车蓝皮书**
中国新能源汽车产业发展报告（2014）
著(编)者：中国汽车技术研究中心
　　　　　日产（中国）投资有限公司
　　　　　东风汽车有限公司
2014年9月出版 / 估价：69.00元

**信托蓝皮书**
中国信托业研究报告（2014）
著(编)者：中建投信托研究中心　中国建设建投研究院
2014年9月出版 / 估价：59.00元

**信托蓝皮书**
中国信托投资报告（2014）
著(编)者：杨金龙　刘屹　2014年7月出版 / 估价：69.00元

**信息化蓝皮书**
中国信息化形势分析与预测（2014）
著(编)者：周宏仁　2014年7月出版 / 估价：98.00元

**信用蓝皮书**
中国信用发展报告（2014）
著(编)者：章政　田侃　2014年4月出版 / 估价：69.00元

**休闲绿皮书**
2014年中国休闲发展报告
著(编)者：刘德谦　唐兵　宋瑞
2014年6月出版 / 估价：59.00元

**养老产业蓝皮书**
中国养老产业发展报告（2013~2014年）
著(编)者：张车伟　2014年1月出版 / 估价：69.00元

**移动互联网蓝皮书**
中国移动互联网发展报告（2014）
著(编)者：官建文　2014年5月出版 / 估价：79.00元

**医药蓝皮书**
中国药品市场报告（2014）
著(编)者：程锦锥　朱恒鹏　2014年12月出版 / 估价：79.00元

**中国林业竞争力蓝皮书**
中国省域林业竞争力发展报告No.2（2014）（上下册）
著(编)者：郑传芳　李闽榕　张春霞　张会儒
2014年8月出版 / 估价：139.00元

**中国农业竞争力蓝皮书**
中国省域农业竞争力发展报告No.2（2014）
著(编)者：郑传芳　宋洪远　李闽榕　张春霞
2014年7月出版 / 估价：128.00元

**中国信托市场蓝皮书**
中国信托业市场报告（2013~2014）
著(编)者：李旸　2014年10月出版 / 估价：69.00元

**中国总部经济蓝皮书**
中国总部经济发展报告（2014）
著(编)者：赵弘　2014年9月出版 / 估价：69.00元

**珠三角流通蓝皮书**
珠三角商圈发展研究报告（2014）
著(编)者：王先庆　林至颖　2014年8月出版 / 估价：69.00元

**住房绿皮书**
中国住房发展报告（2013~2014）
著(编)者：倪鹏飞　2013年12月出版 / 估价：79.00元

**资本市场蓝皮书**
中国场外交易市场发展报告（2014）
著(编)者：高峦　2014年3月出版 / 估价：79.00元

**资产管理蓝皮书**
中国信托业发展报告（2014）
著(编)者：智信资产管理研究院　2014年7月出版 / 估价：69.00元

**支付清算蓝皮书**
中国支付清算发展报告（2014）
著(编)者：杨涛　2014年4月出版 / 估价：45.00元

皮书系列 2014全品种 / 文化传媒类

# 文化传媒类

**传媒蓝皮书**
中国传媒产业发展报告（2014）
著(编)者：崔保国　2014年4月出版／估价：79.00元

**传媒竞争力蓝皮书**
中国传媒国际竞争力研究报告（2014）
著(编)者：李本乾　2014年9月出版／估价：69.00元

**创意城市蓝皮书**
武汉市文化创意产业发展报告（2014）
著(编)者：张京成　黄永林　2014年10月出版／估价：69.00元

**电视蓝皮书**
中国电视产业发展报告（2014）
著(编)者：卢斌　2014年4月出版／估价：79.00元

**电影蓝皮书**
中国电影出版发展报告（2014）
著(编)者：卢斌　2014年4月出版／估价：79.00元

**动漫蓝皮书**
中国动漫产业发展报告（2014）
著(编)者：卢斌　郑玉明　牛兴侦　2014年4月出版／估价：79.00元

**广电蓝皮书**
中国广播电影电视发展报告（2014）
著(编)者：庞井君　杨明品　李岚
2014年6月出版／估价：88.00元

**广告主蓝皮书**
中国广告主营销传播趋势报告NO.8
著(编)者：中国传媒大学广告主研究院
中国广告主营销传播创新研究课题组
黄升民　杜国清　邵华冬等
2014年5月出版／估价：98.00元

**国际传播蓝皮书**
中国国际传播发展报告（2014）
著(编)者：胡正荣　李继东　姬德强
2014年1月出版／估价：69.00元

**纪录片蓝皮书**
中国纪录片发展报告（2014）
著(编)者：何苏六　2014年10月出版／估价：89.00元

**两岸文化蓝皮书**
两岸文化产业合作发展报告（2014）
著(编)者：胡惠林　肖夏勇　2014年6月出版／估价：59.00元

**媒介与女性蓝皮书**
中国媒介与女性发展报告（2014）
著(编)者：刘利群　2014年8月出版／估价：69.00元

**全球传媒蓝皮书**
全球传媒产业发展报告（2014）
著(编)者：胡正荣　2014年12月出版／估价：79.00元

**视听新媒体蓝皮书**
中国视听新媒体发展报告（2014）
著(编)者：庞井君　2014年6月出版／估价：148.00元

**文化创新蓝皮书**
中国文化创新报告（2014）No.5
著(编)者：于平　傅才武　2014年7月出版／估价：79.00元

**文化科技蓝皮书**
文化科技融合与创意城市发展报告（2014）
著(编)者：李凤亮　于平　2014年7月出版／估价：79.00元

**文化蓝皮书**
2014年中国文化产业发展报告
著(编)者：张晓明　胡惠林　章建刚
2014年3月出版／估价：69.00元

**文化蓝皮书**
中国文化产业供需协调增长测评报（2013）
著(编)者：高书生　王亚楠　2014年5月出版／估价：79.00元

**文化蓝皮书**
中国城镇文化消费需求景气评价报告（2014）
著(编)者：王亚南　张晓明　祁述裕
2014年5月出版／估价：79.00元

**文化蓝皮书**
中国公共文化服务发展报告（2014）
著(编)者：于群　李国新　2014年10月出版／估价：98.00元

**文化蓝皮书**
中国文化消费需求景气评价报告（2014）
著(编)者：王亚南　2014年5月出版／估价：79.00元

**文化蓝皮书**
中国乡村文化消费需求景气评价报告（2014）
著(编)者：王亚南　2014年5月出版／估价：79.00元

**文化蓝皮书**
中国中心城市文化消费需求景气评价报告（2014）
著(编)者：王亚南　2014年5月出版／估价：79.00元

**文化蓝皮书**
中国少数民族文化发展报告（2014）
著(编)者：武翠英　张晓明　张学进
2014年3月出版／估价：69.00元

**文化传媒类·地方发展类**

**皮书系列 2014全品种**

**文化建设蓝皮书**
中国文化建设发展报告（2014）
著(编)者：江畅 孙伟平 2014年3月出版 / 估价：69.00元

**文化品牌蓝皮书**
中国文化品牌发展报告（2014）
著(编)者：欧阳友权 2014年5月出版 / 估价：75.00元

**文化软实力蓝皮书**
中国文化软实力研究报告（2014）
著(编)者：张国祚 2014年7月出版 / 估价：79.00元

**文化遗产蓝皮书**
中国文化遗产事业发展报告（2014）
著(编)者：刘世锦 2014年3月出版 / 估价：79.00元

**文学蓝皮书**
中国文情报告（2014）
著(编)者：白烨 2014年5月出版 / 估价：59.00元

**新媒体蓝皮书**
中国新媒体发展报告No.5（2014）
著(编)者：唐绪军 2014年6月出版 / 估价：69.00元

**移动互联网蓝皮书**
中国移动互联网发展报告（2014）
著(编)者：官建文 2014年4月出版 / 估价：79.00元

**游戏蓝皮书**
中国游戏产业发展报告（2014）
著(编)者：卢斌 2014年4月出版 / 估价：79.00元

**舆情蓝皮书**
中国社会舆情与危机管理报告（2014）
著(编)者：谢耘耕 2014年8月出版 / 估价：85.00元

**粤港澳台文化蓝皮书**
粤港澳台文化创意产业发展报告（2014）
著(编)者：丁未 2014年4月出版 / 估价：69.00元

## 地方发展类

**安徽蓝皮书**
安徽社会发展报告（2014）
著(编)者：程桦 2014年4月出版 / 估价：79.00元

**安徽社会建设蓝皮书**
安徽社会建设分析报告（2014）
著(编)者：黄家海 王开玉 蔡宪 2014年4月出版 / 估价：69.00元

**北京蓝皮书**
北京城乡发展报告（2014）
著(编)者：黄序 2014年4月出版 / 估价：59.00元

**北京蓝皮书**
北京公共服务发展报告（2014）
著(编)者：张耘 2014年3月出版 / 估价：65.00元

**北京蓝皮书**
北京经济发展报告（2014）
著(编)者：赵弘 2014年4月出版 / 估价：59.00元

**北京蓝皮书**
北京社会发展报告（2014）
著(编)者：缪青 2014年10月出版 / 估价：59.00元

**北京蓝皮书**
北京文化发展报告（2014）
著(编)者：李建盛 2014年5月出版 / 估价：69.00元

**北京蓝皮书**
中国社区发展报告（2014）
著(编)者：于燕燕 2014年8月出版 / 估价：59.00元

**北京蓝皮书**
北京公共服务发展报告（2014）
著(编)者：施昌奎 2014年8月出版 / 估价：59.00元

**北京旅游绿皮书**
北京旅游发展报告（2014）
著(编)者：鲁勇 2014年7月出版 / 估价：98.00元

**北京律师蓝皮书**
北京律师发展报告No.2（2014）
著(编)者：王隽 周塞军 2014年9月出版 / 估价：79.00元

**北京人才蓝皮书**
北京人才发展报告（2014）
著(编)者：于淼 2014年10月出版 / 估价：89.00元

**城乡一体化蓝皮书**
中国城乡一体化发展报告·北京卷（2014）
著(编)者：张宝秀 黄序 2014年6月出版 / 估价：59.00元

**创意城市蓝皮书**
北京文化创意产业发展报告（2014）
著(编)者：张京成 王国华 2014年10月出版 / 估价：69.00元

**创意城市蓝皮书**
青岛文化创意产业发展报告（2014）
著(编)者：马达 2014年5月出版 / 估价：69.00元

**创意城市蓝皮书**
无锡文化创意产业发展报告（2014）
著(编)者：庄若江 张鸣年 2014年8月出版 / 估价：75.00元

**服务业蓝皮书**
广东现代服务业发展报告（2014）
著(编)者:祁明 程晓　2014年1月出版 / 估价:69.00元

**甘肃蓝皮书**
甘肃舆情分析与预测（2014）
著(编)者:陈双梅 郝树声　2014年1月出版 / 估价:69.00元

**甘肃蓝皮书**
甘肃县域社会发展评价报告（2014）
著(编)者:魏胜文　2014年1月出版 / 估价:69.00元

**甘肃蓝皮书**
甘肃经济发展分析与预测（2014）
著(编)者:魏胜文　2014年1月出版 / 估价:69.00元

**甘肃蓝皮书**
甘肃社会发展分析与预测（2014）
著(编)者:安文华　2014年1月出版 / 估价:69.00元

**甘肃蓝皮书**
甘肃文化发展分析与预测（2014）
著(编)者:周小华　2014年1月出版 / 估价:69.00元

**广东蓝皮书**
广东省电子商务发展报告（2014）
著(编)者:黄建明 祁明　2014年11月出版 / 估价:69.00元

**广东蓝皮书**
广东社会工作发展报告（2014）
著(编)者:罗观翠　2013年12月出版 / 估价:69.00元

**广东外经贸蓝皮书**
广东对外经济贸易发展研究报告（2014）
著(编)者:陈万灵　2014年3月出版 / 估价:65.00元

**广西北部湾经济区蓝皮书**
广西北部湾经济区开放开发报告（2014）
著(编)者:广西北部湾经济区规划建设管理委员会办公室
　　　　广西社会科学院 广西北部湾发展研究院
2014年7月出版 / 估价:69.00元

**广州蓝皮书**
2014年中国广州经济形势分析与预测
著(编)者:庾建设 郭志勇 沈奎　2014年6月出版 / 估价:69.00元

**广州蓝皮书**
2014年中国广州社会形势分析与预测
著(编)者:易佐永 杨秦 顾涧清　2014年5月出版 / 估价:65.00元

**广州蓝皮书**
广州城市国际化发展报告（2014）
著(编)者:朱名宏　2014年9月出版 / 估价:59.00元

**广州蓝皮书**
广州创新型城市发展报告（2014）
著(编)者:李江涛　2014年8月出版 / 估价:59.00元

**广州蓝皮书**
广州经济发展报告（2014）
著(编)者:李江涛 刘江华　2014年6月出版 / 估价:65.00元

**广州蓝皮书**
广州农村发展报告（2014）
著(编)者:李江涛 汤锦华　2014年8月出版 / 估价:59.00元

**广州蓝皮书**
广州青年发展报告（2014）
著(编)者:魏国华 张强　2014年9月出版 / 估价:65.00元

**广州蓝皮书**
广州汽车产业发展报告（2014）
著(编)者:李江涛 杨再高　2014年10月出版 / 估价:69.00元

**广州蓝皮书**
广州商贸业发展报告（2014）
著(编)者:陈家成 王旭东 荀振英
2014年7月出版 / 估价:69.00元

**广州蓝皮书**
广州文化创意产业发展报告（2014）
著(编)者:甘新　2014年10月出版 / 估价:59.00元

**广州蓝皮书**
中国广州城市建设发展报告（2014）
著(编)者:董皞 冼伟雄 李俊夫
2014年8月出版 / 估价:69.00元

**广州蓝皮书**
中国广州科技与信息化发展报告（2014）
著(编)者:庾建设 谢学宁　2014年8月出版 / 估价:59.00元

**广州蓝皮书**
中国广州文化创意产业发展报告（2014）
著(编)者:甘新　2014年10月出版 / 估价:59.00元

**广州蓝皮书**
中国广州文化发展报告（2014）
著(编)者:徐俊忠 汤应武 陆志强
2014年8月出版 / 估价:69.00元

**贵州蓝皮书**
贵州法治发展报告（2014）
著(编)者:吴大华　2014年3月出版 / 估价:69.00元

**贵州蓝皮书**
贵州社会发展报告（2014）
著(编)者:王兴骥　2014年3月出版 / 估价:59.00元

**贵州蓝皮书**
贵州农村扶贫开发报告（2014）
著(编)者:王朝新 宋明　2014年3月出版 / 估价:69.00元

**贵州蓝皮书**
贵州文化产业发展报告（2014）
著(编)者:李建国　2014年3月出版 / 估价:69.00元

**地方发展类**

**皮书系列 2014全品种**

**海淀蓝皮书**
海淀区文化和科技融合发展报告（2014）
著(编)者：陈名杰 孟景伟　2014年5月出版／估价:75.00元

**海峡经济区蓝皮书**
海峡经济区发展报告（2014）
著(编)者：李闽榕 王秉安 谢明辉（台湾）
2014年10月出版／估价:78.00元

**海峡西岸蓝皮书**
海峡西岸经济区发展报告（2014）
著(编)者：福建省人民政府发展研究中心
2014年9月出版／估价:85.00元

**杭州蓝皮书**
杭州市妇女发展报告（2014）
著(编)者：魏颖 揭爱花　2014年2月出版／估价:69.00元

**河北蓝皮书**
河北省经济发展报告（2014）
著(编)者：马树强 张贵　2013年12月出版／估价:69.00元

**河北蓝皮书**
河北经济社会发展报告（2014）
著(编)者：周文夫　2013年12月出版／估价:69.00元

**河南经济蓝皮书**
2014年河南经济形势分析与预测
著(编)者：胡五岳　2014年3月出版／估价:65.00元

**河南蓝皮书**
2014年河南社会形势分析与预测
著(编)者：刘道兴 牛苏林　2014年1月出版／估价:59.00元

**河南蓝皮书**
河南城市发展报告（2014）
著(编)者：林宪斋 王建国　2014年1月出版／估价:69.00元

**河南蓝皮书**
河南经济发展报告（2014）
著(编)者：喻新安　2014年1月出版／估价:59.00元

**河南蓝皮书**
河南文化发展报告（2014）
著(编)者：谷建全 卫绍生　2014年1月出版／估价:69.00元

**河南蓝皮书**
河南工业发展报告（2014）
著(编)者：龚绍东　2014年1月出版／估价:59.00元

**黑龙江产业蓝皮书**
黑龙江产业发展报告（2014）
著(编)者：于渤　2014年10月出版／估价:79.00元

**黑龙江蓝皮书**
黑龙江经济发展报告（2014）
著(编)者：曲伟　2014年1月出版／估价:59.00元

**黑龙江蓝皮书**
黑龙江社会发展报告（2014）
著(编)者：艾书琴　2014年1月出版／估价:69.00元

**湖南城市蓝皮书**
城市社会管理
著(编)者：罗海藩　2014年10月出版／估价:59.00元

**湖南蓝皮书**
2014年湖南产业发展报告
著(编)者：梁志峰　2014年5月出版／估价:89.00元

**湖南蓝皮书**
2014年湖南法治发展报告
著(编)者：梁志峰　2014年5月出版／估价:79.00元

**湖南蓝皮书**
2014年湖南经济展望
著(编)者：梁志峰　2014年5月出版／估价:79.00元

**湖南蓝皮书**
2014年湖南两型社会发展报告
著(编)者：梁志峰　2014年5月出版／估价:79.00元

**湖南县域绿皮书**
湖南县域发展报告No.2
著(编)者：朱有志 袁准 周小毛　2014年7月出版／估价:69.00元

**沪港蓝皮书**
沪港发展报告（2014）
著(编)者：尤安山　2014年9月出版／估价:89.00元

**吉林蓝皮书**
2014年吉林经济社会形势分析与预测
著(编)者：马克　2014年1月出版／估价:69.00元

**江苏法治蓝皮书**
江苏法治发展报告No.3（2014）
著(编)者：李力 龚廷泰 严海良　2014年8月出版／估价:88.00元

**京津冀蓝皮书**
京津冀区域一体化发展报告（2014）
著(编)者：文魁 祝尔娟　2014年3月出版／估价:89.00元

**经济特区蓝皮书**
中国经济特区发展报告（2014）
著(编)者：陶一桃　2014年3月出版／估价:89.00元

**辽宁蓝皮书**
2014年辽宁经济社会形势分析与预测
著(编)者：曹晓峰 张晶 张卓民　2014年1月出版／估价:69.00元

**流通蓝皮书**
湖南省商贸流通产业发展报告No.2
著(编)者：柳思维　2014年10月出版／估价:75.00元

**皮书系列 2014全品种** 地方发展类

内蒙古蓝皮书
内蒙古经济发展蓝皮书(2013~2014)
著(编)者：黄育华　2014年7月出版 / 估价:69.00元

内蒙古蓝皮书
内蒙古反腐倡廉建设报告No.1
著(编)者：张志华　无极　2013年12月出版 / 估价:69.00元

浦东新区蓝皮书
上海浦东经济发展报告（2014）
著(编)者：左学金　陆沪根　2014年1月出版 / 估价:59.00元

侨乡蓝皮书
中国侨乡发展报告（2014）
著(编)者：郑一省　2013年12月出版 / 估价:69.00元

青海蓝皮书
2014年青海经济社会形势分析与预测
著(编)者：赵宗福　2014年2月出版 / 估价:69.00元

人口与健康蓝皮书
深圳人口与健康发展报告（2014）
著(编)者：陆杰华　江捍平　2014年10月出版 / 估价:98.00元

山西蓝皮书
山西资源型经济转型发展报告（2014）
著(编)者：李志强　容和平　2014年3月出版 / 估价:79.00元

陕西蓝皮书
陕西经济发展报告（2014）
著(编)者：任宗哲　石英　裴成荣　2014年3月出版 / 估价:65.00元

陕西蓝皮书
陕西社会发展报告（2014）
著(编)者：任宗哲　石英　江波　2014年1月出版 / 估价:65.00元

陕西蓝皮书
陕西文化发展报告（2014）
著(编)者：任宗哲　石英　王长寿　2014年3月出版 / 估价:59.00元

上海蓝皮书
上海传媒发展报告（2014）
著(编)者：强荧　焦雨虹　2014年1月出版 / 估价:59.00元

上海蓝皮书
上海法治发展报告（2014）
著(编)者：潘世伟　叶青　2014年1月出版 / 估价:59.00元

上海蓝皮书
上海经济发展报告（2014）
著(编)者：沈开艳　2014年1月出版 / 估价:69.00元

上海蓝皮书
上海社会发展报告（2014）
著(编)者：卢汉龙　周海旺　2014年1月出版 / 估价:59.00元

上海蓝皮书
上海文化发展报告（2014）
著(编)者：蒯大申　2014年1月出版 / 估价:59.00元

上海蓝皮书
上海文学发展报告（2014）
著(编)者：陈圣来　2014年1月出版 / 估价:59.00元

上海蓝皮书
上海资源环境发展报告（2014）
著(编)者：周冯琦　汤庆合　王利民　2014年1月出版 / 估价:59.00元

上海社会保障绿皮书
上海社会保障改革与发展报告（2013~2014）
著(编)者：汪泓　2014年1月出版 / 估价:65.00元

社会建设蓝皮书
2014年北京社会建设分析报告
著(编)者：宋贵伦　2014年4月出版 / 估价:69.00元

深圳蓝皮书
深圳经济发展报告（2014）
著(编)者：吴忠　2014年6月出版 / 估价:69.00元

深圳蓝皮书
深圳劳动关系发展报告（2014）
著(编)者：汤庭芬　2014年6月出版 / 估价:69.00元

深圳蓝皮书
深圳社会发展报告（2014）
著(编)者：吴忠　余智晟　2014年7月出版 / 估价:69.00元

四川蓝皮书
四川文化产业发展报告（2014）
著(编)者：向宝云　2014年1月出版 / 估价:69.00元

温州蓝皮书
2014年温州经济社会形势分析与预测
著(编)者：潘忠强　王春光　金浩　2014年4月出版 / 估价:69.00元

温州蓝皮书
浙江温州金融综合改革试验区发展报告（2013~2014）
著(编)者：钱水土　王去非　李义超
2014年4月出版 / 估价:69.00元

扬州蓝皮书
扬州经济社会发展报告（2014）
著(编)者：张爱军　2014年1月出版 / 估价:78.00元

义乌蓝皮书
浙江义乌市国际贸易综合改革试验区发展报告
（2013　2014）
著(编)者：马淑琴　刘文革　周松强
2014年4月出版 / 估价:69.00元

云南蓝皮书
中国面向西南开放重要桥头堡建设发展报告（2014）
著(编)者：刘绍怀　2014年12月出版 / 估价:69.00元

长株潭城市群蓝皮书
长株潭城市群发展报告（2014）
著(编)者：张萍　2014年10月出版 / 估价:69.00元

**地方发展类·国别与地区类**

**皮书系列 2014全品种**

**郑州蓝皮书**
2014年郑州文化发展报告
著(编)者：王哲　2014年7月出版 / 估价：69.00元

**中国省会经济圈蓝皮书**
合肥经济圈经济社会发展报告No.4(2013~2014)
著(编)者：董昭礼　2014年4月出版 / 估价：79.00元

## 国别与地区类

**G20国家创新竞争力黄皮书**
二十国集团（G20）国家创新竞争力发展报告（2014）
著(编)者：李建平　李闽榕　赵新力
2014年9月出版 / 估价：118.00元

**澳门蓝皮书**
澳门经济社会发展报告（2013~2014）
著(编)者：吴志良　郝雨凡　2014年3月出版 / 估价：79.00元

**北部湾蓝皮书**
泛北部湾合作发展报告（2014）
著(编)者：吕余生　2014年7月出版 / 估价：79.00元

**大湄公河次区域蓝皮书**
大湄公河次区域合作发展报告（2014）
著(编)者：刘稚　2014年8月出版 / 估价：79.00元

**大洋洲蓝皮书**
大洋洲发展报告（2014）
著(编)者：魏明海　喻常森　2014年7月出版 / 估价：69.00元

**德国蓝皮书**
德国发展报告（2014）
著(编)者：李乐曾　郑春荣等　2014年5月出版 / 估价：69.00元

**东北亚黄皮书**
东北亚地区政治与安全报告（2014）
著(编)者：黄凤志　刘雪莲　2014年6月出版 / 估价：69.00元

**东盟黄皮书**
东盟发展报告（2014）
著(编)者：黄兴球　庄国土　2014年12月出版 / 估价：68.00元

**东南亚蓝皮书**
东南亚地区发展报告（2014）
著(编)者：王勤　2014年11月出版 / 估价：59.00元

**俄罗斯黄皮书**
俄罗斯发展报告（2014）
著(编)者：李永全　2014年7月出版 / 估价：79.00元

**非洲黄皮书**
非洲发展报告No.15（2014）
著(编)者：张宏明　2014年7月出版 / 估价：79.00元

**港澳珠三角蓝皮书**
粤港澳区域合作与发展报告（2014）
著(编)者：梁庆寅　陈广汉　2014年6月出版 / 估价：59.00元

**国际形势黄皮书**
全球政治与安全报告（2014）
著(编)者：李慎明　张宇燕　2014年1月出版 / 估价：69.00元

**韩国蓝皮书**
韩国发展报告（2014）
著(编)者：牛林杰　刘宝全　2014年6月出版 / 估价：69.00元

**加拿大蓝皮书**
加拿大国情研究报告（2014）
著(编)者：仲伟合　唐小松　2013年12月出版 / 估价：69.00元

**柬埔寨蓝皮书**
柬埔寨国情报告（2014）
著(编)者：毕世鸿　2014年6月出版 / 估价：79.00元

**拉美黄皮书**
拉丁美洲和加勒比发展报告（2014）
著(编)者：吴白乙　刘维广　2014年4月出版 / 估价：89.00元

**老挝蓝皮书**
老挝国情报告（2014）
著(编)者：卢光盛　方芸　吕星　2014年6月出版 / 估价：79.00元

**美国蓝皮书**
美国问题研究报告（2014）
著(编)者：黄平　倪峰　2014年5月出版 / 估价：79.00元

**缅甸蓝皮书**
缅甸国情报告（2014）
著(编)者：李晨阳　2014年4月出版 / 估价：79.00元

**欧亚大陆桥发展蓝皮书**
欧亚大陆桥发展报告（2014）
著(编)者：李忠民　2014年10月出版 / 估价：59.00元

**欧洲蓝皮书**
欧洲发展报告（2014）
著(编)者：周弘　2014年3月出版 / 估价：79.00元

**皮书系列 2014全品种** — 国别与地区类

### 葡语国家蓝皮书
巴西发展与中巴关系报告2014（中英文）
著(编)者：张曙光　David T. Ritchie
2014年8月出版 / 估价：69.00元

### 日本经济蓝皮书
日本经济与中日经贸关系发展报告（2014）
著(编)者：王洛林　张季风　2014年5月出版 / 估价：79.00元

### 日本蓝皮书
日本发展报告（2014）
著(编)者：李薇　2014年2月出版 / 估价：69.00元

### 上海合作组织黄皮书
上海合作组织发展报告（2014）
著(编)者：李进峰　吴宏伟　李伟　2014年9月出版 / 估价：98.00元

### 世界创新竞争力黄皮书
世界创新竞争力发展报告（2014）
著(编)者：李建平　2014年1月出版 / 估价：148.00元

### 世界能源黄皮书
世界能源分析与展望（2013~2014）
著(编)者：张宇燕 等　2014年1月出版 / 估价：69.00元

### 世界社会主义黄皮书
世界社会主义跟踪研究报告（2014）
著(编)者：李慎明　2014年5月出版 / 估价：189.00元

### 泰国蓝皮书
泰国国情报告（2014）
著(编)者：邹春萌　2014年6月出版 / 估价：79.00元

### 亚太蓝皮书
亚太地区发展报告（2014）
著(编)者：李向阳　2013年12月出版 / 估价：69.00元

### 印度蓝皮书
印度国情报告（2014）
著(编)者：吕昭义　2014年1月出版 / 估价：69.00元

### 印度洋地区蓝皮书
印度洋地区发展报告（2014）
著(编)者：汪戎　万广华　2014年6月出版 / 估价：79.00元

### 越南蓝皮书
越南国情报告（2014）
著(编)者：吕余生　2014年8月出版 / 估价：65.00元

### 中东黄皮书
中东发展报告No.15（2014）
著(编)者：杨光　2014年10月出版 / 估价：59.00元

### 中欧关系蓝皮书
中国与欧洲关系发展报告（2014）
著(编)者：周弘　2013年12月出版 / 估价：69.00元

### 中亚黄皮书
中亚国家发展报告（2014）
著(编)者：孙力　2014年9月出版 / 估价：79.00元

---

## 中国皮书网
www.pishu.cn

### 栏目设置：

- □ 资讯：皮书动态、皮书观点、皮书数据、皮书报道、皮书新书发布会、电子期刊
- □ 标准：皮书评价、皮书研究、皮书规范、皮书专家、编撰团队
- □ 服务：最新皮书、皮书书目、重点推荐、在线购书
- □ 链接：皮书数据库、皮书博客、皮书微博、出版社首页、在线书城
- □ 搜索：资讯、图书、研究动态
- □ 互动：皮书论坛

# 皮书大事记

☆ 2012年12月,《中国社会科学院皮书资助规定(试行)》由中国社会科学院科研局正式颁布实施。

☆ 2011年,部分重点皮书纳入院创新工程。

☆ 2011年8月,2011年皮书年会在安徽合肥举行,这是皮书年会首次由中国社会科学院主办。

☆ 2011年2月,"2011年全国皮书研讨会"在北京京西宾馆举行。王伟光院长(时任常务副院长)出席并讲话。本次会议标志着皮书及皮书研创出版从一个具体出版单位的出版产品和出版活动上升为由中国社会科学院牵头的国家哲学社会科学智库产品和创新活动。

☆ 2010年9月,"2010年中国经济社会形势报告会暨第十一次全国皮书工作研讨会"在福建福州举行,高全立副院长参加会议并做学术报告。

☆ 2010年9月,皮书学术委员会成立,由我院李扬副院长领衔,并由在各个学科领域有一定的学术影响力、了解皮书编创出版并持续关注皮书品牌的专家学者组成。皮书学术委员会的成立为进一步提高皮书这一品牌的学术质量、为学术界构建一个更大的学术出版与学术推广平台提供了专家支持。

☆ 2009年8月,"2009年中国经济社会形势分析与预测暨第十次皮书工作研讨会"在辽宁丹东举行。李扬副院长参加本次会议,本次会议颁发了首届优秀皮书奖,我院多部皮书获奖。

# 皮书数据库
## www.pishu.com.cn

**皮书数据库三期即将上线**

- 皮书数据库（SSDB）是社会科学文献出版社整合现有皮书资源开发的在线数字产品，全面收录"皮书系列"的内容资源，并以此为基础整合大量相关资讯构建而成。

- 皮书数据库现有中国经济发展数据库、中国社会发展数据库、世界经济与国际政治数据库等子库，覆盖经济、社会、文化等多个行业、领域，现有报告30000多篇，总字数超过5亿字，并以每年4000多篇的速度不断更新累积。2009年7月，皮书数据库荣获"2008~2009年中国数字出版知名品牌"。

- 2011年3月，皮书数据库二期正式上线，开发了更加灵活便捷的检索系统，可以实现精确查找和模糊匹配，并与纸书发行基本同步，可为读者提供更加广泛的资讯服务。

### 更多信息请登录

**中国皮书网**
http://www.pishu.cn

**皮书微博**
http://weibo.com/pishu

**皮书博客**
http://blog.sina.com.cn/pishu

**皮书微信**
皮书说

---

### 请到各地书店皮书专架/专柜购买，也可办理邮购

咨询／邮购电话：010-59367028  59367070　　　邮　　箱：duzhe@ssap.cn

邮购地址：北京市西城区北三环中路甲29号院3号楼华龙大厦13层读者服务中心

邮　　编：100029

银行户名：社会科学文献出版社

开户银行：中国工商银行北京北太平庄支行

账　　号：0200010019200365434

网上书店：010-59367070　 qq：1265056568

网　　址：www.ssap.com.cn　　　　www.pishu.cn